中央高校基本科研业务费专项资金资助（2022RCW004）

量刑教义学研究

王熠珏　著

中国政法大学出版社

2024·北京

图书在版编目（CIP）数据

量刑教义学研究 / 王熠珏著. —— 北京：中国政法大学出版社, 2024. 7.

ISBN 978-7-5764-1643-5

Ⅰ. D914.1

中国国家版本馆 CIP 数据核字第 2024AH6939 号

书　名	量刑教义学研究 LIANGXING JIAOYIXUE YANJIU
出版者	中国政法大学出版社
地　址	北京市海淀区西土城路 25 号
邮　箱	bianjishi07public@163.com
网　址	http://www.cuplpress.com (网络实名：中国政法大学出版社)
电　话	010-58908466(第七编辑部) 010-58908334(邮购部)
承　印	固安华明印业有限公司
开　本	720mm×960mm　1/16
印　张	18.5
字　数	280 千字
版　次	2024 年 7 月第 1 版
印　次	2024 年 7 月第 1 次印刷
定　价	88.00 元

序

一

　　21 世纪以来刑法制度改革的一个主要方面就是对刑罚制度的完善，其重点集中在死刑制度和量刑制度方面。关于死刑制度的改革，除了《刑法修正案（八）》《刑法修正案（九）》废止了一些犯罪的死刑规定，对死刑缓期类型、死刑缓期执行变更为死刑立即执行的条件、死刑适用对象等进行调整，在死刑裁量方面，则通过发布典型案例等方式明确死刑立即执行的适用标准。同时，在刑事程序方面将死刑立即执行复核权集中于最高人民法院、完善死刑案件证据制度、明确死刑案件二审开庭审理，通过实体和程序两方面的调整使得我国死刑制度及其适用进一步规范化，并在一定程度上降低了死刑立即执行的实际适用数量。有关死刑程序及适用标准的改革，最高人民法院发挥了重要作用，这从《人民法院第二个五年改革纲要（2004—2008）》就可以清晰地看出来。

　　另一个重大却又容易被忽视的改革，就是量刑规范化改革。2005 年，最高人民法院成立量刑规范化课题组开始进行全面调研。2008 年 8 月，最高人民法院确定了 4 个中级人民法院和 8 个基层人民法院进行试点。《人民法院第三个五年改革纲要（2009—2013）》明确提出，"规范自由裁量权，将量刑纳入法庭审理程序，研究制定《人民法院量刑程序指导意见》"。2010 年 9 月 13 日，最高人民法院印发《人民法院量刑指导意见（试行）》，同日，最高人民法院、最高人民检察院、公安部、国家安全部、司法部印发《关于规范量刑程序若干问题的意见（试行）》的通知，两个规范性文件都于当年 10 月 1 日开始施行。如果说前一个司法解释是有关量刑规范化的实体层面规定，后一个规范性文件则是有关量刑规范化的程序层面规定，其中明确了人民检察院的量刑建议方面的内容。两者相辅相成，并在之后的十年多时间里基本也进行同步的调整。

我国刑法学界对死刑改革的关注和参与较多，对量刑规范化改革的关注相对要弱很多。以同一时期全国刑法学年会为例，2003年年会讨论了死刑政策；2004年年会集中讨论了死刑基本问题，当年年会一半论文专门论述了死刑问题；2006年讨论刑罚改革中涉及了死刑改革与完善问题；2007年年会重点讨论了死刑的司法限制适用问题；2009年年会重点讨论了死缓制度适用与完善问题；2010年年会重点讨论了死刑立法控制问题；2011年年会讨论《刑法修正案（八）》的理解与适用问题也涉及死刑立法变化问题。相形之下，只有2008年年会将量刑规范化作为讨论主题；其他年度年会中一些论文涉及刑罚裁量制度的完善问题，而对量刑规范化本身进行讨论的论文就凤毛麟角了。从这一对比即可以发现，我国刑法学界对量刑规范化的研究尤其是量刑基本理论的研究并没有置于刑法学研究的核心领域。

量刑规范化的意义，简单地说，在于统一量刑标准，为法官裁量宣告刑提供清晰而可行的判断思路。形成规范化的裁判量刑规则，必须在学理上说得清楚，并确定量刑的"经纬线"和判断路径，否则，法官在量刑时仍会处于茫然无措的境地。既然如此，量刑规范化的学理探究或者说量刑的基本原理，也就应当是刑法学研究的一个重要领域，与有关犯罪论暨定罪的研究同等重要。从司法实践看，有关量刑的"怪现象"，并不少于定罪方面，然后，有时所谓量刑"畸轻畸重"的判断往往也是经验性或者感觉上的，从学理上往往说不清楚。从司法实践的需求看，有关量刑问题的研究没有形成有效的供给，尤其在量刑基本原理层面。最近二十多年刑法学研究的繁荣，无法掩盖学界研究的片面和主观偏好，在量刑领域研究中开拓性的学术成果寥寥无几。

以此为背景，本书作者王熠珏将"量刑规范化"作为其博士论文选题，对不同法域量刑规范化的理论与实践进行了颇为深入的分析，并利用在英国访学期间收集了大量一手资料，为其博士论文写作奠定了坚实的比较法基础。对英美学者有关量刑理论的研究，必然会溯及其基本方法论以及背后隐藏的价值体系，而将其与德国有关量刑理论进行比较，就会发现更多的、带有基础性的量刑学理；与我国刑罚尤其是量刑理论与实践进行比较、印证，就可能在量刑基本理念以及由此形成的规范化理论基础上形成更具"通约"力的、具有一定方法论性质的、体系化的量刑规则学说，即超越实定法在理念层面形成一个量刑规范体系，即"量刑教义学"。王熠珏博士对"量刑规范化"的持续深入研究，必然会叩响"量刑教义学"的大门，因而这本专著既以此前的"量刑规范化"研究为基础，更超越了之前的研究层次，进入了更为深刻的"唯理"层面，如此也就为反思以往刑法学研究以及量刑规范化改革提供了一个崭新的且具有批判力的理论分析工具。

<h1 style="text-align:center">二</h1>

这一部颇具雄心的学术作品。作者用"量刑教义学"作为题目，足以表征其对量刑领域研究的信心和对量刑基础问题开拓性的把握。作者将研究主题确定为"量刑教义学"，难免会受到一些研究者的质疑：为什么是"量刑教义学"，而不是"量刑解释学"，抑或是"量刑原理"？

"教义"一词，英文为 Doctrine，德文为 Dogma。《布莱克法律词典》将 doctrine 解释为"A principle, esp. a legal principle, that is widely adhered to."《朗氏德汉双解大词典》中将"Dogma"解释为"die den Anspruch erhebt, abosolut gueltig zu sein"，直译为"被作为绝对约束力的、所信奉的要求"。教义学，德文为 Dogmatik，该词典将其含义解释为"die systematische Darstellung der Dogmen, *bes der* christlichen *Religion*"，直译为"有关教条的体系化表述，尤其是基督教"。法学研究中使用"教义"或者"教义学"，可以看作是对这一术语的借用，或者说，只取其基本原则、规则之义，并将其与宗教用法剥离。例如，德国学者托马斯·M·J·默勒斯，将"法教义学"归纳为"判例和学说对'法'加以具体化、为解决具体的法问题而确立的各种规则所构成之整体"。

"刑法教义学"被引入我国刑法学研究后俨然成为一种研究范式。不过，时至今日，对这一研究范式存在诸多质疑。这些质疑可以归纳为三个层面：（1）从语源来讲，"教义"一词源于宗教用语，而教义也可译为"教条"，在一些语境下带有明显的贬义色彩，这种基于"语用"层面的质疑在今天也是存在的，当然此种质疑的感性成分要更浓一些；（2）从必要性来看，有学者认为用刑法解释学就足以涵括刑法教义学的研究内容，因而没有必要在刑法解释学之外再创造一个功能完全相同或者基本相同的、带有学科（即知识体系）性的概念；（3）对刑法教义学的超实定法取向表示怀疑态度，认为超越实定法讨论刑法教义学是不妥当的，因为一国刑法学研究的主要任务就是为本国刑事司法提供理论指导，讨论"形而上"的刑法"教条"并无实益。这种看法几乎是胡适先生所说的"多谈些问题，少谈些主义"的翻版。最近几年刑法学研究中"闭门自省"式的研究状态更加深了这一怀疑。

不过，当我们了解一门学科的发展方向后，对诸如"教义学"的提法也就不会过于抵触了。我们可以从两个角度来说明"教义学"作为一种研究范式的必要性。一是，以数学类比"教义学"。数学是研究数量、结构、变化以及空间模型等概念的一门学科，而刑法教义学则研究犯罪要素、结构以及惩罚犯罪的权力配置与运行的结构以及时空过程的知识体系。与数学中通过公理、定理、公式进行推理论证、用符号进行表达相似，刑法教义学的理想状态也是在确定基本原则和基本法理的基础上能够形成一系列的、可为一般化运用的规则体系以及规则的运用体系，进而为实务处理提供一般性的方法论及方法指引。类比数学思维方式，也可以说明，为什么刑法学研究总希望向"精致化"的方向迈进。二是，以自然法类比"教义学"。这个类比不是特别准确，因为自然法与道德伦理之间总是有着千丝万缕的关联，因而法教义学研究则努力地与道德伦理形成明显的区隔：不否定道德伦理对法律形成的影响，但敬而远之。不过，教义学研究走到今天，都带有超越实定法的取向，这与自然法的思路相似。超越实定法不等于脱离实定法而"向壁虚造"，而是形成一套自洽的、唯理的知识体系来指导实定法，包括批判法，抑或说，不能超越实定法，则无法真正建构一个更为合理的实定法体系。通过这两个"类比",我们也就概然地理解了"教义学"在刑法学研究中的特殊意义。

本书作者使用"量刑教义学"的初衷也是如此,即一方面为推动量刑活动的规范化、准确化甚至精致化提出自己的设想,另一方面则尽可能超越一国实定法提炼出一般性的量刑原理和量刑规则,进而为完善量刑制度提供基础性的法理支撑,这也是作者将其作品定位于方法论研究的主要理由。

三

迄今"刑法教义学"研究仍集中犯罪论部分,而刑罚论部分尚未形成完整的教义学理论,因而"量刑教义学"的提出且能够形成说服力的话,势必为"刑法教义学"扩荒一大片研究领域。不过,随之而来的问题就是,为何"量刑教义学"是可能的且可行的?这是作者要重点回答的问题。

对量刑基本理念的归纳是构建量刑教义学的基础。关于刑罚的基本理念,迄今为止,仍是以报应主义和功利主义的"经纬线"展开的。不过,对功利主义的理解存在多重取向,王熠珏使用更为准确的"后果主义"一词替代功利主义。由两者形成的"经纬线"延展开来,就刑罚正当化、目的、功能给出相应的学说。反映在量刑上,就形成了刑罚的分配理论,将报应和预防两者进行不同的结构化安排,就会形成相应的刑罚分配理论。在这个问题上,本书坚持了并合主义的基本立场。不过,作者敏锐地看到了,即便采取并合主义立场,在刑罚分配理论中对报应采取不同学说,以及在预防中强调哪种具体目标和刑罚功能,"并合主义"的画板上会呈现不同的"图景"。显然,选取并合主义路线,仍要面对继续不断"分叉"的具体路径选择。

对量刑方法的选择,就是对量刑基本思路的选择。具体而言,就是对于量刑过程中所要面对的各种事实要素如何进行处理,可以提出的问题就是:哪些要素对量刑有意义?在量刑中对这些要素如何进行分类,例如,如何从报应的角度统摄一些要素，如何从预防的角度统摄一些要素？如何有步骤地考量这些要素？如何确定量刑的步骤？这些量刑要素对最终的量刑结论的"贡献"程度？对量刑要素应否予以量化，如果予以量化，量化的根据和标准是什么？等等。可以说，关于量刑方法的讨论，也就是对决定量刑的、各种有意义的要素进行体系化和步骤化安排提出设计方案。本书作者运用相当的篇幅讨论这个问题，对美国、英国等国家量刑设计方案进行了分析和评价。与犯罪论教义学研究不同，量刑教义学研究会更多地运用经验分析的方法，即将以往量刑经验进行归纳，这也是目前电脑辅助量刑的底层逻辑。不过，对经验的提炼本身就带有批判的成分，在量刑方法上完全采取"经验量刑法"则是一种庸俗、懒惰的做法。例如，通过计算以往相似案件的量刑平均值作为本案量刑结论，这种将量刑裁判交由电脑统计的做法，无法在量刑上给出判断的合理性说明。所以，即便进入人工智能时代，法官仍要给予量刑说理，即给出形成量刑结论的论证过程。

量刑规则研究集中体现在各种影响量刑结论的情节以及对结论的影响程度，以及对这类情节的选择、分类规则，也涉及对具体量刑制度成立条件的研究。量刑规则的适用，要体现在量刑方法当中，并在不同的量刑步骤中予以体现。对量刑规则的研究，是量刑研究中最为琐细但最接地气的部分，尤其是结合具体犯罪的刑罚裁量，其呈现的"斑斓图景"，令人炫目、令人着迷。限于篇幅的原因，本书对量刑规则的基本理论问题进行了讨论，尚未进入这幅"斑斓图景"的描绘过程。这就为作者未来研究提供了更为宽阔的问题空间，也是验证其理论分析框架的"试验场"，由此也可以开发出一系列的量刑"公式"。

至此，为何"量刑教义学"是可能的且可行的？王熠珏博士较好地回答了这个问题。

四

王熠珏博士是一位极其用功的青年学者，用"极其"来形容其为学的勤奋毫不夸张。至今她仍保持着本科阶段的作息时间，去图书馆的时间也远超于同龄人。写作博士论文期间，王熠珏博士在英国玛丽女王大学访学，此时恰恰是新冠疫情爆发之时。彼时针对中国人的歧视乃至攻击行为甚嚣尘上，但她仍在英国坚持学习。能够顶住各种压力和环境困扰坚持按时完成博士学位，确实难能可贵，这也是一个合格研究者应有的毅力和坚持。

量刑问题是刑法学研究的薄弱环节，虽然在无数场合下诸多学者不断提出要加强对量刑问题研究，但真正有分量的研究成果乏善可陈。对量刑问题研究的落后状态，必然导致对司法实践的严重供给不足。近些年有关认罪认罚、单位犯罪的研究中，能够明显看出，一些研究者没有充分考虑到支撑这些制度和机制的"量刑之维"，缺乏从量刑理论的角度提出一些重要制度的适用标准。任谁都会觉得刑罚论尤其是量刑问题是刑法学研究的"富矿"，但真正的"探矿者"却寥寥无几。王熠珏博士能够成为"探矿者"的一员，也足以说明她所具有的学术勇气。

"量刑教义学"的大门似乎从来没有被敲响过，如今我们已经看到，这个大门已经在缓缓打开！

时延安
2024 年 6 月 10 日

缩略语词表

全称	简称
《中华人民共和国刑法》	《刑法》
《中华人民共和国刑事诉讼法》	《刑事诉讼法》
《人民法院量刑指导意见（试行）》（法发〔2010〕36号）	2010年《量刑指导意见（试行）》
《关于规范量刑程序若干问题的意见（试行）》（法发〔2010〕35号）	2010年《规范量刑程序意见（试行）》
《关于常见犯罪的量刑指导意见》（法发〔2013〕14号）	2013年《量刑指导意见》
《关于常见犯罪的量刑指导意见》（法发〔2017〕7号）	2017年修订版《量刑指导意见》
《关于常见犯罪的量刑指导意见（二）（试行）》（2017年5月1日起试行）	2017年《量刑指导意见（二）（试行）》
《关于常见犯罪的量刑指导意见（试行）》（法发〔2021〕21号）	2021年《量刑指导意见（试行）》
《人民检察院办理认罪认罚案件开展量刑建议工作的指导意见》（高检发办字〔2021〕120号）	2021年《认罪认罚量刑建议指导意见》

目　录

绪　论

一、现象、问题与方法

人类处事一般在逻辑上需要解决好三个方面的问题，即"是什么、为什么、如何做"，也就是"界定之、正视之、践行之"。[1] 对于量刑问题的研究也概莫能外。定罪是量刑基础，其重要性不言而喻，我国古代的刑律"多定刑而不定罪"，清末以来的刑法演进多致力于"以罪为刑之条件，以刑为罪之法律的效果"，无疑是一大进步。[2] 不过，对定罪的日益重视并不意味着量刑的重要性可以被轻忽，毕竟准确定罪的最终目的是合理地量刑。近年来，量刑公正一直是社会各界关注的焦点问题，包括实体公正和程序公正。实体公正体现为量刑均衡，不仅要求个案自身符合罪责刑相适应原则，不得轻罪重判或重罪轻判，也要求相似案件之间要满足以"时空环境差异"为前提条件的量刑均衡要求，即做到"同案同判"；程序公正表现为量刑过程向着更加公开、透明的方向发展。

为此，2010 年最高人民法院决定在全国各级法院系统全面试行刑事案件"量刑规范化改革"，其目的在于进一步规范量刑活动，规范法官裁量权，同时将量刑纳入法庭审理程序，引入量刑建议，增强量刑公开性与透明度。量刑规范化改革不仅是中央确定的重要司法改革项目，也曾是《人民法院第三个五年改革纲要（2009—2013）》的重要内容，虽然该项改革已经走过制度建构的初创期，转而迈进了实际运作的发展期，但其间形成

---

[1] 张志铭、于浩：《共和国法治认识的逻辑展开》，载《法学研究》2013 年第 3 期，第 7 页。

[2] 江镇三：《刑法新论》，民治书店 1928 年版，第 1 页。

的量刑方法和积累研究成果，对于深化认罪认罚从宽制度的践行、探寻新时期的犯罪治理路径等诸多方面都有着深刻关联。由于党和国家对司法公正高度重视，以期让人民群众在每一宗司法案件中感受到公平正义，"量刑规范化"俨然成为当下中国法治建设中无法绕开的议题。在笔者看来，法治建设中的量刑公正问题，可以归结为克服量刑失衡与实现量刑规范化的关系问题，进一步表现为量刑理念、量刑制度、量刑方法之间的关系问题。

从克服量刑失衡与实现量刑规范化的关系来看，晚近西方国家的量刑研究展现出的特点是，不受规制的自由裁量权逐渐受到了体系性思考的指引。德国刑法学者罗克辛教授在回顾李斯特、韦尔策尔、耶塞克等刑法学家的思想时，曾提炼出如下共识性见解：刑法学乃至法律科学必须成为一种真正的体系性科学，因为只有体系性的认识才能够确保法的安定性，从而使理性和平等的司法判决成为可能，否则，法律适用依然会停留于业余水平，刑法学也将倒退至"偶然"和"专断"的状态之中。[1]如果体系被理解为有序的整体，便可通过控制秩序标准（如提高标准或降低标准）或者整体中的元素（如提出一些制度、规范），促进体系的形成。[2]在科英看来，体系不仅有助于概观和实际工作，也是超越现有脉络联系（这种脉络联系只能在体系中清晰呈现）以发现新知的源头。[3]正因如此，德国学界诉诸体系性思考而提出的一系列量刑学说，如幅的理论或裁量空间理论（Schuldrahmentheorie）、点的理论（Punktstraftheorie）、位阶理论（Stellenwerttheorie）、社会形成理论（Theorie vom sozialen Gestaltungsakt）、犯行比例理论（Lehre von der Tatproportionalität）、法官评价一致的遵循理论（Die Orientierung am richterlichen Wertungskonsens）等。虽然不同学说对量刑过程的描述各异，但均以实现量刑公正为旨归，试图阐释责任方向的量

---

〔1〕 ［德］克劳斯·罗克辛：《刑事政策与刑法体系》，蔡桂生译，中国人民大学出版社 2011 年版，第 5-6 页、第 9 页。

〔2〕 卜元石：《德国法学与当代中国》，北京大学出版社 2021 年版，第 111 页。

〔3〕 ［德］卡尔·拉伦茨：《法学方法论》，黄家镇译，商务印书馆 2020 年版，第 220 页。

刑与量刑的预防功能、恢复功能之间的相互关系。[1]

如果将视域转向普通法系，会发现英美国家的法官在 20 世纪的大部分时间里都具有较大的量刑自由裁量权，量刑"体系"（System）概念尚未出现。[2]不过，量刑失衡现象并非在 20 世纪的最后几十年才备受关注。早在 100 多年前，英国便有大量关于如何实现量刑一致性的讨论，这些论争为刑事上诉审查制度的创设埋下了伏笔。例如，1907 年，英国为了克服量刑失衡问题而设立了刑事上诉法院（Court of Criminal Appeal），一方面是为了发挥刑事上诉法院的监督作用，以此制约下级法院的量刑；另一方面是让刑事上诉法院在审理上诉案件的同时，也从现有司法经验中提炼出一些原则或标准以形成先例，从而为后续案件提供量刑指导。在创设刑事上诉法院的 6 年前，首席大法官阿尔弗斯通（Alverstone）就已经通过监督"规范惩罚备忘录"（Memorandum on Normal Punishments）的筹备工作来回应公众对量刑失衡问题的关切，该备忘录包含许多常见犯罪的"罪行范围"（Offence ranges）或"规范量刑"（Normal sentences），被视为一种受高等法院法官认可的非正式量刑标准。[3]相比之下，美国的许多地区在前量刑指南时期几乎不存在任何权威性的量刑指导，法官在法定最高刑（Legislative maxima）之下拥有广泛的自由裁量权，大法官马文·弗兰克尔（Marvin Frankel）将该现象称为"量刑中的法制阙如"（Lawlessness in sentencing），他指出，关乎公民自由利益的量刑判决，似乎是在法治保护缺位的情况下作出的，由于缺乏一定的量刑标准，不受规制的自由裁量权便导致了美国量刑中的歧视和偏差。[4]鉴于此，美国的许多州自 20 世纪 70 年

---

〔1〕　谭淦：《论德国量刑法上的裁量空间理论》，载《海峡法学》2015 年第 1 期，第 56 页。

〔2〕　See Julian V. Roberts, *Structuring Sentencing Discretion*, in Andrew Ashworth, Andrew Von Hirsch & Julian V. Roberts eds., Principled Sentencing: Readings on Theory and Policy, 3rd edn, Hart, 2009, p. 229.

〔3〕　See Leon Radzinowicz & Roger Hood, *Judicial Discretion and Sentencing Standards: Victorian Attempts to Solve a Perennial Problem*, University of Pennsylvania Law Review, vol. 127/no. 5, pp. 1321–1323 (1979).

〔4〕　See Marvin E. Frankel, *Lawlessness in Sentencing*, University of Cincinnati Law Review, vol. 41/no. 1, p. 1 (1972).

代开始陆续颁行量刑指南，虽然这些指南的结构不尽相同，但其目的都是建立一种客观标准，以免法官的价值观、态度和信仰等因素对犯罪人所受的惩罚程度造成影响。[1]尽管美国联邦量刑指南自 2005 年的 United States v. Booker 案后，[2]其法律效力由"强制性"降格为"建议性"，但诸如明尼苏达州的量刑指南依然在实践中被贯彻执行，且依然对美国其他州的量刑理论和实践具有不容忽视的影响。总之，如何才能有效地组织量刑活动，兼之对量刑失衡的担忧，促使人们呼吁采取"更体系性的"方法来进行量刑。[3]一是因为体系是科学本身的需要，量刑理论需要具有全局意识和前瞻功能，而非仅满足于应付眼下的个别问题，唯有将各个要素整合为一个具有内在逻辑的整体，使当下的量刑指南以及其他制度方案具备更深层次的合理性，同时也为今后可能出现的问题提供有益的破解思路。二是源于法治国的内在需要，因为体系的存在能够为法律适用的稳定性和量刑结论的可预测性提供保障。

值得注意的是，如今经常能发现判例法思维方式与法典化成文法思维方式之间互相趋近的现象，因为前者当下正处于形成并凝固原则的阶段，由此已开始体系构建；而后者相反，正处在松解体系，并重新转向问题思考的阶段。其中"问题思考"有开启创造性开端的意义，而"体系思考"和与之相适应的法律"构建"，则具有合理控制个案解决方案的意义。[4]正如杰斯塔特（Jestaedt）曾将教义学生成机制归纳为"去情景化→一致化→再具体化"三个步骤：首先通过去情境化的步骤将法律问题浓缩为教义学概念；继而在一致化的步骤中把提炼出的教义学内容建立成一个体系，且尽可能确保该体系的内部无矛盾；再通过具体化的步骤将这一体系应用于个案之中，以保证法律适用的同一性以及法律系

---

〔1〕 See Jose Pina-Sánchez, *Defining and Measuring Consistency in Sentencing*, in Julian V. Roberts eds. , Exploring Sentencing Practice in England and Wales, Palgrave Macmillan, 2015, p. 76.

〔2〕 See United States v. Booker, (04-104) 543 U. S. 220, 2005.

〔3〕 See Julian V. Roberts & Andrew Ashworth, *The Evolution of Sentencing Policy and Practice in England and Wales, 2003-2015*, Crime and Justice, vol. 45/no. 1, p. 308 (2016).

〔4〕 ［德］卡尔·拉伦茨：《法学方法论》，黄家镇译，商务印书馆 2020 年版，第 219-220 页。

统的前后一致。[1]在英美的量刑法制阙如时期，对判例所进行的"去情景化"处理，将提炼出的裁判要旨上升为原则或规则，但其量刑教义学的发展受益于"一致性"环节的缺位，这一缺憾随着英美量刑指南的颁行而有所消解，其量刑教义学逐渐从"一致性"环节推进至"再具体化"环节。

　　客观地说，我国不乏追求量刑规范化以克服量刑失衡的探索，学界对量刑原则、根据、制度、方法等方面均有涉及，但与域外已成型的量刑研究相比，在体系研究方面仍显不足，如此将不利于量刑理念在制度设计和方法建构中的一以贯之。[2]考察清末变法改制以后，尤其是 1949 年以后的学术史，不难发现学界在刑罚目的的理论维度上展开了诸多争鸣，而刑罚理论与量刑理论之间原本就具有较高的关联度和亲缘性。及至 20 世纪 80 年代末，华东政法学院的苏惠渔等学者针对我国司法实践中量刑的畸轻、趋重现象，率先开展了电脑量刑的探索，提出在全国范围内建立统一的电脑辅助量刑专家系统的设想，并以盗窃罪和故意杀人罪作为实例进行开发尝试。[3]随着对量刑领域的关注日渐加深，尤其自我国全面开展量刑规范化工作以来，学界围绕如何实现量刑公正的探索、思考、建言从未停歇，于是在量刑领域积累了越来越多的论文、著作、译著等文献。归纳而言，围绕量刑规范化所展开的研究，在思路上主要有如下几种：一是采取实证研究的进路。例如，有学者利用信息技术手段在既有的罪刑框架内构建一套量刑标准，旨在使量刑方法更具客观性、精确性和操作性，实现量

---

　　[1]　Vgl. Matthias Jestaedt, *Wissenschaft im Recht: Rechtsdogmatik im Wissenchaftsvergleich*, JZ 2014, S. 6.

　　[2]　我国曾有学者指出体系性思考对于量刑规范化研究的重要性，参见王瑞君：《体系性思考与量刑的规范化——以〈量刑指导意见〉及实践为分析对象》，载《政法论丛》2014 年第 6 期，第 74-75 页。不过，该观点所言的体系性思考与笔者主张在量刑理念、制度、方法之间建立内在联系的体系性研究尚有一定区别。

　　[3]　参见苏惠渔、张国全、史建三：《未来的"电脑法官"——电脑辅助量刑专家系统论》，载《中国法学》1988 年第 4 期，第 89-99 页；苏惠渔、张国全、史建三：《量刑与电脑——量刑公正合理应用论》，百家出版社 1989 年版，第 1 页及以下。

刑过程的公正透明，以及提高量刑结果的可预测性。[1]另有学者通过建构模型的方式分析某一犯罪类型在地区间的量刑情况，并试图探究造成量刑失衡的原因，在此基础上提出相应的建议以指导量刑实践。[2]二是侧重于基础理论的阐释，结合我国的刑事政策，对量刑原则、量刑根据、量刑情节、量刑方法，或者就具体个罪的量刑问题予以探讨，并提出一系列完善我国量刑制度的具体构想。[3]三是立足于比较法的研究视角，梳理英美量刑模式的发展或其规则演绎，寻找域外量刑改革经验与我国本土情况之间的契合之处；或者研究以德国为代表的大陆法系国家的量刑理论，以责任主义、量刑基准等理论为参照，分析我国现有量刑规则中的不足，在一定程度上促使量刑理论向纵深发展。[4]笔者相信这样的研究旨趣在未来还会

---

〔1〕 参见赵廷光：《〈电脑辅助量刑系统〉的一般原理》，载《中国法学》1993年第5期，第81-88页；赵廷光：《量刑公正实证研究》，武汉大学出版社2005年版，第399-467页；赵廷光：《论"电脑量刑"的基本原理》，载《湖北警官学院学报》2007年第2期，第8-18页；赵廷光：《论量刑精确制导》，载《现代法学》2008年第4期，第89-106页；赵廷光：《中国量刑改革之路》，武汉大学出版社2014年版，第232-257页，等等。

〔2〕 参见白建军：《刑罚轻重的量化分析》，载《中国社会科学》2001年第6期，第114-125页；白建军：《犯罪轻重的量化分析》，载《中国社会科学》2003年第6期，第123-133、208页；白建军：《罪刑均衡实证研究》，法律出版社2004年版，第370-384页；白建军：《基于法官集体经验的量刑预测研究》，载《法学研究》2016年第6期，第140-154页；吴雨豪：《论集体量刑倾向对自由裁量权的塑造》，载《法制与社会发展》2024年第1期，第91-109页；吴雨豪：《量刑自由裁量权的边界：集体经验、个体决策与偏差识别》，载《法学研究》2021年第6期，第109-129页，等等。

〔3〕 参见胡学相：《量刑的基本理论研究》，武汉大学出版社1999年版，第232-240页；景景：《受贿罪量刑均衡问题研究》，人民法院出版社2015年版，第184-215页；石经海：《量刑个别化的基本原理》，法律出版社2021年版，第342-374页，等等。

〔4〕 参见杨志斌：《中英量刑问题比较研究》，知识产权出版社2009年版；汪贻飞：《中国式"量刑指南"能走多远——以美国联邦量刑指南的命运为参照的分析》，载《政法论坛》2010年第6期，第108-120页；张明楷：《责任刑与预防刑》，北京大学出版社2015年版，第136-173页；李冠煜：《从绝对到相对：晚近德、日应刑论中量刑基准的变迁及其启示》，载《东方法学》2016年第1期，第55-63页；彭文华：《英国诉权化量刑模式的发展演变及其启示》，载《环球法律评论》2016年第1期，第115-129页；彭文华：《酌定量刑、量化量刑与量刑双轨制——美国量刑改革的发展演变与新型量刑模式的确立》，载《华东政法大学学报》2018年第6期，第164-177页；潘文博：《德国量刑责任概念的源流、问题与启示》，载《政治与法律》2019年第4期，第32-45页；崔仕绣：《美国量刑改革的源起、发展及对我国的启示借鉴》，载《上海政法学院学报（法治论丛）》2020年第1期，第11-20页，等等。

一直持续，不过在肯定既有成果的同时，仍需明晰我国量刑学术之路的不足之处。

综观我国的刑法学研究，相较于犯罪论领域的深耕，量刑研究一直未能形成一股蔚为大观的思潮。不仅如此，在比较研究时也多侧重于大陆法系的量刑学说，而对普通法系国家近年来的量刑发展不甚关注。这与两大法系的理论特点具有一定关联，普通法系国家讲求实用、注重经验理性，其刑法的理论性不够厚重，加上刑事判例浩如烟海，以至于我们在研习时不易掌握；相较之下，德系理论的思辨特质与我国学界的心性更为契合，其理论构造也更为精细繁复，故而德系理论在我国比较刑法研究领域占据了重要位置。[1]上述现象所引发的问题是，当下我国学理研究存在着一种"重定罪、轻量刑"的现实状态，对于推进国家治理体系和治理能力的现代化建设是否助益；在大力发展我国量刑自主知识体系的过程中，既要总结本土经验，也需尽快实现域内外不同理论体系的整合，从而在基本概念、方法和体系建构上形成能够通约的新架构，但是目前比较研究中的视野局限是否会遮蔽什么？更为重要的是，体系研究的范式虽然在犯罪论领域中逐渐式微，人们不再热衷于体系的改造或建构，而是更注重解决现实问题的实效，但对于基础理论尚待发掘的量刑领域而言，体系的探索能否停歇。

通过以上的初步分析，我们可以提炼出量刑研究中的基本命题：针对以量刑公正为旨归的量刑规范化进路，需要量刑理念、方法、规则之间的协同来实现，即以更全局式、更体系化的范式来进行量刑教义学研究。其中，量刑理念为量刑教义学的建构提供指导，量刑制度或规则既是量刑教义学的研究和观察对象，也是量刑教义学从理论走向实践的主要载体，而量刑方法则是确保量刑活动符合一定规则或标准的必要工具。量刑教义学研究的展开，包括对量刑理念相关联的刑罚理论梳理，以及代表性国家或地区在不同历史阶段量刑模式选择，考察其抽象的理论学说究竟是如何融贯于制度生成和规则设计之中，进而评析其利弊得失，以期使我国当下的

---

〔1〕　田宏杰：《中国刑法学研究 40 年的方法论思考——从视野、路径、使命切入》，载《法商研究》2018 年第 6 期，第 67 页。

量刑失衡应对方案具备更深层次的合理性，同时也为今后可能出现的问题提供有益的破解思路。

在方法层面，量刑教义学研究在整体上是规范导向的，即总体适用的是规范分析法，尝试探寻当代中国量刑规范化建设的应然走向。诚然，实证分析法对于量刑研究而言具有重要意义，但规范分析法同样不可或缺。其一，即使考察运行状态中的量刑趋势，也需要完成从"描述性"到"规范性"的转向，因为判决本质上是问题导向的，是以解决行为人的定罪量刑为旨归，但现实的有效性不能反向推定应然的合理性。正如雷纳茨（Lennartz）所言，若从现实主义出发寻找法官究竟如何在脑海中形成裁判结论，则会发现法律解释的不确定性，故而应回归到方法的应然状态（或规范性方法论），关注社会对司法实践的期待。[1]易言之，只有使用"望远镜"而非"显微镜"，才能归纳出量刑中的教义。其二，我国的量刑改革是在特定时空条件下进行的，具有自身独特的历史传统、生成条件、演进轨迹和发展趋向，但仍有必要从比较法角度汲取有益经验。当前学界大多以德日的量刑学说为参照，对普通法系国家近年来的量刑发展关注不足，即使在针对英美国家的量刑研究中，也存在一些认知偏误，故而有必要将研究视野重新转向普通法系国家。在借鉴他国经验时，为避免空洞地描述和引介其量刑模式，需要将某种量刑指南置于更为广阔的刑罚思想背景中来考察，分析其产生原因和发展趋势，并探索相关制度与理论学说之间的联系。其三，囿于量刑教义学最终是以服务司法实践为旨归，需要在一定程度上采用实证分析方法，进而对不同国家或地区的司法案例进行考察。例如，我国最高人民法院的指导案例不仅案情较具代表性，且载有详细的量刑说理，能够揭示出法官的思考过程以及各量刑情节对量刑结论的影响程度，以之为研究对象有助于检视出我国量刑实践中尚存的问题，从而在学理上寻求更有效的解决方案。

二、量刑规范化与量刑教义学

明晰"量刑规范化"术语的由来，是量刑教义学研究的前提所在。如

---

〔1〕 卜元石：《德国法学与当代中国》，北京大学出版社 2021 年版，第 81 页。

今在谈及"量刑规范化"时，多半会将其与我国的"量刑规范化改革"相联系。事实上，"量刑规范化"并非最高人民法院在落实量刑改革之初时便使用的统一称谓，该语词被正式使用的标志可追溯至 2008 年 8 月最高人民法院发布的《关于开展量刑规范化试点工作的通知》。之所以将我国的量刑改革命名为"量刑规范化"，一是因为"量刑改革""量刑制度改革"等语词的外延过于宽泛，难以清晰地反映出改革的实质和内容；二是由于"量刑规范化"自山东省淄博市淄川区人民法院使用后已具有了一定影响力，于是最高人民法院继续沿用该词作为我国量刑改革的统一称谓。根据最高人民法院的界定，"量刑规范化"与"量刑规范化改革"是共通的，只不过前者侧重于目的，后者侧重于手段。[1] 由此可见，"量刑规范化"语词本身代表着一种应然层面的价值取向，意在追求量刑公正，不仅在实体上追求量刑均衡，亦在程序方面促使量刑过程更加公开透明；而"量刑规范化改革"则更多的是从实然层面揭示我国为克服量刑失衡而进行的制度建构与实践探索。刑事正义终究需要通过量刑公正来予以体现，从这个意义上看，"量刑规范化"应当是一项矢志不渝的追求，它不会因"量刑规范化改革"已取得阶段性成果而就此停歇。

量刑规范化作为一项系统性工程，需要量刑教义学为之提供理论指引。法律原则与现行法律规范框定了量刑教义学的范围，学说的创立虽然受此限制，但并不妨碍量刑教义学的功能实现，即通过寻找共识性的问题解决方案以尽可能减少量刑偏差，同时也可以通过漏洞填补、法律续造来扩大现行规范的容量。为了弥合应然与实然之间的差距，需要借助体系研究的范式，在量刑理念、量刑规则、量刑方法之间建立内在联系，从而以更全局的视野来发现一些曾为喧嚣争论所忽略的内容。

值得注意的是，量刑规范化作为一种应然层面的追求受到广泛认可，但对于"规范化"本身的探讨并不多见。通过文义解释来探讨"规范化"之本质，是教义学较为常见的解释进路。但即使在这一进路下，囿于汉语

---

〔1〕 熊选国主编：《〈人民法院量刑指导意见〉与"两高三部"〈关于规范量刑程序若干问题的意见〉理解与适用》，法律出版社 2010 年版，第 19—21 页。

中的"规范"一词具有多义性，决定了对于量刑"规范化"的理解也并不是确切的。归纳而言，根据《现代汉语词典》《当代汉语词典》，"规范"的含义大致有如下四种：

（1）作名词：约定俗成或明文规定的标准，即标准、准则。如，"道德规范"。

（2）作形容词：合乎规范。如，"这个词的用法不规范"。

（3）作动词：使合乎规范。如，"用新的社会道德来规范人们的行动"。

（4）作名词：模范，典范。

而"规范化"一词则主要是作动词适用，指的是"使合于一定的标准"。

如果以最高司法机关颁行的一系列量刑指导意见为例，可以在其规定中发现以下三种关于"规范"的含义。

第一，作为名词使用的"规范"。例如，最高人民法院发布的 2017 年修订版《量刑指导意见》曾规定，"《量刑指导意见》进一步完善量刑方法……修改完善常见量刑情节的适用和个罪的量刑规范"。其中的"量刑规范"具有"规范"的第（1）种含义，表示一种被明文规定的标准或规则。根据 2017 年修订版《量刑指导意见》的英文版本可知，这个意义上的"规范"所对应的是"Specification"。

第二，作为动词使用的"规范"。例如，最高人民法院、最高人民检察院联合印发的 2021 年《量刑指导意见（试行）》规定，"为进一步规范量刑和量刑建议工作，落实宽严相济刑事政策和认罪认罚从宽制度，增强量刑公开性，实现量刑公正"。该语句符合"规范"的第（3）种含义，用于表示 2021 年《量刑指导意见（试行）》旨在使 23 种常见罪名案件的量刑活动合乎规范，相应地，在英文版本中被译为"Regulate"。

第三，作为名词或动词使用的"规范化"。例如，"量刑规范化改革和量刑建议改革对规范刑罚裁量权，推进司法公开，促进司法公正，保障司法廉洁发挥了重要作用"。这类语句强调的是，使我国的量刑活动合乎一定的标准，从它们所对应的英文词汇亦可得到印证。根据 2021 年《量刑指导意见（试行）》的英文版本，"量刑规范化"可被译为"Standardized Sentencing"或者"Sentencing Standardization"。

通过上述分析可知，我国量刑场景中的"规范"一词，主要是在名词或动词意义上使用，具有"标准、准则""使合乎规范"这两种含义，这些含义与汉语中"规范"一词的第（1）、（3）种意义相联系；而"规范化"则用于表示"使合于一定的标准"，或者处于"合于一定的标准"的这种状态。"规范"语词的这些含义分别对应于英语中的"Specification""Regulate""Standardized"或"Standardization"。可见，在最高司法机关的语境中，量刑规范化改革其实相当于量刑"标准化"改革，通过建构一套合理可行的量刑标准，使法官在量刑时能够有据可循。该思路实际上符合了法治精神的要求，因为存在一套"稳定的、可知的、确定的规则"是实现法治的基本要求，若将目光聚焦于量刑场景，法治意味着司法裁决不仅应公开，而且须按照预先公布的标准作出。[1]量刑标准的设置可以使法官在量刑时有据可循，从而更容易得出一致的结论；与此同时，量刑教义学也需要以现行量刑规则为观察对象，并以此为出发点而展开体系化解释工作。只不过，仅将量刑"规范化"定位为量刑"标准化"显然是不够的，原因在于：一方面，量刑标准的制定者受其视域所限，可能会遮蔽一些自身无法察觉的盲点，故不能单靠量刑标准来肩负实现量刑公正的重任。另一方面，成文法的滞后性、个案的复杂性与司法价值的多元性将一直贯穿量刑活动的始末，若法官拘泥于量刑标准的列举规定而按图索骥地确定刑期，怠于从个案事实中发掘出影响量刑的其他因素，则很可能得出与社会公众正义直觉相悖的量刑结论。

在直面文义解释存在不足的情况下，将量刑"规范化"放置在与犯罪论教义学的对比框架下研究就显得尤为必要。在德国联邦最高法院判例中，作为一种解释实践，诸如"规范导向的解释""规范阐释""规范评价"等用语日渐增多。由此引发了学界的广泛质疑，认为德国联邦最高法院的"规范性"做法使构成要件要素的"明确性"显著丧失，与《德国基本法》第 103 条第 2 款针对法律明确性的要求相行渐远。在弗里德里希-克

---

〔1〕 ［英］安德鲁·阿什沃斯：《量刑与刑事司法》，彭海青、吕泽华译，中国社会科学出版社 2019 年版，第 84 页、第 106 页。

里斯蒂安·施德罗、英格伯格·普珀、埃里克·希尔根多夫等学者看来，"规范的"是法律用语中"最为模糊的"单词，是一种"漫无头绪的语言应用"。[1]为消解法律适用中"规范性"概念所引发的明确性危机，英格兰德教授通过区分狭义的规范性（表述了禁令的语句就是规范）和广义的规范性（不只涉及法规条例，还涉及评价和归因），进一步指出广义的规范性至少可在三个层次发挥作用：（1）含义构造层面的规范性。德国学界普遍认为构成要件要素是"规范性要素和描述性要素的混合"，只是二者比重因时而异。就含义构造而言，所有的构成要件要素都具有规范性基础，故而既要规范性地确定构成要件要素的"边缘地带"，也要规范性地确定其"核心领域"。（2）概念功能层面的规范性。与前述层次不同，这里的"规范性"并非用于确定概念的内涵与外延，而是在评价和归属意义上使用。比如，《德国刑法》第212条中的"卑劣动机"就是在评价意义上使用，需要法官来进行价值填补。又如，儿童的"无责任能力"是在归属意义上使用，因为对于儿童而言，是否在事实上认识到其犯行的不法并根据这一认识去行动，并不重要；根据《德国刑法》第19条规定，儿童总是在缺少责任能力的情形下行动。（3）事实情状层面的规范性。构成要件要素的事实根据既可能是自然情状，如人、建筑、交通工具、动产等，也可能是制度情状，需要通过功能指引、目的确定、评价、规范化和规则才能构成，如货币、财产、名誉、公务员地位、企业负责人职位等。[2]总之，由于"规范性"概念有着不同含义，在法律解释中可以发挥不同作用，不能将不同层次混为一谈。在犯罪论教义学中，构成要件要素要么指向自然情状（非规范性阐释），要么涉及制度情状，要么需要对自然情状或制度情状作出评价或进行归属。若要刑法条文在判例中的适用对于公民而言具有充分的预见可能性，需要对规范性的内容、功能、根据加以区分。

---

〔1〕〔德〕阿明·英格兰德：《现代社会中的法与刑法》，邓卓行译，北京大学出版社2023年版，第207页。

〔2〕〔德〕阿明·英格兰德：《现代社会中的法与刑法》，邓卓行译，北京大学出版社2023年版，第207–212页。

如果将视域转向量刑领域，量刑"规范化"的意涵也可以在上述分析框架中得以进一步廓清。其一，就含义构造层面而言，量刑领域诸多概念的内涵与外延亟待被规范性地确定。以"量刑基准"为例，究竟是从狭义角度将其界定为抽象个罪（或具体个罪）在排除任何量刑情节影响的既遂状态下所对应的刑罚量，还是应从广义角度将其理解为处理刑罚正当化根据的二律背反理论，在解读过程中必然涉及规范性阐释，而不可能进行纯粹的描述。其二，就概念功能层面而言，对"量刑事实"不能局限于存在论式的探查，而是要判断其究竟属于责任刑情节抑或预防刑情节，在此过程中会涉及规范性的评价或归属，需要将量刑理念融贯其中，从而实现报应和预防的刑罚效果。其三，就事实情状层面而言，"量刑情节"涉及的事实情状可能具有自然属性，如未成年人、老年人、又聋又哑的人或盲人，也可能是制度性情状，如未遂犯、从犯、自首、坦白、立功、累犯、认罪认罚等。后者的存在归功于法律评价或法律规则，不可能通过价值无涉的认识方式来把握。

综上所述，在我国量刑规范化改革的语境下，"规范化"语词的文义是"使合于一定的标准"。其中的"标准"在静态维度上是指与量刑相关的现行法，在动态维度上表现为使量刑活动能够切实符合现行法的量刑方法。一方面，量刑教义学以现行法的内容和适用为对象而建立的量刑知识体系，包括从制定法、学术研究，以及相关判例中得出的量刑理念、原则与基本规则。被普遍接受的量刑理念、原则与基本规则就上升为量刑中的"教义"。另一方面，囿于现行法不可能完美无缺，量刑教义学的任务就是对现行法进行解释、归类与体系化，通过漏洞填补、法律续造来扩充现行法的"容量"，为法官裁量提供可供选择的论据。同时，藉由犯罪论教义学可知"规范性"概念有着不同含义，在法律解释中可以发挥不同作用，是故在量刑领域也要避免将不同层次的"规范性"问题相混淆。通过对概念的含义构造、功能和事实根据层面的规范性评价加以区分，使量刑教义学的论证过程更为清晰，也为法外因素的引入提供相应的评价渠道。

三、量刑教义学的体系构造

自 19 世纪法教义学产生以来，其科学性一直为人们所怀疑。由于德国法学的核心是法教义学，法教义学是否具有科学属性也决定了法学能否跻身科学之列。上述质疑之所以产生，主要源于法教义学的科学性与实践性之间存在张力：一是表现为复杂多元与简化统一的对立。科学导向思维旨在推动法律的发展贡献思想资源，必须具有足够的复杂性，且需要百家争鸣和推陈出新。实践导向思维则倾向于删繁就简，通过倚重"通说"来确保司法裁判的稳定性和一致性。然而，即便是通说也不一定是真理，对于法教义学不是科学的一种指责恰恰在于其无法证伪。二是表现为久久为功与立竿见影的对立。科学导向思维关心的是"立长远"问题，不急于对个别具体问题给出确定的答案。实践导向思维受办案时间所限，不能待理论纷争尘埃落定之后，才去确定法律解释和案件裁判的结论。三是表现为普适性、恒常性与易变性的对立。法教义学具有双重实践导向，其服务对象是从事法律实践的人，且研究对象是现行法。现行法的变动不居无疑影响了法教义学的科学性论证。[1] 对此，既然根据现有科学理论无法证成法教义学的科学性，那么就有必要去反思科学性的界定标准。例如，学者奥尔认为法教义学的科学性是基于 19 世纪理想主义哲学对科学的理解，即科学是所有单个知识融贯性链接所建立的整体体系，凡是在方法上可确证的获得新认知的活动都是科学，而不在于这种认知是否具有自然科学意义上的证伪性。学者朗根布赫则进一步指出，法学命题的可证伪性不是对"正确"与"错误"的描述，而是应该用"有说服力""不着边际或显而易见""一致性或不一致""价值判断上符合逻辑或不符合逻辑""可接受或不可接受"来描述。[2] 从这个意义上看，若要坚守法教义学的科学性，就不能放弃对"体系"的追寻，因为单纯的论题学方法不能满足现代社会对法教义学提出的要求，论题学思考的"中心"是各单一问题本身，难以揭

---

〔1〕 陈璇：《刑法教义学科学性与实践性的功能分化》，载《法制与社会发展》2022 年第 3 期，第 145 页、第 147 页。

〔2〕 卜元石：《德国法学与当代中国》，北京大学出版社 2021 年版，第 70—71 页。

示其中的问题脉络和事物关联，只有"体系"才能在现有脉络联系的基础上发现新知识。[1]

基于此，量刑教义学研究也应当以"体系"为指向。受目的论影响，自利益法学产生以来，关于体系的理解存在"内部体系"与"外部体系"两种面向。内部体系是按照人们追求的、协调的价值结构形成的价值位阶秩序，涉及法律原则之间的意义关联与相互限制，原则中彰显的价值基础作为该类体系的核心基准点。外部体系是对法律材料进行形式划分，按照形式逻辑构造抽象的、普遍的概念体系，既可以保障最高程度的概括性，又可以保障最高程度的法安定性。[2]循此思路，量刑教义学的体系构造也得以在上述区分中作进一步展开。

（一）量刑教义学的内部体系与外部体系

第一，量刑教义学的内部体系对应于量刑理念维度。刑罚理论的变化往往直接影响着刑罚目的的调整，进而影响量刑政策和量刑原则的确立，并在量刑制度的设计和践行环节中表现出来。20 世纪 70 年代是英美现代刑罚理论发展过程中的重要转折，其影响所及，不仅在理论层面撼动了后果主义（Consequentialism）刑罚论长期以来在量刑领域的主导地位，同时实务层面也掀起一场始于英美而遍及世界多国及地区的量刑改革运动。[3]

---

〔1〕 ［德］卡尔·拉伦茨：《法学方法论》，黄家镇译，商务印书馆2020年版，第193页、第220页。

〔2〕 ［德］卡尔·拉伦茨：《法学方法论》，黄家镇译，商务印书馆 2020 年版，第 549 页、第 596 页、第 603 页。［德］伯恩·魏德士：《法理学》，丁晓春、吴越译，法律出版社 2003 年版，第 318 页。

〔3〕 迈克尔·托里（Michael H. Tonry）教授对"后果主义刑罚论"的原文表述是"consequentialist theories of punishment"。See Michael H. Tonry, *Sentencing Fragments: Penal Reform in America, 1975-2025*, Oxford University Press, 2016, p. 162. 从我国学者的翻译来看：（1）哲学领域（尤其是伦理学）学者通常将"Consequentialism"译为"后果主义"，参见徐向东主编：《后果主义与义务论》，浙江大学出版社 2011 年版，第 1 页；［美］茱莉亚·德莱夫：《后果主义》，余露译，华夏出版社 2016 年版，第 1 页。（2）法理学者依循了哲学领域的译法，如桑本谦、雷磊、孙海波、戴津伟、陈辉等学者的论文均采用"后果主义""后果论""后果取向解释论"等术语。（3）刑事法学界则是将"Consequentialism"或"Consequentialist"译为"结果主义"。例如，①有学者将"rationales of punishment…described as'consequentialist'"译为"结果主义的刑罚原理"，参见［英］安德鲁·阿什沃斯：《量刑与刑事司法》，彭海青、吕泽华译，中国社会科学出版社 2019 年版，第 87 页。②另有学者将"Consequentialist（s）"或"Consequentialism"译为"结果主义"，参见［英］安东尼·达夫：《刑罚·沟通与社群》，王志远等译，中国政法大学出版社 2018 年版，第 14

自此，曾经主宰了一世纪之久的后果主义刑罚论由盛转衰，报应主义（Retributivism）刑罚论借此重新登上了历史舞台。刑罚思潮的变迁，对英美国家的量刑改革影响深远，经历了从不确定量刑（Indeterminate sentencing）到确定性量刑（Determinate sentencing）的转变，[1]比例原则（Principle of proportionality）成为指导量刑的重要原则，犯罪的严重性成为量刑的主要依据。[2]英美国家的量刑改革一直与其刑罚理论的更迭有着莫大关

（接上页）页。③研究英国认罪协商制度时，有学者明确提及"暂缓起诉协议制度体现了强烈的务实态度和结果主义倾向"，参见裴炜：《英国认罪协商制度及对我国的启示》，载《比较法研究》2017年第6期，第128页。④我国学者亦将"Consequentialist"译为"结果主义"，参见范耕维：《罪刑相当原则之理论初探——以释字第775号解释为楔子》，载《月旦法学杂志》2020年第6期，第137页、第140页。综上所述，鉴于"Consequentialism"在普通法系量刑理论中的重要性，兼之在我国刑法教义学的理论背景之下"结果"是具有特定含义的词汇，将"Consequentialist Theory"翻译成"结果主义"非常容易引起混淆与语言歧义。笔者倾向于采取"后果主义"的译法。至于"后果主义"与"功利主义"之间的关系，将在后续内容中阐述。

〔1〕"不确定量刑"没有特别明确的定义，它的"不确定性"程度在不同国家或地区的表现不尽相同。例如，美国的华盛顿州和加利福尼亚州，法官每次判处的监禁刑都是"法定最高刑1年"；又如，在美国某些州，法官可以自行设定最高刑或最低刑，只不过该设定需要受到一定的限制，即最低刑应为最高刑的三分之一或不超过最高刑的三分之一，法官判处的刑期在执行时通常会因"善行折减"制度而被减刑。但可以肯定的是，"不确定量刑"所遵循的模式大致是法官作出的宣告刑刑期只是名义上的，犯罪人服刑时间的长短由假释委员会决定。See Michael H. Tonry, *Sentencing Fragments: Penal Reform in America, 1975-2025*, Oxford University Press, 2016, p.231.

〔2〕关于"Principle of Proportionality"的翻译：（1）时延安教授将其译为"比例性原则"，参见［英］杰瑞米·侯德：《阿什沃斯刑法原理》，时延安、史蔚译，中国法制出版社2019年版，第107页。（2）王志远教授将其译为"罪刑相适原则"，参见［英］安东尼·达夫：《刑罚·沟通与社群》，王志远等译，中国政法大学出版社2018年版，第197页。（3）我国还有学者将其译为"量刑均衡原则"，参见杨志斌：《中英量刑问题比较研究》，知识产权出版社2009年版，第88页。（4）我国有学者将其译为"罪刑相当原则"，参见范耕维：《罪刑相当原则之理论初探——以释字第775号解释为楔子》，载《月旦法学杂志》2020年第6期，第137页。综上所述，考虑"比例性"是英美刑法理论中的一个重要概念，不仅体现在刑事立法领域的犯罪化问题上，还在刑事司法领域作为一项重要的量刑指导原则；此外，"比例原则"还适用于国家实施惩罚的过程中，要求对于谋杀罪、恐怖主义犯罪、强奸罪等的指控，应当明确采用最为严格的判断标准，充分保护被告人免受可能的司法不公，理由是"指控越不严重，越不具有污名化，减少程序的参与成本和不确定性的正当性空间就越大。"可见"比例原则"的适用范围很广，量刑领域只是其中之一。若仅把"Principle of Proportionality"译为罪刑相适应原则或量刑均衡原则，可能不利于全面把握该原则的内涵，所以笔者采用"比例原则"的译法。

联，既要探寻域外制度的样貌和运作机理，更要挖掘其所根植的社会背景和依托的思想理念，着重考察抽象的理论学说究竟是如何实质性地参与并指导着各国量刑的制度生成、规则制定、方法凝练。如此而言，才能避免比较研究沦为对形而下制度的表层认知或出现"望文生义"式的论证，以免浮于事物表象而引入在其他国家已证明失败或弊端重重的做法。

第二，量刑教义学的外部体系对应于量刑方法、规则维度。外部体系以抽象概念为基石，而概念体系依托于量刑规则，无论是量刑规则的形塑，还是对量刑规则的解释，本质上是将刑罚裁量的方法用文字表述出来。根据量刑方法的不同载体，可将域外主要国家或地区的量刑模式归纳为"传统型""指南型"和"信息型"三类。[1]（1）传统型模式的特点是不对现有量刑制度进行大幅变革，主要采取相对温和的方式来克服量刑失衡的问题，如通过成文法或判例法的形式来设置量刑基准、完善量刑说理制度、构建上诉法院审查制度等，该模式以德国、瑞典等国家为代表。德国学界对传统型模式的看法褒贬不一，如学者霍恩雷坚持捍卫传统型模式，认为即使没有量刑指南来控制法官的自由裁量权，德国的法律体系依然能够非常公正地运行，且实现适度与非恣意的量刑。[2]但魏根特（Thomas Weigend）教授批判德国的量刑理论很复杂，概念模糊，对实践的影响甚微。[3]（2）指南型模式要求设立一个独立或附属司法机构下的量刑委员会，该委员会既可能是常设性的（如美国和英国的英格兰/威尔士），也可以是限期性的（如加拿大），通过量刑委员会制定的指南来指导量刑实践。[4]指南型模式涉及量刑权在立法机关、司法机关和量刑委员会之间的分配，量刑指南的具体设计，以及量刑指南实施后对假释、监狱容量的

---

〔1〕　蔡曦蕾：《量刑失衡的克服：模式与选择》，载《中外法学》2014 年第 6 期，第 1598 页。

〔2〕　［德］塔蒂安娜·霍恩雷：《无需量刑指南参考下的适度与非恣意量刑：德国的经验》，刘胜超译，载《中国刑事法杂志》2014 年第 6 期，第 38 页。

〔3〕　See Thomas Weigend, *Sentencing and Punishment in Germany*, in Michael Tonry & Richard S. Frase eds., Sentencing and Sanctions in Western Countries, Oxford University Press, 2001, p. 203.

〔4〕　See Julian V. Roberts, *Structured Sentencing*: *Lessons from England and Wales for Common Law Jurisdictions*, Punishment & Society, vol. 14/no. 3, p. 269（2012）.

影响评估等问题。（3）信息型模式通过"量刑信息系统"收集和整理大量的既往判例以供法官搜索与待裁量案件最相似的生效判例，并通过查看这些生效判例量刑因素的类型与范围、量刑因素对量刑的影响情况、量刑结论分布状况、对应判例的具体案情等信息，最终在综合法官量刑经验的基础上，作出最适合待裁量案件的量刑结论。在量刑司法史上，加拿大四省、澳大利亚新南威尔士等州、英国苏格兰高等法院、荷兰北部法院、日本最高法院、爱尔兰巡回刑事法庭、以色列相关司法领域等，均有在一定时期内运行量刑信息系统的经验，其中加拿大四省、澳大利亚新南威尔士等州及英国苏格兰的量刑信息系统实践具有开拓意义。[1]不过，该模式也存在着信息系统使用率低，对量刑失衡的克服效果不明显等问题。

就量刑规则而言，探寻量刑标准本就是各国克服量刑失衡的一种进路。普通法系法域中美、英两国的量刑指南最具影响力，不过二者的指南存在差异。（1）从指南的形式来看，英国采取的是叙述式（Narrative style）量刑指南，美国的联邦量刑指南和许多州的量刑指南采取的则是二维网格式（Two-dimensional grid）量刑指南。[2]（2）就指南的属性而言，具有"描述性"（Descriptive）和"规定性"（Prescriptive）之别。[3]描述性（Descriptive）或历史性指南本质上是在复制或反映当前的量刑趋势，从而鼓励法官更加一致地适用现有的量刑规范（Norms）；而规定性指南则试图通过改变一些现有的规范，以此来影响司法实践。（3）若根据法律约束力由强到弱，指南还有"强制性（Mandatory）—假定性（Presumptive）—建

---

〔1〕 蔡曦蕾：《量刑信息系统建构的域外经验与中国方案》，载《环球法律评论》2023 年第 3 期，第 198-200 页。

〔2〕 关于英美两国量刑指南的称谓：（1）我国有学者将英国的量刑指南称为"文字叙述量刑指南"，将美国的量刑指南称为"数字格状量刑指南"，参见蔡曦蕾：《量刑失衡的克服：模式与选择》，载《中外法学》2014 年第 6 期，第 1598 页。（2）我国还有学者将英国的量刑指南称为"论理叙述式"指南，参见杨志斌：《英美量刑模式的借鉴与我国量刑制度的完善》，载《法律适用》2006 年第 11 期，第 35 页。

〔3〕 See Richard S. Frase, *Forty years of American Sentencing Guidelines*: *What Have We Learned*?, Crime and Justice, vol. 48/no. 1, pp. 87, 99 (2019).

议性（Advisory）"之分。[1]在美国语境下，提及"强制性"往往会让人们联想到"强制性最低量刑法"，从严格意义上讲，现有的指南制度都不具备"强制性"，因为它们都允许法官在例外情况下偏离指南设定的量刑范围。美国明尼苏达州作为假定性指南的代表，其指南条款被认为是假定合理的，对法官具有一定的约束力；美国联邦量刑指南自2005年的United States v. Booker案后成为建议性指南，法官可以自由选择是否适用。[2]从英国2003年《刑事司法法》（Criminal Justice Act 2003）到2009年《法医与司法法案》（Coroners and Justice Act 2009），量刑指南对法院的约束力已在日渐提升。目前英国的治安法院（Magistrates' Courts）和高等级法院（Higher Courts）都存在具有法律约束力的相关指南。[3]从这个意义上看，英国量刑指南虽然在名义上仍属于"建议性"指南，但随着其约束力的增强，实质上也可归为假定量刑指南的范畴。

就内部体系与外部体系的关系而言，作为形式架构的外部体系服务于作为价值体系的内部体系，而内部体系又受到外部体系所提供的量刑规则、方法的反制。换言之，量刑理念为规则的制定和适用提供指导，而量刑方法则确保量刑规则得以正确适用，在克服量刑失衡的道路上需要量刑理念、方法、规则的共同作用，以实现量刑公正。一个公正、负责（Accountable）、透明的量刑系统最终都要落脚到规则的制定，这里的规则意味着一定的量刑标准，无论这些标准是以成文法、判例法抑或是以指南的形式呈现；除非有规则，否则法官无法根据一定的标准来检验自己的直觉，

---

　　[1]　关于"Presumptive Sentencing Guidelines"的翻译：（1）有学者译为"假定量刑指南"，参见蔡曦蕾：《量刑失衡的克服：模式与选择》，载《中外法学》2014年第6期，第1602页；（2）有学者将"Presumptive"译为"推定的"，例如，美国明尼苏达州的指南将所有罪行划分为11个严重性等级，然后有从0到6的7个犯罪历史分数，由此形成一个类似道路里程图的坐标系，量刑者主要是在罪行严重等级和犯罪历史分数所构成的网格中量刑，该网格即"推定的量刑范围"。参见〔英〕安德鲁·阿什沃斯：《量刑与刑事司法》，彭海青、吕泽华译，中国社会科学出版社2019年版，第478页。综上所述，考虑我国法理学界对于法律规范结构通常采取"三分法"，即"假定、处理、制裁"，笔者更倾向于将"Presumptive Sentencing Guidelines"译为"假定量刑指南"。

　　[2]　See United States v. Booker, (04-104) 543 U. S. 220, 2005.

　　[3]　See Julian V. Roberts & Andrew Ashworth, *The Evolution of Sentencing Policy and Practice in England and Wales, 2003-2015*, Crime and Justice, vol. 45/no. 1, p. 307 (2016).

辩方也无法知晓如何来维护被告的权益，旁观者（On-lookers）也无法知晓量刑程序是否以适当的方式运行，以及无法评判正义是否被实现。[1]在某种意义上，量刑教义学中内部体系与外部体系的关系问题，实质上是价值判断与形式逻辑之间的关系。只有认识到量刑理念、方法与规则之间的意义关联，才能正确把握域外理论学说与其实践之间的照应性。

（二）量刑教义学体系性思考中的价值与逻辑

按照当代的"体系"概念，外部体系注重逻辑上的无矛盾，而内部体系意在价值判断上的无矛盾。在德国学者魏德士看来，内部体系"远比外部体系更加精确、更加细致，价值判断体系指导着法律裁判问题的解决"。[2]由于价值是通过目的来实现，量刑教义学要贯彻体系性思考，便需要将特定的刑罚目的与其上位目的（如整个法秩序的目的）相协调。不过，立足报应主义刑罚论或后果主义刑罚论来建构一个层次分明、逻辑融贯的价值体系之前，有必要在综观层面将量刑教义学的内部体系置于量刑公正的意义结构中，对其三个基本特征进行解读。

一是评价性，它将抽象的量刑概念转化为意义开放的量刑原则，使外部体系不再是封闭完结的概念群。例如，实体法层面的量刑公正意味着量刑均衡，而量刑均衡具有两种意涵：第一种是指个案自身的量刑均衡，即个案的量刑结果与犯罪的社会危害性与犯罪人的人身危险性相适应，这也体现了罪责刑相适应原则的实质要求。第二种是指类案之间的量刑均衡，采用的是相对意义上的"同案同判"标准来比较个案间的量刑结果，此时所追求的量刑均衡相当于"量刑和谐"而非"量刑统一"，量刑和谐的特点在于能够兼容合法合理的量刑差异（同案异判），无差异也就无所谓和谐之说。需注意的是，"同案异判"与"量刑不均"分属不同的两个问题，非理性的"同案异判"属于"量刑不均"应摒弃，而理性的"同案异判"则是量刑所追求的实质公正，有利于实现量刑的法律效果与社会效果的统

---

〔1〕 See Michael H. Tonry, *Sentencing Fragments: Penal Reform in America, 1975-2025*, Oxford University Press, 2016, pp. 234-235.

〔2〕 ［德］伯恩·魏德士：《法理学》，丁晓春、吴越译，法律出版社2003年版，第318页。

一。〔1〕可见，量刑教义学并非强调绝对化、统一化、简单化的"同案同判"，克服量刑失衡不意味着要以牺牲刑罚个别化为代价。域外学者也有类似的看法，认为实现量刑结果的一致性（Consistency）并不等同于追求量刑结果的统一性（Uniformity），前者是通过探寻量刑方法的一致性来实现"类案同判"（Like cases are treated alike）；〔2〕后者则欲追求相同的结果，可能导致量刑走向了不顾个案差异、片面地追求形式平等的另一个极端。

二是经验性，它汲取了问题性思考的方式，认为脱离实践面向的量刑教义学如同无根浮萍一样难以令人信服，外部体系的构筑是在实践检验中不断完善，其意义在于确保内部体系所彰显的价值得以实现。例如，英国著名量刑学者阿什沃斯（Andrew Ashworth）教授曾归纳了四种提高量刑一致性的方法，包括司法的自我规制（Judicial self-regulation）、叙述式量刑指南、法定量刑原则和强制性量刑法（Mandatory sentencing laws）。详言之：（1）司法的自我规制。通过上诉审查制度的自我调节来指导量刑，其优点在于不会过分干涉法官的自由裁量权，且指南性裁判（Guideline Judgements）所采用的是法官们熟悉的叙述性形式，而非提供一份数字表格，因此较容易被法官们接受。〔3〕但是，上诉审查提炼量刑原则的过程往

----

〔1〕 熊选国主编：《〈人民法院量刑指导意见〉与"两高三部"〈关于规范量刑程序若干问题的意见〉理解与适用》，法律出版社2010年版，总论第27页。

〔2〕 See Jose Pina-Sánchez, *Defining and Measuring Consistency in Sentencing*, in Julian V. Roberts eds., Exploring Sentencing Practice in England and Wales, Palgrave Macmillan, 2015, p.79.

〔3〕 需要说明的是，英国的上诉法院中存在指南性裁判和指导性裁判之分：（1）指南性裁判（Guideline Judgements）：20世纪80年代，上诉法院的首席大法官开始不定期地作出指南性裁判，最早是针对毒品案件中的不同行为方式（进口、供应、持有）和不同毒品类型而配置不同的量刑范围；20世纪90年代，指南性裁判作为调整量刑的媒介而频繁引用；尔后，根据1998年《犯罪与妨害秩序法》（Crime and Disorder Act 1998）设立了量刑咨询小组（Sentencing Advisory Panel）后，上诉法院只有在接到量刑咨询小组建议后才能作出指南性判决，失去了主动作出指南性裁判的权力。（2）指导性裁判（Guidance Judgements）：2003年《刑事司法法》废除了"上诉法院只有在接到量刑咨询小组建议后才能作出指南性判决"的限制，自此，上诉法院可以就以下情形作出指导性裁判：一是量刑委员会已将相关问题列入日程，但由于指南制定周期长，在正式发布指南之前，上诉法院可以作出指导性裁判；二是量刑委员会尚未将相关问题列入日程，为及时应对实践中新出现的问题，上诉法院可以作出指导性裁判；三是为了解释现行指南，上诉法院可以作出指导性裁判。之所以被称为"指导性裁判"，很大程度上是为了和之前的"指南性裁判"

往较为缓慢，且只能提供零星的指导，无法形成统摄全局的改革引擎。[1]
对此，阿什沃斯教授明确指出，"司法的自我规制不适合于决定或规定总
体的量刑目标，以及确定有关监禁刑、被害人等方面的政策……在总体政
策的问题上，既需要进行体制改革，又需要完善指导方法"。[2]（2）叙述
式量刑指南。英国近年来量刑改革以颁行叙述式指南为主，它有别于美式
的量刑网格，包含一些用于阐明表格或罪行严重性的叙述要素，并列明起
刑点和量刑步骤，目的在于为每种罪行提供一个结构化的决策过程，使法
官能够采取一致性的方法来得出量刑结果。[3]之所以呈现叙述式风格，是
源于英格兰曾经使用的两种量刑指导形式。第一种指导方式是延续治安法
院的自愿性指南传统，由于英国存在大量的业余治安法官，为了能够更好
地指导其量刑，治安法院制定了许多自愿性指南，其内容不仅包括列明每
种罪行的起刑点及量刑步骤，还有很多涉及常见量刑因素的叙述。量刑指
南对于治安法院而言并非新鲜事物，早在 1877 年，英格兰的一名治安法官
就出版了第一个量刑文本。[4]第二种指导形式是效仿上诉法院判决的叙述
风格，从而让指南更易被法官接受。英国的量刑指南委员会（Sentencing
Guideline Council，SGC）成立于 2004 年，其发布的指南通常在第一部分讨
论罪行的特征，以及可能的加重或减轻因素，该叙述风格与上诉法院判决

（接上页）相区别。See Andrew Ashworth, *The Struggle for Supremacy in Sentencing*, in Andrew Ashworth & Julian V. Roberts eds., Sentencing Guidelines：Exploring the English Model, Oxford University Press, 2013, pp. 16-19, 25-26.

[1] See Andrew Ashworth, *Techniques for Reducing Sentence Disparity*, in Andrew Ashworth, Andrew Von Hirsch & Julian V. Roberts eds., Principled Sentencing：Readings on Theory and Policy, 3rd edn, Hart, 2009, pp. 243-244.

[2] See Andrew Ashworth, *Techniques for Reducing Sentence Disparity*, in Andrew Ashworth, Andrew Von Hirsch & Julian V. Roberts eds., Principled Sentencing：Readings on Theory and Policy, 3rd edn, Hart, 2009, p. 254.

[3] See Andrew Ashworth, *Techniques for Reducing Sentence Disparity*, in Andrew Ashworth, Andrew Von Hirsch & Julian V. Roberts eds., Principled Sentencing：Readings on Theory and Policy, 3rd edn, Hart, 2009, pp. 244-248.

[4] See Julian V. Roberts & Andrew Ashworth, *The Evolution of Sentencing Policy and Practice in England and Wales, 2003-2015*, Crime and Justice, vol. 45/no. 1, p. 308 (2016).

的部分内容非常相似。[1]（3）法定量刑原则。以法定形式向法院提供量刑指导，表现为在立法中规定详细的量刑原则（包括如何解决原则冲突的问题），然后再由法院将这些原则转化为具体的处理方法。该方式被芬兰、瑞典等国采用。法定量刑原则能够减少对法官自由裁量权的束缚，但囿于不同量刑者对原则的理解存在差异，即使所有量刑者都认真地追求相同的刑罚目的或目的集，也可能出现量刑不一致的情况。[2]（4）强制性量刑法。针对某些犯罪设置强制性最低量刑（Mandatory Minimum Sentences），以期通过发挥刑罚的威慑（Deterrence）、剥夺犯罪能力（Incapacitation）的功能来预防犯罪。该方式虽然能够提高惩罚的确定性，但却严重制约了司法的自由裁量权，消耗本已处于紧张状态的刑事司法资源，最典型的是美国加州的"三振出局"法（Three Strikes Law），[3]而英国、加拿大、澳大利亚、南非等国家或地区均可找到有关强制性最低量刑的规定。[4]总体而言，英国近年来主要通过叙述式量刑指南来克服量刑失衡问题，其指南要求量刑者采取一系列的步骤来提高裁判结果的一致性，而非刻意追求统一化的量刑结果。该思路实际上亦和我国学者的观点相谐，我国刑事司法领域重视裁判结果的一致性，强调"同案同判"，但世界上不可能有两个完全相同的案子，故而"同案同判"更多的是侧重论证的方法、过程的一

---

　　[1]　See Andrew Ashworth, *Techniques for Reducing Sentence Disparity*, in Andrew Ashworth, Andrew Von Hirsch & Julian V. Roberts eds., Principled Sentencing: Readings on Theory and Policy, 3rd edn, Hart, 2009, p. 245.

　　[2]　例如，如果量刑的总体目的是剥夺犯罪能力（Incapacitation），仍有必要提供进一步指导，以说明哪些犯罪和犯罪人可以被合理地进行预测性限制（Predictive Restraint），以及需要考虑哪些因素；如果总体目的是应得（Desert），那么在确定不同犯罪的相对严重性时需要考虑哪些因素，以及需要对犯罪人的前科记录赋予多少权重。See Julian V. Roberts, *Structuring Sentencing Discretion*, in Andrew Ashworth, Andrew Von Hirsch & Julian V. Roberts eds., Principled Sentencing: Readings on Theory and Policy, 3rd edn, Hart, 2009, p. 233.

　　[3]　"三振出局"来自棒球比赛术语，在此，用来表示行为人如果存在三次犯罪便难以享受假释政策。

　　[4]　See Andrew Ashworth, *Techniques for Reducing Sentence Disparity*, in Andrew Ashworth, Andrew Von Hirsch & Julian V. Roberts eds., Principled Sentencing: Readings on Theory and Policy, 3rd edn, Hart, 2009, pp. 252-253.

致性。[1]这在某种程度上也再次说明,即使在信息技术日新月异的当下乃至将来,算法也不能完全取代人脑来进行量刑。

三是开放性,它的价值秩序会因时因势而经历变动。例如,有关"刑罚个别化"的论争一般可追溯至19世纪末的刑事实证学派(新派)时期,也有学者将研究视野前移了200余年,主张早在刑事旧派时期便已存在以犯罪行为的社会危害性为根据的刑罚个别化雏形。[2]具体包括(1)刑罚个别化的朴素形态。基于犯罪行为的社会危害程度,对犯罪人科处个别化的量刑结果,刑罚与犯罪人所实施的已然之罪(行为的社会危害性)相适应,相当于建立在报应刑论基础上的刑罚个别化。囿于当时还没有成型的话语载体或成熟的理论形态,故谓之早期的极端形态。(2)刑罚个别化的中间形态。在刑事实证学派时期,是根据犯罪人的人身危险性大小而对其适用相应的刑罚,相当于是以目的刑论为基础的刑罚个别化,较之刑事旧派时期的刑罚个别化,此时已有相对成熟的话语载体和理论体系。(3)刑罚个别化的理性形态。及至当下,刑罚个别化已历经早期的极端形态而过渡为现代的理性形态,成为兼采社会危害性和人身危险性的刑罚个别化理论,刑罚不仅要和犯罪的轻重相适应,做到罪刑相当,同时也要与犯罪人的人身危险性大小相当,即兼顾刑罚的报应和特殊预防。[3]需要说明的是,前述观点是将"罪刑相适应"(犯罪行为的社会危害性与刑罚相适应)也纳入了"个别化"范畴,这与我国传统刑法学所言的刑罚个别化有一定区别。在传统刑法学看来,刑罚个别化是指"刑罚与犯罪人个人情况相适应",即刑罚与犯罪人的人身危险性相当。据此,尽管"罪刑相适应"是否蕴含刑罚个别化的考量存有分歧,但"罪责刑相适应"是将刑事旧派主张的罪刑相适应和刑事新派主张的刑罚个别化结合起来,蕴含了刑罚个别

---

〔1〕 田宏杰:《中国刑法教义学研究的若干误解与误区》,载《法学》2020年第2期,第25页。

〔2〕 石经海教授所言的"社会危害性",是法益的客观侵犯性和行为人的主观罪过性的有机统一。其中,犯罪过程中表现出的主观危害性应纳入主观罪过性中予以评价,而犯罪行为前后情况所反映出的人身危险性,则独立于社会危害性的范畴。参见石经海:《从极端到理性:刑罚个别化的进化及其当代意义》,载《中外法学》2010年第6期,第886页。

〔3〕 石经海:《从极端到理性:刑罚个别化的进化及其当代意义》,载《中外法学》2010年第6期,第885-895页。

化的要义。[1] 去异求同之后不难发现，刑罚个别化的意涵并非以数学中的定理公式为取向，而是在纵向时空维度中不断演进，最终在并合主义刑罚观上达成共识，即刑罚裁量不但要与罪行本身的轻重相均衡，而且还要符合预防犯罪的目的。正如许迺曼教授所言，"必须以一种'开放的体系'，取代在法学中既不能实践又无法追求的定理化体系，这个开放的体系不但不会阻碍社会及法律的发展，而且能保留发展的空间，或者至少能够配合发展"，[2] 显然也是侧重于内部体系的开放性面向。

　　至此可以总结的是，量刑教义学研究所推崇的体系性思考并非一种纯粹逻辑的思考活动，而是给以价值为导向的思维留有空间，力求形成一种开放的、与时俱进的体系。量刑教义学与"量刑统一化"的旨趣相异，它是兼顾"量刑一致性"与"刑罚个别化"的有机体，通过提高量刑"方法"的一致性来克服量刑失衡，不是以牺牲司法能动性为代价来片面追求统一的量刑"结果"。基于这一前提性认识，本书的旨趣在于：从我国量刑规范化改革的演进过程与现实实践中归纳当下量刑教义学所面临的悖论与难题，进而关注量刑教义学与刑罚论之间的深层次联系，从而为构筑我国自主的量刑理论体系与话语体系提供更有价值的理论素材与可行路径。进言之，第一章旨在梳理我国量刑规范化改革的过程，把脉量刑教义学，探寻量刑教义学未来发展的核心命题，并非简单复述我国的"量刑指南"建构史。第二章以后果主义和报应主义两个刑罚哲学流派为切入点，梳理西方刑罚思潮的变迁，意在更为深入地把握域外量刑改革的全貌、识别其制度成因，并对照考虑我国的刑罚论演进。在以上理论定位和思想根基探讨的基础上，从纵向维度探讨刑罚思想对域内外不同时期所持的量刑政策、原则的影响，并从横向维度分析我国当下主导的量刑理念。立足量刑教义学内部体系的探讨，接下来将研究视域转向外部体系。第三章从形式要素和实质内涵两个层面，对域内外代表性国家地区的量刑指南作深入解读，重点深挖各国量刑指南背后的法理基础、哲学原理和政策因素。囿于

---

　　[1]　高铭暄、马克昌主编：《刑法学》，北京大学出版社、高等教育出版社 2022 年版，第 27 页。

　　[2]　[德] 许迺曼：《刑法体系思想导论》，许玉秀译，载许玉秀、陈志辉主编：《不移不惑献身法与正义：许迺曼教授六秩寿辰》，新学林出版股份有限公司 2006 年版，第 255 页。

不同的量刑规则中蕴含了各自的量刑方法，为进一步考察量刑方法的运作机理。第四章将结合各国克服量刑失衡的主要模式来评析不同量刑方法的优缺利弊，致力于促进量刑领域内部的方法整合。这种整合并非简单地回避理论研究的差异性，而是试图在基本概念、方法和体系建构上形成能够通约的架构。第五章将立足于我国的现实情况，以域外的量刑教义学为参照，探讨应以何种路径来促使我国自然人主体或单位主体的刑罚裁量向着更为规范化的方向发展。

第一章　悖论与难题：量刑教义学的三重变量

一、概念变量：内涵日益更迭的"量刑"

（一）作为实体概念的量刑

我国刑法通说认为，量刑指的是"人民法院在定罪的基础上，依法确定对犯罪人是否判处刑罚、判处何种刑罚以及判处多重刑罚，并决定所判刑罚是否立即执行的审判活动。"[1]从中不难看出，由于量刑权作为刑事审判权的组成部分，是国家刑罚权的重要内容，故量刑的主体只能是人民法院；并且，量刑须以定罪为基础。学界对于"量刑的主体是人民法院"和"量刑的基础是定罪"这两点一般不会产生过多争议，但在阐明量刑内容时却往往容易产生分歧。根据量刑内容的详略，可能会对量刑概念有着不同的理解，这种纷争主要体现在下述方面。

第一，如何理解"是否判处刑罚"。如果仅将量刑之"刑"解释为刑罚，那么将量刑解读为"刑罚裁量"似乎并无不妥。我国民国时期便是在此意义上讨论量刑的相关问题，只是当时明确使用"量刑"一词的情形还较为鲜见，其刑法著作多是以"刑罚之适用"和"刑罚之加减例"等概念来表达量刑之意。[2]现如今，量刑的范畴并不限于刑罚裁量，还包括非刑罚处置措施和单纯给予否定性法律评价（单纯宣告有罪）的裁量，后两者都属于定罪免刑的情形。其中，非刑罚处置措施的裁量，其法律依据是我国《刑法》第 37 条规定的因"犯罪情节轻微"而不需要判处刑罚，可以

---

〔1〕　高铭暄、马克昌主编：《刑法学》，北京大学出版社、高等教育出版社 2022 年版，第 248 页。

〔2〕　参见江镇三：《刑法新论》，民治书店 1928 年版，第 375-410 页；郗朝俊：《刑法原理》，商务印书馆 1930 年版，第 429 页及以下。

根据案情差异来给予相应的非刑罚处置措施；而单纯给予否定性法律评价的裁量，指的是仅对犯罪人作出有罪宣告，既不给予刑罚惩罚，也不给予非刑罚处置措施的处罚，需根据法定的免除处罚情节来认定。例如，刑法总则中对于犯罪较轻的犯罪分子，自首可以免除处罚（《刑法》第 67 条第 1 款）。又如，刑法分则中针对犯罪较轻、在被追诉前主动交代行贿行为且有重大立功表现的行贿人，可以免除处罚（《刑法》第 390 条第 3 款）。由此看来，量刑之"刑"不仅限于"刑罚"，理应包括非刑罚处置措施和单纯宣告有罪的情形。正因如此，有学者主张将量刑之"刑"理解为"刑事责任"[1]，以此避免"量刑即刑罚裁量"表述的逻辑失当，从而将非刑罚处置措施和单纯宣告有罪的裁量也纳入"量刑"语词的范畴。[2]该观点立足于"罪—责"平行说，认为犯罪的直接法律后果是刑事责任，犯罪的间接后果是刑罚；刑事责任是刑罚的前提，刑罚则是刑事责任的直接法律后果（主要表现形式），因此刑罚是刑事责任的下位概念。申言之，量刑是关于刑事责任的裁量，不仅要裁量行为人负怎样的刑事责任，还要考虑如何实现该刑事责任，包括刑事责任的大小及其实现方式。[3]

其实，无论是通说的"罪—责—刑"平行说，抑或是"罪—责"平行说，二者阐述"犯罪与刑事责任""刑事责任与刑罚"这两对范畴关系的共识在于：一则，刑事责任以犯罪为前提，前者是后者的法律后果，无犯罪则无刑事责任，犯罪的轻重影响刑事责任的大小；二则，刑罚以刑事责任为前提，前者是后者的基本实现方式，无刑事责任则无刑罚，刑事责任的大小决定刑罚的轻重。只不过，"罪—责"说主张刑罚和非刑罚处置措

〔1〕 此处的"刑事责任"主要是从法律后果角度来理解，即刑事负担意义上的"责任"。

〔2〕 在高铭暄教授和马克昌教授主编的多部《刑法学》教材中，虽然将"量刑"定义为人民法院依法对犯罪人是否判处刑罚、判处何种或多重的刑罚，并决定是否立即执行的刑事审判活动，但均有"刑罚裁量，又称量刑"的表述。参见高铭暄、马克昌主编：《刑法学》（上编），中国法制出版社 1999 年版，第 460 页；高铭暄、马克昌主编：《刑法学》，北京大学出版社、高等教育出版社 2000 年版，第 259 页；高铭暄、马克昌主编：《刑法学》，中国法制出版社 2007 年版，第 300 页；高铭暄、马克昌主编：《刑法学》，北京大学出版社、高等教育出版社 2017 年版，第 250 页；高铭暄、马克昌主编：《刑法学》，北京大学出版社、高等教育出版社 2022 年版，第 248 页。

〔3〕 石经海：《刑法现代化下的"量刑"解构——量刑规范化的科学基础探究》，载《中国刑事法杂志》2010 年第 3 期，第 22-23 页。

施均为刑事责任的下位概念，而"罪—责—刑"说对此持否定态度，其理由有二：一方面，由于我国刑法总则并未对"刑事责任"作出专门规定，也尚未形成"犯罪—刑事责任"的刑法总则体系，故而，在调整现行刑法的体系结构之前，"罪—责"说仍缺乏足够的规范依据；另一方面，如果将刑罚和非刑罚处置措施视为刑事责任的下位概念，便意味着刑罚和非刑罚处置措施处于并列关系，但较之非刑罚处置措施，刑罚无论理论篇幅还是实践规模都处于重要地位，所以将二者列于同等地位的做法未必合理。[1]

由上可知，若将量刑之"刑"解释为刑事责任，其初衷是将非刑罚处置措施和单纯宣告有罪的裁量纳入"量刑"语词的范畴，从而改变一直以来针对"量刑"外延的狭义理解，只是可能面临来自"罪—责—刑"说对于"罪—责"说的诘难。实际上，如果立足于"罪—责—刑"说，将量刑之"刑"理解为"刑法所规定的处罚"，也能使刑罚、非刑罚处置措施和单纯宣告有罪均处于量刑概念的文义射程范围内。其中，刑罚和非刑罚处置措施属于"刑法所规定的处罚"自不待言，而"单纯宣告有罪"本身也是一种"处罚"。总之，在界定量刑概念时，只有在"是否判处刑罚"方面达成共识，即量刑的范畴不限于刑罚裁量，还包括给予非刑罚处置措施和单纯给予否定性法律评价，才能把握该概念的核心意涵。

第二，如何理解"是否立即执行"。对于被判处刑罚的犯罪人，存在要么立即交付执行，要么附条件暂缓执行原判刑罚的情形，后者涉及缓刑或死刑缓期执行的适用。[2]需要注意的是，缓刑制度和死缓制度虽不是刑种，但能影响原判刑罚的执行方式。随之而来的疑问是，将二者归入行刑

---

〔1〕 高铭暄、马克昌主编：《刑法学》，北京大学出版社、高等教育出版社 2022 年版，第203 页。

〔2〕 高铭暄教授、马克昌教授主编的 1999 年版、2007 年版《刑法学》教材在阐述"是否立即执行"的问题时，同时提到了缓刑制度和死缓制度。不过在两位教授主编的 2022 年版《刑法学》教材中，只提到了缓刑制度。参见高铭暄、马克昌主编：《刑法学》（上编），中国法制出版社 1999 年版，第 462 页；高铭暄、马克昌主编：《刑法学》，中国法制出版社 2007 年版，第 301 页；高铭暄、马克昌主编：《刑法学》，北京大学出版社、高等教育出版社 2017 年版，第 251 页。高铭暄、马克昌主编：《刑法学》，北京大学出版社、高等教育出版社 2022 年版，第 249 页。综上所述，笔者还是将死缓制度也列入"是否立即执行"问题中一并考量。

领域是否更为妥当。考虑刑罚的立即适用或暂缓适用关涉犯罪人的切身利益，将缓刑和死缓的裁量视为量刑范畴具有一定合理性。因为缓刑的适用与否，决定了犯罪人究竟是获得相对的"自由"抑或是身陷囹圄；而死缓的适用与否，更直接关乎犯罪人的生与死。从此意义上来看，是否宣告缓刑，以及在判处死刑的同时是否宣告缓期 2 年执行，均是法官在量刑过程中需要裁量的重要内容，故而将"是否立即执行"视为量刑内容的应有之义更为恰当。

综上所述，作为实体性概念的"量刑"，是指审判机关继定罪之后，依法判断是否对犯罪人适用刑罚，选择刑种并确定刑量，以及决定刑罚是否立即执行的刑事审判活动。值得注意的是，晚近以来，刑事政策与刑法体系之间的坚冰逐渐融化，如何真正实现刑法体系的刑事政策化，建立刑事政策与法教义学理论之间的有机关联，越来越为域内外学者所关注。在犯罪论层面，所谓的刑事政策与刑法教义学的关系，处理的其实是需罚性与应罚性的关系问题。需罚性涉及国家刑罚的目的因素，如预防必要性的判断；而应罚性是通过行为的社会危害性的评价来确定，包含着社会伦理上的无价值。在应罚性与需罚性二元分流的传统模式下，德国式犯罪阶层体系关乎的仅仅是应罚性的问题，需罚性的考虑则归于刑罚论，这在古典体系、新古典体系与新古典暨目的主义的综合体系中均有所体现。然而，随着功能主义刑罚观的兴起，应罚性与需罚性的关系处理发生了"前移"，如德国刑法学者罗克辛与雅各布斯教授所倡导的功能主义犯罪论体系皆引入了原属于刑罚论的需罚性判断。[1]如此一来，量刑方法论正发生着微妙且重要的变化，在犯罪论体系构造中融入了刑事政策的合目的性考量。研究视域上的这种转折，不仅为我国量刑研究开辟了全新的空间，使量刑研究与法教义学研究能够被统合起来，也为量刑方法论进一步"反哺"刑事法的其他领域提供了现实可能。

（二）作为方法论的"量刑"

承前所述，方法论意义上的"量刑"不同于我国通行的量刑概念，它

---

〔1〕 劳东燕：《刑事政策与功能主义的刑法体系》，载《中国法学》2020 年第 1 期，第 134-135 页。

指的不是作为实体性概念的量刑，也不局限于刑事审判阶段的具体措施。这种意义上的"量刑"，不是存在论意义上的，而是一种观念性的、方法论上的裁量，它对刑事法其他领域的影响至少包括以下三点。

一是作为方法论的"量刑"之于犯罪论体系构造的影响。刑法学所要关注的首要问题是刑法在社会中的定位，唯有如此，才能适应纷繁复杂和瞬息万变的社会要求。借由社会学系统论的观点，全社会经历了功能分化的过程，刑法是社会诸功能系统中的一员，"功能"是维持规范性的行为期待，刑法的运作机制是"运作上封闭"与"认知上开放"，并与其他社会功能系统存在结构偶联。[1]德国传统刑法教义学注重体系的内在逻辑而忽视了刑事政策层面的目标指引，以至于理论发展与现实需求之间出现疏离与脱节，故而，自20世纪70年代以来开启了功能主义转向，以期在方法论上整合体系性思考与问题性思考，使刑法教义学的科学面向与实践面向之间得以平衡。在此背景下，罗克辛和雅各布斯教授所建构的犯罪论体系内部均交织着应罚性判断和需罚性考量，只是二者的功能化程度有别。如所周知，罗克辛教授的答责性阶层是在以规范的可交谈性为实质内涵的罪责概念上，进一步考量行为主体是否具有预防必要性。换言之，行为人只有"在具有规范可交谈性的情况下仍实施不法行为"才成立犯罪。[2]由于预防进入责任理论之中是刑法功能主义思潮下的必然结果，报应刑法的式微与预防刑法的出现也是现代社会的必然产物，随之衍生的问题是若考虑预防的必要，如何安排责任和预防的关系。对此，代表性主张依然是延续了量刑方法论的思考，在答责性阶层中重拾责任主义的价值，自预防进入责任阶层后仍坚持以责任限制预防。[3]在犯罪论体系构造中引入量刑方法论，恰恰印证了学者德哈斯默尔的论断，即刑法的功能主义化不会必然导致刑法被滥用，相反，它是刑法走向现代化的重要标志。[4]

---

〔1〕 周维明：《系统论刑法学的基本命题》，载《政法论坛》2021年第3期，第120页。

〔2〕 陈尔彦：《德国刑法总论的当代图景与变迁——以罗克辛〈刑法总论教科书〉第五版修订为线索的展开》，载《苏州大学学报（法学版）》2020年第4期，第121页。

〔3〕 潘文博：《论责任与量刑的关系》，载《法制与社会发展》2016年第6期，第119页。

〔4〕 ［德］科讷琉斯·普赫特维茨：《论刑法的机能主义化》，陈昊明译，载李昊、明辉主编：《北航法律评论》（总第5辑），法律出版社2014年版，第47页。

二是作为方法论的"量刑"之于酌定不起诉制度的影响。除法院以外，其他司法机关事实上也行使着一定的"裁量权"。如有实务论者指出，检察机关的求刑权具有一定的判断和裁量性质，只是与审判机关相比，前者的"裁量"相对有限；在此意义上，刑罚"裁量"的程序性前置非但不会与"以审判为中心"的法治原则相抵牾，反而能促进控审双方采取一致的裁量标准。[1]就方法论层面而言，检察机关无论是提出犯罪指控抑或量刑建议，均须根据现行刑法对涉案主体的刑事责任大小作出判断，其结论的生成与法院定罪量刑并无实质差异。学界亦不乏类似看法，如时延安教授指出酌定不起诉的处理本质上是一种"模拟"的量刑活动，其主要论据包括（1）检察机关在形成量刑建议时，已经假定被告人的行为构成犯罪。（2）检察机关要综合地而非单一地适用刑事法中的量刑规范，全面考虑影响犯罪嫌疑人的刑事责任及其程度的各种因素。（3）检察机关所作的量刑建议须包含明确的结论性判断，要形成主刑、附加刑，以及是否适用缓刑的具体意见，并非只是提醒法院考虑哪些量刑情节。[2]职是之故，既然检察机关的量刑建议是基于一个综合运用量刑规范的过程而作出，那么，遵循量刑的基本原理、方法便是酌定不起诉制度适用的应有之义，尤其是考虑刑罚目的的实现问题。

三是作为方法论的"量刑"之于刑事执行制度的影响。如前所述，法院以外的司法机关实际上行使着一定的"裁量权"，故而，行刑机关在适用减刑时也涉及对犯罪人罪行轻重和人身危险性大小的权衡。在此过程中，尽管法院有权决定是否给予罪犯减刑，但实际发挥作用的是监狱等执行机关，假释制度亦如此。

就此而言，"量刑"既是一种存在论意义上的概念，具有实体内容的具体措施，也在方法论层面蕴含一种形成体系及获得新知的特定方法。方法论意义上的"量刑"的确有助于拓宽量刑教义学的研究视野，其价值内

---

〔1〕 参见重庆市第三中级人民法院课题组：《审判视角下的量刑建议问题研究》，载石经海主编：《量刑研究》（第6辑），社会科学文献出版社2020年版，第170页。

〔2〕 时延安、孟珊：《单位量刑学理对完善不起诉制度的启示》，载《人民检察》2021年第7期，第5-6页。

容可以由法律适用主体根据时代语境和社会发展的客观需要来填充，具有较强的灵活性与应变性。这些现象反过来也说明，随着我国量刑教义学的日益精细化，其原有的理论积累亟待体系化，而新的教义学命题也亟待发掘，并需尽量"无缝"添加到已有知识体系之中，如此无疑增加了研究难度，对理论成果的可推广性和可检验性提出了更高的要求。

二、定位变量：既在话语中心，又在学理边缘的量刑教义学

近年来，备受关注的刑事案件已出现了"刑事案件无小案"或"刑事案件小事不小"的现象，公众关注的并非社会危害性严重或情节恶劣的惊天大案，而是关涉重大法治价值或群众利益的刑事案件。[1]以于欢故意伤害案、赵某华非法持有枪支案、刘某蔚网购仿真枪案，王某贩卖鹦鹉案等为代表的典型刑事案件，除定性层面存在争论外，其量刑结论给人民群众朴素的公平正义观念带来的冲击无疑更为直接。习近平总书记曾指出，"公平正义是我们党追求的一个非常崇高的价值，全心全意为人民服务的宗旨决定了我们必须追求公平正义，保护人民、伸张正义"。[2]他明确要求，"努力让人民群众在每一项法律制度、每一个司法决定、每一宗司法案件中都感受到公平正义"。[3]正是由于量刑教义学对提升当代中国的司法公信力具有正向的助力作用，因此也就不难理解，我国量刑规范化改革期间所形成的智识资源在深化认罪认罚从宽制度中仍不可偏废。然而，迄今为止，刑法学研究依然"重犯罪论、轻刑罚论"。从一定意义上讲，刑法学是关于如何以符合正义理念的方式进行制裁的知识体系，而量刑的正当性恰恰是最为核心的问题。刑事制裁的正当化和有效性，是国家和社会

---

〔1〕 胡云腾：《习近平法治思想的刑事法治理论及其指导下的新实践》，载《法制与社会发展》2022 年第 5 期，第 28 页。

〔2〕 习近平：《领导干部要做尊法学法用法的模范》（2015 年 2 月 2 日），载习近平：《习近平谈治国理政》（第二卷），外文出版社 2017 年版，第 129 页。

〔3〕 习近平：《在中央全面依法治国委员会第一次会议上的讲话》（2018 年 8 月 24 日），载习近平：《论坚持全面依法治国》，中央文献出版社 2020 年版，第 229 页。

治理现代化的一个重要内容，但在这方面存在严重的学理供给不足。[1]

（一）量刑教义学的实务探索

我国的量刑规范化改革始于 21 世纪初，其产生的缘由可从内外两个方面来进行归因：既受到世界量刑改革运动的影响，也源于我国克服量刑失衡的内在需要。不过，域外的影响终究只是近因，而非产生作用的根本。相较于我国近代法制现代化进程中常具有的"被动突变式"特征而言，我国的量刑规范化改革更趋向于一种"内生自省型"的变革，更多是源于内力驱动。与以往"自上而下"的法制改革有所不同，量刑规范化改革最初萌芽于部分基层法院就如何规范裁量权而进行的实践探索，接着由最高人民法院介入调研、开展论证、着手起草，并逐步完善相关的量刑指导意见，然后以部分法院作为量刑改革试点，最终由点到面地推展至全国法院。如是以观，我国的量刑规范化改革实质上经历了由"自下而上"到"自上而下"的模式转变，构成了地方法院的量刑探索与中央司法改革之间的共振图景。

根据此前的一些标志性进展，可将这场改革划分为如下两个阶段：第一阶段是制度建构期，以 2003 年江苏省姜堰市等部分地区基层法院开展的量刑规范化探索为起点，这项"自下而上"的探索经由最高人民法院的介入而日渐转变为"自上而下"，并逐步由试点法院辐射至全国的量刑改革，其间伴随大量的调研论证、文件起草、试点检验，以及修改完善工作。该时期的主要成果是 2010 年 9 月 13 日发布了两个试行文本，为后续改革作出了一定的制度铺垫和经验积累。[2]

第二阶段为制度践行期，以前述两个试行文本于 2010 年 10 月 1 日在全国法院全面试行为开端，我国的量刑规范化改革自此迈入了新的发展阶段，意味着前一时期制定的试行文本并非成为束之高阁的累累帙卷，而是

---

〔1〕 时延安：《大力发展中国刑法学自主知识体系》，载最高人民检察院官网，载 https://www.spp.gov.cn/spp/llyj/202304/t20230412_610955.shtml，最后访问时间：2024 年 7 月 1 日。

〔2〕 最高人民法院发布的《人民法院量刑指导意见（试行）》和最高人民法院、最高人民检察院、公安部、国家安全部、司法部联合发布的《关于规范量刑程序若干问题的意见（试行）》。

在践行过程中接受全国的考验。该时期的主要任务是对 15 种常见犯罪的量刑活动进行指导，在实践中检验前述试行文本所确立的各项量刑标准是否合理，并不断地进行反思总结。[1]随后，针对试行期间的 15 种常见犯罪，最高人民法院发布了 2013 年《量刑指导意见》，该意见的颁行意味着我国的量刑规范化改革自此步入了全面实施阶段。为了将量刑规范化改革继续向纵深推进，最高人民法院对 2013 年《量刑指导意见》进行了调整，于 2017 年 3 月发布了修订版《量刑指导意见》；并于 2017 年 5 月 1 日在全国施行《量刑指导意见（二）（试行）》，对新增的 8 种常见犯罪的量刑活动进行指导。[2]今后，待时机成熟时，我国量刑指导意见所覆盖的罪名和刑种的范围还会不断扩大，相关规定也会日臻完善。

值得注意的是，我国自 2016 年拉开序幕的认罪认罚从宽制度改革。在时间维度上，认罪认罚从宽制度改革与量刑规范化改革的第二阶段相重合；在内容维度上，认罪认罚从宽制度改革可被视为量刑规范化改革的重要组成。为进一步规范量刑和量刑建议工作，落实认罪认罚从宽制度，最高人民法院和最高人民检察院联合发布 2021 年《量刑指导意见（试行）》。然而，与实务中如火如荼的量刑改革所不同的是，量刑研究一直在学界"偏居一隅"。这一学术现象随着量刑规范化改革的开展有所改观，但仍有许多未尽的问题需要进一步研习。

（二）量刑教义学的学理探索

1. 刑事实体法对量刑实践的理论供给不可停歇

早在 2010 年我国量刑规范化改革在全国法院全面试行之际，便有学者指出我国未来的量刑制度改革应当"实体先行，程序跟进"，量刑失衡虽可能为程序不公所致，但根本原因还是实体法问题：一是源于量刑标准不

---

〔1〕　最高人民法院发布的 2013 年《量刑指导意见》涉及 15 种常见犯罪，包括交通肇事罪，故意伤害罪，强奸罪，非法拘禁罪，抢劫罪，盗窃罪，诈骗罪，抢夺罪，职务侵占罪，敲诈勒索罪，妨害公务罪，聚众斗殴罪，寻衅滋事罪，掩饰、隐瞒犯罪所得、犯罪所得收益罪，走私、贩卖、运输、制造毒品罪。

〔2〕　最高人民法院发布的 2017 年《量刑指导意见（二）（试行）》新增了 8 种常见犯罪，即危险驾驶罪，非法吸收公众存款罪，集资诈骗罪，信用卡诈骗罪，合同诈骗罪，非法持有毒品罪，容留他人吸毒罪，引诱、容留、介绍卖淫罪。

科学。例如，法定量刑情节基本与犯罪事实有关，而对犯罪人人格特征与社会特征则不够重视。二是囿于量刑标准不统一，各地区乃至同一法院内部存在差异，由此造成同案不同判。有鉴于此，该学者主张我国的量刑改革应当以实体改革为主、以程序改革为辅。[1]也有学者指出，一些量刑制度的设计关键"不在程序法，而在实体法"。早前关于量刑答辩程序的设计，首先应把握刑事实体法上"罪是刑的前提，有罪才有刑"的罪刑关系本质；其次需要认识到实践中有关定罪事实和量刑事实的证据并非泾渭分明，尤其是犯罪人主观方面（故意、过失、目的、动机）的证据认定，倘若定罪和量刑程序截然分离，不仅浪费司法资源，也无法发挥刑对犯罪的制约作用，同时还可能导致免于刑事处罚或缓刑的适用率大幅降低。因此，相对独立的刑事审判程序更为科学。[2]以上观点均说明，从刑事实体法角度对司法实践中的量刑问题展开更深层次的分析，对推进我国的量刑规范化改革确有必要。

自《刑事诉讼法》在 2018 年经过修正并在第 15 条予以明确后，"认罪认罚从宽"作为一项法律制度乃至法律原则正式落地。然而，认罪认罚制度的大规模适用并不能证成其正当性，针对量刑建议的争议问题纷至沓来。关于量刑建议的表现形式，最高人民检察院发布的 2021 年《认罪认罚量刑建议指导意见》第 4 条规定"以确定刑为主、幅度刑为辅"，且应严格控制后者幅度。对此，有学者表示疑义，提出应当将量刑建议的精准化定位为量刑减让的精准化，法院则保留对量刑起点与基准刑的确定权。[3]另有学者认为，有必要对量刑建议的"刚性效力"神话加以祛魅，保留法官的实质审查权与自由裁量权，从而防范量刑协商风险的扩散；相应地，量刑建议的表现形式争论也就不再具有实质意义，而纯粹沦为一种技术性问题，在量刑制度健全、沟通机制完善的情况下，检察院当然可以

---

〔1〕 左卫民：《中国量刑程序改革：误区与正道》，载《法学研究》2010 年第 4 期，第 153-154 页、第 157-158 页。

〔2〕 田宏杰：《中国刑法学研究 40 年的方法论思考——从视野、路径、使命切入》，载《法商研究》2018 年第 6 期，第 69 页。

〔3〕 陈实：《认罪认罚案件量刑建议的争议问题研究》，载《法商研究》2021 年第 4 期，第 166-167 页。

提出"确定刑"量刑建议。[1]无论是检察官的确定刑量刑建议还是法官对此进行的实质审查，最终仍要落脚于对量刑实体根据的认识。若仅从程序推进的角度片面强调量刑建议的精准化和采纳率，无异于忽视量刑规范化改革为构建量刑方法论所付诸的努力、轻视量刑问题的复杂性、漠视责任刑情节与预防刑情节之间的功能区别。

2. 量刑实体规则面临的争议和困惑亟待回应

关于现行量刑指导意见的科学性，目前学界尚有疑义。有论者认为，设计量刑步骤的初衷是改变传统的"估堆式"量刑，但司法人员在选择量刑起点、确定基准刑和决定宣告刑时，相当于是凭"感觉"进行了三次抉择；更何况，随着估算次数的增多，量刑结论的科学性、合理性便越小，甚至还不如一次性估算所得的结果合理。[2]另有论者指出，《量刑指导意见》未获得法官群体的内心认可，部分司法人员先根据传统的"估堆式"方法得出一个拟宣告刑，然后再反推出量刑起点、基准刑，以及各量刑情节的调节比例，这种"由果索因"的思维路径无疑让《量刑指导意见》沦为了逆向佐证法官量刑结论的工具，该做法被形象地称为"印证式规范化"或"倒推式量刑"。[3]换言之，区分量刑步骤反而有导致量刑失衡的可能，倘若这一看法成立，是否意味着量刑教义学的理论研究和实践探索在某种程度上都是一种徒劳？

上述观点的启示恰恰在于：如果未能充分了解各步骤间的内在逻辑及其背后的基本原理，那么无论量刑步骤设计得如何精妙，量刑活动也依旧会沦为纯粹的直觉驱动。德国学者霍恩雷曾言，量刑的关键是跨越

---

〔1〕 郭烁：《量刑协商正当性的补强与量刑建议刚性神话的祛魅》，载《法制与社会发展》2023 年第 3 期，第 149 页。

〔2〕 闫平超：《量刑规范化体系下的量刑方法改革刍议》，载《法律适用》2020 年第 22 期，第 94-95 页。

〔3〕 参见严海杰：《量刑情节数量化之困境与出路》，载石经海主编：《量刑研究》（第 5 辑），社会科学文献出版社 2019 年版，第 123-124 页；周力娜：《透视量刑规范化进程中的微观成像 反思形式主义遮掩下的改革进路》，载《法律适用》2013 年第 2 期，第 94 页；金臻玉、蒋德忠：《关于温岭法院量刑规范化试行工作的调查与思考》，载《中国刑事法杂志》2012 年第 2 期，第 58 页。

抽象规则与最终具体数值结果之间的鸿沟。[1]为了跨越该"鸿沟",光靠细致、公式化的量刑步骤显然是不够的,关键是需要在法官认知中形成合理一致的刑罚裁量原理。事实上,英美在量刑规范化的探索过程中也遭遇了相似的困惑。英国量刑指南规定了一系列的步骤,其目的是让法官在充分了解案件之间重要差异的情况下作出合理的个别化裁决,但不排除另一种可能,那就是法官在遵循指南规定的步骤时,将花费更多的时间来对案情进行深入剖析,由此可能导致个案之间的量刑结果呈现更大的差异。由是,法官裁量的时间越久,未必会得出更理性或更有利的量刑结果。相比之下,基于美国明尼苏达州的网格式指南似乎能让刑罚裁量更为迅速,但此种裁量结论的合理性也面临一些质疑。尽管如此,英美学界的主流观点依然认为指南型模式比高度自由裁量的模式更为可取。[2]

总之,相较于让量刑活动湮没在完全未知的状态,将量刑理论转化为具有可操作性的量刑步骤,无疑是一种更值得期待的、实现量刑规范化的途径。至于"印证式规范化"现象,本质上是一种"逆向型"的量刑思维。在尚未对量刑方法的知识面貌,尤其是在对其步骤的形塑过程及蕴含的价值逻辑形成全面、客观的认知之前,仅仅因其表象有悖于量刑教义学的"传统信条",就对其加以否定甚至"禁锢",这样的做法最终是否妥当,不无疑问。不论顺向思考还是逆向思考,均是法官脑海中常见的心理现象,定罪和量刑中的"逆向型"思维都客观、真实地存在于复杂的刑事司法场域之中。从知识论角度来看,人们固然能依托显性知识的强势话语权,在一定程度上抑制隐性知识的大规模扩张,但是,只要显性知识不足以全面、有效地解决实际问题,那么再强势的话语权也终究无法抑制甚至消除隐性知识的生长。从存在论角度看,黑格尔曾言"凡是合乎理性的东

---

〔1〕 〔德〕塔蒂安娜·霍恩雷:《无需量刑指南参考下的适度与非恣意量刑:德国的经验》,刘胜超译,载《中国刑事法杂志》2014年第6期,第29页。

〔2〕 See Julian V. Roberts, *The Evolution of Sentencing Guidelines in Minnesota and England and Wales*, Crime and Justice, vol. 48/no. 1, pp. 214, 237-238 (2019).

西都是现实的，凡是现实的东西都是合乎理性的"。[1]由是，对于一种既存的事物或现象，重要的不在于从价值层面给予一个是非分明的匆忙评判，而在于更加富有耐心地去考察其发生的原因和存在背景，并在综合把握其社会功能后，给它一个公允的评价。[2]因此，即使法官最初积极运用实践经验得出一个预估结果，只要最终的量刑结论有法可依且能够经得起量刑步骤的校验，该思维路径就不应招致诘难。

3. 量刑理论与量刑实务之间的对接有待加强

目前学界对量刑规范化改革的评价褒贬不一，其中的批评之声既有一些直击改革短板的真知灼见，也有一些未必皆然，或多或少是囿于学界与实务界对一些核心概念的理解存在严重分歧。例如，在最高人民法院的语境下，"基本犯罪构成与法定刑是一一对应关系"，[3]当某一具体个罪包含多档法定刑幅度时，每一档法定刑幅度内都有与之对应的基本犯罪构成。然而，按照学界通常的理解，基本犯罪构成是与加重犯罪构成或减轻犯罪构成相对应的概念，即使某一具体个罪拥有多档法定刑幅度，它也仅有一个基本犯罪构成。如果对我国量刑规则所采用的概念体系缺乏清晰的认识，不仅容易造成更多的理论误解，也难以真正形成一种有效的问题之争。

又如，量刑改革项目组曾多次对"犯罪事实与量刑事实"之间交叉关系作了阐释，且对与之相关的"犯罪事实与非犯罪事实""犯罪构成事实与非犯罪构成事实""基本犯罪构成事实与其他犯罪构成事实"等多组概念进行了辨析，[4]并明确界定了"广义的量刑情节与狭义的量刑情节""特定量刑情节与一般量刑情节"的范畴。[5]相应地，2021年《量刑指导

---

〔1〕 ［德］黑格尔：《小逻辑》，贺麟译，上海人民出版社2009年版，第60页。

〔2〕 周建达：《以刑定罪的知识生产——过程叙事、权力逻辑与制约瓶颈》，载《法制与社会发展》2015年第1期，第174页。

〔3〕 熊选国主编：《量刑规范化办案指南》，法律出版社2011年版，第40页。

〔4〕 参见南英主编：《量刑规范化实务手册》，法律出版社2014年版，第22-23页、第32页、第306-307页。

〔5〕 参见熊选国主编：《量刑规范化办案指南》，法律出版社2011年版，第57-60页；南英主编：《量刑规范化实务手册》，法律出版社2014年版，第32-34页。

意见（试行）》延续了量刑规范化改革所提炼的量刑方法，一是根据"基本犯罪构成事实"确定量刑起点，二是根据"其他犯罪构成事实"在量刑起点的基础上确定基准刑，三是根据"量刑情节"调节基准刑以形成宣告刑。可能的质疑是，既然论及量刑的基本方法，为何前两步骤仍在讨论定罪问题。从定罪量刑的基本原理来看，定罪不是只要定出"罪名"，而是为量刑提供基础和前提。这个"基础"和"前提"不是抽象和空洞的，而是有具体内容的。正因如此，有学者指出"量刑基准的确定不是在量刑环节，而是在定罪环节"，量刑基准的确定根据是"犯罪构成事实"，"犯罪构成事实只能用于定罪而不能用于量刑，否则就不是犯罪构成事实而是量刑事实"。[1]

再如，尽管 2021 年《量刑指导意见（试行）》及其之前的量刑指南版本未明示多个量刑情节竞合下的适用位阶和抵消途径，但最高人民法院其实已在量刑规范化的相关出版物中针对量刑情节的竞合适用问题作了详细阐释和明确指导。问题是，基于实践经验而提炼出的量刑学说在学界的知悉程度依旧不足。若仅就增设量刑情节的竞合处理规定提出建议，即使初衷是避免法官在个案裁量中产生分歧，其带来的学术增量也相对有限。据此，只有更加真实、合理地还原我国量刑教义学的本土化全貌，才能够避免误读和曲解现行的量刑实体规则。

三、视域变量：比较研究的侧重与转向

若要探究我国量刑教义学的可能前景，势必需要关注其他国家近年来的量刑发展。实证主义创始人奥古斯特·孔德曾对"实证"一词作了五重解读，一是与虚幻相反的"真实"；二是与无用对立的"有用"；三是与犹疑相对的"肯定"；四是与模糊对照的"精确"；五是作为替代绝对的"相对"，即使在面对与自身相对抗的理论时，也绝不轻易否定其价值，而是更为客观、公正地对待每一种见解。[2]真正的实证精神在于"研究现状

---

[1] 石经海：《论量刑基准的回归》，载《中国法学》2021 年第 5 期，第 293 页。
[2] ［法］奥古斯特·孔德：《论实证精神》，黄建华译，商务印书馆 2011 年版，第 33—35 页。

以便推测未来"，即"为了预测而观察"。意大利学者萨科曾言，制定法、判例法、立法者、法官和法学家所提出的特定释义等构成了"法律共振峰"，这些"法律共振峰"之间随着特定的社会结构和社会文化而不断变化着。比较研究的任务就是要动态地研究其演变过程，建立在对各法律体系内的具体法则和规范之实际运作的观察之上。[1]在此意义上，有必要对两大法系的量刑理论进行比较研究，分析二者之间的共性与差异，并对其内容进行合理地吸纳与转化，从而为我国的量刑实践提供更多元的理论指引。

第一，从法律传统来看，我国自古以来拥有成文法传统，在量刑研究上与德系理论有着较高的亲缘性，故而对借鉴英美的量刑改革经验存有一定疑虑。比如，有学者曾指出，美国的量刑指南是对判例的提炼与集成，本质上是判例法范围内的一种具有制定法性质的规范性文件；对于属于成文法国家的我国而言，判例虽然具有一定的参考价值，但并非法律渊源，因此我国不存在照搬美国量刑指南的国情条件。[2]然而，在两大法系日渐融合的趋势下，普通法系国家在延续其判例法传统的同时，也日渐重视成文法的制定，尤其在量刑规则方面的探索就比成文法国家走得更远。[3]在英国学者看来，量刑制度的建构应当致力于实现两个目标：一是基于法治的考量而制定量刑指南，其目的是使量刑者在选择起刑点和权衡主要量刑因素时能够保持一致性；二是为了公正、平等而保留自由裁量因素，让量刑者能够根据个案中的不同事实组合来主持正义。[4]对于第一个目标，之

---

〔1〕郑智航：《比较法中功能主义进路的历史演进——一种学术史的考察》，载《比较法研究》2016年第3期，第13页。

〔2〕白建军：《罪刑均衡实证研究》，法律出版社2004年版，第135页。

〔3〕例如，英国量刑法的主要来源包括制定法（Legislation）、确定量刑指南（Definitive Sentencing Guidelines）和普通法（源于司法裁判）。近年来，前述三者之间的平衡已发生转变：制定法继续在数量和权威方面居于主导地位，量刑指南也被广泛应用于治安法院（Magistrates' Court）和王室法院（Crown Court），反而是上诉法院裁判的地位有所下降。尽管上诉法院的裁判依旧重要，但它更多是在解释量刑指南，而非独自制定量刑原则。参见［英］安德鲁·阿什沃斯：《量刑与刑事司法》，彭海青、吕泽华译，中国社会科学出版社2019年版，第20页。

〔4〕［英］安德鲁·阿什沃斯：《量刑与刑事司法》，彭海青、吕泽华译，中国社会科学出版社2019年版，第45页。

所以要在量刑中体现法治价值，主要是因为量刑不仅传递了对犯罪人所犯罪行的公共谴责，还涉及对犯罪人基本权利的剥夺，由此决定，量刑裁判应当在法律框架内被作出，通过适用预先规定的原则和标准，有助于促成清晰、一致、透明的法庭裁判。至于第二个目标，其背后的原因是刑罚个别化的考虑，因为实践中的事实情况存在多样性，"没有两个案件是相同的"，故而需要量刑者享有一定的自由裁量权来作具体判断。[1]我国学者也逐渐意识到，至少在量刑领域，英美的量刑立法就比一些成文法国家的量刑立法更为明确和复杂，况且我国虽属于大陆法系国家，但我国的法律体系尚未定型，仍然具有较大的可塑性，因此借鉴普通法系国家的量刑模式不仅必要而且可行。[2]

　　第二，从借鉴对象来看，德国在没有量刑指南的情况下，也基本保持了量刑的轻缓化和均衡化，于是德国在世界量刑改革运动中持有的克制立场及其量刑学说便自然成了我国学界的引介对象。德系量刑理论对于我国量刑教义学发展的启发意义不容否认，但比较法作为一所"真理的学校"，扩充并充实了"解决办法的仓库"，[3]故而英美国家的量刑理论亦不可偏废。英国被视为量刑学术研究的故乡，其第一个量刑文本（Sentencing Text）是由一名英格兰的治安法官（Magistrate）于 1877 年发布的。[4]在其后的一个多世纪中，英国的量刑立法和司法都发生了许多变化。诚然，英国在 20 世纪的大部分时间里是依靠上诉审查制度来规范其量刑活动，但该方式的被动、缓慢已饱受学者们诟病，故而量刑指南的地位日渐提升。尤其是 2010 年，标志着英国迈入了结构化量刑（Structured Sentencing）的新纪元，由曾经相对非结构化的量刑（Unstructured Sentencing）环境转变

---

〔1〕［英］安德鲁·阿什沃斯：《量刑与刑事司法》，彭海青、吕泽华译，中国社会科学出版社 2019 年版，第 476 页。

〔2〕杨志斌：《英美量刑模式的借鉴与我国量刑制度的完善》，载《法律适用》2006 年第 11 期，第 36 页。

〔3〕［德］K.·茨威格特、H.·克茨：《比较法总论》，潘汉典等译，法律出版社 2003 年版，第 22 页。

〔4〕See Julian V. Roberts & Andrew Ashworth, *The Evolution of Sentencing Policy and Practice in England and Wales*, *2003-2015*, Crime and Justice, vol. 45/no. 1, p. 308（2016）.

为能够为一系列犯罪和量刑问题提供详细指导的环境。[1]当前英国通说认为，较之上诉法院，量刑委员会更有利于对量刑提供指导，并计划于2020年为所有的主要罪行制定相应的量刑指南。[2]美国作为另一个量刑改革的前沿阵地，它在量刑理念的更迭上与英国具有一定的相似性，但两国在具体的模式选择和规则设置方面又各具特色。鉴于此，有必要将研究视域重新投向普通法系国家，对其新近量刑发展给予更多关注。

第三，从指南命运来看，自2005年的 United States v. Booker 案后，[3]美国联邦量刑指南的效力由"强制性"转为"建议性"，似乎意味着美国的网格式指南俨然已经走到了"历史的终结"，此后美国各州量刑指南的命运，以及英国近年来在量刑指南方面取得的重要进展未能引起我国学界的足够重视。然而，美国联邦量刑指南的效力变化是由一系列因素促成，既与量刑思想的更迭有密切关联，也不乏程序法和实体法方面因素，这些原因之间彼此关联、层层递进，但不意味着指南型模式的意义已消失殆尽。[4]事实上，美国法律协会（American Law Institute, ALI）在2017年批准通过的《模范刑法典：量刑》（Model Penal Code Sentencing 2017）中依然对指南型模式给予了高度认可；[5]并且截至2019年，美国的联邦量刑

---

〔1〕　See Julian V. Roberts, *Structured Sentencing: Lessons from England and Wales for Common Law Jurisdictions*, Punishment & Society, vol. 14/no. 3, p. 269（2012）.

〔2〕　See Andrew Ashworth, *The evolution of English sentencing guidance in* 2016, Criminal Law Review, no. 7, p. 520（2017）.

〔3〕　See United States v. Booker,（04-104）543 U. S. 220, 2005.

〔4〕　参见李韧夫、陆凌：《〈联邦量刑指南〉之于美国确定刑改革》，载《中南民族大学学报》（人文社会科学版）2014年第2期，第138-139页；陆凌：《美国〈联邦量刑指南〉强制性效力转向及其蕴意》，载赵秉志主编：《刑法论丛》（总第46卷），法律出版社2016年版，第478-482页；吕泽华：《美国量刑证明标准的变迁、争议及启示》，载《法学杂志》2016年第2期，第87-92页；[美] 巴里·约翰逊：《美国联邦量刑过程中无罪开释行为的适用之惑及其应对策略》，崔仕绣译，载《刑法论丛》2018年第4卷，第486-487页、第489-492页、第497-503页、第509页；崔仕绣：《美国量刑改革的源起、发展及对我国的启示借鉴》，载《上海政法学院学报》（法治论丛）》2020年第1期，第14-16页。

〔5〕　See Richard S. Frase, *Sentencing Guidelines in American Courts: A Forty-Year Retrospective*, Federal Sentencing Reporter, vol. 32/no. 2, p. 109（2019）.

指南及 18 个州（含华盛顿特区）的指南依然在践行。[1]另外，美国不断有研究表明，"对于日常案件的量刑而言，由量刑委员会颁布的假定量刑指南是确立可行性标准的最佳手段……事实证明，假定量刑指南制度可以使量刑变得更加一致和可预测，并有助于减少种族或其他因素导致的不必要偏差"。[2]至此产生的疑问是，为何备受我国学界批评的网格式指南能够在美国的许多州继续运行，是否源于对美国的量刑模式存在一定的误读。理解的前见可能不断衍生为学术的偏见，致使我们不仅对美国的量刑模式存在一定的认知偏误，还对英国近年来的量刑发展也不甚了解。

第四，从量刑实践来看，美国的监禁率大约是英格兰和威尔士的 5 倍，是欧洲大部分地区的 10 倍，从这样一个拥有超高监禁率的国家汲取量刑经验，似乎是讽刺的。[3]有必要指出的是，美国除了联邦量刑指南之外，各州层面的量刑指南不乏研究意义。例如，明尼苏达州的量刑指南已不曾间断地践行了 40 余年，且该州在美国整体出现惩罚性扩张的趋势下依然保持了较低监禁率，其经验无疑是值得关注的。另外，英国自 21 世纪也制定了量刑指南，但其指南的指导思想、风格形式、覆盖的罪行范围、适用情况等方面都与美国存在较大差异。由此可见，若仅以美国联邦量刑指南的境遇来评判"量刑指南"的价值，失之偏颇。

综上所述，不同理论体系之间的竞争关系有利于我国量刑教义学的深

---

〔1〕 自 1980 年以来，美国一共有 22 个司法辖区拥有或曾经拥有量刑指南。这 22 个司法辖区指的是联邦法院系统和 21 个州（含华盛顿特区）。其中，21 个州分别是阿拉巴马州、阿肯色州、特拉华州、佛罗里达州、堪萨斯州、路易斯安那州、马里兰州、马萨诸塞州、密歇根州、密苏里州、北卡罗来纳州、俄亥俄州、俄勒冈州、田纳西州，犹他州、弗吉尼亚州、华盛顿州和威斯康星州，以及明尼苏达州、宾夕法尼亚州和华盛顿特区。如今，除去路易斯安那州、密苏里州、威斯康星州，尚有 19 个司法辖区的指南在践行。See Richard S. Frase, *Forty years of American Sentencing Guidelines：What Have We Learned?*, Crime and Justice, vol. 48/no. 1, pp. 79 - 80 footnote 2, 85 (2019).

〔2〕 See Michael H. Tonry, *Sentencing Fragments：Penal Reform in America, 1975–2025*, Oxford University Press, 2016, p. 236.

〔3〕 See Martin Wasik, *Sentencing Guidelines in England and Wales—State of the Art?* Criminal Law Review, no. 4, p. 263 (2008). Also see Kevin R. Reitz, *Comparing Sentencing Guidelines：Do US Systems Have Anything Worthwhile to Offer England and Wales?* in Andrew Ashworth & Julian V. Roberts eds., Sentencing Guidelines：Exploring the English Model, Oxford University Press, 2013, p. 182.

化。过去 40 年，我国刑法学的快速发展与主动借鉴域外刑法学知识分不开，总体上依循了"洋为中用"的发展模式。时至今日，面对如何实现量刑公正这一共同而未尽的问题，我国的量刑教义学既要以增进人类社会福祉为目标进行域内外的比较研究，更要以自立、自主、自信的心态提出能够适应新时代量刑研究的新理论、新方法。

第二章 报应与预防：量刑教义学的理念面向

自 20 世纪 70 年代以来，世界上许多国家相继开展了声势浩大的量刑改革运动，但德国不仅没有对其量刑法律作大规模的修订，甚至学者与公众也未就量刑改革作过多研讨。[1]德国司法实务中的量刑轻缓化、均衡化，可能源于下述原因：一是德国具有尊重犯罪人尊严的历史传统，以及采用合意而非对抗型的政治结构；二是因为德国的法学教育和司法官的遴选机制确保了司法与政治的适度分离；三是由于其司法机构内部形成了一套规避严刑重罚的约束机制；四是归功于保安监禁（Sicherungsverwahrung）发挥了安全阀功能，[2]法官可以在判处刑罚的同时适用保安监禁，以此缓和公众或政客要求严惩犯罪人的诉求，从而避免刑罚过度严厉。[3]需肯定的是，德国在不借助量刑指南的情况下，司法实务依然未陷入量刑失衡的泥沼，其经验对我国而言具有重要的启示作用和借鉴意义。晚近以来，学界围绕德国量刑理论的探索、思考、建言从未停歇，正是由于学者们对该领域投入了心智和精力，才积累了如今关于德国量刑的论文、译作、文集等著作，有理由相信这样的研究旨趣在未来学术探索中一直持续。不过，相较于德国的量刑学说被日渐重视和熟知，我国学界对英美量刑理论的关注则明显不足。[4]以往关于英美量刑改革的研究多侧重量刑程序的引介，如此势必不利

---

〔1〕 ［德］塔蒂安娜·霍恩雷：《无需量刑指南参考下的适度与非恣意量刑：德国的经验》，刘胜超译，载《中国刑事法杂志》2014 年第 6 期，第 27 页。

〔2〕 关于"Sicherungsverwahrung"，江溯教授在另一篇论文中将其译为"保安监督"。参见江溯：《从形式主义的刑罚概念到实质主义的刑罚概念——评欧洲人权法院 2009 年 M 诉德国案判决》，载《时代法学》2012 年第 4 期，第 97 页。

〔3〕 江溯：《无需量刑指南：德国量刑制度的经验与启示》，载《法律科学（西北政法大学学报）》2015 年第 4 期，第 164-166 页。

〔4〕 需肯定的是，彭文华教授等诸位学者对推进英美量刑领域的研究作出了重要贡献。

于我国以综观的视角，了解他国曾经所遭遇的困境，如今已达成的共识，以及目前还留下的分歧，从而明晰当下在构建量刑教义学的内部体系时所应努力的方向。职是之故，本章将着眼于英美等国的量刑思想变迁。

诚然，英美两国在量刑改革中的表现不尽相同，二者在已然形成的量刑指南上也各具特色，但考虑两国量刑思想的发展轨迹表现得颇为相似，且经常交互影响，故本章拟将二者同时作为研究对象。除此之外，本章在论述过程中也会对其他西方国家有所涉及。

纵观英美两国的量刑思想发展，20 世纪 70 年代是一个重要的时间节点，在此之前是不确定量刑时期，后果主义刑罚论为当时的量刑思想、法律、制度和实践提供了重要指导，并为评估量刑系统是否正常运行提供了标准；犯罪人的社会化缺陷、技能缺失、受教育不足及心理失调等内容被视为犯罪的主要根源；实践中，法官、假释委员会、监狱官针对犯罪人进行个别化的裁量；惩罚的终极目标在于预防犯罪，主要通过复归（Reha-bilitation）和剥夺犯罪能力的方式来实现。[1]20 世纪 70 年代后，不确定量刑存在的不公平、不一致、不透明等问题受到了广泛诘难，后果主义刑罚论所构建的量刑机制轰然坍塌，报应主义自此重新登上了历史舞台，合比例的量刑（Proportionate Sentences）或"应得"（Desert）的量刑自此产生了巨大影响，[2]不仅美国、英国在制定各自的量刑指南时依赖于比例观念

---

〔1〕　See Michael H. Tonry, *Sentencing Fragments: Penal Reform in America, 1975-2025*, Oxford U-niversity Press, 2016, p. 162.

〔2〕　当今英美等国量刑理论中，大多用"应得"（Desert）概念来表达"报应"，二者在内涵上并无本质区别。关于"Desert"的翻译：（1）我国有学者将其译为"该当"，参见刘军：《该当与危险：新型刑罚目的对量刑的影响》，载《中国法学》2014 年第 2 期；〔德〕安德烈亚斯·冯·赫希：《量刑该当模式的演进》，谭淦译，载石经海主编：《量刑研究》（第 5 辑），社会科学文献出版社 2019 年版，第 19-26 页；〔德〕安德烈亚斯·冯·赫希：《该当量刑概论》，谭淦译，中国人民大学出版社 2023 年版。（2）时延安教授、王志远教授则是将"Desert"译为"应得"，参见时延安：《酌定减轻处罚规范的法理基础及司法适用研究》，载《法商研究》2017 年第 1 期，第 102 页；〔英〕安东尼·达夫：《刑罚·沟通与社群》，王志远等译，中国政法大学出版社 2018 年版，第 26 页。（3）有学者直接将"Desert"译为"报应"。例如，"Just Desert"译为"正当报应"，参见 David Garland：《控制的文化——当代社会的犯罪与社会秩序》，周盈成译，巨流图书有限公司 2006 年版，第 55 页。另有学者将"Desert"译为"应报"，将"Just Desert"译为"正当的应报"，参见吴景芳：《刑罚与量刑》，载《法律适用》2004 年第 2 期，第 10 页。综上所述，笔者倾向于采取第（2）种译法，将"Desert"译为"应得"。

(Notion of Proportionality)，加拿大、芬兰、瑞典等国也在其量刑立法中强调比例原则的重要性。[1]

由此可能产生的疑问是（1）为何曾经盛极一时的后果主义刑罚论在1970年发生了根本性动摇？这场转变仅仅是骤然偏离了原本已确立的刑罚发展轨道，还是由长期积弊的问题或久经酝酿的计划所导致？（2）报应主义刑罚论对英美国家量刑制度的形塑产生了哪些影响？尤其是美国自1975年以来监禁人数增加了7倍，监禁率一度超过750人/百万人，到2014年仍超过700人/百万人，相当于其他西方发达国家平均水平的7倍，[2]理论上将其称为"惩罚性转向"（Punitive Turn）[3]，该现象是否意味着报应主义刑罚论在某种程度上会为严刑峻罚推波助澜？（3）近年来，英美的量刑领域又发生了哪些思想革新？显然，这些问题的解决，有助于勾勒出英美量刑制度形成的理论语境。

量刑不一致的主要根源在于法官所持的刑罚哲学有所不同，法官在追求自己的刑罚哲学时可能会本能地选择不同的量刑原理。[4]后果主义和报应主义作为两个具有代表性的刑罚哲学流派，常被用以证成刑罚的正当性，这是探讨刑罚分配之前的一个更为根本性的问题。[5]后果主义的核心

---

〔1〕 See Andrew Von Hirsch & Andrew Ashworth eds. , *Proportionate Sentencing*：*Exploring the Principles*, Oxford University Press, 2005, p. 1.

〔2〕 See Michael H. Tonry, *Sentencing Fragments*：*Penal Reform in America*, *1975-2025*, Oxford University Press, 2016, p. 4.

〔3〕 See Deborah E. McDowell, Claudrena N. Harold & Juan Battle eds. , *The Punitive Turn*：*New Approaches to Race and Incarceration*, University of Virginia Press, 2013, pp. 1-25.

〔4〕 See Alan A. Stone, *Sentencing as a Human Process by John Hogarth*, Harvard Law Review, vol. 86/no. 7, p. 1361 (1973).

〔5〕 从域外学者的研究来看，后果主义和报应主义是普通法系刑罚哲学中最为重要的两大流派。英国著名刑法学者安德鲁·阿什沃斯教授（牛津大学）、安东尼·达夫教授（斯特灵大学）、威廉姆·威尔逊教授（伦敦玛丽女王大学）等学者，以及美国明尼苏达大学的理查德·弗雷斯（Richard S. Frase）教授等学者，都在其相关著作中对上述两种刑罚论有所论及。See Andrew Von Hirsch & Andrew Ashworth eds. , *Proportionate Sentencing*：*Exploring the Principles*, Oxford University Press, 2005, Ch. 2. See Andrew Ashworth, *Sentencing and Criminal Justice*, Cambridge University Press, 2015, p. 87. See R. A. Duff, *Punishment*, *communication*, *and community*, Oxford University Press, 2001, Ch. 1. See William Wilson, *Central Issues in Criminal Theory*, Hart Publishing, 2002, pp. 66 - 71. See Richard S. Frase, *Forty years of American Sentencing Guidelines*：*What Have We Learned?*, Crime and

观点是，只有当产生了某种有益的后果时，刑罚正当性才能够被证成；而报应主义的核心观点是，只要刑罚是犯罪人所应得，其正当性就可以被证成。[1]托里教授曾言，"在当下时代，若要（在后果主义和报应主义所提供的理论框架之外）为新的举措提供完善的、原理性的理论支撑，并非一件容易之事"。[2]

接下来依然选择从后果主义与报应主义的论争入手，以时间为轴围绕"后果主义量刑思想的由盛转衰""报应主义量刑思想的重新回归"，以及"并合主义量刑思想的推陈出新"三个部分具体展开，试图从中勾勒出西方国家的量刑思潮变迁，并从中提炼出助益于我国量刑教义学的重要启示。不过在此之前，有必要阐明"后果主义""报应主义""比例原则"三者的基本含义和彼此间的关系，这是梳理西方国家量刑思潮变迁之前所需把握的基底性理论。

一、量刑语境下比例原则的含义

"比例性"作为一项重要的指导原则，在刑事立法和刑事司法领域均有体现。（1）在刑事立法领域中，探讨犯罪化问题时会涉及"比例性"的考量。刑法的一个主要功能是给犯罪分类，以及为它们合比例地贴上标签，如最低限度原则主张在多数情况下必须把犯罪化作为最后手段，为了限制刑罚权的作用范围，犯罪化不能不成比例。[3]（2）在刑事司法领域中，制定量刑政策时蕴含了"比例性"的考量。对于量刑语境下的比例原则，后果主义者和报应主义者存在不同的认识，以下将择其要者而

（接上页）Justice，vol. 48/no. 1, p. 115 footnote 41（2019）. 此外，Saskia Hufnagel 教授（原就职于伦敦玛丽女王大学，现就职于悉尼大学）在讲授"刑法学"课程时，对刑罚理论的阐释亦主要围绕"consequentialist"和"non-consequentialist（retributive）"两种理论展开（当然，还包括兼具此两种理论要素的并合主义理论）。

〔1〕〔英〕安东尼·达夫：《刑罚·沟通与社群》，王志远等译，中国政法大学出版社2018年版，第14页。

〔2〕See Michael H. Tonry, *Sentencing Fragments：Penal Reform in America，1975-2025*, Oxford University Press, 2016, pp. 164-167.

〔3〕〔英〕杰瑞米·侯德：《阿什沃斯刑法原理》，时延安、史蔚译，中国法制出版社2019年版，第22页、第84-85页。

述之。

（一）后果主义刑罚论对比例原则的解读

1. 后果主义的缘起与演进

后果主义的要义在于，一个行为的伦理地位取决于其后果的价值，行为的"后果"这一概念是其最重要的理论组成部分。[1] 自道德哲学伊始，人们就确立了后果主义的基本洞见，一个人行为的后果在道德上是重要的且该被纳入道德评价中，行为的道德属性（如行为正确与否）是由行为的后果（产生的善）所决定。早期的后果主义缺乏体系化的理论建构，18 世纪、19 世纪经由古典功利主义者边沁、密尔等发展才得以成型。作为后果主义中最为人熟知的一种形式，古典功利主义（Utilitarianism）认为正确的行为是最大化了善的行为，善在根本上大约是快乐和/或免除痛苦，在此意义上，根本价值是"快乐"，达到价值的进路是"最大化"。[2] 以此为基础，之后的学者对于价值本身和达至价值的进路存在不同认识，由此形成了纷繁复杂的学说。

就价值本身而言，主要存在两类分歧：一类立足主观说，如边沁、密尔皆是在快乐、欲望等主观状态中确认价值；另一类依循客观说，如胡卡尔提倡将价值建立在实际的成就等客观事物之上，不论践行者能否体验到成就所引起的积极主观状态，该成就都客观提升了践行者的生活。[3] 就达至价值的进路而言，由于古典功利主义者对于价值最大化究竟指向"总体善"还是"平均善"一直悬而未决，决定了其他理论方案的出现得以成为

---

〔1〕 ［美］戴维·索萨：《后果主义的后果》，解本远译，载徐向东主编：《后果主义与义务论》，浙江大学出版社 2011 年版，第 48 页。

〔2〕 参见 ［美］茱莉亚·德莱夫：《后果主义》，余露译，华夏出版社 2016 年版，第 29-30 页。

〔3〕 例如，"去读研究生、提高古典语言能力对于迈克尔可能是好的——他确实非常非常擅长古典语言，而且可能会在这一领域做出巨大的贡献——即使迈克尔并不真的想做这些事。他可能愿意躺在沙滩上读悬疑小说。……他的生活因为这一成就变得更好了。"换言之，尽管知识不会带来快乐，它也能算一种内在善，因为获取知识需要完善人们的理性能力。参见 ［美］茱莉亚·德莱夫：《后果主义》，余露译，华夏出版社 2016 年版，第 43 页。

可能。[1]代表性学说包括行为后果主义（Act-consequentialism）和规则后果主义（Rule-consequentialism），前者认为正确的行为是践行者可采取的行为选项中，那些本身具有最好整体后果的行为，但该理论无法圆满解决最大化功利与正义之间的冲突，对于一些情境的处理容易招致批判，如一个治安官能够通过牺牲一个无辜的人去拯救一些无辜的生命，使他们免于暴乱，该行为虽然符合行为后果主义，但本身是不正义的；后者为修正行为后果主义的缺陷，主张行为的正当性不取决于它们自身的直接后果，而是根据规则的后果（间接的策略）来加以证成。[2]

由上可知，哲学领域的后果主义旨在解决"好"与"坏"的价值判断，着眼于行为或生活方式的道德评价问题。正如柏拉图所指出，正义是一个非常苛刻的东西，我们不仅因为它本身的缘故，而且因为它造成的结果，我们才选择拥有它。[3]这种思维方式不仅影响着法的道德性等哲学问题的探讨，并不断延伸至法教义学与社科法学的论争之中。

2. 后果主义在司法裁判中的价值与定位

后果主义的兴起和主张，是法教义学从封闭体系走向开放体系的必然趋势。从注重逻辑性、形式性、封闭性与回溯性的传统刑法解释论，到重视目的导向性、实质性、回应性（或开放性）与后果取向性（或前瞻性）

---

〔1〕 "如果一个人选择总体善，那么他可能站在这样一种立场上：他赞成如下结果，在这种结果下绝大多数人过着几乎不值得过的生活；与之相反的结果是，更少的人过着好得多的生活——这是强烈反直觉的。相反，如果一个人选择平均功利，他可能最终赞成如下结果，在这种结果下，将额外一些只有稍微不那么幸福的人加到一群相当幸福的人当中是错误的——这看起来也是高度反直觉的。"参见［美］茱莉亚·德莱夫：《后果主义》，余露译，华夏出版社2016年版，第3页、第80页及以下。

〔2〕 ［美］茱莉亚·德莱夫：《后果主义》，余露译，华夏出版社2016年版，第112页。

〔3〕 在《理想国》第二卷中，苏格拉底区分了三种美好的东西："有种美好的东西，我们选择拥有它，并非因为我们渴求什么结果，而是为了它本身的缘故而欢迎它……还有这样一种东西，我们不仅为了它本身的缘故爱它，而且为了它造成的结果……第三类美好的东西，正义就属于这一类，它必定被这么一个人热爱，不仅为了它本身的缘故，而且为了因它而产生的各种事物，如果他想获得幸福。"［古希腊］柏拉图：《理想国》，王扬译，华夏出版社2012年版，第42-43页。相关详细分析，参见陈辉：《后果主义在司法裁判中的价值和定位》，载《法学家》2018年第4期，第37页。

的功能主义刑法解释论。[1]此过程并非一蹴而就，经历了2008年的"许霆案"、2009年的"邓玉娇案"、2010年的"南京副教授聚众淫乱案"、2011年的"药家鑫案"、2016年的"天津老太摆射击摊获刑案"、2017年的"于欢案"等引发全国热议的案件。这些典型刑事案件背后折射出规则与后果之间的难以协调：一方面是公众对于案件结论的公正性质疑，特别是对量刑结果的困惑与不解；另一方面是司法机关对于依法裁判工作的正当性维护。可以说，在坚守罪刑法定原则和实现量刑公正之间如何平衡是个难题，既要避免为坚守规则而陷入僵化的法条主义，又要防止片面强调个案裁判的后果取向与利益权衡而侵蚀乃至瓦解法的客观性与统一性。关于规则坚守与灵活适应之间的关系，实际上在法律效果和社会效果的统一问题上便有所涉及。最高人民法院在量刑规范化改革初期便强调，"量刑规范化绝不搞简单化、数字化、绝对化"。[2]2010年《量刑指导意见（试行）》于10月1日在全国法院全面试行，明确要求"确保裁判法律效果与社会效果的统一"。至此，问题就转换为，如何在司法裁判领域中构建法律效果与社会效果之"有机统一"的有效办法。更具体地讲，后果主义在司法裁判中究竟该如何安置？关于后果主义在司法裁判中的定位与适用，社科法学与法教义学的理论方案相殊异，有学者将之归纳为"实用后果主义"与"规则后果主义"之争。[3]具体而言：

（1）社科法学的实用后果主义进路。如所周知，社科法学对于法教义学的发难，在于后者虽然能够满足判决过程合理性的要求——通过以规范为前提的演绎推理，法律解释、推理和论证能够充分有效地展开，但它未必能够给出一个正义的结果。[4]为了避免出现形式上符合司法公正而实质上社会效果不理想的司法裁判，一些社科法学者立足实用主义立场，试图

〔1〕劳东燕：《能动司法与功能主义的刑法解释论》，载《法学家》2016年第6期，第15页。

〔2〕熊选国主编：《〈人民法院量刑指导意见〉与"两高三部"〈关于规范量刑程序若干问题的意见〉理解与适用》，法律出版社2010年版，第38页。

〔3〕陈辉：《法律解释的后果考量困境与司法裁判的政策取向——以"知假买假"类案件裁判为例》，载《法学家》2023年第6期，第17-18页。

〔4〕陈辉：《后果主义在司法裁判中的价值与定位》，载《法学家》2018年第4期，第39页。

从法律规范之外寻求可靠、客观的后果，以此作为推论的起点。有学者主张"这个后果并不只是对于案件当事人的影响，而是案件对社会经济生活的影响。法官在权衡后果之后，根据后果来寻找合适的法条，然后再运用法律解释技术加以正当化论证"。[1]另有学者认为"面对司法实践中的问题，仅仅从法条处罚进行法教义学的解释远远不够，需要结合政治、社会、文化等多方面的因素进行权衡"。[2]不难发现，社科法学在解决后果的来源问题时，是将"后果"的发掘置于一个较为宽泛的领域之中，从法经济学、法人类学、法律心理学、法律和认知科学等角度对"后果"进行正当化、合理化和科学化的论证，使社会效果之证立可能性得以解决。[3]然而，实用后果主义进路容易导致审判实践过分依赖对法外各种后果的考量，使得"法律效果与社会效果相统一"成为一种幻想，尤其是在道德上而非法律上疑难的案件中，最终促成判决结论的往往既不是法律的规定，也不是法律的精神和价值，而是法官个人的道德判断，看似依照法律进行的推理实则是"超越法律裁判"的掩饰。[4]

值得注意的是，社科法学其实是将"后果主义"与"后果考量"作等同使用，相当于将"后果"作为影响法官及法源适用的因素，这与前述哲学领域以"后果"证立行为正当性的后果取向思维不甚相同。换言之，社科法学更多是以存在论的后果因素作为论证的出发点，强调司法裁判须受到社会效果的指引；而哲学领域则是以后果取向思维来对行为的正当性作出规范性的判断，在方法论意义上实现法律效果与社会效果的有机统一。如果不言明此种差异，那么接下来法教义学中的后果主义进路也将难以澄清。

（2）法教义学的规则后果主义进路。法教义学遭受的最大误解，是被

<hr/>

〔1〕　侯猛：《社科法学的传统与挑战》，载《法商研究》2014年第5期，第76页。

〔2〕　陈柏峰：《社科法学及其功用》，载《法商研究》2014年第5期，第71页。

〔3〕　参见徐涤宇等：《社科法学六人谈》，载苏力主编：《法律与社会科学》（第13卷第1辑），法律出版社2014年版，第322-332页。

〔4〕　孙海波：《"后果考量"与"法条主义"的较量——穿行于法律方法的噩梦与美梦之间》，载《法制与社会发展》2015年第2期，第173页。

认为反对后果主义。[1]法教义学者之所以限制乃至反对实用后果主义，根本理由在于实用后果主义所倚重的法外社会后果容易滑向依法裁判的对立面，从而破坏法治的根本立场。法教义学所主张的后果主义之后果，是来自根据法律规则预测的可能后果，即"规则后果主义"，认为应根据这些后果来考虑规则如何适用。有学者指出后果论证在法律解释中发挥重要作用，即"后果论证与客观目的论证无法截然二分，后果论证原本就内置于客观目的论证之中"。[2]规则后果主义在刑法学中作用于定罪和量刑两个领域，一是在定罪层面表现为刑法解释的功能论思潮，二是在量刑层面体现为后果主义刑罚论的演进。接下来仅对前者作简要述及，后者将在量刑合比例性的解读中作进一步展开。

所谓"功能主义"，是处理法律与社会关系问题的基础理论，以法律在社会系统中所承担的功能出发，试图在方法论上整合体系性思考与问题性思考，以使教义学的封闭性与开放性得以兼容。[3]功能主义不仅影响犯罪论体系的建构，也被国内学者引入刑法解释领域。功能主义刑法解释论的"后果取向性"，与其目的导向性的特点之间存在逻辑上的内在关联，因为"目的"实际上是与特定结果相联系的概念，人们通常基于对某种可欲的行动结果的预测与追求来设定目的，故而后果考察也可被归入目的论

〔1〕 桑本谦：《法律教义是怎样产生的——基于后果主义视角的分析》，载《法学家》2019年第4期，第3页。

〔2〕 雷磊：《反思司法裁判中的后果考量》，载《法学家》2019年第4期，第27页。

〔3〕 自20世纪美国学者帕森斯在社会学领域提出"功能主义"思想以来，就在世界范围内受到了高度重视。卢曼的功能主义最具说服力，通过"功能"将法律系统封闭性与开放性背后的方法论串联起来，其认为传统社会学研究未能妥当处理法律的封闭性与开放性问题，只有新的社会系统理论才能正确回答法律与社会的关系这一经典社会学问题。参见［德］卢曼：《法社会学》，宾凯等译，上海人民出版社2013年版，第50-65页。德国刑法学者罗克辛和雅各布斯所倡导的犯罪论体系均具有功能主义色彩，尤其后者深受卢曼理论的影响；希尔根多夫提倡功能主义解释论，认为不能仅关注相关法规范的文理，还必须整体性把握规范在法律体系和社会中的功能，不停追问解释结论能否解决相应问题。在其他部门法领域，已有很多国内学者提出了"功能主义"的解释进路，试图通过"功能"弥合法教义学与法政策学之间的罅隙。参见李忠夏：《功能取向的法教义学：传统与反思》，载《环球法律评论》2020年第5期，第5-20页；熊丙万：《法律的形式与功能 以"知假买假"案为分析范例》，载《中外法学》2017年第2期，第300-339页。

解释的范畴。[1]以此为基础，刑事政策得以通过"目的"管道进入刑法体系，即在形塑刑法条文的解释中，刑事政策必须通过作用于规范的保护目的来实现。[2]如此来看，刑法解释领域的功能论思潮，一方面，以后果取向思维来证成目的论解释的正当性，试图以最适宜实现刑法社会功能的角度去进行刑法解释，通过引入刑事政策的合目的性考虑，注重考察解释结论的社会效果，实现"刑法的刑事政策化"，此种解释观强调对刑法体系的应变性价值的维护；另一方面，以"目的"作为刑事政策与刑法体系的沟通渠道，使得法外的价值判断得以进入刑法体系的内部，对于"刑事政策的刑法化（法治化）"具有正向助益作用，刑事政策所蕴含的前瞻性（或后果取向性）经由目的论解释而被规范化表达，正是规则后果主义之后果的体现。

3. 后果主义刑罚论中的合比例性

承前所述，后果主义是指人类实践活动的正当性取决于它能产生某种"善"的结果。规则后果主义在达至"善"的路径上进一步强调，正确的行为并非具有最好整体后果的行为，而是"最好的规则所践行的行为"，因为遵循规则能够最大化善。[3]在此意义上，后果主义刑罚论是一种刑罚规范性理论。[4]诚然，以实证为基础的刑罚论研究至关重要，后果主义刑罚论也需要经验性的预判和计算，但就"后果"的找寻或确定而言，并未完全脱离规范性判断的范畴。例如，面对刑罚假定的预防效果难以被证实的诘问，日本学者松原芳博曾言，"如果在效果上追求严格的科学证明，那么刑罚以外的众多国家制度的正当性也被全盘否定了"。[5]

---

〔1〕　劳东燕：《能动司法与功能主义的刑法解释论》，载《法学家》2016年第6期，第24页。

〔2〕　由于具体罪刑规范的保护目的指向的是特定法益，故而刑事政策对于刑法解释的形塑，需要借助方法论意义上的法益概念来实现，具体包括4种刑事政策刑法化的路径。参见劳东燕：《功能主义刑法解释论的方法与立场》，载《政法论坛》2018年第2期，第15–19页。

〔3〕　［美］茱莉亚·德莱夫：《后果主义》，余露译，华夏出版社2016年版，第103页。

〔4〕　［英］安东尼·达夫：《刑罚·沟通与社群》，王志远等译，中国政法大学出版社2018年版，第11页。

〔5〕　［日］松原芳博：《作为刑罚正当化根据的报应：刑法学的视角》，王兵兵译，载《国外社会科学前沿》2021年第7期，第71页。

量刑是对公民基本权利的剥夺，要接受比例原则的审查。比例原则旨在以温和而必要的手段去实现正当目的，反对为了某个目的而付出过度的、不合比例的代价。这一原则自1895年奥托·迈耶在行政法领域提出后，不仅逐步成为大陆法系国家宪法、行政法的基础性原理，还对英美法系目的手段衡量的学说和实践产生影响，此种影响在我国刑法领域亦呈扩张趋势。[1]比例原则之所以具有普适性意义，在于其针对人类行为中无处不在的"权衡"进行了高度理性化的处理和精巧细致的思考路径设计。[2]正如马克斯·韦伯指出，"谁若根据目的、手段和附带后果来作为他行为的取向，而且同时既把手段与目的，也把手段与附带后果，以及最后把各种可能的目的相比较，做出合乎理性的权衡，这就是合乎目的理性的行为。"[3]比例原则正是此种目的理性的凝结。如果将后果主义刑罚论与比例原则的分析框架相结合，大致包括以下审查步骤：

比例原则首先要求公权力行为的目的必须具有正当性，这就意味着后果主义的刑罚正当性取决于刑罚所能带来的善。古典功利主义进路所坚持的幸福（Happiness）是指向终极的善，不过后者主义刑罚论并未涉及终极的善，而是诉诸刑罚能够实现的某些"非终极"善的常识观念，其中最明显的非终极善（或中间善）就是预防犯罪。[4]概言之，后果主义刑罚论第一步要证成刑罚是实现社会福祉的工具，国家没有正当理由发动刑罚，除非刑罚增进了（非终极意义的）社会福祉。接下来，就刑罚适用而言，还

---

〔1〕 我国学界不乏将比例原则引入刑法之中的主张，参见姜涛：《追寻理性的罪刑模式：把比例原则植入刑法理论》，载《法律科学（西北政法大学学报）》2013年第1期，第100-109页；陈晓明：《刑法上比例原则应用之探讨》，载《法治研究》2012年第9期，第91-100页。与之相比，也有学者认为刑法中的法益保护原则、刑法谦抑原则和罪刑均衡原则不仅分别对应比例原则中的适当性原则、必要性原则和狭义的比例原则，而且刑法中的责任主义原则还进一步限制了刑罚权的发动，参见田宏杰：《比例原则在刑法中的功能、定位与适用范围》，载《中国人民大学学报》2019年第4期，第55-67页。

〔2〕 张翔：《刑法体系的合宪性调控——以"李斯特鸿沟"为视角》，载《法学研究》2016年第4期，第57页。

〔3〕 ［德］马克斯·韦伯：《经济与社会》（上卷），林荣远译，商务印书馆1997年版，第57页。

〔4〕 "预防"不应理解为完全的预防（这是一种荒谬的雄心），而应被理解为降低犯罪率。参见［英］安东尼·达夫：《刑罚·沟通与社群》，王志远等译，中国政法大学出版社2018年版，第15页脚注2。

要进行"手段—目的"衡量，逐层分析是否符合适当性原则、必要性原则、狭义比例原则等要求。

其次需要考察的是量刑这一刑罚适用手段是否具有适当性，也就是说，量刑能否实现预防目的。贝卡里亚和边沁都主张国家应根据罪行的严重程度来对制裁进行分级，以便促使潜在的犯罪人（在他们决定要实施的罪行范围内）选择实施轻微的盗窃（Petty Theft）而非入户盗窃（Burglaries），或选择实施入户盗窃而非更严重的暴力犯罪等；若非如此，犯罪人便可能选择实施更严重而非更轻微的罪行。[1]预防犯罪需要刑罚确定，罪刑法定所要求的罪刑明确是提供量刑可预测性的前提，故需要根据罪行严重程度而设置罪刑阶梯。于是，追求刑罚的预防效果在所必然。刑罚应当提供"诱因"（Incentive），从而使犯罪行为更轻而非更严重。[2]所以，量刑能够通过适当性原则的审查。

再次是必要性原则的审查层次，即成本收益分析的另一种表达，要在所欲实现的刑罚目与所造成的损害之间进行权衡，需要追问有无其他替代性选择能够以更低的成本达到更多的益处。根据边沁所提出的刑罚谦抑性（Parsimony）原理，如果刑罚的严厉性超过其所欲实现结果的必要程度，那么量刑就是不正当的。[3]在边沁看来，刑罚谦抑性所蕴含的比例性观念体现为两方面：（1）替代措施的检验，强调若除刑罚之外还有其他手段能实现相同的结果，那么采取的刑罚措施便是不适当的；（2）最终效益的检验，要求刑罚所避免的受害者的痛苦，应大于犯罪人因被惩罚而遭受的痛

---

〔1〕　See Andrew Von Hirsch & Andrew Ashworth eds. , *Proportionate Sentencing*：*Exploring the Principles*, Oxford University Press, 2005, p. 132.

〔2〕　See Michael H. Tonry, *Sentencing Fragments*：*Penal Reform in America*, *1975-2025*, Oxford University Press, 2016, p. 194.

〔3〕　边沁实际上提出的是"frugality"概念，对应于现代术语即为"parsimony"。关于"principle of penal parsimony"的翻译：（1）译为"刑法谦抑原则"，参见［英］安德鲁·阿什沃斯：《量刑与刑事司法》，彭海青、吕泽华译，中国社会科学出版社2019年版，第99页。（2）译为"节俭原则"，参见杨志斌：《中英量刑问题比较研究》，知识产权出版社2009年版，第88页。（3）译为刑罚的"俭省原则"，参见［英］H. L. A. 哈特：《哈特论边沁——法理学与政治理论研究》，谌洪果译，法律出版社2015年版，第49页。

苦，否则刑罚便是不正当的。[1]前者蕴含了必要性原则的要求，后者与接下来的狭义比例原则相关。

最后经由狭义比例原则的审查，包含了罪责刑相适应的要求。虽然现代后果主义者的学说细节存在分歧，但共识性的核心命题在于刑罚因其所产生的有益效果而被证成，并且不应比实现这些效果所需的惩罚更严厉。即便是古典功利主义者，也认可合比例的量刑上限（Not-to-be-exceeded Limit）不是根据应受谴责性或犯罪的严重性来设置，而是由预防效果来决定。[2]例如，贝卡里亚对欧洲启蒙运动时期的刑法思想进行了系统归纳，提出刑罚的目的是预防而非报复，在阐释比例原则时细分了三个判断步骤：一是惩罚所实现的目的必须是合法的；二是除了该惩罚，没有其他更合适的制裁措施可供选择；三是惩罚的结果恰好达到限制公民权利以实现制裁犯罪的目的。其中第三个步骤正是狭义比例原则的要求。边沁在贝卡里亚功利主义刑法思想的基础上，明确指出惩罚程度应满足的标准是，犯罪所招致的痛苦程度应大于犯罪所带来的既得利益。[3]

（二）报应主义刑罚论对比例原则的阐释

在后果主义的理论语境下，刑罚之所以具有正当性，根源在于刑罚适用所能带来的善，即预防犯罪。与之不同的是，非后果主义者则认为行为的正确与否应独立于它们所产生的后果，取决于它们的内在本质。例如，故意使一名无辜者受罚是错误的，不是因为该行为所造成的损害可能或必然会超过其所带来的益处，而是源于它本质上是一种不公正的错误行为。从这个意义上看，报应主义属于非后果主义的范畴，"它对刑罚正当性的证成，并不是基于某种偶然的有益后果，而是其固有的正义要求对犯罪所

---

〔1〕See Michael H. Tonry, *Sentencing Fragments: Penal Reform in America, 1975-2025*, Oxford University Press, 2016, p. 165.

〔2〕See Michael H. Tonry, *Sentencing Fragments: Penal Reform in America, 1975-2025*, Oxford University Press, 2016, p. 193.

〔3〕［德］汉斯-约格·阿尔布莱希特：《德国量刑制度：理论基石与规则演绎》，印波等译，载《人民检察》2018年第3期，第67页。

作出的回应；这种正当性关系是基于现时的刑罚和已然的犯罪，而不是现时的刑罚和未然的效果"。[1]正如阿什沃斯和赫希教授所言，"工具性的刑罚论着眼于预防犯罪，这种后果主义性质的目标曾一度被视为现代国家所追求的唯一适当目标。与之相反，传统报应主义的正当性并不关注后果，而是着眼于应得惩罚的观念（Notions of the Deservedness of Punishment），相关理论往往具有高度的抽象性和普适意义，且基于这样的观念——对不法者施加痛苦的正当性可以由不法行为自身来证成。"[2]

在报应主义看来，比例原则要求刑罚的严厉性应当与犯罪的严重程度相适应。"如果有人询问为何刑罚应当和犯罪行为的严重程度成正比，那么答案不是说这样会产生最佳的威慑效果或强化抑制作用……相反，合比例的惩罚直接源于刑事制裁的谴责性。一旦建立了一种蕴含谴责意义的机制，正义的要求便是根据行为的应受谴责程度来惩罚罪犯。不合比例的惩罚是不公正的，不是因为它们无效或适得其反（无法预防犯罪），而是它们声称谴责行为人的行为，超出了（过多或过少）行为原本应受到的谴责程度。"[3]英美学者自20世纪70年代后强调的合比例的量刑，主要是基于报应主义刑罚论的立场，认为量刑应当反映出罪行的严重程度。当然，在某些个案中，法官需要权衡一系列的因素来得出量刑结论，但总体上应处于比例性的范围内。[4]

值得注意的是，在普通法系刑法理论中，报应主义存在"积极"与"消极"之分。积极的报应主义提供了一种积极的正当性证成，认为犯罪人必须受到惩罚，因为惩罚是他们应得的；消极的报应主义只说明了犯罪

---

[1] [英]安东尼·达夫：《刑罚·沟通与社群》，王志远等译，中国政法大学出版社2018年版，第37页。

[2] See Andrew Von Hirsch & Andrew Ashworth eds., *Proportionate Sentencing：Exploring the Principles*, Oxford University Press, 2005, p. 12.

[3] See Andrew Von Hirsch & Andrew Ashworth eds., *Proportionate Sentencing：Exploring the Principles*, Oxford University Press, 2005, p. 134.

[4] [英]杰瑞米·侯德：《阿什沃斯刑法原理》，时延安、史蔚译，中国法制出版社2019年版，第107页。

人可能受到应得的惩罚，并且不能施加超出其应得范围的过重刑罚。[1]与这两种报应主义相对应的，分别是"积极的/决定性"（Positive/Defining）比例原则和"消极的/限制性"（Negative/Limited）比例原则。[2]

积极的比例原则要求量刑者对犯罪人施加相称的惩罚，消极的比例原则要求量刑者不得施加不相称的惩罚。如果仅从表述来看，这两种比例原则似乎没有太大区别，因为"要求施加相称的惩罚"事实上也就是"不得施加不相称的惩罚"，二者的区别似乎仅限于用词。然而，它们之间的实质差异在于"比例性"究竟在多大程度上可以是精准且明确的。

第一，积极比例原则对"比例性"的要求较为严格，致力于探寻特定的、相称的刑罚量。为此，需要事先根据抽象的犯罪严重性标准对所有罪行进行排序，以及按照刑罚的严厉性标准来对所有刑罚进行排序，从而在整个罪刑阶梯中检验犯罪人应得的惩罚是否满足比例性的要求。例如，赫希教授致力于探寻明确的比例标准，他对"比例性"概念作了两种解读：一是序数比例（Ordinal Proportionality），着眼于罪行之间的相对严重性；二是基数比例（Cardinal Proportionality），是指将序数比例与一定的刑罚范围相关联，根据所涉犯罪的严重性来探寻与之相当的刑罚量。[3]又如，阿什沃斯教授认为"比例性"是一种重要的量刑指导原则，序数比例要求评估犯罪的严重性与其他罪行之间的关系，从而建立可接受的相对性；而基数比例则要求刑罚的严厉性应当与犯罪的严重性相适应。[4]若结合大陆法系的量刑理论来看，上述观点中的"基数比例"旨在为量刑提供基本的参数，类似于确定抽象个罪或具体个罪的责任刑；而"序数比例"则是将各

---

〔1〕［英］安东尼·达夫：《刑罚·沟通与社群》，王志远等译，中国政法大学出版社2018年版，第26页。Also see Michael H. Tonry, *Sentencing Fragments: Penal Reform in America, 1975 - 2025*, Oxford University Press, 2016, p. 193.

〔2〕See Richard S. Frase, *Theories of Proportionality and Desert*, in Joan Petersilia & Kevin R. Reitz, eds. , The Oxford Handbook of Sentencing and Corrections, Oxford University Press, 2012, p. 131.

〔3〕［英］安德鲁·阿什沃斯：《量刑与刑事司法》，彭海青、吕泽华译，中国社会科学出版社2019年版，第99页。

〔4〕［英］杰瑞米·侯德：《阿什沃斯刑法原理》，时延安、史蔚译，中国法制出版社2019年版，第23页。

个罪行及其对应的责任刑进行比较，以此检验它们之间的轻重排序是否恰当。再如，罗宾逊教授也存在类似观点，主张构建罪行的序数等级和确立刑罚连续统一体的终端。[1]其中，罪行的"序数等级"与阿什沃斯和赫希教授所言的"序数比例"相谐，用于反映罪行之间的相对严重性。而"刑罚连续统一体"，实际上是一个假想的刑罚量表，它的总体严厉程度取决于所处司法辖区现有的惩罚水平。[2]至于刑罚连续统一体的"终端"，相当于某司法辖区所能接受的最严厉的惩罚。在罗宾逊教授看来，"一旦刑罚连续统一体的终端被设置（这是所有社会都必须完成的），那么应得的量刑要求便是具体的"，[3]因为一个犯罪人相对于其他犯罪人的可谴责性（Blameworthiness），决定其被置于整个刑罚连续统一体的某一个特定点之上，进而得出相应的具体刑量。[4]归纳而言，如果能首先确定"刑罚连续统一体的终端"，便能依次确定刑罚阶梯，然后将刑罚阶梯与犯罪阶梯一并组成罪刑阶梯，并以此为基础，进一步判断对犯罪人所科处的刑量是否在"序数等级"（整个罪刑阶梯）中处于一个适当的位置。

可以说，积极比例原则所追求的量刑精确性立场并无不妥，但提供的理论方案难以践行，也无法有效解决罪刑阶梯的具体建构问题。就传统自然犯而言，学界对于不同犯罪之间的轻重排序存在分歧。更何况，随着社会价值观的多元化，以及法定犯种类和数量的不断增多，提炼人们的正义共识会越来越难。

第二，消极比例原则对"比例性"的要求相对宽松，没有力求寻找特定的、相称的刑罚量，仅反对向犯罪人施加不相称的刑罚，故而也不要求事先对所有罪行和所有刑罚进行排序，因为部分犯罪和部分刑罚之间是不

---

〔1〕 See Paul H. Robinson, *Distributive Principles of Criminal Law*: *Who should be Punished how Much？*, Oxford University Press, 2008, pp. 152-159.

〔2〕 See Andrew Von Hirsch & Andrew Ashworth eds., *Proportionate Sentencing*: *Exploring the Principles*, Oxford University Press, 2005, pp. 4-5. Also see Andrew Ashworth, *Sentencing and Criminal Justice*, Sixth edn, Cambridge University Press, 2015, p. 142.

〔3〕 See Paul H. Robinson, *Distributive Principles of Criminal Law*: *Who should be Punished how Much？*, Oxford University Press, 2008, p. 172.

〔4〕 See Paul H. Robinson, *Distributive Principles of Criminal Law*: *Who should be Punished how Much？*, Oxford University Press, 2008, p. 12.

可通约的（Incommensurable）。[1]持该立场的学者反对事先依据犯罪的严重性和刑罚的严厉性，来对所有犯罪和刑罚作轻重排序，因为部分犯罪或部分刑罚之间不具有通约性。[2]具体而言：（1）不同犯罪之间的轻重差异难以衡量。暂且不论具体罪名之间的对比，仅就犯罪构成的两个衡量标准（损害和有责性）而言，一是"损害"究竟是指犯罪人意图造成的损害还是犯罪实际造成的损害尚无定论，关涉刑法主观主义与客观主义之争。二是"有责性"（Culpability）不仅包括犯罪心态（Mens rea），如意图（Intention）、明知（Knowledge）、轻率（Recklessness）、疏忽（Negligence）等，还涵盖了一些影响刑事责任认定的辩护事由，如精神错乱、胁迫、醉酒、事实错误，以及某种程度上的法律错误等。[3]如果将犯罪心态由重到轻地排序，通常是"意图→明知→轻率→疏忽"，但该排序在英美学界至今尚存争议。[4]（2）不同刑种之间的轻重排序难以比较。同类刑种之间尚且可能根据刑期长短或罚金数额来进行排序，但不同刑种之间却难以通约，如监禁刑与罚金刑、监禁刑与非监禁刑之间便无法进行简单转化。例如，一个严格的罚金刑与一个短期自由刑之间的轻重难以言明；又如，由于社区刑和缓刑都附加了不同限制条件和预期目标，仅根据它们所持续的时间无法准确衡量其轻重程度。如果执着于对所有刑种进行轻重排序，将会以牺牲

---

〔1〕 参见［英］安东尼·达夫：《刑罚·沟通与社群》，王志远等译，中国政法大学出版社2018年版，第197-200页；范耕维：《罪刑相当原则之理论初探——以释字第775号解释为楔子》，载《月旦法学杂志》2020年第6期，第137-138页。

〔2〕 ［英］安东尼·达夫：《刑罚·沟通与社群》，王志远等译，中国政法大学出版社2018年版，第199-200页。

〔3〕 参见［英］杰瑞米·侯德：《阿什沃斯刑法原理》，时延安、史蔚译，中国法制出版社2019年版，第193-194页；［英］安德鲁·阿什沃斯：《量刑与刑事司法》，彭海青、吕泽华译，中国社会科学出版社2019年版，第167-168页。

〔4〕 轻率与疏忽的区别在于被告是否意识到风险，这两种情况下都存在不合理的风险，但只有被告意识到风险时，才认定为构成轻率。一般而言，轻率比疏忽的可谴责性高，但有些疏忽案件比某些主观为轻率的案件表现出更大的罪责。例如，被告人甲是一名射击冠军，他朝着一个目标开枪，明知有轻微的弹跳并会伤害观众，子弹确实打伤了观众；被告乙很少处理枪支，他被邀请参加射击派对并在灌木丛中开火，没有考虑其他人在那里的可能性，结果其中一人受伤。在该案中，甲是否比乙更应受惩罚？不难发现，一个明知会造成损害的轻微风险的人，与另一个没有思考或者认识到同样损害很高风险的人相比，可谴责性要轻得多。参见［英］杰瑞米·侯德：《阿什沃斯刑法原理》，时延安、史蔚译，中国法制出版社2019年版，第220页、第230页。

刑种的多样性为代价，在刑种的形式和内容上都作诸多限制。由是以观，针对所有罪刑所作出的统一排序，势必要以牺牲量刑合理性和灵活性为代价。

综上所述，积极比例原则在理论上可行，但不乏理想主义色彩，难以提供可操作性的具体方案。消极比例原则主要用于判断某种惩罚是否与犯罪人所犯的罪行过于不相称，以此排除过重或过轻的量刑结论。对此，我国有学者认为，英美的"积极比例原则"与德国量刑学说中的"点的理论"具有相似性，即"点理论主张将与刑罚相对应的量刑责任理解为一个点的概念，实则与要求必须将与犯罪间合比例的刑罚程度，精确地界定为一个刻度的积极均衡观点，属于类似理论"。不仅如此，英美的"消极比例原则"与德国量刑学说中的"幅的理论"也具有一定相似之处，因为"对合比例的要求相对宽松的消极的罪刑相当的观点仅是禁止作出与犯罪不合比例之量刑，……此观点将与犯罪合比例的刑罚程度划定为一段幅度或范围，只要刑罚程度是落在该范围内，并未超过该范围的上限（与犯罪合比例的最重刑度）或低于该范围的下限（与犯罪合比例的最低刑度）时，皆可理解为与犯罪均衡、合比例的刑罚。事实上，在德国与日本也可见到持相似观点的'幅的理论'"。[1]总之，报应主义者对比例原则的两种解读，蕴含了学者们对"实践理性"的不同追求。哲学家在探讨实践理性时，通常会对"最优"（Optimizing）和"满意"（Satisficing）进行区分。[2]赞成积极比例原则的学者是"最优导向者"，力求尽可能精准地界定出犯罪与刑罚之间的比例，以此让犯罪人不多不少地承受其应得的刑罚。而主张消极比例原则的学者则是"满意导向者"，他们追求的是更具现实意义的方案而非实现宏大的目标，只要方案"足够好"或"较为满意"即可。

---

〔1〕 范耕维：《罪刑相当原则之理论初探——以释字第 775 号解释为楔子》，载《月旦法学杂志》2020 年第 6 期，第 138 页。

〔2〕 ［英］安东尼·达夫：《刑罚·沟通与社群》，王志远等译，中国政法大学出版社 2018 年版，第 199 页。

二、后果主义量刑理念的由盛转衰

从 19 世纪初到 20 世纪 70 年代，西方国家的刑罚理论、制度、政策和实践主要基于后果主义的思想。[1]该时期的学者们认为，传统的惩罚式正义观（Punitive justice）是以激昂的言词谴责犯罪，渴望见证犯罪人受苦和被害人复仇，并且以实现正义、彰显权威和实施惩罚为目的，直接地宣泄公愤，故而报应刑是非理性且反效果的，是基于情绪、直觉与迷信的前现代行为。当时的主流观点认为，相较于古典自由主义提倡的政府不得规制生活的面向，如今需要依靠专家知识、科学研究及灵活的手段来进行干预，而法律规范体系必须让位于科学的规范体系，惩罚也终究要被处遇（Treatment）替代。[2]至少在 20 世纪的前 2/3 时期，西方国家的量刑政策主要为预防犯罪所形塑，关注刑罚可能具有的复归、威慑和剥夺犯罪能力作用；直至 20 世纪 70 年代中期，"应得模式"的出现迅速产生了较大影响，其影响力至今依然在持续。[3]

（一）后果主义刑罚论的纯粹形态

后果主义刑罚论以预防犯罪为指向，预防犯罪具有目标性意义。由于目的本身独立于实践活动，实践活动对于目的的达成是否充分，即量刑活动何以具有犯罪预防效果，是通过刑罚的威慑、剥夺犯罪能力、改造或复归等功能来实现。

在此，首先要明确的是刑罚的正当性、刑罚目的与刑罚功能三者之间的关系。刑罚的正当性是刑罚存在的合理根据，用于揭示"刑罚为什么是正当的"或者"国家为何能够发动刑罚权"这一问题，并且，"刑罚的正当化根据，不仅是制刑的正当化根据，同时也是个案量刑和个案行刑的正

---

〔1〕　See Michael H. Tonry, *Sentencing Fragments*: *Penal Reform in America*, *1975－2025*, Oxford University Press, 2016, p. 167.

〔2〕　See David Garland, *The Culture of Control*: *Crime and Social Order in Contemporary Society*, Oxford University Press, 2001, pp. 40－41.

〔3〕　See Andrew Von Hirsch, *Recent Trends in American Criminal Sentencing Theory*, Maryland Law Review, vol. 42/no. 1, pp. 17－32 (1983).

当化根据"。[1]刑罚目的是国家制定、适用、执行刑罚过程中的预期效果，用于回答"国家为何要制定、适用和执行刑罚"的问题。刑罚功能是国家制定、适用、执行刑罚过程中对人们可能产生的作用。上述三者并非同一概念，却极易被混淆，需要从以下方面来把握：首先，"刑罚目的与刑罚正当化并非等同概念，为了实现刑罚目的而科处的刑罚不一定是正当的。因为目的正当并不能直接推导手段正当，合目的性不等于正义性，反之亦然。"[2]为了使国家的刑罚干预具备正当性，既要干预的目的是正当的，也要确保所使用的手段是正当的。其次，刑罚目的是从静态维度来揭示国家在制刑、量刑、行刑时意欲实现的效果，而刑罚功能则是从动态维度来说明国家制定、适用、执行刑罚时可能产生的作用。从这个意义上看，威慑、剥夺犯罪能力、改造和复归既是为实现预防犯罪而追求的具体刑罚目的，也是适用刑罚可能产生的具体效果，它们最终指向预防犯罪。由此可见，刑罚的正当性、刑罚目的和刑罚功能之间既存在联系又具有区别。

随之而来的问题是，基于威慑、剥夺犯罪能力、改造和复归的量刑对于预防犯罪而言是否有效，以及，这样的量刑是否与公正惩罚的通识观念相一致。针对纯粹后果主义刑罚论的批判正是基于这些前提性的疑问。

1. 纯粹的后果主义刑罚论是否促进犯罪预防

第一，威慑的预防功能指向潜在的犯罪人。其中，特殊威慑作用于已受惩罚的犯罪人，一般威慑针对的是除被惩罚者之外的其他人。威慑性刑罚的有效性取决于两个前提预设：（1）假定潜在犯罪人（被惩罚者或其他人）是理性人，能够根据量刑法的规定而调整其行为，这种理性并非诉诸人们的道德良知，而是基于他们规避刑罚痛苦的利己判断。（2）基于前述假定，认为潜在的量刑严重性具有一定的"边际威慑"（Marginal Deterrence）效果。学者哈丁发现，若"持枪"情节会大幅提高刑量，则抢劫犯会倾向

---

[1]　张明楷：《刑法学（上）》，法律出版社 2021 年版，第 668 页。

[2]　张明楷：《刑法学（上）》，法律出版社 2021 年版，第 668 页。

于避免用枪支武装自己。[1]

然而，这两个理论预设都存在一定局限。第一个假定只对计划性强或职业性的犯罪人才有效，诸如实施盗窃、酒驾、贩毒的犯罪人大多属于短期的享乐主义者，刑罚难以对后述的"非理性"犯罪人产生威慑作用。至于第二个假定，将刑罚的严厉性与犯罪率做简单关联是不够的。罗宾逊教授曾指出，若要对潜在犯罪人发挥刑罚威慑力，需要同时满足以下三个先决条件：一是法律认知障碍，行为人须在事前对影响其行为的法律规定有所了解；二是理性选择障碍，行为人会运用已知晓的相关法律规定来做行为选择；三是成本分析障碍，假设行为人事先知道相关法律规定对他的意义，且愿意以此来权衡是否实施犯罪，在满足了前述两步骤的基础上，行为人还必须能正确作出违法成本大于犯罪利益的判断。[2]换言之，只有突破三重障碍，行为人才可能作出放弃实施犯罪行为的选择，进而说明行为人的选择是受刑罚威慑的影响。然而，现实中行为人对刑法的相关规定往往知之甚少；即使有所了解，也并不一定以该规定作为其行为选择的依据，趋利避害的理性考量往往容易被一些临时的思想状态代替，如突然被激起的愤怒情绪；况且，即便行为人运用事先知晓的法律规定来进行犯罪成本计算，还可能受到破案率、定罪率等多重因素的影响，因为被侦查的风险通常比刑罚本身更具有威慑力。

第二，剥夺犯罪能力是一种较为直接的预防犯罪措施，它既不关注刑罚的道义性或行为人的可谴责性（报应主义），也不试图教育或改造犯罪人（矫正或复归），[3]甚至无须考虑犯罪人在本质上是否理性、是否能接

〔1〕 参见［英］安德鲁·阿什沃斯：《量刑与刑事司法》，彭海青、吕泽华译，中国社会科学出版社 2019 年版，第 88-89 页；［英］安东尼·达夫：《刑罚·沟通与社群》，王志远等译，中国政法大学出版社 2018 年版，第 16 页。

〔2〕 ［美］保罗·H. 罗宾逊：《刑法的分配原则——谁应受罚，如何量刑?》，沙丽金译，中国人民公安大学出版社 2009 年版，第 23-24 页。

〔3〕 关于"矫正"（Correction）和"复归"（Rehabilitation）之间的关系：我国有学者认为二者既有联系，又有区别。参见刘军：《该当与危险：新型刑罚目的对量刑的影响》，载《中国法学》2014 年第 2 期，第 223 页。我国有学者是在同等意义上使用"矫正"和"复归"。参见吴景芳：《刑罚与量刑》，载《法律适用》2004 年第 2 期，第 9 页。

受刑罚，以及对其行为模式是否具有影响，它只致力于剥夺犯罪人的犯罪机会，从而促使犯罪率下降。[1]根据作用范围的不同，可进一步分为"选择性剥夺犯罪能力"（Selective Incapacitation）和"集体性剥夺犯罪能力"（Collective Incapacitation），[2]前者聚焦于特定的犯罪人群体（"危险的"犯罪人，如惯犯），后者指的是采取一定措施来普遍地提高国家或地区的监禁水平。[3]

两类剥夺都涉及对犯罪人再犯可能性的预测、以及再犯能力与再犯机会的剥夺，具体而言：（1）选择性剥夺犯罪能力是根据犯罪人的危险性预测而进行个别化地量刑，它并非针对所有犯罪人，而是有选择性地剥夺再犯可能性高的犯罪人的自由，从而物理性地防止其实施犯罪。即使报应主义自20世纪70年代复兴之后，选择性剥夺犯罪理论依然对英美的量刑政策具有重要影响，最典型的例子就是美国许多州采取了"三振出局"政策。1997年，英国对犯有第3次入户盗窃、毒品交易罪的人设置了强制性最低量刑，以及在2003年《刑事司法法》中对"危险的犯罪人"规定了"公共保护监禁"（Imprisonment for Public Protection，IPP）量刑。[4]（2）集体性剥夺

〔1〕 刘军：《该当与危险：新型刑罚目的对量刑的影响》，载《中国法学》2014年第2期，第227页。

〔2〕 关于"incapacitation"相关概念的翻译：（1）我国有学者将"Selective Incapacitation"译为"选择性失去能力"，将"Collective Incapacitation"译为"集体性失去能力"，参见［英］安德鲁·阿什沃斯：《量刑与刑事司法》，彭海青、吕泽华译，中国社会科学出版社2019年版，第93页。（2）还有学者将"Collective Incapacitation"译为"类型化剥夺犯罪能力"，参见刘军：《该当与危险：新型刑罚目的对量刑的影响》，载《中国法学》2014年第2期，第226页。

〔3〕 ［英］安德鲁·阿什沃斯：《量刑与刑事司法》，彭海青、吕泽华译，中国社会科学出版社2019年版，第93页。

〔4〕 "公共保护监禁"（IPP）曾经是英国的一个刑种，它从产生到被废除后经了如下三个阶段：（1）缘起：英国政府在2002年的白皮书中指出，"经评估而被认定为危险的性犯罪、暴力犯罪罪犯，将适用不定期刑，并且，犯罪人将被判处最低刑期。当罪犯服完最低刑期后，仍会被继续关押在狱中，直至假释委员会完全确信犯罪人的风险已降低，该犯罪人才会被释放且接受社区监督"。（2）正式成为刑种：英国2003年《刑事司法法》第224—229条规定了IPP，如果年满18岁的犯罪人犯有153种罪行之一，且先前曾因犯有此类罪行而被定罪，那么该犯罪人将被视为"危险的"，从而被强制适用IPP。从这个意义上看，IPP既是一种不确定量刑，也是一种强制性量刑。（3）废除：由于IPP是一种强制性量刑，在实践中的适用率很高，导致一些犯罪严重性不高的犯罪人也被不公正地判处了不定期刑。上诉法院虽然针对IPP的含义和适用条件作出了两项指导性判决，但依然难以改变司法部门对IPP的适用情况。2008年，政府以立法方式删除了IPP中

犯罪能力表现为全面增加羁押数量和提高量刑刑期，以此来降低犯罪率。例如，1973 年至 2008 年，美国的羁押人数增长了 7 倍，而英国（英格兰/威尔士）的羁押人数在 1993 年至 2011 年也翻了一倍。[1]由于危险性的识别依赖于预测方法的科学性和预测结果的准确性，若不能有效解决过度预测问题，剥夺犯罪能力理论将不可避免地导致重刑化倾向。

第三，改造和复归力图使人们主动地抑制犯罪，与威慑和剥夺犯罪能力有所不同，后两者是让犯罪人或潜在犯罪人被动地放弃犯罪。改造（Reform）和复归（Rehabilitation）经常被同时讨论，但二者之间存在一定区别。[2]改造理论主张通过刑罚改变人们的性格，使其认识到犯罪行为的错误性并激发他们对法律的尊重感，从而能够自愿地克制实施犯罪的欲望；相较之下，复归理论不是立足于改变人们的性格，而是侧重于提高人们的技能、能力，以及提供相应的机会，如通过提供就业技能、戒毒治疗项目或其他项目来促进犯罪人的再社会化。[3]换言之，改造理论关注的是人们的内在改变，而复归理论则是通过改善人们的外部条件来帮助他们放弃犯罪。

（接上页）的强制性内容，并将其适用范围限缩于较严重的情形。2012 年，IPP 最终被废除。See Andrew Ashworth, *The Struggle for Supremacy in Sentencing*, in Andrew Ashworth & Julian V. Roberts eds. , Sentencing Guidelines：Exploring the English Model, Oxford University Press, 2013, p. 28.

〔1〕［英］安德鲁·阿什沃斯：《量刑与刑事司法》，彭海青、吕泽华译，中国社会科学出版社 2019 年版，第 95 页。

〔2〕关于"Reform"和"Rehabilitation"的翻译：（1）时延安教授曾指出，我国刑法、监狱法中的"改造"一般被译为"Reform"，但更为准确地译法应为"Rehabilitation"，换言之，"Rehabilitation"可以译为"改造"。（2）学者杨志斌把"Reform"译为"矫正"，而"Rehabilitation"则被译为"复归"，参见杨志斌：《中英量刑问题比较研究》，知识产权出版社 2009 年版，第 61 页。持同样观点的还有王志远教授，参见［英］安东尼·达夫：《刑罚·沟通与社群》，王志远等译，中国政法大学出版社 2018 年版，第 17 页。（3）我国有学者还将"Rehabilitation"译为"复归"，而"矫正"则是对应"Correction"。参见吴景芳：《刑罚与量刑》，载《法律适用》2004 年第 2 期，第 9 页。（4）我国还有一些学者将"Rehabilitation"直译为"康复"，参见崔仕绣：《美国量刑改革的源起、发展及对我国的启示借鉴》，载《上海政法学院学报（法治论丛）》2020 年第 1 期，第 12 页。综上所述，对于"Reform"，本章依循我国刑法、监狱法中的译法，将其译为"改造"。对于"Rehabilitation"，依照大多数学者的译法，将其译为"复归"。

〔3〕［英］安东尼·达夫：《刑罚·沟通与社群》，王志远等译，中国政法大学出版社 2018 年版，第 17 页。

复归理论贯穿 20 世纪的大部分时间，尤其是 1950 年至 1960 年期间在西方国家的发展最为鼎盛。相较于威慑理论是建立在（潜在的）犯罪人是理性人的基础上，复归理论则是指向"需要被帮助的人"，由此决定了法官在量刑时需借助一些专家报告、诸如犯罪人的社会调查报告、精神病学报告、缓刑官的量刑前报告等，均可成为法官进行个别化裁量的素材，以此识别和判断犯罪人究竟有哪些"需要"。"复归式的量刑"[1]之所以在很大程度上依赖于专家报告，与当时重视专家知识与专业判断的社会背景分不开，这种信赖一方面表现在量刑领域，专家报告被推定为客观中立的判断，因为人们从善意的角度看待社会工作者或心理学家，认为他们的目标是解除个人的痛苦和增进社会的福祉；另一方面表现为当时对专家的信赖已经延伸至修订刑法、创设新的刑罚、改革制度机构以及设计提前释放机制等领域。于是，曾经作为根本信念的"没有犯罪就没有刑罚"，逐渐被"没有诊断便没有处遇"，以及"没有专家意见就没有刑事制裁"取代。[2]基于一种乐观的确信，认为可以依靠科学（随着对犯罪原因研究的不断深入，对行为和性格矫正技术的不断完善，对犯罪人危险性准确预测能力的不断提高）来建构一套有效的、威慑性的、剥夺性的或矫正性的刑罚制度，但这种信念逐渐蜕变成一种悲观的观念，即"刑罚完全没有用"：刑罚不是，也不可能是实现犯罪预防的有效方法。[3]

2. 纯粹的后果主义刑罚论是否契合公正惩罚

后果主义刑罚论试图编织一张"主动抑制"和"被动放弃"的预防之网，双管齐下地达成预防犯罪的有益后果。然而，后果主义刑罚论无法在犯罪的严重性和刑罚的严厉性之间建立必然的联系，量刑的轻重取决于要预防的未然之罪，而不是立足于已然之罪。虽然后果主义也强调合比例的量刑，但比例原则对重刑的制约作用非常薄弱，在实践中容易被异化。为

---

〔1〕　需要说明的是，这里所说的"复归式量刑"指的是法官根据犯罪人的个别情况来决定处置方式，并不局限于刑罚裁量。

〔2〕　See David Garland, *The Culture of Control: Crime and Social Order in Contemporary Society*, Oxford University Press, 2001, pp.36-37.

〔3〕　[英] 安东尼·达夫：《刑罚·沟通与社群》，王志远等译，中国政法大学出版社 2018 年版，第 19 页。

了达成预防犯罪这一目标，追求有效的威慑力、剥夺犯罪能力、改造性格或帮助重返社会，原则上是可以对犯罪人施加明显过重的刑罚，甚至可能以"预防犯罪"之名而对无辜者施加不应有的惩罚。

就威慑性量刑而言，存在证成重刑主义的隐忧。究其实，主要是威慑理论并不关注犯罪的严重性，犯罪的严重性充其量只是为威慑提供判断素材。例如，出于"特殊威慑"的考虑而对惯犯（Persistent Offender）不断施以重罚。其背后的逻辑是，如果判处非监禁刑仍无法实现威慑，那么便须适用监禁刑；倘若判处 1 年监禁刑依然无法实现威慑，则必须判处 2 年监禁刑，以此递增。[1]又如，在具有胁迫的情形中，出于"一般威慑"的考虑，不仅被告人的免责事由容易被忽视，刑罚量也可能有增无减，以此威慑其他人不要从事此类犯罪；与之相反，无论是立足后果主义刑罚论中的剥夺犯罪能力、复归，抑或是考虑报应主义的应得原理，法官都可能因被告人不具备人身危险性或可谴责性而作出免除刑事责任的裁量。[2]威慑性量刑通常是压制性的，若将之推演到极致，会使惩罚无辜者成为可能，将其作为防止他人犯罪的工具。

就剥夺性量刑来看，也存在两重疑问：（1）剥夺性措施究竟只能适用于真正的犯罪人，还是可以扩大到尚未实施犯罪但被确认（经过充分且准确的预测）为具有危险性的人？（2）剥夺性措施是否只适用于应承担刑事责任犯罪人？例如，精神病人具有危险性，但可能不承担刑事责任，对其是否依然有必要适用剥夺性措施？[3]对于第一个问题，从英美20 世纪 70 年代之前的量刑法制来看，剥夺性措施的适用对象显然并不限于真正已实施了犯罪的行为人，还涉及具有危险性的人。例如，美国于 20世纪 60 年代颁行了预防性羁押（Preventive Detention）立法，不仅可对尚未被定罪的行为人进行惩罚，甚至还会对实际上还没有实施犯罪的人进行

---

〔1〕［英］安德鲁·阿什沃斯：《量刑与刑事司法》，彭海青、吕泽华译，中国社会科学出版社 2019 年版，第 87 页。

〔2〕See Paul H. Robinson, *Distributive Principles of Criminal Law*：*Who should be Punished how Much*？, Oxford University Press, 2008, p. 13.

〔3〕［英］安东尼·达夫：《刑罚·沟通与社群》，王志远等译，中国政法大学出版社 2018年版，第 18 页。

惩罚。[1]由于剥夺性措施的适用无须待行为人实施犯罪后再进行惩罚，故而可能导致惩罚被提前。这也意味着，出于剥夺犯罪能力的考虑，可能会使刑事司法的量刑重心从惩罚已然之罪而转变为关注未然之罪，通过关押或控制具有危险性的犯罪人来实现犯罪预防。对于第二个问题，根据报应主义不难得出，精神病人虽然实施了犯罪但不应受到谴责；但基于剥夺犯罪能力的考量会得出相反的结论：精神病人因其具有危险性而可能要承担全部的刑事责任。职是之故，相较于关注犯罪的严重性，剥夺性量刑侧重于犯罪人的人身危险性，建立在与已然之罪关系甚微的经历或特征之上，故而面临着与威慑性量刑相似的批评。

就改造或复归式量刑而言，囿于对专家知识的过分倚重，专家权力不断膨胀，个人权利将难以受到平等的尊重。一旦不确定性或者半确定性的量刑制度把释放犯罪人的权力交由监狱或缓刑机构，犯罪人可能承受与其犯罪严重性不相称的惩罚，因为监狱或缓刑机构在作出释放决定时缺乏严格的标准、清晰的义务及合理的决策途径。[2]鉴于此，如今的复归理论更加强调，复归项目的持续时间应当处于比例原则所设定的界限内，以此彰显对个人权利的尊重。[3]

上述策略背后的深层次原因在于，纯粹的后果主义将量刑的特定目标设定为一种需要将其最大化的"善"（预防犯罪），这种聚合（Aggregation）考量无法认真对待个体的道德本质或无法认同个体权利的重要性。[4]威慑性量刑旨在通过威胁、恐吓来强迫人们服从，而不是通过一种道德上的诉求来为公民守法提供正当理由。剥夺性量刑对犯罪人施加监禁刑或其他剥

---

〔1〕 See Paul H. Robinson, *Distributive Principles of Criminal Law：Who should be Punished how Much?*, Oxford University Press, 2008, p. 114.

〔2〕 ［英］安德鲁·阿什沃斯：《量刑与刑事司法》，彭海青、吕泽华译，中国社会科学出版社2019年版，第96页。

〔3〕 See Sue Rex, *Applying desert principles to community sentences：lessons from two Criminal Justice Acts*, Criminal Law Review, no. 6, pp. 381-391 (1998).

〔4〕 参见［美］茱莉亚·德莱夫：《后果主义》，余露译，华夏出版社2016年版，第80页及以下；［英］安东尼·达夫：《刑罚·沟通与社群》，王志远等译，中国政法大学出版社2018年版，第21页、第23页。

夺再犯能力的刑罚，相当于取代了犯罪人在未来的自我选择。若刑罚制度旨在改造，通过改变犯罪人的性格和动机而使其能够自愿放弃犯罪，从某种意义上看也未将犯罪人看作拥有决定自我价值观的自由人，而是将其作为被重塑或被操控的对象。另外，根据复归理论而对犯罪人提供的各种处遇项目，也存在将人们作为被操控对象的嫌疑。鉴于此，如果继续坚持刑罚制度的正当性主要（或部分）因其产生了某种善的后果时才能够得到证成，便需要放弃以纯粹后果主义为导向，转而引入一些非后果主义价值观念，进而形成了一些新的改良方案。

（二）后果主义刑罚论的改良形态

纯粹的后果主义因其对个体公正的关注不足，以及总是依附于集体福祉而备受指责。为了回避这些批判，"边际约束"（Side-constraints）式的后果主义方案应运而生。这种量刑理念保留了后果主义刑罚论的核心思想，即刑罚的正当性只能源于其作为达成某种有益后果的有效工具之性质，同时设置边际约束以防对有罪者施加超过其所应得的刑量或者使无辜者受惩罚。围绕边际约束所展开的研究，哈特教授的理论方案最具代表性。在哈特教授看来，国家刑罚制度只有基于功利主义的理由（减少反社会的行为）才是正当的；与此同时，刑罚也必须是应得之惩罚，只有可归责的犯罪人才应受到刑罚处罚，并且刑罚的严厉性应当与其犯罪的严重性相适应。[1]

值得注意的是，其一，尽管哈特模式强调报应，但又与报应主义相区别。正如威尔逊教授所言，"对于哈特来说，国家没有权力以刑罚处罚个人，除非社会福祉因此得到增进，即便如此，刑罚标准也应当控制在应得之惩罚范围内。"[2]换言之，哈特模式依然保留了后果主义内核，主张刑罚的正当性仅在于它是实现某种有益结果的一种低成本高效益的方式。其二，哈特模式的"边际约束"体现在两方面，一是禁止惩罚无辜者，只能

〔1〕 参见［英］威廉姆·威尔逊：《刑法理论的核心问题》，谢望原等译，中国人民大学出版社2015年版，第70-71页。

〔2〕 ［英］威廉姆·威尔逊：《刑法理论的核心问题》，谢望原等译，中国人民大学出版社2015年版，第71页。

处罚自愿违反法律的人；二是禁止对犯罪人施加超过其所应得的刑罚，强调刑罚的严厉性应当与犯罪的严重性相适应，以此弥补后果主义可能导致重刑主义的缺陷。在论证为何禁止惩罚无辜者时，报应主义者会认为无辜者是不应受惩罚的人，惩罚他们是不公正的；但哈特教授未诉诸报应主义进路，而是认为惩罚无辜者不利于保护个人的自由。在他看来，"无辜者"指的是没有选择违法的人，而犯罪人则是那些有意选择违法的人，如果只惩罚那些有意选择违法的人，那么每一个公民便能以此来预测和控制自己是否会受到刑罚处罚；如果刑罚能够施加于无辜者身上，那么公民便无法预测自己在未来是否会受到处罚，这样一来将不利于保护个人的自由和选择。对于禁止对犯罪人施加过于严苛的惩罚，哈特模式实质上是通过报应主义为后果主义设置了限制，试图将预防犯罪之刑控制在应得的惩罚范围之内。[1]

"边际约束"理论的难题在于，边际条件的设置不能完全消弭后果主义刑罚论遭受的质疑。一是从量刑公正出发，认为仅通过边际限制是不够的，哈特模式依然无法从本质上回答为何惩罚无辜者或给予犯罪人"不合比例的"严厉刑罚是错误的。[2]二是沿着报应主义与后果主义的融合进路，对哈特模式的未尽问题提出质疑，认为哈特所构建的刑罚分配原则，仅表明了在理想情况下追求后果主义的总目标要受到报应主义的限制，但并未阐明二者之间要如何互相制约，因为确实存在一些情况需要人们在正义与效益之间进行取舍。[3]三是从量刑对象来看，认为哈特模式或许可运用于核心犯罪领域，但法定犯领域的量刑却难以发挥报应主义对后果主义的制约，因为惩罚某些缺乏道德过错的犯罪只能通过后果主义刑罚论来证

---

〔1〕　[英] 安东尼·达夫：《刑罚·沟通与社群》，王志远等译，中国政法大学出版社 2018年版，第 25-27 页。

〔2〕　[英] 安东尼·达夫：《刑罚·沟通与社群》，王志远等译，中国政法大学出版社 2018年版，第 26 页。

〔3〕　学者 Nicola Lacey 以严格责任为例，认为"严格责任"制度是为了大多数人的利益而惩罚一个对自己的罪行不完全负责的罪犯，这就涉及正义与效用之间的取舍。See Nicola Lacey, State Punishment, Routledge, 1988, pp. 48-49.

成其正当性，而报应主义则难以解释该类惩罚的正当性。[1]

综上所述，无论是后果主义的纯粹形态抑或改良形态，以预防为导向的量刑理念或多或少都面临着同样的困境：将犯罪人当做实现犯罪预防的工具，而未将其作为道德主体。诸如威慑、剥夺犯罪能力本质上带有强烈的功利主义考量，即使考察复归理论，也可得出类似的结论——基于复归的量刑本应该增进犯罪人的利益，但随着人们对犯罪人身份认同感的下降和对社会利益的日渐重视，那些预防性量刑策略的潜在压制性变得越来越明显，如此也造成了不公正的结果。后果主义刑罚论自 20 世纪 70 年代逐渐式微，主要原因有二：一是犯罪数量的持续增长，二是后果主义思想与复归式量刑未能产生应有的实效。与此同时，学者们也开始另寻他途，将视域转向了非后果主义刑罚论——报应主义。

三、报应主义量刑理念的重新回归

20 世纪 60 年代以后，不断有英美学者呼吁报应主义的回归。报应主义（应得理论）要求刑罚的严厉性应当与犯罪的严重性相适应，唯有如此，才能把"比例性"从外围角色转化为核心角色。自 20 世纪 80 年代以来，合比例的量刑，即"罪有应得"模式具有重要的影响力，该模式将公正（Justice）概念置于量刑政策的核心位置，以期避免不公正的结果。[2]美国的一些州陆续颁布了制定法，用于提倡合比例的量刑并废除假释制度，以此确保罪犯能够真正服刑；为了进一步构建确定性量刑制度，美国联邦和一些州还相继颁行了量刑指南，用于设定与犯罪严重性相关的量刑标准，并通过上诉审查的方式来间接促使法官遵守指南；此外，"罪有应得"术语开始进入美国的政治和政策领域，之后澳大利亚法律改革委员会（1980 年）、加拿大量刑委员会（1987 年），以及英国（英格兰/威尔士）

---

〔1〕 [英] 威廉姆·威尔逊：《刑法理论的核心问题》，谢望原等译，中国人民大学出版社 2015 年版，第 71 页。

〔2〕 See Andrew Von Hirsch & Andrew Ashworth eds. , *Proportionate Sentencing*: *Exploring the Principles*, Oxford University Press, 2005, pp. 1-4, 131.

内政部（1990 年）都相继以"罪有应得"的理念来指导相关政策的制定。[1]总之，报应主义刑罚论为上述制度的建构提供了正当性根据，并为评估量刑系统是否适当运行而提供了标准。

至此可能产生的疑问是：后果主义刑罚论的缘起是为了对抗传统的报应主义（启蒙时期的报应观念），那么 20 世纪 70 年代所强调的现代报应主义较之传统的报应主义有何不同，在此基础上形成了合比例的量刑模式（或"罪有应得"模式）又有哪些特点。为了更好地理解 20 世纪 70 年代英美国家所发生的量刑思想转折，有必要对"应得"概念本身作更为细致的解读。

在具体阐释应得概念之前，需要说明的是，美国 1962 年《模范刑法典》（Model Penal Code 1962）曾被誉为"20 世纪美国最有影响力的刑法文本"，但报应性思想在该部刑法典中几乎处于缺位状态，其中缘由无疑值得一探究竟。其一，从制定过程来看，该部刑法典是在美国法律协会的主持下制定的，一共耗时 13 年，在此期间美国法律协会先后审议了各节内容，最终于 1962 年批准通过。美国法律协会是美国当时乃至现在最负有盛名的法律改革组织，其入会门槛较高，获得其成员资格被普遍视为一项伟大的荣誉；具体的制定者是一群颇有影响力的法律从业者，包括法官、监狱专员、检察官、假释委员会负责人、辩护律师和学者，他们既不是激进分子，也不是木讷的知识分子，而是一群 20 世纪中叶美国最知名的法律从业人员。其二，从法典内容来看，尽管 1962 年《模范刑法典》的总体目标之一是避免对犯罪人施加不相称的严厉刑罚，但其刑罚制度却具有浓厚的后果主义色彩，而报应性思想仅以间接形式被暗示。例如，如果会"过度贬低犯罪的严重性"，那么便不应判处非监禁刑或释放犯罪人。[2]具体而言：（1）罪行被定义得很宽泛，仅分为轻罪和三级重罪。不仅如此，准确界定犯罪严重性被认为不重要且不必要的，关键在于确定被告是否有

〔1〕　See Michael H. Tonry, *Sentencing Fragments: Penal Reform in America, 1975-2025*, Oxford University Press, 2016, pp. 163, 175.

〔2〕　See Michael H. Tonry, *Sentencing Fragments: Penal Reform in America, 1975-2025*, Oxford University Press, 2016, pp. 172-173.

罪，一旦被告被认定为有罪，法官将获得广泛的自由裁量权来决定适用何种刑罚。[1]如果犯罪人被判处监禁刑，将由假释委员会来决定犯罪人的释放时间，监狱当局可以对犯罪人适用善行折减制度。（2）根据功利主义的谦抑性原则（Principle of Parsimony），确保犯罪人不被判处超过必要限度的严厉惩罚，指导法官应尽可能不将犯罪人送入监狱，假释委员会应在犯罪人符合释放条件的第一时间将其释放（除非存在其他法定条件）。

既然1962年《模范刑法典》是为一群精英知识分子所制定，为何未将报应主义和比例性作为核心的量刑思想？换言之，为何报应主义对1962年《模范刑法典》的影响如此之小？按照托里教授的解释，一方面，20世纪50—60年代尚处于不确定性量刑时代，当时的传统思维方式、时代精神、主流情感都是反对报应而支持复归，并在一定程度上支持后果主义的其他几种理论——威慑和剥夺犯罪能力；另一方面，由于制定者们仍然将报应主义视为一种被升华了的社会复仇理论，认为报应的本质是无知且错误的，制定者的目标是完善而并非取代不确定性量刑。[2]由此可进一步推论的是，既然报应主义能成功回归，势必已经具有了一些新的内涵。

（一）报应主义刑罚论的早期形态

"应得"（Desert）概念具有多种表述形式：应得的惩罚（Deserved Punishment）、公正的惩罚（Just Punishment）、报应的惩罚（Retributive Punishment），或者"匡扶正义"（Doing Justice），等等。[3]这些表述都与

〔1〕 1962年《模范刑法典》在坚持刑罚个别化的情况下，试图让最低刑和最高刑合理化和系统化，对此提出了三种建议方案：第一，第6.06条规定的基本方案（Basic Scheme），允许法官设置最低量刑（Minimum Sentence）但不能设置最高量刑（Maximums）。第二，第6.06A条规定的"替代"方案（Alternative Scheme），允许法官设置最低量刑和最高量刑，但同样须受一定限制，即最低值不得大于最高值的一半。第三，第6.07条规定的"延长"方案（Extended Scheme），被判重罪的犯罪人可被延长刑期，如有组织犯罪罪犯、职业犯（Professional Criminals）、危险的犯罪人等，延长的最高期限视犯罪类别而定。See Michael H. Tonry, *Sentencing Fragments: Penal Reform in America, 1975-2025*, Oxford University Press, 2016, p.231. Also see American Law Institute, Model Penal Code (1962), s.6.06, s.6.06A, s.6.07.

〔2〕 See Michael H. Tonry, *Sentencing Fragments: Penal Reform in America, 1975-2025*, Oxford University Press, 2016, p.173.

〔3〕 See Paul H. Robinson, *Competing Conceptions of Modern Desert: Vengeful, Deontological, and Empirical*, Cambridge Law Journal, vol.67/no.1, p.145 (2008).

应得的惩罚有关，但更多的是形式上的区别、用语上的不同，若要把握应得理论的实质，则需继续深挖应得概念的内涵。对此，保罗·罗宾逊在应得概念的基础上，进一步区分了报复性应得（Vengeful Desert）、道义性应得（Deontological Desert）和经验性应得（Empirical Desert）。[1]其中，报复性应得指向传统的报应主义，而后两种应得概念则属于现代报应主义的范畴。该分类这不仅有助于把握应得概念的内涵，也能够揭示出报应主义在英美量刑领域中的变迁。

报复性应得聚焦于犯罪造成的损害（Offence Harm）和被害人所遭受的痛苦（Victim Suffering），量刑时要求犯罪人所应得的惩罚与被害人遭受的损害或痛苦相适应。以报复性应得为指导的量刑具有以下特点：其一，尽管报复性应得主张对犯罪人科处的刑罚应当与犯罪的严重性相适应，但在评估犯罪严重性时采取的是被害人标准，主要以被害人所遭受的痛苦或损害大小来衡量罪行轻重。由于每一个被害人的痛苦都具有唯一性，故而在将被害人的痛苦转化为具体刑量的过程中，难免会掺入被害人的主观判断，使得犯罪严重性的衡量不完全依据犯罪的客观事实。其二，根据犯罪人所得刑罚与被害人痛苦之间匹配程度，可以将报复性应得进一步分为绝对报复和相对报复。绝对报复要求精确地匹配，其本质是"以眼还眼、以牙还牙"的古老报复理念，即把被害人所受的痛苦或折磨以相同方式加诸于犯罪人，犯罪人所受的刑种和刑度均要和其实施的犯罪相称；相对报复只要求大致地匹配，只需要对犯罪人施加类似的剥夺即可。较之绝对报复，相对报复在惩罚方式的要求上有所缓和，但由于报复性应得在计算刑量时采取的是被害人标准，由此得出的量刑结果很可能会偏离道德哲学家或社会公众对公正的理解。[2]

（二）报应主义刑罚论的现代形态

与报复性应得不同的是，道义性应得和经验性应得的关注点不限于犯

---

〔1〕 See Paul H. Robinson, *Distributive Principles of Criminal Law: Who should be Punished how Much?* Oxford University Press, 2008, Ch. 7.

〔2〕 [美] 保罗·H. 罗宾逊：《刑法的分配原则——谁应受罚，如何量刑?》，沙丽金译，中国人民公安大学出版社2009年版，第146-148页、第180页、第185-186页。

罪造成的损害，而是强调犯罪人的应受谴责性（Blameworthiness）。[1]接下来，将首先阐明道义性应得和经验性应得的共同之处，目的是突出它们与报复性应得之间的区别，继而再对道义性应得和经验性应得作具体界分。

1. 现代报应主义的共性内涵

以道义性应得或经验性应得为指导的量刑，在刑罚分配原理方面具有共同之处，二者作为现代报应主义的范畴，都聚焦于犯罪人的应受谴责性，犯罪人应得的惩罚取决于犯罪人应受谴责的程度。应受谴责的程度是由犯罪的严重性决定，[2]而"严重性"则是指"不法行为或者造成损害或危险的严重程度，以及行为人导致损害或危险的有责性的综合体"。[3]20世纪70年代复兴的报应主义，所强调的"应得"有别于启蒙时期的报复性应得，不再是"以害制害的等效报应"（Harm-for-harm Equivalence），而是将关注点从"犯罪造成的损害和被害人所遭受的痛苦"转向"犯罪人的应受谴责性"。当犯罪人的惩罚程度取决于其行为的应受谴责程度时，将有助于调和"刑事政策应侧重社会利益"与"刑事政策应注重犯罪人利益"之间的紧张关系。

---

〔1〕 关于"Blameworthiness"，主要有3种译法：（1）译为"应受谴责性"。（2）译为"非难可能性"，如我国学者范耕维指出，"……效益主义（Utilitarian）或结果主义（Consequentialist）的理论……针对犯罪者过去的犯罪行为，检视其可非难性（Blameworthiness）……犯罪者的非难可能性主要根据两项要素来判定，其一为犯罪所造成的侵害或危险的严重程度，其二则为犯罪者所犯行为之可责性（Culpability）的程度。"参见范耕维：《罪刑相当原则之理论初探——以释字第775号解释为楔子》，载《月旦法学杂志》2020年第6期，第137页。（3）译为"罪责"，例如，德国科隆大学的托马斯·魏根特教授所撰写英文论文指出《德国刑法典》第46条规定"The offender's blameworthiness is the basis of sentencing"。See Thomas Weigend, *Norm Versus Discretion in Sentencing*, Israel Law Review, vol. 25/no. 3-4, p. 632（1991）. 而我国学者通常是将《德国刑法典》第46条翻译为"被告人的罪责是量刑的基础"，所以综合比较来看，"Blameworthiness"可被译为"罪责"。参见《德国刑法典》，庄敬华、徐久生译，中国方正出版社2004年版，第17页。

〔2〕 之所以认为"应受谴责的程度是由犯罪的严重性决定"，是根据以下内容得出：（1）安德鲁·阿什沃斯教授曾指出，应受谴责的程度是由犯罪行为的损害性（Harmfulness）和犯罪人的有责性（Culpability）决定。See Andrew Von Hirsch & Andrew Ashworth eds. , *Proportionate Sentencing*: *Exploring the Principles*, Oxford University Press, 2005, p. 4. （2）英国2003年《刑事司法法》第143（1）条明确规定"就任何犯罪的严重性而言，法院必须考虑犯罪人在犯罪过程中表现出的有责性，以及犯罪所导致的任何损害（包括意图导致的或可能预见导致的损害）"。See Criminal Justice Act 2003, s. 143（1）.

〔3〕 ［英］杰瑞米·侯德：《阿什沃斯刑法原理》，时延安、史蔚译，中国法制出版社2019年版，第23页。

在现代应得理论中，犯罪人的利益体现为"不能对其施加明显超过其行为应受谴责程度的刑罚"；与此同时，社会利益亦可在量刑过程中体现，因为量刑具有一定的表达功能或者谴责功能，量刑本身具有重要的社会意义，量刑裁决可被视为一种公共谴责的表达，或者一项贴标签的程序，在确认罪行是"如何坏"以及给予相应惩罚的过程中，可以使社会利益得以彰显。[1]

据此，传统的报应主义（报复性应得）与现代的报应主义（道义性应得或经验性应得）在应得概念的内涵上已发生了分野，现代的报应主义要求根据犯罪人的应受谴责程度来对其进行量刑。

2. 现代报应主义的内部分歧

道义性应得与经验性应得的区别在于二者的正义观来源不同。道义性应得的理论基础是道德哲学，其内涵与大陆法系量刑理论中的责任刑相通，它的正义观念来自道德哲学的分析，是一种独立于个人或社群的先验的正义观。[2]经验性应得并非基于道德哲学，而是立足于实践理性，试图通过实证研究的方式来探寻人们所能达成的正义共识。例如，让受试者对各类精心设计的案例进行"量刑"，从中分析人们在评估犯罪人应受何种程度的谴责时，会受到哪些因素的影响，在此基础上提炼出社群的正义直觉（Community's Intuitions of Justice）。[3]

应当说，道义性应得和经验性应得各有优缺。一方面，道义性应得的优势在于能够提出一种先验的正义观，其缺陷是不同道德哲学家对正义原则的理解难以达成共识。另一方面，经验性应得的优点在于其正义观念来自一定的社群，以经验性应得为指导的量刑可能更契合社群的正义直觉，使得量刑结果更容易得到社会公众的肯定，从而产生一定的犯罪控制效果；反之，若量刑结果越偏离社群的正义直觉，那么刑罚适用的效果也会

---

〔1〕　See Andrew Von Hirsch & Andrew Ashworth eds., *Proportionate Sentencing*：*Exploring the Principles*, Oxford University Press, 2005, pp. 4 - 5. Also see Andrew Ashworth, *Sentencing and Criminal Justice*, Sixth edn, Cambridge University Press, 2015, pp. 78-79.

〔2〕　时延安：《酌定减轻处罚规范的法理基础及司法适用研究》，载《法商研究》2017年第1期，第102页。

〔3〕　See Paul H. Robinson, *Distributive Principles of Criminal Law*：*Who should be Punished how Much?*, Oxford University Press, 2008, pp. 138-140, 142-144, 172-173.

越差。从这个角度来看，经验性应得虽然是一种报应主义理论，却能发挥一定的预防性效果。然而，社群的正义直觉不一定总是正确的，所以经验性应得有时仍需要求助于道义性应得，以此检验其正义观是否正确。[1]

3. 现代报应主义的"应得"观念述评

从启蒙时期的报复性应得，到后来发展出的道义性应得和经验性应得，应得理论有了越来越多的丰富内涵。相较于后果主义刑罚论着眼于未然之罪，报应主义刑罚论能够在刑罚与已然之罪之间建立关联，这无疑是值得肯定的。罗宾逊教授对于应得概念的三重解构，其意义至少包括如下两点：其一，应得概念的类型化有助于为报应主义的论争划分清晰的维度，以往针对报应主义的攻讦大多缺乏这种区分意识。例如，指责报应主义容易导致量刑严苛，实际上大多是把"应得"理解为了报复性应得。不可否认，基于报复性应得的量刑会忽视诸多罪责因素，确实容易系统性地提高惩罚的严厉程度，但仅以某一应得概念的固有缺陷便否认了整个报应主义理论的见解，未免有些以偏概全。又如，之前提到的美国 1962 年的《模范刑法典》，其制定者对报应主义的批判，实际上也只是指向报复性应得。可见，应得概念的三重解构有助于避免基于不同维度的无效论争。其二，在阐释三种应得概念的过程中，不难发现后果主义刑罚论与报应主义刑罚论之间的界限并非泾渭分明，这在经验性应得理论中表现得尤为明显。预防犯罪曾经是后果主义刑罚论的核心追求，但经验性应得认为人们守法并不是因为畏惧刑法，而是相信法治能实现社会稳定，守法的真正动力来源于人们的良知，守法能够降低犯罪率。[2]在此意义上，应得比威慑、剥夺犯罪能力的犯罪控制成本更低，基于应得理论的刑罚分配能够实现犯罪控制的最大化。如此看来，报应主义在发展过程中已开始汲取后果主义刑罚论中的思想，实现应得的惩罚与追求犯罪预防之间并不必然存在冲突。

---

〔1〕 See Paul H. Robinson, *Distributive Principles of Criminal Law*：*Who should be Punished how Much？*, Oxford University Press, 2008, pp. 138-140, 142-144, 172-173.

〔2〕 See Paul H. Robinson, *Distributive Principles of Criminal Law*：*Who should be Punished how Much？*, Oxford University Press, 2008, pp. 164, 169, 249.

应得理论之所以在 20 世纪 70 年代后受到青睐，一方面因其关注已然之罪，诉诸公平理念，而后果主义刑罚论或多或少地存在导致重刑主义或惩罚无辜者的隐患；另一方面因其能为量刑者提供更有益的指导，让刑罚的严厉性反映出犯罪的严重性，而曾经那些以预防为导向的量刑理论则很难提供这种指导。例如，瑞典 1989 年前的量刑制定法曾要求法院在作出一项处置时，既要使之有助于促进被告人的复归，同时也需要考虑以此强化广大公众的守法观念，但是这些规定在实践中无法对刑种和刑量的确定提供实质性指导，因此受到了瑞典改革者们的批评。[1]但需要承认的是，应得理论也并非完美无缺。囿于应得概念存在固有的模糊性，无论是道义性应得抑或是经验性应得都面临着同样的问题：如何把犯罪人应受谴责程度转化为具体的刑量，如何判断犯罪人所"应得的惩罚"是适当的。对此，二者都难以提出清晰的罪刑转化标准。学界不乏对应得概念的明确性进行探索，如积极的比例性原则支持者通常诉诸"罪刑阶梯"的构建，以期减轻应得概念的模糊性。积极的比例原则在理论上具有合理性，但无法提出具有可操作性的解决方案。就道义性应得而言，不同的道德哲学家对如何构建罪刑的序数等级可能存在分歧。从经验性应得来看，社会大众也只能就"核心罪行"的序数等级排序达成共识。[2]随着社会价值观的多元化，以及法定犯种类和数量的不断增多，提炼人们的正义共识会越来越难。至于消极的比例原则，也只能用于判断某种惩罚是否与犯罪人所犯的罪行过于不相称，以此排除过重或过轻的量刑结果。据此，以应得理论为指导的量刑在确立罪刑转换标准方面的难题并未完全消解。

---

〔1〕 See Andrew Von Hirsch & Andrew Ashworth eds. , *Proportionate Sentencing：Exploring the Principles*, Oxford University Press, 2005, p. 5.

〔2〕 需要说明的是，"核心罪行"对应的英文有"Core wrongs"或者"Core offences""Core crimes""Core criminal activities"。保罗·罗宾逊教授所称的"核心"犯罪，主要是指刑法中的一些传统罪名。例如，侵犯人身、侵犯财产和交易欺诈，公众表现出的一致性较高，随着犯罪的性质离核心犯罪越远，共识程度便越来越低。See Paul H. Robinson & Robert Kurzban, *Concordance and Conflict in Intuitions of Justice*, Minnesota law review, vol. 91/no. 6, pp. 1883-1891（20C7）. 另外，在谢望原教授主持翻译的英文著作中指出，核心的犯罪行为通常指自然犯。参见［英］威廉姆·威尔逊：《刑法理论的核心问题》，谢望原等译，中国人民大学出版社 2015 年版，第 20 页。

四、并合主义量刑理念的推陈出新

在后果主义刑罚论看来，量刑是为了追求预防犯罪的结果，刑罚的轻重应当与其欲防止的损害相适应，但以该理论为指导的量刑无法和已然之罪建立必要关联，容易导致重刑主义，甚至可能使无辜者受到惩罚。就报应主义刑罚论而言，犯罪人应得的惩罚必须与其罪行的轻重相适应，在一定程度上有助于避免对犯罪人施加过轻或过重的惩罚，避免将犯罪人作为预防犯罪的工具。20 世纪 70 年代是英美国家量刑思想发展的重要转折时期，伴随后果主义刑罚论衰微的是报应主义刑罚论的复兴。尽管报应主义重新回归，但未完全取代后果主义的影响，如英国曾过度适用的"公共保护监禁"（IPP）措施即为典型例证。如今，很少有国家或地区单纯以后果主义或者报应主义来指导量刑实践，而是采取"并合主义"进路。学界一直在探寻如何调和报应主义和后果主义之间的内在张力，后果主义者试图以应得理论来对其量刑边界予以限制，报应主义者也在罪行应得的前提下，通过结合威慑、剥夺犯罪能力、改造、复归等刑罚目的来对其量刑理论进行新的诠释。在并合主义刑罚论中，不同学说赋予了后果主义和报应主义不同权重。前文已述的"后果主义刑罚论的改良形态"即为侧重后果主义的综合论，接下来将围绕侧重报应主义的综合论展开分析。

普通法系中的报应主义存在"积极"和"消极"之分，积极的报应主义者认为社会有义务对犯罪人准确地科处其应得的惩罚，或者至少应在一个非常狭窄的范围内作出量刑决定；而消极的报应主义者则认为犯罪人所应得的惩罚难以评估，人们无法确切地知晓任一罪行所应得的惩罚是多少，只能够识别那些明显不成比例的过轻或过重的惩罚。[1]与之对应的量刑原则分别是"积极"或"消极"的比例原则，二者都主张刑罚的严厉性应当与犯罪的严重性相适应，但对于罪刑"相适应"的宽严要求有所不同，即对"比例性"的精准程度要求不同。在报应主义综合论中，持积极的

---

〔1〕 See Richard S. Frase, *Forty years of American Sentencing Guidelines*: *What Have We Learned*?, Crime and Justice, vol. 48/no. 1, p. 114 (2019).

报应主义综合论立场的代表性学者有安德鲁·阿什沃斯教授、安德鲁·冯·赫希教授，以及保罗·罗宾逊教授等。持消极报应主义综合论立场的代表性学者，主要有诺弗·莫里斯教授、迈克尔·托里教授，以及安东尼·达夫教授，等等。考虑阿什沃斯和赫希的观点是对莫里斯等学者的反驳，因此需要先探讨消极的报应主义综合论，再分析积极的报应主义综合论。

　　无论基于何种立场，报应主义综合论都面临着比例原则究竟能发挥多大约束作用的问题。对此，达夫教授归纳了三种情形：（1）比例原则被视为一种"绝对的"且"不可退让的"原则。它要求施加相称的惩罚（或不得施加不相称的惩罚），且任何逾越该原则的情形都是不正当的。（2）比例原则被视为一种"绝对的"但"可退让的"原则。它要求施加相称的惩罚（或不得施加不相称的惩罚），该要求通常是/或被假定是绝对的。但是在例外情况下，它可以被其他紧急因素逾越，而这些因素使得施加过重或过轻的刑罚具有了正当性。（3）比例原则仅被视为对量刑产生影响的原则之一（虽然可能是一个重要的因素）。在决定刑罚时，量刑者必须关注合比例性，但也会考虑其他多种因素，如刑罚的谦抑性原则及后果主义对犯罪预防效率的考量。虽然当比例性的要求与其他因素相冲突时，比例性可能会更重要，但不存在一定要支持它的前提。换言之，比例原则可以被直接地"逾越"。[1]在上述情形中，首先排除第（3）种解读，因为报应主义综合论主张以应得理论为主导，认为犯罪的严重性依然是刑罚轻重的主要决定因素；反之，"若建立一个倾向于其他刑罚目的为主导的制度，仅把应得理论作为不那么重要的限制，则又重新引发了之前提到的困难：结果不公平的风险和对实践指导不足的问题"。[2]达夫教授所言的第（1）种情形与德系理论中的责任主义原则具有相似之处，无论将与责任相当的刑罚视为一个"幅度"或一个"点"，都不得为了预防犯罪的需要而超越责任刑的上限。然而，与德系理论不同的是，普通法系学者大多支持第（2）

----

〔1〕　［英］安东尼·达夫：《刑罚·沟通与社群》，王志远等译，中国政法大学出版社2018年版，第200-201页。

〔2〕　See Andrew Von Hirsch & Andrew Ashworth eds. , *Proportionate Sentencing：Exploring the Principles*, Oxford University Press, 2005, p. 8.

种情形，在坚持以应得理论为主导的同时，也为其他刑罚目的预留了额外的空间，允许在例外情况下偏离应得的惩罚范围，如英美两国均允许对"危险的"犯罪人施加更严厉的惩罚。

（一）消极的报应主义综合论

1. 限制性报应主义论的背景与影响

消极的报应主义综合论旨在排除不成比例的过轻或过重的量刑，不要求合比例的量刑必须精确为一个点，而是划定一定的幅度或范围，只要在此范围内的量刑皆具有正当性。基于该立场，美国学者诺弗·莫里斯在20世纪70年代中期提出了"限制性报应主义"（Limited Retributivism）理论，其核心要义是（1）报应或"罪有应得"的观念对刑罚的严厉性设置了上限（有时也设置了下限）。（2）在这个宽泛的外部限制之内，由其他目的和原则来对刑罚程度进行"微调"。这些目的和原则不仅包括传统的预防犯罪目的（威慑、剥夺犯罪能力和复归），[1]还涉及对平等（Equality）的考量，以及莫里斯所言的"谦抑性"原则，即以最不严厉的替代措施来实现特定的量刑目的。[2]早在20世纪50年代，莫里斯已留意到不确定性量刑制度所导致的量刑失衡问题。对此，他试图从既有的司法经验中汲取规律性认识，并将其提炼为更加明晰的适用规则，然后再将经理论打磨的经验规则反哺实践，使量刑理论与量刑实践能够彼此照应。这样一来，既能让其学说反映过去积累的智慧，也能避免向法官和其他法律从业者强加不受欢迎的规则，有助于减小理论在践行过程中受到的阻力。

事实证明，限制性报应主义对美国的量刑理论和实践都产生了重要影响，是美国当代重要的量刑思想之一，从《模范刑法典》的修订过程便可见一斑：美国法律协会对《模范刑法典》的两次重要修订（2007年和2017年）均以该理论作为其量刑指导思想。1962年版《模范刑法典》制定于不确定性量刑时代，虽然在第1.02（2）条列举了一系列的量刑目的，

---

〔1〕 需要说明的是，诺弗·莫里斯教授学说的提出，正值后果主义刑罚论衰微和报应主义刑罚论的复兴的交替之际，故而莫里斯教授是将威慑、剥夺犯罪能力、复归等刑罚目的称为"传统的"预防犯罪目的。

〔2〕 See Norval Morris, *The Future of Imprisonment*, University of Chicago Press, 1974, p. 59.

但并未阐释各目的之间的关系。[1]2007 年版《模范刑法典》第 1.02（2）条明确将"应得"规定为首要的量刑目的，要求"量刑的严厉程度应当与犯罪的严重性、对被害人造成的损害，以及犯罪人的应受谴责性相适应"；然后，在与应得理论不相冲突的情况下，可以合理考虑改造、一般威慑、剥夺犯罪能力、复归等量刑目的。[2]修订者们设想在"限制性报应主义"理论的框架内，让应得理论和后果主义的预防犯罪机制都发挥作用。[3]2017 年，美国法律协会批准通过了《模范刑法典：量刑》（Model Penal Code Sentencing 2017）。在此前的酝酿修订阶段，凯文·雷茨教授作为量刑项目的报告人曾指出，修订后的法典应明确采用一种综合的量刑理论（"限制性报应主义"）。2017 年版《模范刑法典：量刑》中的"限制性报应主

〔1〕 See American Law Institute, Model Penal Code (1962), s. 1.02

（2）The general purposes of the provisions governing the sentencing and treatment of offenders are:

（a）to prevent the commission of offenses;

（b）to promote the correction and rehabilitation of offenders;

（c）to safe guard offenders against excessive, disproportionate or arbitrary punishment;

（d）to give fair warning of the nature of the sentences that may be imposed on conviction of an offense;

（e）to differentiate among offenders with a view to a just individualization in their treatment;

（f）to define, coordinate and harmonize the powers, duties and functions of the courts and of administrative officers and agencies responsible for dealing with offenders;

（g）to advance the use of generally accepted scientific methods and knowledge in the sentencing and treatment of offenders;

（h）to integrate responsibility for the administration of the correctional system in a State Department of Correction [orother single department or agency].

〔2〕 See See American Law Institute, Model Penal Code (2007), s. 1.02 (2) The general purposes of the provisions on sentencing, applicable to all official actors in the sentencing system, are:

（a）in decisions affecting the sentencing of individual offenders:

（i）to render sentences in all cases within a range of severity proportionate to the gravity of offenses, the harms done to crime victims, and the blameworthiness of offenders;

（ii）when reasonably feasible, to achieve offender rehabilitation, general deterrence, incapacitation of dangerous offenders, restoration of crime victims and communities, and reintegration of offenders into the law-abiding community, provided these goals are pursued within the boundaries of proportionality in subsection (a)（i）; and

（iii）to render sentences no more severe than necessary to achieve the applicable purposes in subsections (a)（i）and (a)（ii）.

〔3〕 See Paul H. Robinson, *Distributive Principles of Criminal Law: Who should be Punished how Much?*, Oxford University Press, 2008, pp. 240-242.

义"思想体现为，犯罪人应得的惩罚为其刑罚程度设置了上下限，在这一限制内，如果在合理可行的情况下，可以追求预防犯罪的目的，并遵守莫里斯提出的谦抑性原则：一项量刑应当"不超过实现适当的（刑罚）目的所必需的严厉程度"。[1]

2. 限制性报应主义论的主要论争

"限制性报应主义"理论的内部论争主要集中在两个方面：（1）如何理解其中的"报应"概念。（2）如何理解其中的"限制性"。

关于如何理解限制性报应主义中的"报应"概念，又可进一步细分为两个问题：一是该理论中的"报应"究竟是指哪一种应得概念，二是消极的报应主义在莫里斯学说中作如何体现。

第一，美国法律协会在 2007 年版《模范刑法典》中并未明示究竟采取了哪一种应得概念。[2]从莫里斯的最初表述来看，他认为宽泛的应得限制（Broad Desert Limits）须基于社群观念（Community Sentiment），量刑不得超过"当前主流道德观念所认为的（刑罚）过重"。[3]可见，莫里斯教授对"报应"的理解是基于经验性应得理论。罗宾逊教授亦提倡经验性应得（虽然其学说更偏向于积极的报应主义），认为经验性应得在一定程度上有助于调和"实现正义"和"减少犯罪"这两个目标之间的矛盾，详言之，就实现正义而言，经验性应得聚焦于犯罪人的应受谴责性，而不是单纯地建立在行为所造成的损害上（报复性应得），有助于实现刑法的道德信誉；就预防犯罪而言，经验性应得的正义观念与社群的正义直觉相契合，具有规范内化的巨大力量，使得量刑结果更容易得到社会公众的肯定，从而产生一定的犯罪控制效果。[4]然而，社群的正义直觉不一定总是

〔1〕 See Richard S. Frase, *Sentencing Guidelines in American Courts: A Forty-Year Retrospective*, Federal Sentencing Reporter, vol. 32/no. 2, p. 115 (2019).

〔2〕 See Paul H. Robinson, *Distributive Principles of Criminal Law: Who should be Punished how Much?*, Oxford University Pres, 2008, p. 246.

〔3〕 See Andrew Von Hirsch & Andrew Ashworth eds., *Proportionate Sentencing: Exploring the Principles*, Oxford University Press, 2005, p. 181.

〔4〕 See Paul H. Robinson, *Distributive Principles of Criminal Law: Who should be Punished how Much?*, Oxford University Pres, 2008, pp. 249, 250.

正确的，有时仍然需要依靠道义性应得来检验其正义观是否正确。如果从经验性应得的角度来为量刑设限，只能起到有限的约束作用：严厉的制裁（以及非常宽泛的量刑范围）将成为可能，因为社群对此予以支持。鉴于此，托里教授、弗雷斯教授等学者主张从道义性应得的角度来理解限制性报应主义。[1]

第二，莫里斯教授认为"应得"这个概念存在固有的不精确性，它在政治学与哲学上难以形成共识，故而难以据此得出精确的刑罚量；它只能划定一个粗略的外部界限，一个可允许的量刑范围，超出该范围的惩罚将被视为不应得的（过分严厉或过分轻缓）。在这个宽泛的应得范围内，其他刑罚目的将以"微调"的方式来确定最终的量刑结论。应得所设的上限和下限之内，是一个"并非不应得"的惩罚范围。[2]可见，莫里斯教授是基于消极的报应主义立场来对其学说进行诠释。

关于限制性报应主义中的"限制性"，莫里斯教授认为"应得不是一个决定性原理，而是一个限制性原理。'罪有应得'的概念虽然能为任一罪行设置其可被判处的最高刑和最低刑，且有助于界定罪行之间的惩罚关系；但'罪有应得'却无法为量刑给予更多的微调，为得到适当的量刑，还需要根据功利主义的原理来进行微调。"[3]对此，可以从下述方面来进行理解：

其一，莫里斯教授对待应得的上限和下限的态度有所不同。在他看来，应得的"上限"是严格的，法院可以但并非一定要对犯罪人施加其应得的最高惩罚。与之相对，应得有时也为量刑设置了"下限"（最低的严厉性要求），以"谋杀配偶案"为例，即使犯罪人不具有再犯可能性，对其准予缓刑不会导致凶杀案的作案率激增，也仍然需要适用监禁刑；之所以需要这样的最低严厉性限制，原因是"刑法作为道德之师，具有设置一

---

〔1〕　See Andrew Von Hirsch & Andrew Ashworth eds. , *Proportionate Sentencing*: *Exploring the Principles*, Oxford University Press, 2005, p. 181.

〔2〕　See Norval Morris & Michael H. Tony, *Between Prison and Probation*: *Intermediate Punishments in a Rational Sentencing System*, Oxford University Press, 1990, pp. 86–89, 104–105.

〔3〕　See Norval Morris, *Madness and the Criminal Law*, University of Chicago Press, 1982, p. 99.

般性行为规范的功能”，如此才能使刑罚的轻重反映出罪行的轻重，而不至于让“当前的犯罪严重性因量刑而受到折损（Depreciate）”。[1]此后，也有其他学者提出了类似观点，称为“非对称理论”，这里的“非对称”主要是对应得惩罚的上限和下限要求不同，其中，突破上限的情形比突破下限的情形更需要被避免，因为不应得的严厉惩罚不但是对政府权力的严重滥用，且没有给予犯罪人罪有应得的惩罚。[2]而应得的下限则具有较大的灵活性和渗透性（Permeable），可以因一些与犯罪严重性无关但有利于被告的因素而被突破。[3]

其二，莫里斯教授试图在限制性报应主义理论中调和各种刑罚目的和原则。为了让这些刑罚目的和原则能够在应得的上限与下限之间发挥必要的微调作用，莫里斯教授试图对它们作出更加清晰的界定，并且致力于探寻解决冲突的规则，其观点可以归纳为以下五点：（1）“复归”不得作为判处监禁刑及延长监禁刑期的理由，所有的狱中处遇项目都必须是自愿的，且与假释的释放时间无关。莫里斯反对将强制性狱中处遇项目（Coerced in-prison Programs）所蕴含的“复归理想”与假释的释放时间相联系，因为狱后的风险无法根据狱中的行为来进行可靠地预测。另外，对于非服从性主体（Unamenable subjects）而言，强制性狱中处遇相当于浪费了宝贵的矫正资源，同时还会鼓励“假装的合作”，如此将妨碍真正地改造。再者，即使强制性狱中处遇是有效的，也可能会面临道义上的诘难，具有侵犯犯罪人的人权之嫌。（2）“剥夺犯罪能力”不得作为判处监禁刑及延长监禁刑期的理由。莫里斯反对根据被告的危险性评估而判处监禁刑、确定刑期，以及作出假释决定，因为“缺乏准确地预测未来行为的能力，并且很可能出现大规模的过度预测和过度监禁”。（3）“一般威慑”可以作为提高刑量的依据，直至应得惩罚的上限。莫里斯将这种量刑称为“示范性”

---

[1] See Norval Morris, *The Future of Imprisonment*, University of Chicago Press, 1974, pp. 60, 78-79.

[2] See Richard S. Frase, *Forty years of American Sentencing Guidelines: What Have We Learned?*, Crime and Justice, vol. 48/no. 1, pp. 114-115 (2019).

[3] See Andrew Von Hirsch & Andrew Ashworth eds., *Proportionate Sentencing: Exploring the Principles*, Oxford University Press, 2005, p. 182.

量刑，用以引起公众的注意，并通过严厉的惩罚来防止此种犯罪行为的发生。此外，鉴于司法资源的稀缺性，莫里斯也赞成出于威慑的目的而减轻处罚，如果某种犯罪可以通过较轻的惩罚而得到有效控制，那么便因威慑必要性小而进行减轻处罚。（4）对于"平等"的解读，莫里斯承认刑罚的平等目标是微调量刑时需要考虑的重要因素，但不意味着要绝对的"同案同判"。他认为，在应得的惩罚范围内，刑罚可能是不平等的，甚至看似"不公平的"（Unfair），但仍然是"公正的"（Just）。（5）谦抑性原则作为一项重要的量刑指导原则，要求"施加为实现既有社会目的所必需的最低报应性（惩罚性）制裁"。谦抑性原则不仅是功利主义哲学的核心要旨，还蕴含了人道主义的考量，它是限制性报应主义理论的必然推论。若允许法官在较宽而非较窄的范围内作出公正的惩罚，则需要诸如谦抑性原则之类的基本原则来给予更多的指导。对此，莫里斯主张以应得惩罚的下限作为量刑起点，仅当存在一种或多种其他指导因素时才能提高刑量，以期让量刑能够在应得范围的底部附近聚集。不过，由于各个刑罚目的之间往往存在冲突，莫里斯建议的冲突解决规则是"具体的量刑将由要求最高刑量的那个因素来决定"。换言之，在应得的惩罚范围之内，根据各个刑罚目的或原则作出之后，然后选择其中最重的量刑作为最终的结论。最后，莫里斯教授总结道，"没有普适的准则……刑事政策始终代表着一种在多个目标或对象之中作出的抉择，我们作出的每一个决定都可能有一些弊端"。[1]

　　总体而言，限制性报应主义论旨在排除不成比例的过重或过轻的量刑，比例性概念无法精确地表明犯罪和刑罚的等级，应得理论只能为量刑设置一个外部限制。在应得的惩罚范围内，将由其他刑罚目的或原则来决定最终的量刑。

---

　　[1]　See Richard S. Frase, *Sentencing Principles in Theory and Practice*, Crime and Justice, vol. 22, pp. 369-370, 372-375, 378（1997）.

（二）积极的报应主义综合论

1. 改良式应得模式的提出背景

较之美国学者诺弗·莫里斯提出的限制性报应主义论，英国学者阿什沃斯教授更青睐于"积极的报应主义综合论"，旨在尽可能准确地对犯罪人科处其应得的惩罚，或者至少应在一个非常狭窄的范围内作出量刑决定。[1]

根据莫里斯的观点，"没有任何人能够确切知晓任一犯罪应受到多少惩罚，我们只能把握那些明显不成比例的（过轻或过重）的事物"，因此量刑者没有义务对应受谴责程度相同的罪犯判处同样繁重的刑量，可以在必要情况下基于功利主义的考量予以区别对待，只要不违反"报应性"限制即可。[2]对此，阿什沃斯和赫希教授给予了反对，他们认为莫里斯学说过于粗疏，应得理论不仅是为量刑设置了上限和下限，而且应当对量刑提供更多的指导。例如，"对于某种特定类型的犯罪，少于 x 个月的监禁是量刑过轻，多于 y 个月的监禁是量刑过重……假设有两名罪犯实施了可谴责性相同的行为，但两人的再犯风险不同，如果基于莫里斯学说（应得的惩罚须介于 x 个月与 y 个月之间），将允许两名罪犯被施加轻重不同的惩罚，即一名罪犯可能会受到接近下限 x 的惩罚，而另一名罪犯可能会受到接近于上限 y 的惩罚。如是以观，虽然（两名罪犯）行为的可谴责性基本相同，却受到了不同程度的谴责，这样是不公正的。"[3]该例子既适用于犯有类似罪行的罪犯，也适用于犯有不同罪行但应受谴责程度基本相当的罪犯。阿什沃斯和赫希教授进一步指出，量刑是否公正，很大程度上取决于限制性报应主义对量刑所设限制的宽度，以及罪行的序数比例（罪行之

---

[1] 需要说明的是，阿什沃斯和赫希教授称其理论为"改良式应得模式"（Modified Desert Model），而美国明尼苏达州量刑指南立足于"改良式罪有应得"（Modified Just Desert）。这两个术语具有相似性，但其内涵有所不同。在阿什沃斯和赫希教授的文献中，其所言的"改良式应得模式"主要是针对莫里斯教授的"限制性报应主义"而进行的改良。

[2] See Andrew Von Hirsch & Andrew Ashworth eds., *Proportionate Sentencing: Exploring the Principles*, Oxford University Press, 2005, p. 138.

[3] See Andrew Von Hirsch & Andrew Ashworth eds., *Proportionate Sentencing: Exploring the Principles*, Oxford University Press, 2005, p. 139.

间的相对严重性）是否准确。

2. 改良式应得模式的核心关切

承前所述，英国学界对限制性报应主义作出了一些改良，对应得理论进行更精细化的教义学构建，提炼出对等性（Parity）、等级排序（Rank-ordering）要求和刑罚间距（Spacing of Penalties）三条判断规则。[1]具体而言：

（1）对等性要求。当犯罪人被判犯有严重程度相似的罪行时，其所受的惩罚程度应基本相当。该要求不意味着对法定犯罪类型内的所有行为处以相同的惩罚，毕竟行为的损害性和犯罪人的有责性不可能完全相同，由此决定的犯罪严重性势必也会存在差异，故而对"对等性"的理解不能过于机械。

（2）等级排序要求。当罪行 Y 所受的处罚重于罪行 X 时，意味着罪行 Y 受到的反对程度更高，即罪行 Y 更为严重。在对刑罚进行排序时，应使刑罚的相对严厉性与所涉犯罪的严重性等级相适应。如果使用广义的法定犯罪类型，那么等级排序要求将允许一定程度的制裁重叠。例如，假设最不严重的抢劫罪亚类（Sub-type of Robbery）与最严重的入户盗窃亚类（Sub-type of Residential Burglary）在应受谴责性上大致相当，那么对它们判处相当的刑罚便不存在异议。

（3）刑罚间距要求。假设罪行 X、Y、Z 的严重性从低至高，其中 Y 比 X 严重得多且仅比 Z 轻一些，那么，为了合理反映出行为的严重性，X 与 Y 的刑罚间距应当大于 Y 与 Z 的刑罚间距。该要求旨在通过事先的"间距约定"来引发人们关注所涉罪行的严重性差异，但问题在于，似乎没有唯一合适的间距约定。对此，阿什沃斯和赫希教授也承认，相较于限制性报应主义论，他们的改良建议虽然能提供进一步的量刑指导，但仍然无法轻易得出任一罪行应得惩罚的具体刑量，"假设有人试图为入户盗窃罪寻找适当的、应得的惩罚。如果已经确定了其他罪行的惩罚，那么便可通过

---

〔1〕 See Andrew Von Hirsch & Andrew Ashworth eds. , *Proportionate Sentencing*：*Exploring the Principles*, Oxford University Press, 2005, pp. 139-140.

对比判断以确定盗窃罪的惩罚，即与其他罪行相比，典型的盗窃罪更为严重抑或不太严重。但是，这种判断最终要落脚于一个起刑点……似乎没有任何犯罪能够轻易将某一具体的刑量作为其唯一应得的惩罚"。[1]

阿什沃斯和赫希教授的观点在英国学界颇具影响力，归纳而言，一方面，试图让应得理论发挥更多的量刑指导作用，而不只是设置一个宽泛的应得惩罚范围。出于正义的考虑，较窄的量刑范围会比莫里斯学说所建议的较宽的量刑范围更为可取。之所以强调对非难程度相同的罪犯应受到同等的惩罚，主要是为了让刑罚的严厉性尽可能地与犯罪的严重性相适应，以期实现合比例的量刑，防止预防犯罪等因素对量刑产生过度影响，这实际上也契合了英国自 20 世纪 70 年代以来在量刑领域所倚重的比例原则。另一方面，承认应得理论的局限性，若要具体确定某一罪行所应得的惩罚究竟为何，依然存在难度。不过，英国学界坚信"分级并不是一项难以完成的任务，如美国明尼苏达州的量刑委员会，就曾在未造成过多困难或困扰的情况下对犯罪的严重性进行了分级，并在此基础之上构建了假定的量刑范围。"[2]

五、量刑教义学的内部体系省思：理念嬗变及其对我国的启示

由于价值乃是通过目的来实现，量刑教义学中要贯彻体系性思考，便需要着眼于特定刑罚目的之间的协调。刑罚论对量刑教义学内部体系的形塑具有先天的制约作用，围绕量刑而生的问题多半是因人们对刑罚论的认知存在偏差。刑罚目的的变化不仅影响量刑理念的变迁，还直接促使刑事法制模式的转变。从纵向维度观之，西方现代刑事法制的发展经历了三次重要更迭，一是自民族国家诞生以来到 19 世纪末的"报应模式"，该时期以报应刑观念作为其核心刑罚观，在刑事法制方面表现为罪刑标准化、等级化。二是 19 世纪末至 20 世纪 70 年代的"惩罚—福利"模式，该模式

---

〔1〕 See Andrew Von Hirsch & Andrew Ashworth eds., *Proportionate Sentencing：Exploring the Principles*, Oxford University Press，2005，p. 142.

〔2〕 See Andrew Von Hirsch & Andrew Ashworth eds., *Proportionate Sentencing：Exploring the Principles*, Oxford University Press，2005，p. 6.

以良好的设计和浪漫的初衷为旨归，符合福利国家的基本理念，通过倚重目的刑和教育刑观念来实现犯罪人的再社会化，诸如不定期刑、保安处分、缓刑、假释等制度是该时期刑事法制的主要特色，然而该模式在强调刑罚个别化的同时也带来了明显的不平等现象，出于治疗犯罪人而进行的制度设计，可能带有过度干涉人权的倾向，且实践效果也差强人意。三是20世纪70年代以降的"正义模式"再次将报应刑或"罪有应得"观念提升至重要位置，量刑规范化、监狱制度改革等也随之开始，这一风潮直接影响到其他一些西方国家。该模式能够满足公众朴素的报应诉求，且兼顾了刑事法制的预防功能，但是也潜藏着过度强调刑罚对犯罪人的谴责与排斥的隐患，容易导致刑罚权的扩张。[1] 上述三个阶段的模式转变与其特定的历史背景和政策动因相关，但不难发现，刑罚目的的位序变化对于量刑理念乃至整个刑事法制的影响深远。

探寻量刑理念的嬗变，是后续讨论模式选择和制度设计等量刑教义学外部体系的必要前提。当前我国已基本形成了以量刑指导意见为载体的价值共识，但在国际话语权方面尚显薄弱。在考察他国的量刑改革经验时，仍停留于"器物"层面的移植，这无助于量刑自主知识体系的建构。倘若无法从思想根基层面来理解域外量刑改革的起伏，那么比较研究所呈现的理论意义和实践价值将大打折扣。

（一）后果主义量刑理念与"惩罚—福利主义"的衰微

后果主义刑罚论在20世纪70年代的衰微既为其自身缺陷所致，也与当时的社会背景相关联。大卫·加兰教授曾将英美两国在1890—1970年的刑事司法制度形容为"惩罚—福利主义"（Penal-welfarism）模式，受后果主义（尤其是改造和复归）的影响，在此期间形成了以不确定量刑、提前释放、假释后监督为特色的量刑法。[2] 应当说，"惩罚—福利主义"模式下的量刑制度发展与福利国家的发展轨迹相吻合，离不开特定的社会历史条

----

〔1〕 时延安：《比例与结构：刑事法制的基本要素与模式选择》，载《法学》2022年第5期，第87-88页。

〔2〕 See David Garland, *The Culture of Control: Crime and Social Order in Contemporary Society*, Oxford University Press, 2001, p. 35.

件，具体可从"国家在预防犯罪中角色转变""犯罪学对犯罪原因的不同解读"两个维度来加以解读。

1. 国家在预防犯罪中的角色转变

一般而言，惩罚犯罪是现代主权国家的一项义务。不过较之惩罚犯罪，国家在预防伤害和确保安全方面所承担的预防义务则要复杂得多，因为其既不是排他的，也不是定义明确的。理解国家预防功能的基础，需要密切关注国家与公民关系、国家的角色和职权范围，以及公民义务等基本问题。对于国家和公民关系，古典自由主义聚焦于公民对国家的义务和国家对公民的义务。从后果意义上看，公民守法义务的理论逻辑在于缺乏对法律的遵守，结果将导致混乱或回到霍布斯的国家自然状态。霍布斯在其《利维坦》一书中指出，公民服从国家当局的目的是确保"个人的人身安全"，由此决定，国家存在的理由及其首要任务是为其公民确保作为自由先决条件的秩序与安全。该首要任务具有两个关键特征：一是保护和预防功能被嵌入国家权力的组织体系中，使国家承担颁布法律和探寻政策的义务，从而向公民提供保护；二是公民对国家和其他公民负有当然的守法义务，以及接受作为和平和良好秩序必要对价的国家强制力（State Coercion）的义务。[1]

国家需要承担预防犯罪的义务，随之而来的问题是，受"惩罚—福利主义"的影响，国家在预防犯罪过程中所扮演的角色有何特别之处。若追溯"惩罚—福利主义"的缘起，可以发现它发端于19世纪晚期，其产生最初是受19世纪"治安奇迹"的影响，继而在20世纪自由派乐观主义思想的培育下不断壮大。当时的主流观点可归纳为以下两点：一是，犯罪是为早先时代的贫穷问题所致，而普遍的富裕则是预防犯罪的自然方式，社会改革和繁荣富裕最终将导致犯罪率的降低。二是，国家在预防犯罪方面不仅有义务惩罚和控制犯罪人，同时也应承担起照顾他们的责任。换言之，国家可被视为一个兼具压制与改造、控制与照顾、惩罚与福利的主

---

〔1〕 ［英］安德鲁·阿什沃斯：《量刑与刑事司法》，彭海青、吕泽华译，中国社会科学出版社 2019 年版，第 80-81 页。

体。值得注意的是，国家的这种角色定位与英美两国在"二战"后的经济繁荣有着莫大关联，尤其是 1950—1960 年的经济繁荣与社会稳定造就了"惩罚—福利主义"模式的鼎盛时期，因为只有处于一个经济发展、就业充分、不平等差距较小、福利服务发展及津贴相对慷慨的时代，才能具备开展各项矫正实务的必要物质基础。然而，"惩罚—福利主义"模式所依赖的社会背景在 20 世纪 70 年代出现了重大转折，一是石油危机引发了整个西方工业国家的经济衰退和政治动荡，此后的 10 年内大规模失业再度涌现，工业生产崩溃；二是面对居高不下的犯罪率，不免让人感到后果主义刑罚论在预防犯罪方面已是黔驴技穷、收效甚微；三是大众似乎并未从"惩罚—福利主义"模式中直接获益，相反，纳税人辛勤工作所创造的价值却被用于改造对社会安全构成威胁或破坏的群体，于是人们认为这样的福利分配是一种适得其反的浪费。[1]在此背景下，"法律与秩序"的观念被重拾，[2]国家的角色定位逐渐侧重于"公共保护"，通过采取"严厉打击犯罪"的措施来保护公民免受其害，故英美两国都不同程度地出现了量刑趋严、监禁人数增加、强制性最低量刑法律，等等。[3]正如赫希教授所言，国家实际上是由一系列危险且具有压制性的机制组成，其凌驾于公民之上的权力必须受到严格限制，从而保护个人的自由和权益。[4]

2. 犯罪学对犯罪原因的不同解读

20 世纪初的犯罪学研究大多取材于精神医学和个体心理学，并聚焦于犯罪人个体的不同特征。1920—1930 年，学者们利用新的统计方法进行分析，发现那些具备最多的负面个性特征和犯罪记录的人，通常是那些经历

---

〔1〕　See David Garland, *The Culture of Control: Crime and Social Order in Contemporary Society*, Oxford University Press, 2001, pp. 38-39, 48, 76.

〔2〕　"法律与秩序"的提出，最初是为了镇压那些相互竞逐的政权、控制犯罪与失范行为等，因为欧洲在现代民族国家产生之初并不稳定，战胜的统治者向其子民许下"和平与正义"的承诺，于是，"法律与秩序"的保证便成为主权政权的一个关键特征。See David Garland, *The Culture of Control: Crime and Social Order in Contemporary Society*, Oxford University Press, 2001, p. 29.

〔3〕　See David Garland, *The Culture of Control: Crime and Social Order in Contemporary Society*, Oxford University Press, 2001, p. 142.

〔4〕　See Andrew Von Hirsch, *Doing Justice: The Choice of Punishments*, Hill & Wang, 1976, pp. 30-35.

过多种剥夺形式的人（如不良的家庭教育和贫困），于是主张犯罪是为社会剥夺所导致。1950—1960 年，随着"二战"后英美国家的整体环境日趋安定和繁荣，贫困和儿童照顾不良的问题得到了缓解，剥夺理论也开始转变为"相对的剥夺理论"或"失范"（Anomie）理论。事实上，20 世纪中期盛行于英美国家的犯罪学理论，都不曾坚持严格的决定论，也不曾将犯罪人视为"有病的"或严重"病态的"，这些新产生的犯罪学理论没有将犯罪归咎于绝对的贫困，而是主张犯罪的原因来自"期望与实现"（Expectations and Achievement）之间存在鸿沟。也就是说，人们日益提升的期望与现实中给予的机会之间存在差距，犯罪人是一群被遗弃在繁荣经济背后的人。据此，相对的剥夺理论与"惩罚—福利主义"模式的核心理念相契合，均主张犯罪因贫困与剥夺而起，其应对之策在于促进经济的繁荣发展和给予相应的社会福利。[1]这也是改造、复归等刑罚目的能贯穿 20 世纪大部分时间的原因之一。

20 世纪 70 年代以后，犯罪学领域出现了各种"控制理论"，包括自我控制、情境控制、社会控制等主题，它们认为犯罪不属于剥夺的问题，而是关于控制不充分的问题。[2]随后，犯罪学领域在 1980—1990 年已出现了两种针锋相对的学说，详言之，（1）"自我的犯罪学"（Criminology of the Self）。将犯罪人视为正常且理性的人，和我们一样，无须从个人病理、社会化缺陷或社会功能障碍等方面来对犯罪加以认识。例如，日常生活的犯罪学（Criminology of Everyday Life）将社会秩序视为一种系统整合的问题，它所整合的对象不是人，而是针对人们所处环境的社会进程和安排，欲以改变各种情景的方式来减少安全漏洞和犯罪机会；该理论通常是采取技术性的且无关道德的（Amoral and Technological）方法来建构社会秩序，目的是确保社会秩序井井有条，而不是建构规范共识（Normative Consensus）。（2）"他者的犯罪学"（Criminology of the Other）。把犯罪人视为危

---

〔1〕 See David Garland, *The Culture of Control: Crime and Social Order in Contemporary Society*, Oxford University Press, 2001, pp. 43-44.

〔2〕 See David Garland, *The Culture of Control: Crime and Social Order in Contemporary Society*, Oxford University Press, 2001, p. 16.

险的他者，即处于社会边缘的、令人恐惧的异类，能够促进对国家惩罚的支持，但也会引发大众对犯罪的恐惧和怨恨。该理论的核心观点可归纳为：一是"我们"与"他们"之间无法互相理解，且不存在用于理解的媒介；二是"他们"是威慑"我们"安全的他者，因此我们应保护自己免受其害，而不是去考虑他们的福利以及复归前景。基于此，"他者的犯罪学"维护秩序与权威、主张绝对的道德标准以及拥护传统和共识。虽然上述两种犯罪学理论存在诸多不同，但共同点在于优先考虑"控制"和公共保护，且都反对与"惩罚—福利主义"相关的犯罪学说。只不过"自我的犯罪学"偏向于情境控制，而"他者的犯罪学"的控制则可能以法律威慑或道德训诫的方式呈现。[1]

总之，后果主义刑罚论之所以于 20 世纪 70 年代由盛转衰，既有自身的理论困境的原因，也和其理论所根植的社会背景已不复存在有关。由是，学者们开始另寻他途，将视野转向了非结果主义刑罚论——报应主义。

（二）报应主义量刑理念与"惩罚性转向"的关联

20 世纪 70 年代后，英美国家的量刑实践出现了"惩罚性转向"（Punitive Turn）。[2]诸如犯罪学家约翰·布雷思韦特（John Braithwaite）和菲利普·佩蒂特（Philip Pettit）对应得理论进行了严厉谴责，认为比例原则和应得理论几乎不可避免地导致了惩罚水平的明显提高，在其看来，"一旦人们在惩罚原理上就报应（或给予应得的惩罚）达成共识，那么报应主义者的温和目光将不复存在"。[3]这样的观点并不鲜见，如托里教授曾于 1994 年指出，应得理论的赞成者主张从整体上减少惩罚的严厉性，结果却是既导致惩罚变得更加严厉，也造成了不输于不确定量刑时期存在的极度

---

〔1〕　See David Garland, *The Culture of Control: Crime and Social Order in Contemporary Society*, Oxford University Press, 2001, pp. 183–185.

〔2〕　See Deborah E. McDowell, Claudrena N. Harold & Juan Battle eds. , *The Punitive Turn: New Approaches to Race and Incarceration*, University of Virginia Press, 2013, pp. 1–25.

〔3〕　See John Braithwaite & Philip Pettit, *Not just Deserts: A Republican Theory of Criminal Justice*, Clarendon Press, 1992, pp. 15–16.

的量刑失衡问题。[1]加兰教授亦认为，在 1980 年后的 20 多年里，"罪有应得"的报应理念重现并成为英美两国普遍的政策目标，"罪有应得"最初是为应对刑罚个别化的不公平，希望唤起人们对符合比例的、确定量刑的关注。然而，这也使得政客与立法者得以公开表达惩罚性量刑，以及颁行更严厉的法律。[2]需要说明的是，加兰教授没有将英美国家量刑实践的惩罚性转向全部归咎于应得理论，毕竟刑事民粹主义的出现及对被害人权利的关注（如美国被害人组织的崛起），在一定程度上都对量刑趋严产生了影响，但他仍然指出应得理论的出现与刑罚严厉性的提升之间存在一定的历史关联。

至此产生的疑问是：应得理论与惩罚性之间是否存在着某种必然联系？"罪有应得"是否注定会导致更为严厉的量刑？这中间是否存在对应得理论的误读？

1. 惩罚性转向的原因考察

在西方国家中，最早将应得理论明确引入制定法的国家是芬兰，该国于 1976 年颁布了刑法修正案，在《芬兰刑法典》第 6.4 条中规定了比例原则，即"量刑应当恰好与罪行所引发的损害和危险、行为的目的以及犯罪人在犯罪时所表现出的其他罪责因素相适应"，[3]该法将犯罪的严重性作为确定量刑的首要标准，强调量刑应当符合比例性的要求。此后的几十年，芬兰的监禁率一直维持在 50—70 名囚犯/10 万人的较低水平，由曾经作为西欧最具惩罚性的国家逐渐成为惩罚性最低的国家。[4]除了芬兰，瑞典于 1988 年实施了量刑改革，新的刑法典于 1989 年生效，其中最重要的

---

〔1〕 See Michael H. Tonry, *Proportionality, Interchangeability, and Intermediate Punishments*, in R. A. Duff et al. eds., Penal Theory and Penal Practice, Manchester University Press, 1994, pp. 68–77.

〔2〕 See David Garland, *The Culture of Control: Crime and Social Order in Contemporary Society*, Oxford University Press, 2001, p. 9.

〔3〕 See Finish Penal Code 1976, s. 6.4. The sentence shall be determined so that it is in just proportion to the harm and risk involved in the offence, the motives for the act, and the other culpability of the offender manifested in the offence.

〔4〕 See Tapio Lappi-Seppälä. *Sentencing and Sanctions in Finland*, Peking University Law Journal, vol. 5/no. 1, pp. 129, 134–135 (2017).

规定是要求法院根据"刑罚价值"来量刑。所谓"刑罚价值"主要是指犯罪的严重性，取决于犯罪行为涉及的损害或损害风险，以及犯罪人的罪过（Guilty）大小。[1]尔后，瑞典的监禁率虽然在20世纪90年代中期略有提高，但原因是当时修改了酒驾的相关规定，该国的监禁率在20世纪90年代后期再次下降。总体而言，瑞典至今仍属于西欧国家中最审慎适用监禁刑的国家。[2]从芬兰和瑞典的量刑实践来看，二者都是较早进行量刑立法改革的国家，它们的量刑实践并没有因为适用应得理论而变得更加严厉。由是说明，以应得理论作为量刑理念并不必然导致惩罚水平的提高，应得理论与惩罚性转向之间没有因果关联。

如果将视域转向美国，会发现那些明确以应得理论为指导的地区，其惩罚水平并没有明显提高。例如，美国有几个地区以系统性方式采取了基于比例的量刑，其中最著名的自然是明尼苏达州和华盛顿州，二者都采取了网格式量刑指南，以被控罪行作为假定量刑（Presumptive Sentence）的核心决定因素。长期以来，明尼苏达州一直是全美人均被监禁率较低的地区之一，截至2015年年底，该州的人均被监禁率（Per Capita Prison Rate）为全美倒数第三。[3]相反，强调"法律与秩序"理念的地区对许多罪行适用了强制性最低量刑，尤其是针对累犯（Repeat Offenders）适用了严厉的最低量刑，这些地区的监禁率却在激增。例如，加利福尼亚州的"三振出

〔1〕 需要说明的是，由于瑞典语没有和英语"Culpability"相对应的词，故而使用的是"Guilty"一词来表示犯罪人对其所犯行为的有责性。对此，安德鲁·冯·赫希（Andrew Von Hirsch）教授强调，瑞典刑法中使用"Guilty"一词是一种无奈之举，因为"Guilty"可能会使人联想到一些神学含义。总之，瑞典刑法中的"Guilty"一词不是为了表示犯罪人灵魂中难以捉摸的邪恶状态，而是在中性意义的层面上表达类似英语"Culpability"的含义，瑞典刑法中的"Guilty"涉及意图（Intent）、轻率（Recklessness）、疏忽（Negligence），以及部分辩护事由。See Andrew Von Hirsch, *The Swedish Sentencing Law*, in Andrew Ashworth, Andrew Von Hirsch & Julian V. Roberts eds., Principled Sentencing: Readings on Theory and Policy, 3rd edn, Hart, 2009, pp. 260-263.

〔2〕 See Andrew Von Hirsch & Andrew Ashworth eds., *Proportionate Sentencing: Exploring the Principles*, Oxford University Press, 2005, p. 78.

〔3〕 截至2015年年底，明尼苏达州的人均被监禁率（Per capita prison rate）为全美倒数第三，"Per capita prison-plus-jail rate"为全美倒数第二。See Richard S. Frase, *Why Are Minnesota's Prison Populations Continuing to Rise in an Era of Decarceration?*, Federal Sentencing Reporter, vol. 30/no. 2, p. 114 (2017).

局"法规定对第 3 次被控的重罪（第 3 次被控罪行不限于重罪，还包括一些中级或较轻的罪行）判处最低 25 年的有期徒刑。[1]值得注意的是，强制性最低量刑法背后的依据显然不是应得理论，而是基于后果主义刑罚论中的威慑和剥夺犯罪能力，应得理论不但不会支持强制性最低量刑，还会坚决地予以反对，因为这类量刑法过分倚重犯罪人的前科情节，与犯罪人的被控罪行的严重性明显不成比例。

从英国的量刑立法来看，有以下四个时间节点值得注意：（1）在 1991 年《刑事司法法》颁行前，曾有一份政府政策文件提议构建"一种新的量刑立法框架，使量刑建立犯罪严重性或罪有应得的基础之上"。1991 年《刑事司法法》采取了区分标准，对于普通犯罪人，要求刑罚的严厉性应当与犯罪的严重性相适应；但针对特别危险的犯罪者存在例外，对其主要考虑剥夺犯罪能力的量刑。不过，当时的英国司法部门并不欢迎这项立法，认为这将对量刑者的自由裁量权造成严重束缚。于是上诉法院在 1991 年《刑事司法法》仅实施几周后便作出判决，以判例形式将"比例原则"解释为——刑罚应当与犯罪严重性和威慑需求相适应。这样一来，威慑被重新作为量刑目的，且在一定程度上消解了比例原则。（2）1993 年的立法再次削弱了 1991 年《刑事司法法》针对前科记录、数罪、单位罚金等内容的规定。此后，政客们也更多地呼吁采取严厉的措施，包括声称"监狱有效"，以及呼吁采取强制性量刑。（3）1997 年《犯罪（量刑）法》[Crime（Sentences）Act 1997]对毒品犯罪、入户盗窃等重要罪行规定了强制性最低量刑，主要是基于剥夺犯罪能力和威慑的考虑。[2]强制性最低量刑能够直接导致惩罚水平的提高，其背后的考量是威慑和剥夺犯罪能力，而非应得理论。（4）2003 年《刑事司法法》第 143 条第（1）款规定了"比例原则"，要求"就任何犯罪的严重性而言，法院必须考虑犯罪人在犯罪过程中表现出的有责性，以及犯罪所导致的任何损害（包括意图导致的

---

[1] See Andrew Von Hirsch & Andrew Ashworth eds., *Proportionate Sentencing*: *Exploring the Principles*, Oxford University Press, 2005, pp. 78-79.

[2] See Andrew Von Hirsch & Andrew Ashworth eds., *Proportionate Sentencing*: *Exploring the Principles*, Oxford University Press, 2005, pp. 79-80.

或可能预见导致的损害）"。[1]另外，该法案的其他条款也蕴含了比例原则的考量。[2]自此，以应得理论为指导的比例原则得以成为一项重要的量刑原则。不难发现，应得理论在英国量刑立法的演进过程中曾一度被削弱，自 2003 年后在立法中才被重视。1993—2015 年，英国的监狱人口将近翻了一番（从 44 200 人增至 86 000 人），其中一个重要原因是英国在 2005—2008 年针对"危险的犯罪人"过度适用了"公共保护监禁"（IPP），该刑种的实质是一种新的不确定性量刑。虽然"公共保护监禁"（IPP）于 2012 年被废除，但在其适用期间已然导致了监禁人口的激增。[3]此外，英国监狱人口的增加还与刑事民粹主义存在关联。虽然英国的犯罪率自 1995 年开始一直下降，2009—2010 年已将近降低了 50%，但民众对犯罪率的感知却没有发生太大变化，不仅认为犯罪率一直在上升，还认为对犯罪人的惩罚过于宽缓，呼吁对其施加更严厉的量刑。[4]

综合以上国家的量刑立法和实践来看，应得理论的适用与否与惩罚水平提高之间并无明显的因果关联。

2. 应得理论的误区澄清

就应得理论本身而言，它所支持的是适度的制裁而非严厉的惩罚。首先，在该理论看来，无论犯罪人抑或潜在的犯罪人都是拥有权利的公民。现代应得理论将（潜在的）犯罪人视为道德主体，尊重其道德判断能力，并认真对待其权利。因此，所有刑事干预都必须具有正当性。其次，现代

---

〔1〕　See Criminal Justice Act 2003, s. 143 Determining the seriousness of an offence

（1）In considering the seriousness of any offence, the court must consider the offender's culpability in committing the offence and any harm which the offence caused, was intended to cause or mightforseeably have caused.

〔2〕　例如，2003 年《刑事司法法》第 148 条第（1）款规定的社区刑的门槛是除非犯罪足够严重到应适用社区刑。又如，第 152 条第（2）款和第 153 条第（2）款规定了的监禁刑的适用门槛，即法院不能适用监禁刑，除非犯罪已如此严重，以至于仅适用罚金和社区刑将不再合理；并且，即使法院决定适用监禁刑，法院必须选择与罪行严重性相适应的最短刑期。See Criminal Justice Act 2003, s. 148 (1), 152 (2), 153 (2).

〔3〕　See Julian V. Roberts & Andrew Ashworth, *The Evolution of Sentencing Policy and Practice in England and Wales, 2003-2015*, Crime and Justice, vol. 45/no. 1, pp. 313, 330-331 (2016).

〔4〕　See Julian V. Roberts, *Structured Sentencing: Lessons from England and Wales for Common Law Jurisdictions*, Punishment & Society, vol. 14/no. 3, p. 270, 282 (2012).

应得理论有别于传统的报复性应得，认为量刑应着眼于犯罪人所犯行为的应受谴责程度，合比例的量刑旨在进行刑事谴责，而不是为了进行"以痛苦还痛苦的回报"。最后，犯罪人所应得的惩罚本身就具有一定的威慑效果和剥夺犯罪能力的作用，因此应得理论能够对威慑、剥夺犯罪能力的考量起到一定的限制作用，从而排除用于提高惩罚水平的各种量刑策略。[1]之所以有学者将应得理论与英美国家的"惩罚性转向"相联系，主要来自以下原因。

第一个原因来自认知错位。现代应得理论出现于 20 世纪 70 年代中期，在此之前人们很少关注应得的惩罚理念。即使在现代应得理论出现后，人们也依然将其与启蒙时期的报应主义相提并论，认为应得理论蕴含了"以牙还牙"的落后思想，要求犯罪人与受害人承受同样的痛苦。然而，根据之前对应得概念的三重解读可知，以牙还牙式的应得其实是指传统报应主义中的报复性应得。当以谴责为基础的现代应得理论出现时，仍有学者基于报复性应得的立场来理解现代应得理论。可见，针对应得理论的诸多非难源于对应得概念的理解存在偏误。

第二个原因可归结于历史偶然性。应得理论最先出现于 20 世纪 70 年代的美国刑法学文献中。其复兴与英美量刑趋严的时间线看似一致，于是人们便理所应当地将惩罚水平的提高归咎于应得理论的运用。实际上，导致量刑趋严的各项措施实际上是基于威慑和剥夺犯罪能力的考量。例如，英国的监狱人口在 1993—2015 年将近翻了一番（从 44 200 人增至 86 000人），其中一个重要原因是英国在 2005—2008 年针对"危险的犯罪人"过度适用了"公共保护监禁"（IPP）。[2]又如，托里教授在其 2016 年的著作中对应得理论予以重新评价，认为自 20 世纪 70 年代以来，美国的量刑思想发展是不连贯的，报应主义于 20 世纪 70—80 年代看似取代了后果主义刑罚论在美国量刑领域的长期主导地位；然而从 20 世纪 80 年代至今，

---

〔1〕 See Andrew Von Hirsch & Andrew Ashworth eds., *Proportionate Sentencing: Exploring the Principles*, Oxford University Press, 2005, pp. 76-77.

〔2〕 See Julian V. Roberts & Andrew Ashworth, *The Evolution of Sentencing Policy and Practice in England and Wales, 2003-2015*, Crime and Justice, vol. 45/no. 1, pp. 313, 330-331 (2016).

美国的"三振出局"法、无假释的终身监禁、强制性最低量刑、实质的量刑（Truth-in-sentencing）[1]等量刑法均没有立足于报应主义的考量，而是一种情绪化的政治产物，是有一种表达性的立法，这些法律的制定旨在向公众表明决策者正在应对某种犯罪，而不是因为决策者认为它们会对犯罪产生任何影响。[2]那些以应得理论为量刑指导的地区，其惩罚水平实际上并不严厉。

第三个原因属于对理论与实践的误读。认为以应得理论为指导的量刑模式几乎没有任何减轻处罚的余地，并不妥当。以美国明尼苏达州为例，该州根据应得理论构建数字式（Numerical）量刑指南，同时为涉及犯罪人有责性减轻的因素留有很大的适用余地，在美国监禁率普遍提高的情况下依然保持了较低的监禁率。事实上，减轻处罚的主要障碍来自强制性量刑方案，因为这些方案有违比例原则的要求。[3]

（三）并合主义量刑理念的应然取向

在我国的量刑理念演进中，虽然没有出现西方国家从后果主义刑罚论到报应主义刑罚论的明显转向，但同样具有报应和预防两种刑罚观念。诸如"杀人者死，伤人及盗抵罪"之类的主张蕴含了报应观念，而法家所言的"以刑去刑"及儒家所持的"乱世用重典"思想，则与现代刑罚论中预防理论强调的"威慑"观念相谐。[4]报应和预防作为古今中外共通的刑罚观念，体现了不同时空的人们对刑罚功能的认知和定位，只是我国古代未

---

〔1〕　需要说明的是，普通法系中的"Truth-in-sentencing"有两层含义：（1）在实体层面，表示宣告刑与实际服刑时长之间的关系。例如，美国联邦或某些州制定的"Truth-in-sentencing Laws"（TIS laws），其中有规定要求暴力犯罪至少须服满宣告刑的85%，等等。See GAO Report, *Truth in Sentencing: Availability of Federal Grants Influenced Laws in some States*, Federal Sentencing Reporter, vol. 11/no. 3, p. 163 (1998). （2）在程序层面，要求有关量刑性质和量刑轻重的重要裁决，应当公开、公正地（Honestly）作出。See Richard S. Frase, *Implementing Commissioned-Based Sentencing Guidelines: The Lessons of the First Ten Years in Minnesota*, Cornell Journal of Law and Public Policy, vol. 2/no. 2, p. 337 (1993).

〔2〕　See Michael H. Tonry, *Sentencing Fragments: Penal Reform in America, 1975-2025*, Oxford University Press, 2016, pp. 164-167.

〔3〕　See Andrew Von Hirsch & Andrew Ashworth eds. , *Proportionate Sentencing: Exploring the Principles*, Oxford University Press, 2005, p. 81.

〔4〕　时延安：《刑罚目的反思与减刑制度改革完善》，载《人民检察》2014年第8期，第62页。

能将这些思想上升为学理层面的体系性理论，故而也未能形成学派之间的理论争鸣与学术交锋。纵观英美国家自 19 世纪以来的量刑理念变迁，可从中汲取一些有益的启示。

1. 从消极的报应主义到积极的报应主义

我国古有刑罚的"世轻世重"之说，《周礼》中的"三国三典"原则要求刑罚的轻重随着社会形势而变，即"新国"用"轻典"，"平国"用"中典"，"乱国"用"重典"。[1] 今有离我们并不遥远的数次"严打"浪潮（自 20 世纪 80 年代开始），"严打"期间不仅在刑事立法层面对严重的经济犯罪、贪污贿赂犯罪、毒品犯罪等罪名增设了死刑，使得我国刑罚的位阶体系被整体拉高，而且导致了司法层面的死刑适用数量激增。[2] 正因如此，有学者认为无论是"严打"活动抑或是针对某类犯罪的专项斗争，都反映出"传统的报应观念仍然是我国的主流刑罚思想"。[3]

从后果主义刑罚论的由盛转衰，到报应主义刑罚论的重新回归，以及期间并合主义进路的推陈出新，这一整体性趋势揭示了现代报应主义论在当代世界的量刑改革中意义凸显。在现代报应主义语境中，较之道义性应得理论，我国当前不宜采取经验性应得理论。"经验性应得"在评估犯罪人应受何种程度的谴责时要求考虑社会公众的看法，而我国社会公众向来对公共安全及秩序稳定给予了高度重视，有时甚至超越了对个体自由的渴望。例如，虽然我国的犯罪率远低于西方国家，但我国民众或多或少都有着一定的安全焦虑。人们在衡量犯罪的严重性时难免存在偏重的趋势，尤其是一些严重刑事案件的量刑若过于注重民意表达，反而可能会疏于对罪犯的人权保障。

---

〔1〕《周礼》中记载的"三国三典"原则为"一曰刑新国用轻典，二曰刑平国用中典，三曰刑乱国用重典"。

〔2〕 譬如，根据 1982 年《关于严惩严重破坏经济的罪犯的决定》和 1984 年 11 月 2 日《关于当前办理盗窃案件中具体应用法律的若干问题的解答》确立了"盗窃 3 万元可判处死刑"的量刑标准，但盗窃案件在社会生活中频发，由此导致在相当长的时期内，死刑案件中盗窃罪的比例居高不下；又如，在 1983 年"严打"期间，有的地方一度出现了适用死刑的条件定得过低的情况，对仅抢劫一两次但并未造成严重后果的犯罪分子适用了死刑。参见曲新久主编：《共和国六十年法学论争实录·刑法卷》，厦门大学出版社 2010 年版，第 250–252 页。

〔3〕 杨志斌：《中英量刑问题比较研究》，知识产权出版社 2009 年版，第 85 页。

在规范层面上，我国现行《刑法》并无针对刑罚目的的直接规定，但从相关立法文献来看，我国主要采取了侧重报应主义的并合主义进路，且近年来出现了从消极报应主义综合论到积极报应主义综合论的转向。在1950年中央人民政府法制委员会制定的《刑法大纲草案》中，明确写明了刑罚的三个目的，即"惩罚犯罪人""改造犯罪人""警戒社会上其他不稳和不良分子"，相当于报应、特殊预防和一般预防。相较于报应主义在我国古代具有不可撼摇的地位，新中国的刑事立法草案凸显了对改造、复归等预防目的的重视，旨在重塑犯罪人的规范意识，并期待其重新回归社会。1954年《刑法指导原则草案（初稿）》的并合主义立场更为明显，规定"刑罚的目的，是惩罚和改造一切犯罪分子，使他们不再犯罪；同时通过对罪犯的惩罚和改造，教育公民，预防犯罪"。不过，1979年《刑法》并未延续这种明示刑罚目的的立法范式，而是于第57条规定"应当根据犯罪的事实、犯罪的性质、情节和对社会的危害程度""依照本法的有关规定"来决定犯罪分子的刑罚，这一表述被现行《刑法》第61条继续沿用。就条文表述而言，似乎容易得出立法者仅强调对已然之罪的报应而疏于对未然之罪的预防，重视犯罪事实对刑罚轻重的影响，却未明确提及犯罪人的一贯表现、罪后态度等用于评判人身危险性大小的要素。这是否意味着我国两部刑法皆是以报应主义刑罚论作为其量刑指导思想？

在此，量刑教义学需要将传承的，却又缺乏明确立法表达的"隐性知识"揭示出来，经由解释而达到显性化。深究之下会发现，我国其实延续了此前刑事立法草案中的并合主义进路，之所以未在1979年《刑法》第57条中明确规定"参照犯罪分子的个人情况、认罪的老实程度和对犯罪的悔改态度"，原因有二：（1）为了避免"顾此失彼"，以防实践中因侧重于犯罪人的认罪、悔罪态度等罪前或罪后情节，而不顾及犯罪事实本身，由此导致量刑上的偏颇。更何况，"犯罪人的个人情况"等用语也容易被误读为"出身成分"，若以出身成分的好坏来影响刑罚的轻重，则有违背法律面前人人平等原则之嫌。（2）为了防止"语义重复"，因为第57条中的"情节"指的是"定罪情节以外的，表明行为的社会危害程度和行为人的人身危险程度的主客观事实情况"，该词已包含了罪后态度、一贯表现等与犯罪人相关的因素，故无须再作专门规定。[1]由是观之，尽管两部刑法未直接言明我国所欲实现的刑罚目的为何，但结合其规定的量刑原则来看，对"犯罪事实"的倚重意味着量刑主要是实现对已然之罪的报应，而"情节"一词也包含了与犯罪人相关的预防因素，因此我国总体上是采取侧重于报应主义的综合论。

量刑的一般原则蕴含了刑罚目的，刑罚目的位序体现了我国的量刑价值追求。在量刑规范化改革初期，我国并未对刑罚目的位序给予更细化的阐释，总体上偏向于消极的报应主义综合论，如最高人民法院也明确指出，量刑规范化改革不是"电脑量刑"，关键是合理规范而非简单的数字技巧。[2]随着信息技术的发展和认罪认罚从宽制度的践行，我国对量刑精确性的需求日益凸显，诸如类案检索、人工智能辅助量刑系统的建构在智慧司法进程中越发受到重视。可以预见的是，积极比例原则或积极罪刑均衡在人工智能时代尤为重要。

2. 从不确定性量刑到确定性量刑的转变

一直以来，人们大多将英美近年来的刑罚严厉化倾向归因于报应主义复兴，殊不知，英美量刑实践的"惩罚性转向"并非报应主义刑罚论所致，而是与后果主义刑罚论自20世纪70年代衰微后未完全销声匿迹有着莫大关联。该认识不仅有助于我们更为全面、客观地把握英美的量刑改革，也为反思我国近年来的刑事法制变革提供了一种新的观察视角，用以审视量刑思想与量刑实践之间的互动。

如果将部分行刑制度也考虑在内，会发现我国的刑事法制在一定程度上也存在着从"不确定量刑"转变为"确定性量刑"的趋势。之所以将部分行刑制度也纳入考量范围，是为了尽可能地在同一"量刑"维度下进行中西的比较研究。在普通法系的语境下，量刑通常是指"法庭对被定罪罪犯所为的行为"，但某些非司法机关事实上也行使着"量刑权"，

〔1〕 高铭暄：《中华人民共和国刑法的孕育诞生和发展完善》，北京大学出版社2012年版，第55页、第243页。

〔2〕 熊选国主编：《〈人民法院量刑指导意见〉与"两高三部"〈关于规范量刑程序若干问题的意见〉理解与适用》，法律出版社2010年版，第37-38页。

其中最典型的例子是假释委员会，由其作出的提前释放或重新收监决定能够对犯罪人的刑期产生实质性影响，这在不确定量刑时期表现得尤为突出。[1]就此而言，英美国家实际上将部分刑事执行的内容也纳入了"量刑"的范畴。

倘若从广义的量刑维度和更长远的时间跨度来看，不难发现我国的减刑制度同样蕴含着"不确定量刑"的色彩：一则，从制度的基本理念来看，减刑设计的初衷是加强对犯罪人的改造，我国刑法视域中的"改造"与西方刑罚论所言的"改善"（复归）相通；二则，从制度的运行角度来看，虽然法院有权决定是否给予罪犯以减刑，但实际发挥作用的是监狱等执行机关。近年来，鉴于我国行刑实践中存在着犯罪与刑罚之间的比例失调现象，尤其是无期徒刑、死刑缓期执行和死刑立即执行之间的不均衡问题日益凸显。[2]《刑法修正案（八）》和《刑法修正案（九）》分别增设了限制减刑型死缓、终身监禁型死缓的规定，相关司法解释和政策文件也对减刑、假释作了调整。[3]这些规定旨在提高减刑的适用门槛和犯罪人的实际服刑期限，以解决罪犯所犯罪行的严重性与其实际受罚程度之间的比例性问题，并确保犯有相同罪行且危害程度相当的罪犯，其实际受罚程度不存在明显差异，从而解决刑罚适用的平等性问题。在此意义上，这些变化与美国20世纪80年代后的无假释的终身监禁、实质的量刑（Truth-in-sentencing）等量刑法具有一定相似之处。纵然中西的制度设计不应被简单等同，但均向着"确定性量刑"的方向转变。

对于我国刑事法制的上述变化，学者们依循了不同的观察视角进行归因。有学者认为，我国的刑事法制（尤其是量刑制度）在一定程度上也受到了美国等西方国家的"正义模式"影响，[4]晚近的刑事立法反映出立法

---

〔1〕　［英］安德鲁·阿什沃斯：《量刑与刑事司法》，彭海青、吕泽华译，中国社会科学出版社2019年版，第11页。

〔2〕　时延安：《刑罚目的反思与减刑制度改革完善》，载《人民检察》2014年第8期，第62页。

〔3〕　例如，最高人民法院2019年发布的《关于办理减刑、假释案件具体应用法律的补充规定》、2016年发布的《关于办理减刑、假释案件具体应用法律的规定》等。

〔4〕　时延安：《惩罚目的选择对刑事法制模式的影响》，载《检察日报》2021年4月22日，第3版。

者（及其刑事政策制定者）越来越强调刑罚的报应目的，由此会进一步导致刑罚实践的趋重走势。[1]也有学者未将近年来我国刑事法制的变革归因于报应观念的影响，而是从预防角度出发，认为终身监禁的增设、刑罚减免的克制等制度表现，恰恰反映了"积极预防性刑法观"之于刑事制裁领域的影响。[2]对于上述分歧，需要对制刑领域和量刑、行刑领域作区分考察，具体而言：（1）在制刑领域，基于"积极预防性刑法观"的立法实践可能会间接产生量刑趋重的问题。对于刑事立法中的生刑体系的渐重、罚金刑的扩张等重刑化倾向，其制度设计未必是以报应主义为根据，可能出于威慑、剥夺犯罪能力的考量，不排除具有"表达性立法"的可能，此时从预防角度来审视刑罚权的扩张不失为一个更合理的选择。例如，近来已有学者对我国制刑领域的变化进行反思，认为《刑法修正案（十一）》是"积极预防性刑法观"的立法实践，在刑事制裁领域表现为提高生刑、扩张财产刑的适用范围和加重其惩处力度，其中有13个条文直接通过提高法定刑以实现重刑化，另有15个条文在通过扩容旧罪的方式以扩大处罚范围。[3]（2）在广义的量刑领域（包括行刑），报应主义支持适度的制裁而非严厉的制裁。现代报应主义论将（潜在的）犯罪人视为道德主体，不仅主张所有刑事干预都必须具有正当性，有别于传统的报复性应得，也有助于对威慑、剥夺犯罪能力的考量起到一定的限制作用，从而排除用于提高惩罚水平的各种量刑策略。毕竟，合比例的量刑旨在进行刑事谴责，而不是为了进行"以痛苦还痛苦的回报"。犯罪人应得的惩罚本身就具有一定的威慑和剥夺犯罪能力的效果，通过提高犯罪人的实际服刑期限来强调报应，实际上也会一并发挥刑罚的威慑和剥夺犯罪能力的功能，从这个意义上看，预防犯罪是减刑制度改革在实现报应时的伴随效果。

---

〔1〕 时延安：《刑罚目的的反思与减刑制度改革完善》，载《人民检察》2014年第8期，第61-62页。

〔2〕 高铭暄、孙道萃：《预防性刑法观及其教义学思考》，载《中国法学》2018年第1期，第170-171页。

〔3〕 刘艳红：《积极预防性刑法观的中国实践发展——以〈刑法修正案（十一）〉为视角的分析》，载《比较法研究》2021年第1期，第65-66页。

3. 从原则性指导到精细化的教义学建构

在并合主义进路中，无论积极抑或消极的报应主义综合论均承认报应对量刑具有一定的限制作用，预防因素只能对"应得的惩罚"进行微调，但英美的量刑文献大多未就刑罚目的位序作进一步阐述，而是分别考察每种刑罚目的可否作为判处监禁刑或延长监禁刑的依据。究其原因：一是出于可行性的考虑。若要建构一套完全避免内在价值冲突的学说是一件至难之事，如达夫教授曾言，"我们不应该对刑法或刑罚领域中的价值冲突感到惊讶；我们应该保持怀疑，尤其对某种声称可以将一切冲突消除在某种宏大且统一的'刑罚理论'净化中的那些主张"。[1]二是基于必要性的考量。在英美的量刑语境中，刑罚目的的选择主要是交由法官来决定。在一些法官看来，量刑并不需要实现所有的刑罚目的，或平衡各个目的。[2]一个判决可以基于各种各样的刑罚理论而有各种目的，如剥夺犯罪能力、威慑、报应或恢复。[3]

然而，近年来英美的制定法试图从原则性指导过渡到更精细的量刑指引。例如，美国2007年《模范刑法典》第1.02（2）条明确将"应得"规定为首要的量刑目的，并且在不违背应得惩罚的前提下，可以考虑改造、一般威慑、剥夺犯罪能力、复归等量刑目的。[4]英国2003年《刑事司法法》第142条首次以立法形式规定了量刑目的，要求法官在量刑时考虑：对罪犯的惩罚、减少犯罪（包括以威慑来减少）、对罪犯的改造与复归、公共保护、对被害人进行赔偿。从文义解释来看，第142条仅对量刑目的进行了列举，未对它们之间的重要性作区分。就该法的内部融贯性而言，如果将单个法条归回到既有的体系之中，不难发现第143条规定的比

---

〔1〕　［英］安东尼·达夫：《刑罚·沟通与社群》，王志远等译，中国政法大学出版社2018年版，第10页。

〔2〕　江溯主编：《美国判例刑法》，北京大学出版社2021年版，第15页。

〔3〕　江溯主编：《美国判例刑法》，北京大学出版社2021年版，第21-22页。

〔4〕　See Paul H. Robinson, *Distributive Principles of Criminal Law*: *Who should be Punished how Much*?, Oxford University Press, 2008, pp. 240-242.

例原则进一步要求法官必须首先考虑罪行的严重性，即优先考虑报应目的。[1] 上述刑事立法强调了报应目的的优先地位，对于其他刑罚目的的考量顺序有待在教义学层面作进一步阐明。毕竟，不同的刑罚目的可能得出不同的刑罚分配结论，如果单纯将各刑罚目的予以混合，势必会掩盖不同目的之间的内在不一致。[2] 由此可见，在学理上仍需继续探明不同刑罚目的之间的关系，以及考虑如何在互竞的刑罚目的中确立一个合理的考量次序。即便无法建构出一套在任何情况下均准确无误、毫无争议且内部和谐划一的学说体系，这种学术尝试无疑也是有必要的。

〔1〕 ［英］安德鲁·阿什沃斯：《量刑与刑事司法》，彭海青、吕泽华译，中国社会科学出版社 2019 年版，第 86-87 页。

〔2〕 See Paul H. Robinson, *Competing Conceptions of Modern Desert: Vengeful, Deontological, and Empirical*, Cambridge Law Journal, vol. 67/no. 1, pp. 1-2 (2008).

第三章　传统型与智能型：量刑教义学的方法载体

一、量刑方法载体的类型化界分

量刑教义学是以现行量刑规则的内容和适用为对象建立的知识体系，涵盖从制定法、学术研究，以及相关判例中归纳、提炼的所有理论、原则与基本规则。借由法教义学对内部体系与外部体系的经典区分，有助于理顺量刑领域的价值判断与形式逻辑之间的关系：一方面，量刑教义学的内部体系对应于量刑理念维度，理念作为"前"量刑规则或"超"量刑规则的理论抽象，代表了量刑领域的综合性"通理"，构成融贯现行量刑规则的基础，具有相对稳定性。在刑罚论思想的历史变迁中，量刑理念逐渐形成了相对清晰的演进轨迹，形塑了各国量刑的价值追求，它与量刑教义学的外部体系相辅相成。另一方面，量刑教义学的外部体系对应于量刑方法、规则维度。外部体系以抽象概念为基石，而概念体系依托于量刑规则，无论是量刑规则的形塑，还是对量刑规则的解释，本质上是将刑罚裁量的方法用文字表述出来。

根据量刑方法的不同载体，可进一步分为"传统型""指南型"和"智能型"三类。传统型模式的特点在于，不对现有量刑制度进行大幅变革，而是采取相对温和的方式来实现量刑公正。指南型模式则需要设立一个独立或附属司法机构下的量刑委员会，通过量刑委员会制定的量刑指南来指导量刑实践。智能型模式着眼于信息技术与量刑领域的深度融合，通过提高量刑结论的精确性和可预见性来应对量刑失衡问题。当然，上述区分不是绝对的，而是互有交融。例如，随着信息技术的发展，即使是传统型模式的国家也可通过建立智能量刑系统的方式来辅助量刑；又如，有的国家在采用量刑指南的同时，亦保留了传统型模式中的上诉审查制度，并强化了量刑说理制度等。不过，上述类型化区分仍有助于从整体上把握和认知域内外的量刑方法载体。

在当下中国，传统型模式中的量刑理论日益受到重视，尤其对德系学说的引介在很大程度上促进了我国量刑教义学理论向纵深发展。相对而言，近年来对英美指南型模式的关注不足。例如，尽管英国的上诉审查制度在 20 世纪发挥着重要的量刑指导作用，但及至 21 世纪，上诉法院的主要作用在于解释和适用量刑指南和量刑制定法，而不是独立制定量刑原则，这意味着普通法的量刑指导地位已有所下降，与之相应的变化是制定法和指南逐渐受到倚重。尤其是自 2010 年起迈入了结构化量刑的新纪元，英国的量刑指南几乎覆盖了治安法院和王室法院审理的常见罪行，其重要性不言而喻。总之，除了需要继续深挖传统型模式中的量刑理论，指南型模式所涉及的规则和原则等量刑"教义"都亟待发掘，如此才能以更全面的角度来权衡量刑规范化的路径选择。我国 21 世纪以来的量刑改革颁行了一系列量刑指导意见，可谓是中国式"量刑指南"，从这个意义上看，透过英美量刑指南的形式而洞察其背后的基本原理也是必要的。

本章聚焦于量刑教义学的方法载体，方法是连接量刑理念与概念体系之间的纽带，在比较研究时将依循下述三个维度展开递进思考：首先，综观两大法系主要国家所采取的量刑方法载体，有必要探讨指南型模式背后的基本原理与传统型模式的理论根基是否存在共通之处。例如，英美所强调的合比例的量刑或"罪有应得"的量刑，与德国所坚守的责任主义原则有何异同。若两大法系能够在某些方面达成共识，那么这些共识凝聚和价值整合对于深化我国量刑改革不乏启发意义。其次，当前仍有一些普通法系国家未采取指南型模式，如加拿大、爱尔兰、英国（苏格兰）等国家或地区至今尚无量刑指南。这些国家或地区都具有普通法传统，原本更容易进行法律移植，其未采取指南型模式的原因究竟是"个案"失败还是指南型模式本身存在问题。最后，就采取指南型模式的国家或地区而言，有必要进一步考察美国量刑指南所蕴含的"改良式罪有应得"和"限制性报应主义"，与英国量刑指南所提倡的量刑理论有何区别。上述三个维度由宏观至微观，在勾勒量刑方法载体的整体图景时，有助于揭示不同模式所承载的基本原理。为了行文结构的清晰性，下面将按照量刑方法的载体类型作具体展开，在此过程中将前述问题意识贯穿始终。

二、量刑方法的载体之一：传统型模式

传统型模式并不为大陆法系所独有，很多未制定量刑指南的普通法系国家也可归属于该模式之中。采取传统型模式的国家或地区在量刑改革方面的立场较为保守，通常不主张对现有的量刑体系作大幅度的变革，而是倾向于利用现有的方法来克服量刑失衡以实现量刑公正。例如，通过立法制定量刑原则、设置量刑基准，不断完善量刑建议、量刑说理，以及上诉法院审查制度等。在研究对象的选取上，主要涉及两大法系中的代表性国家。考虑我国学界近年来对德国量刑理论的引介已较为充分，本部分暂不对其学说作详细展开。之所以选择瑞典，原因是该国作为北欧地区量刑模式的重要代表，其量刑方法常被西方学者称为"言语指导"式（Guidance by words）〔1〕或"法定原则指导"式，〔2〕与英美的指南型模式形成了鲜明对比。在普通法系国家中选取了加拿大和爱尔兰作为考察对象，主要是其地理位置与英美两国相邻，原本更可能进行量刑方面的法律移植，剖析它们未采取指南型模式的原因有助于更为全面、客观地评价英美的量刑指南。

---

〔1〕　例如，英国牛津大学的朱利安·罗伯茨（Julian V. Roberts）教授认为，北欧国家采取的是基于"言语指导"的制度，其中最著名的是瑞典。瑞典没有"数字式指南"（Numerical Guidelines），而是通过量刑法指导法官确定某项罪行的"刑罚价值"（Penal Value），然后根据具体的加重或减轻因素来调整。See Julian V. Roberts, *Structuring Sentencing in Canada, England and Wales: A Tale of Two Jurisdictions*, Criminal Law Forum, vol. 23/no. 4, p. 327（2012）.

〔2〕　朱利安·罗伯茨教授在另一本著作中将瑞典模式概括为"法定原则指导"式，即通过在法律中规定详细的原则，包括指导如何解决原则冲突，然后由法院将这些原则转化为具体的处理方式。See Julian V. Roberts, *Structuring Sentencing Discretion*, in Andrew Ashworth, Andrew Von Hirsch & Julian V. Roberts eds., Principled Sentencing: Readings on Theory and Policy, 3rd edn, Hart, 2009, p. 233.

（一）法定量刑原则的经验主义进路

1. 法定量刑原则的设置背景

20 世纪 70 年代以前，瑞典刑法为法官提供的量刑指导非常有限，主要包括以下三点：一是在量刑目的方面，刑法仅在宏观意义上强调量刑应当促进人们对法律的普遍服从（一般预防）以及被告人重返社会（复归），但对于法院应如何实现这些目的却未提供任何建议。二是关于制裁选择，由于法定最高刑和最低刑之间的幅度较宽，法官在选择制裁类型时拥有较大的自由裁量权。三是在量刑因素方面，犯罪人及其行为的哪些特征通常应被给予重视，刑法对此未作出任何建议。20 世纪 70 年代至 20 世纪 80 年代期间，人们对量刑公正提出质疑，认为瑞典的量刑是基于（犯罪人）对处遇（Treatments）的反应和将来实施犯罪的可能性，无法体现犯罪严重性与刑罚严厉性之间的联系。这一时期出现了大量针对不确定性量刑的批评，其中最具代表性的是由瑞典预防犯罪全国委员会于 1977 年出版的《新刑罚制度：观念与建议》，该研究报告提出了"结构化的量刑自由裁量权"和"合比例的制裁"的构想。此后，瑞典分别于 1979 年和 1981 年废除了针对未成年人和成年人的不确定性监禁（Indeterminate Confinement），并于 1979 年由司法部部长任命了监禁委员会（Committee on Imprisonment），主要负责研究当时刑法中的量刑规定，以及提出相应的修改建议。[1]

量刑指导应当由谁提供，以及应当提供何种程度的指导？为回答这些问题，监禁委员会评估了当时所能参考的各类方案：（1）新兴的美国方案。例如，明尼苏达州的数字式量刑网格规定了特定的术语和狭窄的量刑范围。（2）传统的英国方案。在没有成文法提供大量指导的情况下，将指导量刑的任务留给上诉法院（当时尚无量刑指南）。囿于当时英美两国的方案恰好处于过严和过宽的两极，于是瑞典决定选择一种折中路径——首先由立法规定基本的量刑原则，但不涉及具体数值；然后，由法官运用这

---

〔1〕 See Andrew Von Hirsch, *The Swedish Sentencing Law*, in Andrew Ashworth, Andrew Von Hirsch & Julian V. Roberts eds., Principled Sentencing: Readings on Theory and Policy, 3rd edn, Hart, 2009, pp. 258-260.

些原则来决定具体的刑量。[1]可见，瑞典的选择既不同于美国明尼苏达州采取的指南模式，也有别于英国当时主要依靠上诉审查制度来指导量刑，而是以法定量刑原则作为量刑方法的载体来加强量刑指导，其改革方式较为温和，故将其归入传统型模式的范畴。

2. 法定量刑原则的内容设置

瑞典监禁委员会曾于1986年春季发布题为《对犯罪的制裁》的研究报告，为刑法修订提出了一系列的建议。例如，建议下调许多罪行的法定最高刑和法定最低刑、扩大单位罚金制度、修改假释规定等，其中备受瞩目的是有关"量刑原则"的建议。监禁委员会在量刑原则中强调了"比例性"观念，要求犯罪人所受惩罚的严厉程度应当与其所犯罪行的严重程度（犯罪的刑罚价值）相适应。

所谓犯罪的"刑罚价值"（Penal Value），是由犯罪的严重性决定，具体包括两方面：一是犯罪行为造成的损害，包括实害结果或行为引发的损害风险；二是行为人对其所犯行为的有责性大小。需要注意的是，由于瑞典语没有和英语"有责性"（Culpability）相对应的术语，监禁委员会最初建议使用"罪过"（Guilty）一词来表示犯罪人对其所犯行为的有责性，但是"罪过"一词容易让人联想到一些神学含义，如犯罪人灵魂中难以捉摸的邪恶状态。[2]为了避免因术语含义而引发的歧义，1989年生效的瑞典刑法没有直接使用"有责性"一词，而是采用"被告人意识到或应该意识到的……被告人的意图和动机"作为替代性表述。前述关于犯罪严重性的定义体现了当时应得理论的思想。[3]

---

〔1〕 See Andrew Von Hirsch, *The Swedish Sentencing Law*, in Andrew Ashworth, Andrew Von Hirsch & Julian V. Roberts eds., Principled Sentencing: Readings on Theory and Policy, 3rd edn, Hart, 2009, p. 260.

〔2〕 See Andrew Von Hirsch, *The Swedish Sentencing Law*, in Andrew Ashworth, Andrew Von Hirsch & Julian V. Roberts eds., Principled Sentencing: Readings on Theory and Policy, 3rd edn, Hart, 2009, pp. 259, 261-262.

〔3〕 See Andrew Von Hirsch & Nils Jareborg, *The Details of the New Law*, in Andrew Ashworth, Andrew Von Hirsch & Julian V. Roberts eds., Principled Sentencing: Readings on Theory and Policy, 3rd edn, Hart, 2009, p. 265.

　　在瑞典的法律传统中，曾经只有罚金刑和监禁刑能被视为"刑罚"。1989 年的瑞典刑法新增加了缓刑（Probation）和附条件监禁刑（Conditional Sentence）作监禁刑的替代措施。其语境下的"缓刑"，主要是一种缓期宣告制度，而附条件监禁刑实际上是一种缓期执行制度。缓期宣告制度，即被告人经审判后被确定为有罪，但法院暂不作有罪宣告，而是对被告人给予一定的考验期，根据被告人在考验期间的表现来决定是否作出有罪宣告。缓期执行制度，指的是法院对被告人作出有罪宣告且判处一定刑罚，但有条件地不执行刑罚。至此，瑞典便确立了三个等级的刑事制裁，从罚金到缓刑和附条件监禁刑再到监禁刑，其严厉程度不断提高。在进行刑罚选择时，监禁刑一般只能适用于两种情形：一是犯罪的刑罚价值较高，即行为人所犯的罪行较为严重；二是当犯罪的刑罚价值处于中上水平（足够严重以至于不能单处罚金），并且行为人具有大量的前科记录。监禁委员会曾建议严格限制前科记录对量刑结果的影响，主张前科记录只能作为援引监禁刑的依据，但不能用于影响监禁期限。不过，1989 年的瑞典刑法最终放宽了对前科记录的限制，以使其能够在一定程度上影响监禁期限。[1]

　　（二）司法自我规制的经验主义进路

　　1. 从司法的自我规制到制定量刑指南的尝试

　　在 20 世纪的大部分时间里，普通法系国家处于一个自由裁量程度较高的量刑环境中。自 20 世纪 70 年代以后，许多国家或地区采取一系列的措施来限制法官的自由裁量权。例如，有的地区制定了相对不灵活且具有法律约束力的量刑指南；有的地区采取了中间立场，制定了建议性的量刑指南；而有的地区则没有采取指南型模式，依然延续传统的量刑制度，通过制定量刑原则、加强上诉审查制度等方法来应对量刑失衡的问题。20 世纪 70—80 年代，美国的许多州都制定了二维网格式的量刑指南，由此在加拿大引发了大量讨论。从 20 世纪 80 年代的改革情况来看，加拿大实际上比英国（英格兰/威尔士）更可能采取指南型模式，但该国后续未能选择采

_____

　　〔1〕　See Andrew Von Hirsch & Nils Jareborg, *The Details of the New Law*, in Andrew Ashworth, Andrew Von Hirsch & Julian V. Roberts eds., Principled Sentencing: Readings on Theory and Policy, 3rd edn, Hart, 2009, pp. 264–265.

用量刑指南，最终保留了传统的、自由裁量程度较高的量刑方法。

20世纪80年代初期，加拿大出现了效仿美国的迹象，出现了一些制定量刑指南的先决条件，具体而言：（1）1985年的加拿大刑法典将"比例原则"作为量刑的基本原则，要求"量刑应当与犯罪的严重程度和犯罪人的责任程度相适应"。[1]（2）诸多实证研究表明该国面临严峻的量刑失衡问题。例如，有学者在1987年对206名法官进行了量刑模拟调查，研究发现，法官们针对同一起武装抢劫案的量刑出现了较大差异，其结果最轻低至缓刑，最重高达13年有期徒刑。[2]类似的实证研究都揭示了法官之间存在较大的量刑偏差。（3）存在制定量刑指南的政治意愿。加拿大联邦政府于1984年发布题为"量刑"的政策文件，涉及一系列量刑改革建议，包括建议成立一个量刑委员会，以此在加拿大范围内开展调查和制定量刑指南。1984年，加拿大成立了该国历史上第一个专注于量刑的皇家调查委员会（加拿大量刑委员会），该委员会自成立后便对量刑实践展开研究。量刑委员会于1987年发布《量刑改革：一种加拿大式的方法》，该研究报告建议采取一项涉及量刑指南的综合性改革方案：其一，报告认为美国联邦量刑指南过于严格，建议加拿大制定更为灵活的指南。每项罪行都应附有一定的处罚建议。若建议适用监禁刑，指南则需提供一定的刑期范围。法院要么在该范围内量刑，要么提出需要"偏离"量刑范围的理由。其二，除了被判处终身监禁的罪犯，其余罪犯将不得被假释，因为假释制度有违量刑的比例原则。其三，报告认为北欧地区（瑞典）所采取的"言语指导"模式给予了法官较大的自由裁量空间，难以促成更大程度的量刑一致性。[3]

---

〔1〕　See Criminal Code R. S. C. , 1985 c. C-46, s718. 1A sentence must be proportionate to the gravity of the offence and the degree of responsibility of the offender. Also see Canada Justice Law Website, Canada Criminal Code, https://laws-lois. justice. gc. ca/eng/acts/C-46/page-186. html#docCont, accessed on November 16, 2020.

〔2〕　See T. S. Palys & Stan Divorski, *Explaining Sentence Disparity*, Canadian Journal of Criminology, vol. 28/no. 4, p. 358 (1986).

〔3〕　See Julian V. Roberts, *Structuring Sentencing in Canada, England and Wales: A Tale of Two Jurisdictions*, Criminal Law Forum, vol. 23/no. 4, pp. 325-327 (2012).

2. 从制定量刑指南到回归司法的自我规制

自量刑委员会发布研究报告后，加拿大联邦司法部发起了一次全国性协商，参与人员包括各省的官员、刑事司法的专家，以及司法机关的成员。在协商过程中出现了一些批评意见，这些反对之声集中在两个方面：一方面，针对指南模式本身，认为量刑指南过于机械化或复杂化，担心加拿大最终会朝着美国的网格式指南迈进。一些司法人员还指出，量刑委员会起草的指南体现的是学术共识而非司法共识。另一方面，关于废除假释制度的建议引起了加拿大律师协会的反对，认为这将导致该国向更具惩罚性的量刑模式发展。诚然，加拿大量刑委员会关于废除假释制度的建议确实操之过急，但上述针对指南本身的批评也不够客观，甚至有些夸大和歪曲。第一，关于"指南过于机械化和复杂化"的批判值得商榷，因为加拿大量刑委员会起草的量刑指南实际上比美国明尼苏达州等地区的网格式指南更为灵活。第二，关于"指南来自学术共识而非司法共识"的诘难也与事实相悖，因为量刑委员会大多数成员都来自司法机关，只有一名成员不是实务人员。然而，继全国性协商之后，量刑指南计划便一直被搁置。直到1996年，议会通过了一项较为温和的量刑改革法案（C-41法案），该法案规定了量刑目的，创设了一种新的基于社区的监禁形式（附条件监禁刑），并对量刑程序作了微调，但未再提及量刑委员会及其指南的相关事宜。至此，通往加拿大量刑指南的大门已被关闭。自C-41法案之后，加拿大进行了一些零星的量刑改革，这些改革大多是民粹主义政府或政客对司法自由裁量权的限制，通常以规定强制最低刑的方式进行。[1]

从20世纪80年代加拿大的量刑改革情况来看，该国确实出现了采取指南型模式的倾向，且成立了量刑委员会，以及起草过量刑指南，然而该国最终又回到了传统型模式的轨道上。加拿大未能在指南型模式上走得更远的原因来自多方面。

第一，加拿大在1987—1988年错过了进行大规模量刑改革的最佳时

---

〔1〕 See Julian V. Roberts, *Structuring Sentencing in Canada, England and Wales: A Tale of Two Jurisdictions*, Criminal Law Forum, vol. 23/no. 4, pp. 328, 330-331 (2012).

机。当时存在的有利条件，一则，议会委员会同意采取某种形式的量刑指南。二则，量刑委员会所起草的指南虽然受到了实务界的一些非议，但被大多数学者接受。况且，司法领域对成立一个常设的量刑委员会和制定量刑指南的反对之声也较为温和，可以通过进一步的博弈来加以解决。三则，当时的加拿大经济正值增长时期，财政状况良好，这意味着有关指南的提案不会因成本原因而被否决。此后，这种有利的时空条件再难出现。第二，从司法人员对量刑指南的接受程度来看，加拿大的情况和英国还不太一样。英格兰的治安法院具有使用量刑指南的司法传统，指南对于他们而言并非"外来事物"，因此他们并不排斥来自独立的法定机构（量刑委员会）所制定的量刑指南。并且，业余的治安法官愿意接受指南的指导，因为指南有助于他们作出量刑决定。与之相较，加拿大的专业法官则是将量刑指南视为对其自由裁量权的不当限制。[1]第三，加拿大司法部门之所以抵制指南计划，可能源于对美国网格式量刑指南的抵触，担心该国的量刑指南也步入网格式的后尘。第四，从上诉法院的设置来看，当时加拿大各地法官只服从于本省的上诉法院，对量刑委员会提出的更为中心化的量刑指导感到不满。加拿大量刑委员会的改革方案没有为省级地区的差异预留空间，也没有考虑将指南的制定权下放给省级或区级政府，故而难以在

---

〔1〕　英国（英格兰/威尔士）的审判法院主要分为两级：（1）王室法院（Crown Court）由法官和陪审团组成，负责审理较为严重的犯罪。其中，王室法院中大约 2/3 的案件涉及认罪答辩（Guilty Plea），这些案件可由法官独自处理，而无须陪审团参与量刑。（2）治安法院（Magistrates' Court）负责审理不太严重的案件。其中①绝大多数案件是由业余的治安法官（Lay Magistrates）审理，业余的治安法官在英国（英格兰/威尔士）已存续了 6 个多世纪，目前大约有 26 000 名在职的治安法官；相较于其他司法辖区，只有英国是由业余的治安法官来对罪犯进行审讯和量刑（其他司法辖区虽然也有业余法官（Lay Justice），但是只负责作出某些决定，如保释）。一个治安法庭通常由 3 名治安法官组成，考虑业余的治安法官受到的培训有限，通常由一名法律顾问对治安法官提出建议。从某种意义上看，法律顾问在治安法院的量刑中发挥着至关重要的"隐性"作用。②除了业余的治安法官，有的大城市的治安法院还包括专业的地区法官（District Judges），地区法官通常可以独自审判比较耗时或复杂的案件。目前大约有 140 名全职和 170 名兼职的地区法官，他们必须是至少具有 10 年从业经历的出庭律师或事务律师（Barrister or solicitor）。See Julian V. Roberts & Andrew Ashworth, *The Evolution of Sentencing Policy and Practice in England and Wales, 2003—2015*, Crime and Justice, vol. 45/no. 1, pp. 311—312 (2016).

实践中推行。[1]

(三) 经验主义进路中的信息化发展

爱尔兰毗邻英国，其刑事法制的发展或多或少会受英国的影响。例如，爱尔兰的刑事上诉法院成立于 1924 年，其实是仿效英国于 1907 年设立的刑事上诉法院。然而，该国却没有继续效仿英国的指南型模式，其原因值得关注。不仅如此，爱尔兰在推进法定量刑原则、司法自我规制的经验主义进路过程中，也出现了对量刑信息系统的探索。

1. 经验主义进路的典型范式

爱尔兰保留了高度自由裁量的量刑制度，该国的历届政府大多坚持不干预政策，通常由司法机关自行制定有关如何规范量刑自由裁量权的原则或策略；法官可以判处法定最高刑，只是在选择刑罚时会受到来自上级法院或立法规定的原则约束；控辩双方均可针对量刑提出上诉，上诉审查制度至今发挥着重要的量刑指导作用。该国法院一直在避免使用正式的"指南"概念。例如，1988 年总检察长曾要求最高法院发布一项关于强奸罪量刑的指南性裁判（Guideline Judgement），但最终被拒绝，究其原因：一方面是因为当时缺乏可靠的量刑实践统计数据；另一方面是人们对"由上诉法院制定刑罚标准是否合适"的探讨仍存在分歧。[2]除前述的基本特点外，爱尔兰的量刑制度在近年来发生了如下变化：

第一，对量刑法进行违宪审查。爱尔兰是拥有成文宪法的普通法国家，但其宪法没有明确提及"量刑"，只是授权执行人员（Executive）对刑事法院所判的刑罚进行减轻或免除。之所以如此，主要是该部宪法颁行于 1937 年，当时的人们尚未对量刑活动给予足够重视，加上宪法的修改程序非常严格，需要进行全民公决，这些原因共同导致"量刑"没有被宪法予以明确规定。即便如此，爱尔兰的司法人员依然致力于在量刑过程中融入一些宪法价值：（1）在权力分配上，主张量刑权完全归属于司法机关，

---

〔1〕 See Julian V. Roberts, *Structuring Sentencing in Canada, England and Wales: A Tale of Two Jurisdictions*, Criminal Law Forum, vol. 23/no. 4, pp. 329, 341-343 (2012).

〔2〕 See Tom O' Malley, *Living without Guidelines*, in Andrew Ashworth & Julian V. Roberts eds., Sentencing Guidelines: Exploring the English Model, Oxford University Press, 2013, pp. 221, 223.

不得被授予政府的其他部门。例如，最高法院在 Deaton v. Attorney General 案中裁定一项法律规定违宪，该规定授权税务机关对触犯海关罪行的犯罪人进行惩罚。（2）在类案同判方面，根据 1939 年《危害国家法》（Offence Against the State Act 1939），若公职人员在特别刑事法院（Special Criminal Court）被裁定构成该法所列明的罪行，自定罪之日起自动失去工作，且 7 年内不得再供职于公共部门。若公职人员在普通法院被裁定构成相同罪行，或者虽然由特别刑事法院进行审判，但被定罪的罪行不属于 1939 年《危害国家法》规定的范围，则不适用前述的职业禁止规定。最高法院在 Cox v. Ireland 案中裁定上述规定违宪，相当于向立法机关提出明确警示，要求量刑法所设置的标准应体现最低限度的合理性、公平性和非歧视性。[1]

第二，将"比例原则"视为量刑的首要原则。（1）比例原则的内涵。不同国家对"比例性"的解读存在差别。爱尔兰所言的"比例性"，指的是量刑必须和犯罪的严重程度和犯罪人的个人情况相称。它不仅强调根据犯罪的客观严重程度来调整刑罚，还要求考虑犯罪人的个人情况和其他与道德相关的因素（如犯罪人对指控的回应、犯罪人与执法部门是否合作等）。由是，法官的量刑通常分为两个步骤，一是根据具体罪行的总体严重程度来确定一个假定的量刑，二是根据犯罪人的个人情况来进行调整，这些个人情况通常起到减轻处罚的作用。[2]（2）比例原则的适用。爱尔兰的最高法院早在 1976 年便作出裁定，宪法对正当程序、个人自由和相关权利给予的保障，意味着犯罪人所获得的惩罚应当与"他的罪过程度（Degree of Guilt）和相关的个人情节相适应"。如今，法院通常认为比例原则既是宪法的必然要求，也是一项基本的普通法原则。爱尔兰对强制性最低刑表现出的克制态度，很大程度上是因为强制性最低刑的规定可能导致犯罪人受到不成比例的严厉处罚，这样的法律规定的宪法根基是脆弱的。

---

[1]　See Tom O'Malley, *Living without Guidelines*, in Andrew Ashworth & Julian V. Roberts eds., Sentencing Guidelines: Exploring the English Model, Oxford University Press, 2013, pp. 221-222.

[2]　See Tom O'Malley, *Living without Guidelines*, in Andrew Ashworth & Julian V. Roberts eds., Sentencing Guidelines: Exploring the English Model, Oxford University Press, 2013, p. 224.

例如，某些涉及毒品交易和枪支的犯罪在 1999 年和 2006 年被规定了最低的量刑要求，但除毒品再犯以外，这些量刑要求都是"假定性"而不是严格意义上的"强制性"。换言之，在特殊情况下，法院仍然可以在规定的最低限度之下进行量刑。又如，2010 年关于谋杀罪的强制终身监禁是否违宪，最高法院对比例原则的适用范围作出了限制，认为该原则仅适用于法官对量刑拥有自由裁量权的案件，而不适用于立法规定了强制最低量刑的案件。[1]

总之，比例性原则的优势在于可以防止某些基于威慑或剥夺犯罪能力考量的量刑，如爱尔兰法官认为仅为了保护公共利益而延长犯罪人的刑期有违比例原则。但是，比例原则仍然无法圆满地解决所有问题，如爱尔兰缺少关于前科（Previous Convictions）所占权重的统一标准，也没有量化认罪折扣的统一要求，由此将难以产生一致的量刑结果。[2]不过，学者们认为这不是比例原则的问题，而是归咎于评估犯罪严重性和确定量刑因素权重的各种次要原则的不足。[3]

2. 经验主义与信息化发展的有机结合

对于爱尔兰而言，加强上诉审查被视为替代量刑指南的可行性方案，"通过识别量刑因素和其他一般性原则来提高量刑一致性，指南不是唯一的方式，权威的上诉判决能产生类似的效果"。[4]相较于量刑指南，上诉审查制度的优势在于灵活性，能够及时解决指南制定者尚未预见的新问题，但仍有诸多不足之处，具体而言：（1）"机会性"方面的不足。上诉

---

〔1〕 See Tom O' Malley, *Living without Guidelines*, in Andrew Ashworth & Julian V. Roberts eds., Sentencing Guidelines: Exploring the English Model, Oxford University Press, 2013, pp. 222-223.

〔2〕 经过阅读文献发现，普通法学者通常在同一意义上使用"prior record""prior conviction""previous conviction""prior crimes""offending history"这几组词，在本章中均将其译为前科。朱利安·罗伯茨和安东尼·达夫教授都认为，只有过去的定罪才有价值，而不是过去曾被捕之类的记录，"如果我们认真对待无罪推定原则，就不能允许犯罪人以前没有被定过罪，以及犯罪人没有认过罪影响对其所作的量刑"。参见［英］安东尼·达夫:《刑罚·沟通与社群》，王志远等译，中国政法大学出版社 2018 年版，第 239 页脚注 45。

〔3〕 See Tom O' Malley, *Living without Guidelines*, in Andrew Ashworth & Julian V. Roberts eds., Sentencing Guidelines: Exploring the English Model, Oxford University Press, 2013, pp. 225-226.

〔4〕 See Tom O' Malley, *Living without Guidelines*, in Andrew Ashworth & Julian V. Roberts eds., Sentencing Guidelines: Exploring the English Model, Oxford University Press, 2013, p. 234.

审查制度无法涵盖所有案件的量刑，仅有量刑过重或过轻的案件能够进入上诉法院的视野。（2）"协调性"方面的不足。就纵向维度而言，针对同一罪行的量刑，上诉法院在不同时期所作出的量刑指导可能有所不同。从横向维度来看，由于上诉法院的量刑指导是针对具体案件而作出，可能导致不同罪行之间的量刑水平出现不协调。（3）"传播性"方面的不足。上诉法院所制定的量刑原则不一定能够被法官知悉，不过在当今的信息社会，随着司法培训和继续教育制度的完善，以及量刑信息系统的构建，传播滞后的情况可能有所改善。如果说"传播性"缺陷有望通过信息技术的发展而得以弥补，那么有关"机会性"和"协调性"方面的困境确实需要另寻他途。对此，有学者认为量刑委员会在弥补"机会性""协调性"缺陷方面具有明显优势，因为它能够对量刑给予全面指导，同时兼顾不同罪行之间的相对严重性，以此弥补上诉审查制度的不足。需要注意的是，这里所言的量刑委员会，其使命不在于制定指南，而是以其拥有的专业知识和资源，来对量刑问题提供有用、可靠和最新的研究分析。[1]

　　另外，爱尔兰的司法辖区规模和司法人员间的非正式互动程度决定了该国尚无制定量刑指南的必要。该国不仅人口总数不高，且每年涉案人数较少。[2]例如，爱尔兰高等刑事法院（Higher Criminal Courts）在 2011 年判处了大约 13 000 件严重罪行案件，涉及 4000 名被告人。另外，爱尔兰所有的法院均配备专业的法官，其总人数少于 150 名。所有的谋杀、强奸和严重的性侵案均在都柏林的中央刑事法院（Central Criminal Court）进行审判，该院通常有 4 名至 5 名终身制或常任制法官，这就意味着该国的绝大多数严重罪行是由同一批法官审判，这在一定程度上确保了量刑的一致性。另外，尽管没有正式的司法培训制度，但该国每年都会举行许多司法会议，以便法官能够及时了解当前的量刑实践。[3]这样一来，将有助于在

---

　　〔1〕　See Tom O'Malley, *Living without Guidelines*, in Andrew Ashworth & Julian V. Roberts eds., Sentencing Guidelines: Exploring the English Model, Oxford University Press, 2013, pp. 230-232.

　　〔2〕　爱尔兰 2020 年的总人口数不到 500 万。在学者 Tom O'Malley 发文之时（2013 年），爱尔兰总人口数 450 万，占地面积 27 000 平方英里，监狱人口仅有 4300 余人。

　　〔3〕　See Tom O'Malley, *Living without Guidelines*, in Andrew Ashworth & Julian V. Roberts eds., Sentencing Guidelines: Exploring the English Model, Oxford University Press, 2013, p. 228.

司法机关内部形成一定的量刑共识及有效的自我约束机制。

在依循传统量刑方法的同时，爱尔兰也尝试建构量刑信息系统，其灵感来源于苏格兰，旨在使法官的量刑与既往的量刑实践相符。该系统是一个面向所有人开放的公共数据库，涵盖了大量来自都柏林巡回刑事法院的量刑信息，这些信息是由经培训的研究人员耗时两年半收集而成。该信息系统被视为促进量刑一致性的有效工具，为法官们提供可靠的量刑实践数据。但是，爱尔兰的量刑信息系统也面临许多现实挑战，一是需要进一步探寻更为经济有效的信息收集方式，二是在寻求维持信息系统正常运行的必要经费方面仍存在一定困难。[1]

三、量刑方法的载体之二：指南型模式

在美国著名量刑学者理查德·弗雷斯看来，量刑指南应具备三个基本特征：（1）针对大多数罪行或至少是大多数重罪，为法官提供一系列推荐的量刑或量刑范围；（2）适用于典型案例，即没有加重或减轻因素来证成偏离必要性的案件；[2]（3）为法定的量刑委员会所制定，不管这些规定最终是否会被纳入制定法中，以及该委员会在指南生效之后是否会被废除。[3]英国牛津大学的阿什沃斯教授曾任英国量刑委员会主任（2007—2010年），认为量刑指南的本质是根据某类罪行的不同严重程度而提供相应的量刑幅度，并且在每一量刑幅度内指明一个通常的起刑点。[4]不过，量刑指南不仅是对特定罪行配置相应的量刑范围，更重要的是提供量刑方法以指导法官量刑。

在当今世界范围内，英美两国是制定并践行量刑指南的两个重要代

---

〔1〕 See Tom O'Malley, *Living without Guidelines*, in Andrew Ashworth & Julian V. Roberts eds., Sentencing Guidelines：Exploring the English Model, Oxford University Press, 2013, pp. 224, 233.

〔2〕 需要说明的是，英美学者所言的"加重""减轻"因素指的是某事实因素对量刑的轻重影响，与我国刑法理论中的"从重处罚""减轻处罚"情节不同。

〔3〕 See Richard S. Frase, *Forty years of American Sentencing Guidelines：What Have We Learned?*, Crime and Justice, vol. 48/no. 1, pp. 82-83（2019）.

〔4〕 ［英］安德鲁·阿什沃斯：《量刑与刑事司法》，彭海青、吕泽华译，中国社会科学出版社 2019 年版，第 24 页。

表，它们在试错过程中积累的经验教训，对其他正在探索指南型模式的国家具有参考意义。除英美之外，加拿大量刑委员会曾于 20 世纪 80 年代制定了量刑指南，但最终未被当局采纳。新西兰法律委员会曾效仿英国（英格兰/威尔士）量刑指南，针对具体罪行分别制定了 60 个指南单行本，然而该国政府在 2008 年认为实施量刑指南的时机尚未成熟，由此导致新西兰对指南的探索进程也放缓。[1]此外，韩国在最高法院内部设立了量刑委员会，其第一部量刑指南于 2009 年 7 月 1 日正式施行。[2]量刑指南并非任一国家或地区可轻松掌握的工具，它的外在形式和内在机理都根植于特定的刑事法制传统，接下来聚焦于美国的网格式指南和英国的叙述式指南。

（一）美国的网格式量刑指南

1973 年，美国联邦法院大法官马文·弗兰克尔首次提出了由委员会制定量刑指南的构想。第一批委员会于 1978 年在明尼苏达州和宾夕法尼亚州成立，其中明尼苏达州于 1980 年率先实施了全美第一个假定量刑指南，而宾夕法尼亚州的指南则在两年后生效。尔后，联邦法院和其他州陆续实施了由各自量刑委员会制定的指南。

之所以未聚焦于联邦量刑指南，而是着眼于明尼苏达州的量刑改革，理由在于：第一，从我国学界的研究现状来看，国内学者对联邦指南的发展历程、主要内容、内在缺陷，以及自 2005 年 Booker 案后发生的新变化等方面已进行了较为充分的译介和评述，故不再予以赘述。[3]第二，从域外学者的评价来看，较之大多数州指南，联邦量刑指南更加复杂且更具惩

---

〔1〕　See Warren Young & Claire Browning, *New Zealand's Sentencing Council*, Criminal Law Review, no. 4, pp. 287-298（2008）.

〔2〕　See Hyungkwan Park, *The Basic Features of the First Korean Sentencing Guidelines*, Federal Sentencing Reporter, vol. 22/no. 4, pp. 262-271（2010）. 另见王刚：《"力促量刑标准规范与统一"——访韩国大法院量刑委员会委员长李基秀》，载《法制日报》2013 年 5 月 21 日，第 9 版。

〔3〕　参见汪贻飞：《中国式"量刑指南"能走多远——以美国联邦量刑指南的命运为参照的分析》，载《政法论坛》2010 年第 6 期，第 108-120；彭文华：《布克案后美国量刑改革的新变化及其启示》，载《法律科学（西北政法大学学报）》2015 年第 4 期，第 130-144 页；彭文华：《酌定量刑、量化量刑与量刑双轨制——美国量刑改革的发展演变与新型量刑模式的确立》，载《华东政法大学学报》2018 年第 6 期，第 164-177 页，等等。

罚性。[1]具体而言：（1）联邦指南网格的纵轴对应 43 个犯罪严重性等级，并且网格单元所表示的量刑幅度较小（最高刑与最低刑之间的差距不大于6 个月），明显比各州指南更为细密。（2）与所有州指南设定的向上偏离（Upward-departures）标准不同的是，联邦指南允许法官根据优势证据证明标准（Preponderance of the Evidence Standard）认定某些加重事实，并据此提高被告人的刑期；然而，这些加重事实与被控的罪行无关，主要是一些已被驳回、宣告无罪或未被指控的当前或之前的罪行。（3）在计算犯罪史分数时，联邦指南依据的是前科罪行被判处的刑罚轻重，而不是前科罪行本身的罪质轻重。换言之，如果前科属于"轻罪重刑"的情况，那便可能在本次量刑中占有较高权重。（4）联邦指南在制定和修改过程中，没有认真考虑指南与监狱容量之间的关系。[2]（5）在设置网格单元的下限时，联邦指南直接以制定法规定的最低刑作为量刑网格单元的下限，而州指南通常会在法定最低刑之下来设置网格单元的下限。第三，考虑各州指南在量刑实务中发挥的作用更大（联邦指南所辖的案件仅约占全美总发案率的10%），是故有必要将研究视野转向州指南。[3]

在颁行量刑指南的各州中，又以明尼苏达州最具代表性。首先，从历史渊源来看，美式量刑指南大多是以二维网格形式（Two-dimensional Grid）呈现，[4]其中纵轴（网格行）表示犯罪的严重程度（Offence severity

---

〔1〕 See Richard S. Frase, *Sentencing Guidelines in American Courts: A Forty-Year Retrospective*, Federal Sentencing Reporter, vol. 32/no. 2, p. 113 (2019).

〔2〕 之所以认为联邦量刑指南未将控制监狱人口作为其目标之一，原因可能有二：（1）联邦预算不需要平衡，财政赤字是常态；（2）即使监禁成本急剧提高，也可能只占联邦预算的一小部分。See Richard S. Frase, *Forty years of American Sentencing Guidelines: What Have We Learned?*, Crime and Justice, vol. 48/no. 1, p. 88 (2019).

〔3〕 See Marc L. Miller, *A Map of Sentencing and a Compass for Judges: Sentencing Information Systems, Transparency, and the Next Generation of Reform*, Columbia Law Review, vol. 105/no. 4, p. 1353 (2005).

〔4〕 例如，阿拉巴马州、佛罗里达州和弗吉尼亚州使用工作表（Worksheets）而不是网格；特拉华州和俄亥俄州既不使用网格也不使用工作表，其中，特拉华州指南为每种重罪和轻罪提供了量刑范围，并规定了减轻和加重因素［如承担责任（Acceptance of Responsibility）和前科（Prior Convictions）］；俄亥俄州的成文法包含一些通用标准，可帮助法官在监禁刑和缓刑之间作出选择，并确定监禁刑期。

Levels），横轴（网格列）则表示犯罪史（Criminal History Categories）。[1]并且各地的网格式指南都有所不同，差异主要体现在犯罪严重性的级别、[2]犯罪史的类别、[3]网格单元的宽度、[4]网格表的数量、[5]网格中数字的具体含义[6]等方面。[7]这种网格式指南最初是由明尼苏达州采用，之后为其他州及联邦量刑指南所效仿。其次，就践行情况而言，明尼苏达州的假定量刑指南自1980年生效至今已践行了40余年，其人均被监禁率一直属于全美较低的几个地区之一。最后，美国法律协会于2017年批准通过了《模范刑法典：量刑》，其中建议采用的指南模式在很大程度上与明尼苏达州的现行量刑指南相契合，如要求设立常设性量刑委员会、制定对法院具有约束力且受上诉审查制约的指南、取消假释的自由裁量权、根据对资源影响的预测来制定量刑政策，等等。[8]

---

〔1〕 犹他州的网格与其他州网格的不同之处在于，该州是用纵轴表示犯罪史，横轴表示犯罪的严重程度。

〔2〕 大多州将犯罪的严重程度分为10级，田纳西州只有5级，而联邦网格则高达43级。

〔3〕 大多数州将犯罪史的类别分为5种至7种，但堪萨斯州、俄勒冈州和华盛顿州则有9种至10种。

〔4〕 网格单元（Grid Cell）的宽度差异体现在，有些网格上单元的范围较宽且基本重叠，但有些网格单元范围较为狭窄且几乎没有重叠。

〔5〕 联邦指南和某些州只有一个量刑网格，而有的州（如明尼苏达州）则有多个量刑网格，除涵盖多数罪行的量刑网格外，还针对性犯罪、毒品犯罪制定了专门的量刑网格。

〔6〕 在大多数州的指南中，网格单元中的数字表示法官被建议判处的最高或最低刑期。如果法官选择了网格单元中的最大数字，那便意味着犯罪人原则上在监狱中服刑的最长时间，不过犯罪人的实际服刑期限还取决于"善行折减"或酌情假释（Discretionary Parole Release）的情况。又如，密歇根州、北卡罗来纳州和宾夕法尼亚州，其网格单元中的数字表示法官可判处的最低刑期，而最高刑期则由其他规则或公式确定（如北卡罗来纳州，严重程度较低的重罪的最高刑期为最低刑期的120%）。

〔7〕 See Richard S. Frase, *Forty years of American Sentencing Guidelines: What Have We Learned?*, Crime and Justice, vol. 48/no. 1, pp. 88-90 (2019).

〔8〕 See Richard S. Frase, *Sentencing Guidelines in American Courts: A Forty-Year Retrospective*, Federal Sentencing Reporter, vol. 32/no. 2, p. 109 (2019).

1. 网格式量刑指南的发展历程

Presumptive sentence lengths are in months. Italicized numbers within the grid denote the discretionary range within which a court may sentence without the sentence being deemed a departure. Offenders with stayed felony sentences may be subject to local confinement.

SEVERITY LEVEL OF CONVICTION OFFENSE (Example offenses listed in italics)		CRIMINAL HISTORY SCORE						
		0	1	2	3	4	5	6 or more
Murder, 2nd Degree (Intentional; Drive-By-Shootings)	11	306 *261-367*	326 *278-391*	346 *295-415*	366 *312-439*	386 *329-463*	406 *346-480²*	426 *363-480²*
Murder, 2nd Degree (Unintentional) Murder, 3rd Degree (Depraved Mind)	10	150 *128-180*	165 *141-198*	180 *153-216*	195 *166-234*	210 *179-252*	225 *192-270*	240 *204-288*
Murder, 3rd Degree (Controlled Substances) Assault, 1st Degree	9	86 *74-103*	98 *84-117*	110 *94-132*	122 *104-146*	134 *114-160*	146 *125-175*	158 *135-189*
Agg. Robbery, 1st Degree Burglary, 1st Degree (w/ Weapon or Assault)	8	48 *41-57*	58 *50-69*	68 *58-81*	78 *67-93*	88 *75-105*	98 *84-117*	108 *92-129*
Felony DWI Financial Exploitation of a Vulnerable Adult	7	36	42	48	54 *46-64*	60 *51-72*	66 *57-79*	72 *62-84²,³*
Assault, 2nd Degree Burglary, 1st Degree (Occupied Dwelling)	6	21	27	33	39 *34-46*	45 *39-54*	51 *44-61*	57 *49-68*
Residential Burglary Simple Robbery	5	18	23	28	33 *29-39*	38 *33-45*	43 *37-51*	48 *41-57*
Nonresidential Burglary	4	12¹	15	18	21	24 *21-28*	27 *23-32*	30 *26-36*
Theft Crimes (Over $5,000)	3	12¹	13	15	17	19 *17-22*	21 *18-25*	23 *20-27*
Theft Crimes ($5,000 or less) Check Forgery ($251-$2,500)	2	12¹	12¹	13	15	17	19	21 *18-25*
Assault, 4th Degree Fleeing a Peace Officer	1	12¹	12¹	12¹	13	15	17	19 *17-22*

¹ 12¹=One year and one day

☐ Presumptive commitment to state imprisonment. First-degree murder has a mandatory life sentence and is excluded from the Guidelines under Minn. Stat. § 609.185. See section 2.E. for policies regarding those sentences controlled by law.

▨ Presumptive stayed sentence; at the discretion of the court, up to one year of confinement and other non-jail sanctions can be imposed as conditions of probation. However, certain offenses in the shaded area of the Grid always carry a presumptive commitment to state prison. See sections 2.C and 2.E.

² Minn. Stat. § 244.09 requires that the Guidelines provide a range for sentences that are presumptive commitment to state imprisonment of 15% lower and 20% higher than the fixed duration displayed, provided that the minimum sentence is not less than one year and one day and the maximum sentence is not more than the statutory maximum. See section 2.C.1-2.

³ The stat. max. for Financial Exploitation of Vulnerable Adult is 240 months; the standard range of 20% higher than the fixed duration applies at CHS 6 or more. (The range is 62-86.)

图 3-1　美国明尼苏达州量刑指南

在明尼苏达州 1980 年生效的第一版量刑指南中，纵轴（网格行）所表示的犯罪严重性按照从轻至重的顺序分为 1—10 级，横轴（网格列）所对应的犯罪史分数从低至高分为 0—6 分（为限制前科对量刑的影响，"6分及其以上分数"被归属于同一网格列）。2010 年 8 月生效的版本作了两项调整：一是将犯罪严重性的等级增加为 1—11 级，二是使相邻网格单元的量刑幅度首尾重叠，以此给予法官更多的自由裁量权。图 3-1 所示的版本于 2019 年 8 月生效，主要是对犯罪史分数的计算作了微调，犯罪严重性的等级仍为 1—11 级，犯罪史分数包括 0—6 分。[1]

为何明尼苏达州最初要制定网格式指南，以致于此后的美式量刑指南都大抵如此？原因可能来源于三方面：一是对假释指南网格的继承，二是对"合比例的量刑"的认知，三是受 1976 年《匡扶正义》学术著作的影响。

第一，明尼苏达州的量刑网格实际上是由威尔金斯等学者在假释指南网格的基础上转换而来。作为假释指南的总设计者，威尔金斯曾提到"至 20 世纪 70 年代末期，大多数假释当局已制定了某种形式的指南……向量刑指南的过渡是一个自然发展的过程"。[2]早期的量刑指南制定者对假释网格较为熟悉，并且将假释网格转用于量刑相对容易。迈克尔·托里教授在 1993 年也提到，早期的自愿性量刑指南"明确以假释指南的经验为基础"。[3]当自愿性量刑指南演变为推定具有约束力的指南时，同时保留了二维结构。[4]

第二，20 世纪 70 年代正值后果主义刑罚论衰微和报应主义刑罚论复兴之时，人们对"合比例的量刑"存在不同解读。当时的明尼苏达州量刑委员会认为，"比例性的目标要求制裁的严厉性应当与犯罪的严重性和犯罪史的增加成正比"，亦即，犯罪的严重性和犯罪史是"与比例相关的唯一因素"。明尼苏达州将犯罪史作为决定量刑的主要维度之一，与当下报应主义者所理解的比例原则有别，大多数报应主义学者都主张限制前科在

---

〔1〕　Minnesota Sentencing Guidelines Commission, Standard Sentencing Grid (2019), https://sentencing. umn. edu/sites/sentencing. umn. edu/files/2019_ standard_ sentencing_ grid. pdf.

〔2〕　See Julian V. Roberts, *The Evolution of Sentencing Guidelines in Minnesota and England and Wales*, Crime and Justice, vol. 48/no. 1, p. 204 (2019).

〔3〕　See Michael Tonry, *Sentencing Commissions and their Guidelines*, Crime and Justice, vol. 17/no. 6, p. 140 (1993).

〔4〕　需要说明的是，1975—1980 年，美国量刑改革的主流是制定自愿性（建议性）指南，1980 年的一项统计显示，当时许多州在酝酿或制定自愿性指南。See Michael Tonry, *Structuring Sentencing*, Crime and Justice, vol. 10/no. 1, p. 278 (1988).

量刑中的所占权重，甚至主张将其从量刑中完全消除。[1]

第三，明尼苏达州量刑委员会第一任执行主任戴尔·帕文特（Dale G. Parent）曾对量刑网格中的犯罪史维度作了说明，他指出明尼苏达州量刑指南的结构之所以如此，是因为委员会最初借鉴了安德鲁·冯·赫希教授在 1976 年出版的《匡扶正义》，该书是关于应得理论的一部开创性著作，在当时具有较大影响力。该书认为先前的定罪可提高犯罪人的应受谴责性（Blameworthiness）或有责性（Culpability），而不是用来预测哪些犯罪者将来更有可能实施新的犯罪。[2]换言之，明尼苏达州量刑指南中的犯罪史维度最初就是为了证成报应的正当性，而不是作为预防的理由。随着时间的推移，赫希教授在其后来的著作中早已放弃了《匡扶正义》中的立场，将先前的定罪视为一种与有责性无关的情节，可是明尼苏达州的量刑指南依然延续了他最初的观点。[3]

---

〔1〕 See Julian V. Roberts, *The Evolution of Sentencing Guidelines in Minnesota and England and Wales*, Crime and Justice, vol. 48/no. 5, p. 219, footnote 41 (2019).

〔2〕 See Dale G. Parent, *Structuring Criminal Sentences: The Evolution of Minnesota's Sentencing Guidelines*, Butterworths Legal Publishers, 1988, pp. 38, 66.

〔3〕 See Julian V. Roberts, *The Evolution of Sentencing Guidelines in Minnesota and England and Wales*, Crime and Justice, vol. 48/no. 5, p. 226, footnote 46 (2019). 安德鲁·冯·赫希教授在 1976 年时主张，虽然前科与行为的损害性无关，不会改变行为造成的损害程度或引发的风险，但前科会使犯罪人的有责性（Culpability）评价受到影响。该观点蕴含了一个重要前提，那就是法官在量刑时考虑犯罪人的前科记录并不违背"一事不二罚"的要求，因为犯罪人在第一次被定罪时已获得过一定的量刑折扣，这种针对初犯的量刑折扣会随着犯罪人的再犯而递减或消失。于是进一步引发的问题是初犯被假定获得了量刑折扣的法理根据何在。对此，赫希教授给出的理由是，初犯作为普通民众的一员，可能没有对法律禁令给予过多关注，也无法理解法律所禁止的范围；对初犯施加的惩罚体现了谴责，若犯罪人再次实施犯罪，那么便不能以"不知法"来作为获得量刑折扣的理由，并且，再犯者的可谴责性也会随之提高。然而，该观点的最大缺陷在于，许多初犯可能完全了解法律禁令，且能够认识到其行为的不法性（Wrongfulness of the conduct）。鉴于上述观点的缺陷，赫希教授于 1985 年又提出了另一种观点——"容忍"（Tolerance）理论，以此来为初犯获得量刑折扣的原因作理论注解。"容忍"（Tolerance）理论的核心观点是，初犯之所以获得量刑折扣，是基于人类易错性（Fallibility）的考量，"即使是一个日常表现良好的人，在软弱或任性的时刻也会使他的道德约束失效，这种自律的丧失是人类的一种脆弱""对人类脆弱的有限容忍，可以通过对初犯进行量刑折扣来体现"；而当行为人再次犯罪时，意味着他没有认真对待刑罚对其先前不法行为所给予的谴责，因此，可以加重对再犯者的惩罚。See Andrew Von Hirsch & Andrew Ashworth eds., *Proportionate Sentencing: Exploring the Principles*, Oxford University Press, 2005, pp. 149, 151–152.

　　事实上，明尼苏达州乃至美国其他采取二维网格式指南的州都面临同样的问题，那就是将犯罪史作为决定量刑的维度之一是否合理。将量刑指南视为假释指南之后"合乎逻辑的下一步"，仍然无法证成网格结构自身的合理性。[1]毕竟假释与否在很大程度上（乃至完全）取决于犯罪人的再犯风险，将犯罪史作为假释决定的重要依据具有合理性；然而，如今所言的"合比例的量刑"更多是取决于犯罪的严重性，将犯罪史作为两个维度之一无疑将有损比例性。对此，明尼苏达州的学者通常是以"改良式罪有应得"（Modified Just Desert）和"限制性报应主义"（Limited Retributivism）来对其指南作理论注解。

　　2. 网格式量刑指南的理论基石

　　（1）网格式量刑指南的改良式罪有应得理论。

　　报应主义自20世纪70年代复兴后，学者们对"比例性"概念的解读通常是基于应得理论，"合比例的量刑"意味着刑罚的严厉性应当与犯罪的严重性成比例，而犯罪的严重性则由两个要素所决定，即"行为的损害程度和犯罪人的有责性程度"。[2]大多数报应主义者认为，之所以在量刑中考虑犯罪人之前所犯的罪行，主要是前科通常与再犯风险相关，而不是为了报应。明尼苏达州量刑指南将犯罪史作为确定刑罚轻重的一个维度，与大多数基于应得理论的比例概念相冲突，由此也引发了人们对明尼苏达州量刑指南中比例性质（Proportionate Nature）的质疑。[3]为了让前科的属性定位与大多数报应主义学者的观点相符，同时又能合理解释明尼苏达州量刑指南为何将"犯罪严重性"和"犯罪史"作为决定量刑的两个主要考察指标，明尼苏达州的学者利用"改良式罪有应得"来为其指南提供理论依据。

　　从"改良式罪有应得"理论的产生背景来看，正值后果主义刑罚论与

---

　　〔1〕　See Julian V. Roberts, *The Evolution of Sentencing Guidelines in Minnesota and England and Wales*, Crime and Justice, vol. 48/no. 1, p. 204, footnote 27 (2019).

　　〔2〕　See Richard G. Fox, *The Meaning of Proportionality in Sentencing*, Melbourne University Law Review, vol. 19/no. 3, p. 498 (1994).

　　〔3〕　See Julian V. Roberts, *The Evolution of Sentencing Guidelines in Minnesota and England and Wales*, Crime and Justice, vol. 48/no. 1, p. 219 (2019).

报应主义刑罚论的交替更迭之际。1978 年的明尼苏达州量刑指南授权法旨在减少法官的自由裁量权，从而提高量刑的一致性，但没有明确说明究竟应采取何种量刑理论。明尼苏达州的立法机关只是要求量刑委员会根据"犯罪和犯罪人的合理特征"来颁布指南，对是否判处监禁刑，以及判处多重的刑期加以规定，同时充分考虑两个因素：一是"当前的量刑实践和假释实践"，二是"矫正资源，包括但不限于地方和州矫正机构的容量"。通过回溯 1978 年指南授权法的立法过程，可以发现立法机关无意放弃传统的功利主义目的或大幅改变现有的量刑规范，只是希望在不过分偏离现有实践的情况下，对量刑政策进行渐进式的调整。虽然指南授权法的出台是为了回应当时人们对不确定性量刑的不满，但在解决方案上仍然存在意见分歧，仅能就假释委员会的废除达成共识。不过，明尼苏达州的量刑委员会没有完全延续授权法所持的保守立场，而是作出了一些有别于先前实践的突破性改变，其中最重要的就是以"应得"作为主要的量刑目的，同时给予其他量刑目的和考量因素有限的空间，即"改良式罪有应得"理论。量刑委员会承认，应得理论在很大程度上被"改良"了，因为加入了剥夺犯罪能力和特殊威慑的考虑。[1]关于"改良式罪有应得"，需要说明的是：

第一，该理论实质上是一种并合主义进路，认为量刑是由报应目的和犯罪控制目的共同决定，这两类目的共同决定了典型案例（Type-case）的量刑建议，既包括监禁刑期的建议，也涉及监禁刑期应立即执行抑或暂缓执行。弗雷斯教授指出，"明尼苏达州和许多其他指南州认为，不仅应根据犯罪的严重性，还要根据犯罪人的前科记录来提高犯罪人所应得的刑罚。因此，这些（指南）制度允许基于前科来增加建议的监禁刑期（有时影响非常大）；不仅如此，前科通常也会使量刑建议存在监禁刑或缓刑之别。"[2]因此，"应得"相当于成了报应和预防的上位概念，一方面根据被控罪行的严重性在网格列上寻找相应的罪行级别，以实现报应目的；另

---

〔1〕 See Richard S. Frase, *Sentencing Principles in Theory and Practice*, Crime and Justice, vol. 22, pp. 389-391, 393 (1997).

〔2〕 See Richard S. Frase, *Forty years of American Sentencing Guidelines: What Have We Learned?*, Crime and Justice, vol. 48/no. 1, p. 86, footnote 7 (2019).

一方面根据前科记录来衡量犯罪人的再犯风险，以此在网格行上寻找相应的犯罪史分数，以实现预防目的，最终在行与列所交汇的网格单元中决定犯罪人所"应得的惩罚"。较之纯粹基于报应考量的应得理论，"改良式罪有应得"将前科也纳入考量，以此得出一个宽泛的应受惩罚范围。

　　第二，该理论作为一种纳入了预防考虑的折中论，虽能为量刑网格中犯罪史维度提供一定的理论支撑，但仍然没有为如何协调报应与预防之间的关系提供更多的指导。美国大多数州的量刑指南旨在提高对报应目的的重视，使量刑轻重与犯罪的严重性成比例，实现惩罚与犯罪相适应；但是由于网格式指南将犯罪史作为决定量刑的一个维度，导致前科会对建议的量刑幅度产生重大影响。若对前科给予更多的权重，则可能对犯罪严重性给予较小的权重。[1]此外，从一种更为现实的角度出发，"改良式罪有应得"反映了美国在量刑政策方面的考量，一方面，不愿放弃对"罪有应得"的追求，旨在提高与犯罪严重性相关的量刑比例；另一方面，指南改革从未放弃对高风险的罪犯适用监禁刑乃至更长刑期的目标。[2]

　　第三，将犯罪史作为量刑的主要维度之一，一方面是源于明尼苏达州量刑委员会在量刑指南初创期受赫希教授早期的学术观点影响（1976 年《匡扶正义》），认为前科记录表明犯罪人应受谴责的程度更高。[3]另一方面是委员会也认识到累犯更容易再实施犯罪，故而有必要让刑期随着犯罪史分数的增加而提高，以此剥夺高危犯罪者的犯罪能力。委员会对剥夺犯罪能力目的的隐性追求，还体现在它对前科罪行的界定是"从量刑之日起"而不是"从当前犯罪发生之日起"。对此，学者帕文特曾予以反对，认为当前犯罪之后实施的新罪与"应得"无关。[4]但是出于识别高风险罪犯和剥

　　〔1〕　See Richard S. Frase, *Sentencing Guidelines in American Courts: A Forty - Year Retrospective*, Federal Sentencing Reporter, vol. 32/no. 2, p. 117 (2019).

　　〔2〕　See Richard S. Frase, *Sentencing Guidelines in American Courts: A Forty - Year Retrospective*, Federal Sentencing Reporter, vol. 32/no. 2, p. 116 (2019).

　　〔3〕　See Andrew Von Hirsch & Andrew Ashworth eds., *Proportionate Sentencing: Exploring the Principles*, Oxford University Press, 2005, pp. 149-150.

　　〔4〕　See Dale G. Parent, *Structuring Criminal Sentences: The Evolution of Minnesota's Sentencing Guidelines*, Butterworths Legal Publishers, 1988, p. 163.

夺其犯罪能力（或进行特殊威慑）的考虑，委员会仍然将犯罪人在当前犯罪之后实施的新罪也纳入前科罪行的范畴。[1]

（2）网格式量刑指南的限制性报应主义理论。

明尼苏达州量刑指南常被学者们视为莫里斯学说（限制性报应主义论）从理论走向实践的最佳例证。虽然明尼苏达州的立法机关并未在 1978 年的指南授权法，以及后续的量刑法中提及莫里斯的主张，该州的量刑委员会也没有在任何正式报告中直接引用过莫里斯的著作，但明尼苏达州量刑指南却与莫里斯的学说极为相似。第一种可能性是"间接影响论"，即莫里斯的思想对某些量刑学者产生了较大影响，而这些学者又影响了明尼苏达州的量刑改革者。例如，托里教授曾对明尼苏达州的量刑委员会作出直接贡献，他与莫里斯自 20 世纪 70 年代中期开始便一直在学术上保持着密切合作。第二种可能性是"平行发展论"，指的是莫里斯和明尼苏达州量刑指南的决策者在同一时空环境下提出了极为相似的理论。毕竟莫里斯是一位经验主义和现实主义者，他首先探寻法官和其他从业者的想法和行动，以便其学说能够建立在既往积累的智识之上，从而避免提出不受欢迎或不可行的规则。莫里斯所采取的"从零开始"寻求共识的方法，决定了其学说蕴含了许多共识性的目标和价值观，而明尼苏达州的量刑改革者在制定、实施和完善指南的过程中很可能也采取了类似的方法，并遵循了相同的原则。[2]接下来，将对莫里斯学说和明尼苏达州量刑指南作简要对比。

第一，关于"报应主义"的说明。明尼苏达州量刑指南采取的是改良式罪有应得理论，其中报应是主要的量刑目的，量刑委员会基于应得理论设置了罪行等级；而"改良"部分指的是量刑委员会在其建议的指南刑期和惩罚方式（立即执行或暂缓执行）中对前科罪行给予了实质性权重。莫里斯在其 1980 年以后的著作中也采取了一种较为宽泛的应得概念，将一些

---

〔1〕 See Richard S. Frase, *Sentencing Principles in Theory and Practice*, Crime and Justice, vol. 22, pp. 393–394 (1997).

〔2〕 See Richard S. Frase & Benjamin N. Berger, *Norval Morris's Contributions to Sentencing Structures*, *Theory and Practice*, Federal Sentencing Reporter, vol. 21/no. 4, pp. 258–259 (2009).

基于犯罪人的（Offender-based）因素也纳入了"应得"的范畴，尤其是被告人先前的定罪记录。莫里斯认为，对具有前科的罪犯施加更严厉的惩罚是正当的，不仅因为他们应得到更多的惩罚，还因为先前的定罪记录是罪犯再犯风险的最佳预测者。[1]此外，莫里斯还将应得概念进一步区分为"社会性应得"（Societal Desert）和"个体性应得"（Individual Desert），前者是社会对犯罪人应得惩罚的评价，对应于立法机关对每种罪行所设定的绝对上限和下限，即法定最高刑和最低刑；在社会性应得的范围内，法官根据具体个案事实，结合其他刑罚目的和因素来确定个体性应得。明尼苏达州量刑指南规定的量刑幅度通常比制定法规定的法定范围要窄，故而可被视为第二层社会性应得，法官可在指南规定的量刑幅度内进一步确定的具体个案的应得。[2]由此可见，明尼苏达州和莫里斯对"应得"的界定都较为宽泛，以期让前科情节能够在宽泛的应受惩罚范围内发挥重要作用。

　　第二，关于"限制性"的理解。莫里斯和明尼苏达州量刑指南都认为报应值（罪有应得）对最高制裁的严厉程度设置了一个严格的限制，对最低制裁的严厉程度则限制较弱或根本没有限制。下面将分别对应得的上限和下限进行具体阐释：其一，莫里斯主张在任何情况下都不得超出应得的上限，而明尼苏达州致力于接近但无法完全达到莫里斯的要求。明尼苏达州量刑指南规定的监禁刑期确定了一般情况下应得的最高值。指南的偏离规则，以及上诉法院形成的判例法进一步规定，仅出于"重要的和令人信服的情况"才可以超出指南刑期的上限，这些报应性理由表明了更严重的损害和罪责；并且，在通常情况下不得超出指南刑期的2倍；只有罕见的、特别严重的案件，才可以使量刑超出指南刑期的2倍，此时是以制定法规定的法定最高刑作为应得的上限。[3]然而，1989年和1992年颁行的一些制定法允许，甚至要求对"危险的犯罪人"施加法定最高刑或延长刑期，

---

　　[1]　See Richard S. Frase & Benjamin N. Berger, *Norval Morris's Contributions to Sentencing Structures*, *Theory and Practice*, Federal Sentencing Reporter, vol. 21/no. 4, p. 257（2009）.

　　[2]　See Norval Morris, *Madness and the Criminal Law*, University of Chicago Press, 1982, pp. 151-152, 161, 168-169.

　　[3]　See Richard S. Frase, *Sentencing Principles in Theory and Practice*, Crime and Justice, vol. 22, p. 398, 408（1997）.

这些制定法允许量刑超出指南规定的应得的最高值。就此而言，莫里斯在应然层面提出了限制性报应主义理论，明尼苏达州在实然层面践行着类似于限制性报应主义的模式，但仍然存在超出应得上限的情况。不过，明尼苏达州的上述制定法的规制范围较窄，在实践中很少被适用，并且从某种意义上看，它们是为了不实施死刑或更广泛地提高量刑严厉程度的政治"代价"。[1] 其二，根据莫里斯的理论，应得的下限通常不存在，即使存在也比上限灵活得多。反观明尼苏达州量刑指南，对于推定适用缓刑的案件，指南仅为其设置了量刑上限，而没有规定下限；[2] 不过，一些制定法为某些罪行规定了最低监禁刑期，如对入户盗窃的初犯最低可判处90天监禁（Jail Terms）、赔偿或社区服务。对于立即执行的监禁案件，指南中的每个网格单元规定了一个量刑幅度，该量刑幅度的底部即为应得的下限。虽然指南对该类案件规定了应得的下限，但实践中通常可以通过指控较轻的罪行或者向下偏离的方式来避免这种限制。[3]

　　第三，莫里斯和明尼苏达州量刑指南均允许在应得的惩罚范围内考虑其他指导因素。（1）关于"复归"。莫里斯和明尼苏达州均主张在狱外开展"复归"考察，不能将"被告需要在狱中接受处遇"作为判处监禁刑的

---

　　〔1〕 See Richard S. Frase, *The Role of the Legislature, the Sentencing Commission, and Other Officials under the Minnesota Sentencing Guidelines*, Wake Forest Law Review, vol. 28/no. 2, pp. 359-363 (1993).

　　〔2〕 明尼苏达州的量刑网格中有一条被称为"处置线"（Disposition Line）的黑色粗线将网格划分为深、浅两个区域，用于表明所判刑罚是否立即执行。对于网格左下角的深色区域，需要说明的是（1）该区域对应的是一个确定的刑期，但并非"确定刑"，而是为缓刑案件所规定的量刑上限，是"适用于最坏情况下的最高刑"。换言之，明尼苏达州量刑指南没有对缓刑案件规定"应得的"最低刑，网格单元中的数字被视为"应得的"最高刑。该区域刑期也被称为"暂缓监禁刑期"（Stayed Prison Terms），只有缓刑被撤销时才会被适用。（2）该区域所涉罪行的特点是，要么犯罪严重性级别不高，要么犯罪史分数较低。落入深色区域的案件大致分为两类，其中大多数案件通常会被判处缓刑，并附加一定的缓刑条件；只有当缓刑被撤销时，才会对被告人适用原判的刑期。在少数情况下，即使案件落入深色区域，也会被立即执行所判的刑期，这些案件大多涉及性犯罪再犯或使用危险武器，明尼苏达州的制定法往往也对这些罪行规定了强制性最低刑期。See Richard S. Frase, *Sentencing Principles in Theory and Practice*, Crime and Justice, vol. 22, pp. 391-392, 395-396 (1997).

　　〔3〕 See Richard S. Frase, *Sentencing Principles in Theory and Practice*, Crime and Justice, vol. 22, p. 412 (1997).

充分理由，并且释放时间也不取决于对罪犯处遇进展情况的评估。明尼苏达州的初版指南主张监狱项目完全是自愿的，但为了维护狱内秩序，明尼苏达州的立法机关自1993年开始允许矫正委员会制定纪律性规则，其内容不仅包括违反一般性的机构规则（Institution Rules），还涉及拒绝工作和拒绝参加处遇或其他复归项目。如此来看，实践中犯罪人参加处遇项目的意愿在一定程度上会影响其刑期的长短。（2）关于"剥夺犯罪能力"。莫里斯和明尼苏达州虽然均认为要谨慎对待有关罪犯人身危险性的个别化预测，但都主张在应得的惩罚范围内，对累犯群体施加更严厉的惩罚，因为这种从严处罚的正当性能够被剥夺犯罪能力和应得的理由证成。（3）关于"一般预防"。莫里斯主张在应得的惩罚范围内为了一般威慑而施加"示范性"惩罚，明尼苏达州也允许在指南规定的刑期之内，以及在决定缓刑条件之时，考虑威慑的具体需求。（4）关于"平等性"。莫里斯和明尼苏达州都认为"平等"是一个重要的量刑目标，但可以在个案层面基于功利性需要（如辩诉交易）而对犯罪人施加不同的惩罚。（5）关于谦抑性原则。莫里斯和明尼苏达州都倾向于非监禁制裁，且积极支持适用社区刑。只不过，莫里斯建议尽可能地从应得范围的底部开始量刑，而明尼苏达州量刑指南的情况稍有不同，对于推定立即执行监禁刑的案件，其起刑点是网格单元所对应的量刑幅度的中点；对于推定适用缓刑的案件，指南仅为其设置了量刑上限，未就该类案件的起刑点提供具体指导。尽管量刑指南持有上述立场，明尼苏达州的量刑实践更接近于莫里斯学说，但法官们更倾向于在网格单元所设刑期范围的下半部分量刑，判处的平均刑期大多低于该网格单元的中点。[1]这在某种程度上可以解释，为何明尼苏达州能够在整个国家监禁人口激增的情况下依然保持较低的监禁率。

　　第四，明尼苏达州量刑指南遭到的大多诘难莫过于"僵化""机械""缺少弹性"，这些批评归根到底均是认为网格式指南会对法官的自由裁量权造成极大束缚，但事实并非如此，明尼苏达州量刑指南实际上赋予了法

---

　　[1]　See Richard S. Frase, *Sentencing Principles in Theory and Practice*, Crime and Justice, vol. 22, pp. 415-420 (1997).

官适度的自由裁量权。归纳而言：（1）对于适用缓刑的案件，量刑委员会很少就非监禁刑的种类或严厉程度提供指导，指南仅对其量刑设置了上限，而没有最低严厉性的要求。明尼苏达州的法官在选择缓刑附加条件时拥有较大的自由裁量权，被告人可能被附加一项乃至多项缓刑条件，具体包括：在当地监狱服刑 1 年以下（Up to One Year of Confinement in a Local jail）、居家拘禁（Home Detention）、电子监控、强化缓刑监督（Intensive Probationary Supervision）、日间报到（Required Appearances at a Day - reporting Center）、住院或门诊治疗、赔偿、罚金、社区服务等。[1]相较于指南规定的"暂缓监禁刑期"，缓刑附加条件在实际践行中可能会更加繁重，故而有些被告人宁可请求执行指南规定的刑期，也不愿被适用缓刑。[2]（2）明尼苏达州的量刑委员会几乎没有对辩诉交易施加任何限制，实践中可以通过辩诉交易来实现减轻处罚。现代量刑方案在很大程度上取决于被告人的合作，通过量刑减让的方式鼓励被告作出认罪答辩。虽然某些形式的合作使犯罪人获得了少于其罪有应得的惩罚，但一个严格意义上的应得制度在现实世界中是行不通的，任何强加这种严格制度的企图都极可能对拒绝合作施加过度的、不应得的严厉惩罚。[3]（3）明尼苏达州量刑

---

〔1〕 See Minnesota Statutes, § 609. 135 Stay of Imposition or Execution of Sentence Subdivision1. Terms and conditions

（b）For purposes of this subdivision, subdivision 6, and section 609. 14, the term " intermediate sanctions" includes but is not limited to incarceration in a local jail or workhouse, home detention, electronic monitoring, intensive probation, sentencing to service, reporting to a day reporting center, chemical dependency or mental health treatment or counseling, restitution, fines, day-fines, community work service, work service in a restorative justice program, work in lieu of or to work off fines and, with the victim's consent, work in lieu of or to work off restitution.

See Minnesota Sentencing Guidelines Commission, *Minnesota Sentencing Guidelines and Commentary* (1995), pp. 38 - 39, https://mn. gov/sentencing - guidelines/assets/1995 - Sentencing% 20Guidelines_tcm30-31782. pdf.

〔2〕 在 State v. Randolph 案中（316 N. W. 2d 508〔Minn. 1982〕），法院认为，当缓刑条件比监禁刑期还严厉时，法官就必须批准被告关于执行监禁刑期的请求。See Richard S. Frase, *Sentencing Principles in Theory and Practice*, Crime and Justice, vol. 22, pp. 392, 399（1997）.

〔3〕 See Richard S. Frase, *Sentencing Principles in Theory and Practice*, Crime and Justice, vol. 22, p. 397, 421（1997）. Also see Richard S. Frase & Benjamin N. Berger, *Norval Morris's Contributions to Sentencing Structures*, *Theory and Practice*, Federal Sentencing Reporter, vol. 21/no. 4, p. 256（2009）.

指南虽然具有法律拘束力，但允许法官在"重要的和令人信服的"情况下偏离指南建议的量刑范围。如果仅从"重要的和令人信服的"的措辞来看，可能会认为明尼苏达州量刑指南会"强烈地劝阻"偏离。其实，明尼苏达州法官在实践中被上诉法院赋予了较大的自由裁量权，具体而言：一是向下偏离（Downward Deviations）的情形在实践中从未被撤销。一项1997年的调查显示，自该州指南实施后的15年中，没有任何向下偏离的判决被上诉法院撤销（Overturned）。此后，向下偏离指南的情形也从未撤销过。二是向上偏离（Upward Deviations）的情形有时被撤销，不过在没有法律错误的情况下，上诉法院通常会尊重初审法院的判决。实践中的惯例是遵循"两倍原则"（Double Principle），最多允许超过指南范围上限的2倍。根据明尼苏达州最高法院的判例，2倍以内的向上偏离通常被维持，而2倍以上的向上偏离则会被改判至200%的门槛。[1]例如，假设指南某网格单元的上限是117个月的监禁刑，初审法院基于"重要的和令人信服的"情况判处了240个月的监禁刑，最终可能会被改判至234个月。尽管明尼苏达州量刑指南允许向上偏离，但实践中的向上偏离率并不高。从2001—2015年的偏离情况来看，偏离模式总体上在减少入狱人数和降低平均刑期方面都发挥着重要作用。[2]

　　综上所述，除前述的"改良式罪有应得"之外，"限制性报应主义"对网格式量刑指南的形塑也产生了重要影响。通过前述分析可知，明尼苏

---

　　[1]　See Kevin R. Reitz, *Comparing Sentencing Guidelines: Do US Systems Have Anything Worthwhile to Offer England and Wales?*, in Andrew Ashworth & Julian V. Roberts eds. , Sentencing Guidelines: Exploring the English Model, Oxford University Press, 2013, p. 194.

　　[2]　在偏离率方面，减轻性处置偏离（Mitigated Dispositional Departures），如建议判处监禁刑的案件实际上被判处缓刑或其他非监禁刑，其百分比在2001—2015年稍微有所下降，主要是因为自2004年Blakely案后，明尼苏达州量刑指南的网格单元宽度被扩大了，导致一些原先属于向下偏离的案件被涵盖在新的量刑范围之内，因此向下偏离率总体呈下降趋势。加重性处置偏离（Aggravated Dispositional Departures），如建议判处缓刑的案件实际上被判处监禁刑，其百分比在2006—2010年最低，原因是自2004年Blakely案后，明尼苏达州制定了相应的程序规则，加重偏离所依据的事实需要经过额外的程序来予以认定，由此导致加重偏离率的下降。总体而言，减轻性处置偏离的数量大概是加重性处置偏离的2倍，自2007年以后，二者间的差距增大到3倍以上。See Richard S. Frase, *Why Are Minnesota's Prison Populations Continuing to Rise in an Era of Decarceration?*, Federal Sentencing Reporter, vol. 30/no. 2, pp. 116-117 (2017).

达州量刑指南没有一味地限制法官的自由裁量权，而是赋予了法官适度的裁量空间。正如学者凯文·雷茨所言，"人们在不了解明尼苏达州量刑指南运行情况时，会认为其指南对法官施加了严格的限制。（我们）确实没有听到明尼苏达州法官本人的抱怨。有关美国量刑指南（或明尼苏达州式量刑指南）都是严酷且机械的成见，将阻碍其他地区的决策者获取他们真正需要的信息"。[1]

（二）英国的叙述式量刑指南

1. 叙述式量刑指南的发展历程

英国的量刑指南既不属于原初立法（Primary Legislation），也不属于授权立法（Delegated Legislation）或法院裁判的一部分，作为一种法律（Laws），它们自成体系。[2]如果以 2010 年作为时间节点，可将英国量刑指南自 21 世纪以来的演进轨迹描述为：从"2 个指南当局+1 套指南"转变为"1 个指南当局+2 套指南"。[3]具体而言：

第一阶段的"2 个指南当局+1 套指南"，指的是量刑指南委员会（SGC）根据量刑咨询小组（Sentencing Advisory Panel，SAP）的建议而制定的量刑指南。1998 年，议会根据《犯罪与妨害秩序法》设立了量刑咨询小组（SAP），该机构最初的职责是向上诉法院提供咨询意见，然后由上诉法院决定是否采纳，以及全部或部分采纳，进而作出相应的指南性裁决。但是上诉法院只有在收到量刑咨询小组（SAP）的建议时，才能就相关罪行的量刑问题作出指南性裁判，可见上诉法院对量刑问题作出全面指导的能力有限，同时也显示了对综合性指南的需求。有鉴于此，2003 年《刑事司法法》规定，"自 2004 年 3 月起，量刑指南委员会（SGC）根据量刑咨询小组（SAP）的建议制定了量刑指南"。这就意味着，量刑咨询小组（SAP）

---

〔1〕 See Kevin R. Reitz, *Comparing Sentencing Guidelines: Do US Systems Have Anything Worthwhile to Offer England and Wales?*, in Andrew Ashworth & Julian V. Roberts eds. , Sentencing Guidelines: Exploring the English Model, Oxford University Press, 2013, pp. 194-195.

〔2〕 See Andrew Ashworth, *Sentencing and Criminal Justice*, Cambridge University Press, 2015, pp. 63-64.

〔3〕 See Julian V. Roberts, *Structured Sentencing: Lessons from England and Wales for Common Law Jurisdictions*, Punishment & Society, vol. 14/no. 3, p. 275 (2012).

的职能得以保留，但其建议的去向由上诉法院转变为新成立的量刑指南委员会（Sentencing Guideline Council，SGC）。量刑指南委员会（SGC）将有效地接管之前上诉法院在发布指南中的作用，并促进指南向全面、清晰的方向迈进。[1]从 2004 年 3 月至 2010 年 4 月，量刑指南委员会（SGC）共发布了 15 部确定性指南，其中既有针对具体罪行的指南，也有关于一般性问题且适用于所有罪行的通用指南（Generic Guideline），如认罪答辩的量刑指南。总体而言，在叙述风格方面，这一时期量刑指南与上诉法院的指南性裁决具有一定的相似性，该特点有助于提高法官对量刑指南的接受程度；但与此同时，也存在如下问题：一是内容过于冗长，不方便法官学习、记忆和使用；二是术语界定不清，容易受到主观解释的影响；三是量刑因素不全及量刑步骤不完整，如此将不利于促成量刑的一致性和透明性；四是适用范围有限，仅适用于初犯，而不是所有犯罪人。[2]这些缺陷共同导致指南的实际效果受到折损。

第二阶段的"1 个指南当局+2 套指南"，指的是量刑委员会（Sentencing Council，SC）取代了之前的量刑指南委员会（SGC）和量刑咨询小组（SAP），成为制定和发布量刑指南的单独机构。根据 2009 年的《法医与司法法案》，2010 年 4 月成立量刑委员会（SC）。量刑委员会（SC）的职责有所扩大，增加了许多与研究相关的职责，如监测其指南对实践产生的影响，该职责与其前任机构（SAP 和 SGC）存在区别，后者没有权限和相关资源来建立独立的量刑数据库。[3]量刑指南委员会（SGC）曾经发布的旧指南依然有效，直到被修改或者被新的指南取代，目前相当于由量刑委员会（SC）同时管理着新、旧两套指南，该状态可能需要持续数

---

〔1〕　See Andrew Ashworth, *The Struggle for Supremacy in Sentencing*, in Andrew Ashworth & Julian V. Roberts eds. , Sentencing Guidelines：Exploring the English Model, Oxford University Press, 2013, pp. 16−19.

〔2〕　See Mandeep K. Dhami, *Sentencing Guidelines in England and Wales：Missed Opportunities?*, Law and Contemporary Problems, *vol.* 76/no. 1, p. 294 (2013).

〔3〕　See Julian V. Roberts, *Complying with Sentencing Guidelines：Latest Findings from the Crown Court Sentencing Survey*, in Andrew Ashworth & Julian V. Roberts eds. , Sentencing Guidelines：Exploring the English Model, Oxford University Press, 2013, pp. 105−106.

年之久。

2. 叙述式量刑指南的基本原理

英国量刑委员会（SC）曾数次强调，量刑指南的目标不是追求量刑结果的一致性，而是提供一种更一致的量刑方法。SC 的第一任主席曾指出，委员会的主要目标是"促成清晰、公正和一致的量刑方法。"[1]于是，英国各个具体罪行的指南中都包含了详细的量刑步骤，以促进法官向更一致的决策过程迈进，因为"当提示人们全神贯注于一个问题并阐明其结论的逻辑时，所有人都会作出更好的决策；若缺乏认真的讨论，即使是某领域的专家也会作出不同的选择，而且往往是次等的选择。"[2]为了探究英国量刑指南背后的基本原理，首先有必要对其新、旧两套指南的量刑步骤差异予以认知，然后立足于新指南的量刑步骤作具体展开。

（1）新（旧）指南的量刑步骤差异。

表 3-1　英国新（旧）指南的量刑步骤对比[3]

	量刑指南委员会（SGC） 制定的量刑步骤	量刑委员会（SC） 制定的量刑步骤
1	识别"危险的犯罪人"	确定罪行类别
	Identify dangerous offenders	Determining the offence category
2	确定适当的起刑点	起刑点和类别范围
	Identify the appropriate starting point	Starting point and category range

---

[1] Sir Brian Leveson, *The Parmoor Lecture*: *Achieving Consistency at Sentencing* (2013), Judiciary of England and Wales, p. 13, https://www. judiciary. uk/wp-content/uploads/JCO/Documents/Speeches/leveson-parmoor-lecture-20131031. pdf.

[2] See Kevin R. Reitz, *Comparing Sentencing Guidelines*: *Do US Systems Have Anything Worthwhile to Offer England and Wales*?, in Andrew Ashworth & Julian V. Roberts eds. , Sentencing Guidelines: Exploring the English Model, Oxford University Press, 2013, p. 200.

[3] See Nicola Padfield, *Exploring the Success of Sentencing Guidelines*, in Andrew Ashworth & Julian V. Roberts eds. , Sentencing Guidelines: Exploring the English Model, Oxford University Press, 2013, pp. 37-38.

续表

	量刑指南委员会（SGC） 制定的量刑步骤	量刑委员会（SC） 制定的量刑步骤
3	考虑相关的加重因素（包括一般性加重因素和某种罪行特有的加重因素） Consider relevant aggravating factors, both general and those specific to the type of offence	考虑其他减轻因素（如协助控方） Consider any other factors which indicate a reduction，such as assistance to the prosecution
4	考虑相关减轻因素（包括一般性减轻因素和个人减轻因素） Consider mitigating factors and personal mitigation	认罪答辩之量刑减让 Reduction for guilty plea
5	认罪答辩之量刑减让 Reduction for guilty plea	危险性 Dangerousness
6	考虑辅助命令 Consider ancillary orders	总体原则〔1〕 Totally principles
7	总体原则 Totally principles	赔偿和辅助命令〔2〕 Compensation and ancillary orders
8	给予理由 Give reasons	给予理由 Give reasons
9		考虑还押时间 Consideration for remand time

〔1〕　英国刑法中的"总体原则"，用于指导如何对犯有数罪的罪犯进行量刑，其核心要义是量刑必须是"公正且成比例的"，具体又可分为合并量刑（Concurrent Sentences）和累积量刑（Consecutive Sentences），前者的刑期长度是由最严重的罪行决定，其他罪行被作为加重因素；后者是指将各罪行的刑期进行累加，以此得出总和刑期。参见〔英〕安德鲁·阿什沃斯：《量刑与刑事司法》，彭海青、吕泽华译，中国社会科学出版社2019年版，第295页、第297-309页。

〔2〕　英国刑法中的辅助命令包括惩罚性命令、预防性命令，以及兼具惩罚性和预防性的命令，它们的数量和种类非常多，有的类似于我国的附加刑（如没收命令），有的类似于我国的非刑罚处罚措施（如赔偿命令、职业禁止等），还有的类似于我国的禁止令（如性犯罪危险命令、性犯罪预防命令等，违反这些命令将被判处监禁刑，其后果比违反我国的禁止令严重）。参见〔英〕安德鲁·阿什沃斯：《量刑与刑事司法》，彭海青、吕泽华译，中国社会科学出版社2019年版，第401页及其以下。

量刑指南委员会（SGC）最初拟定了 8 个量刑步骤（以下简称旧指南的量刑步骤），而量刑委员会（SC）自 2010 年 4 月成立以来，对量刑步骤作出了重大调整（以下简称新指南的量刑步骤）。除了 2018 年的非预谋杀人罪指南[1]和 2012 年的毒品犯罪指南[2]的量刑步骤略有不同，其他大部分罪行采取了上述 9 个步骤。从新、旧指南的步骤差异来看，有以下两点值得注意：

①关于步骤顺序的调整。旧指南一开始便要求判断犯罪人的危险性，可能导致法官基于预防犯罪的考量而对犯罪人施加超过其罪有应得的刑罚，使量刑建立在未然之罪而非已然之罪的基础上，这无疑重蹈了后果主义刑罚论时期的量刑覆辙。与之相比，新指南将危险性判断移至步骤 5，使法官能够先进行报应判断、再进行预防考量，该顺序与德系量刑理论中强调的判断顺序相谐，即首先进行责任刑判断，进而在责任刑之下考虑预防犯罪的目的。

②关于步骤内容的调整。相较于旧指南，新指南在步骤 2 中增加了"罪行类别"（Offence Category）。根据旧指南的步骤 2 至步骤 4 的要求，法官可以根据加重或减轻因素来对起刑点进行上下调整。旧指南仅列举了需要考虑的量刑因素，但未规定各因素的权重，为法官预留了较大的自由裁量空间。对此，量刑委员会（SC）根据 2009 年《法医与司法法案》第

---

〔1〕 需要说明的是，英国大多数罪行的量刑指南都在步骤 1 中规定了 2 个重要的评估维度，即损害和有责性。但囿于非预谋杀人罪的损害结果差异很小，通常都是造成被害人伤亡，量刑委员会认为没有必要在该罪指南中详细区分损害程度，真正关键的是对犯罪人罪责程度（Levels of Culpability）的评估。所以非预谋杀人罪指南的步骤 1 中包含 4 个罪责等级（其他罪行通常只设有 3 个罪责等级），而没有对损害程度作具体区分。Sentencing Council of England and Wales, *Manslaughter: Definitive Guideline* (2018), Sentencing Council, https://www. sentencingcouncil. org. uk/wp-content/uploads/Manslaughter-definitive-guideline-Web. pdf.

〔2〕 需要说明的是，在 2012 年毒品犯罪指南颁行以前，英国的毒品犯罪量刑在很大程度上取决于毒品的损害程度，而毒品的损害评估通常与被缴获的毒品种类或数量有关，由此导致在犯罪集团中处于较低层级的罪犯被判处了严厉的刑罚。为了改变这种量刑现状，2012 年毒品犯罪指南在步骤 1 中规定，罪犯的罪责评估主要取决于其在相关组织中的角色定位（或所发挥的作用），即领导作用、重要作用和次要作用。Sentencing Council of England and Wales, *Drug Offences: Definitive Guideline* (2012), Sentencing Council, https://www. sentencingcouncil. org. uk/wp-content/uploads/Drug_ Offences_ Definitive_ Guideline_ final_ web. pdf.

121 条的要求新增了"罪行类别"判断，[1]主要起到进一步细分犯罪严重程度的作用，并为不同的严重性等级配置相应的起刑点和量刑幅度。

（2）量刑步骤的教义学解读。

表 3-2　英国 2016 年《抢劫罪指南》之步骤 1

步骤 1：确定罪行类别（Determining the Offence Category）	
有责性（Culpability）：由以下一项或多项因素证明	
A—较高的有责性（High Culpability）	·使用武器施加暴力 ·制作刀片状物品或枪支或仿制枪支以实施暴力威胁 ·实施犯罪时使用了非常严重的武力 ·基于以下任何一种动机或敌意而实施罪行：宗教、种族、残疾、性取向或变性
B—中等的有责性（Medium Culpability）	·制作武器（除生产刀片状物品或枪支或仿制枪支之外）以实施暴力威胁 ·使用任何武器实施威胁（武器并非自己制作） ·类别 A 或 C 不存在的其他情况
C—较小的有责性（Lesser Culpability）	·涉及胁迫、恐吓或剥夺（Exploitation） ·威胁或使用较小的武力 ·犯罪时存在精神障碍或学习障碍
损害（Harm）：根据下列因素确定已造成或曾经对被害人造成的损害程度	
类别 1（Category 1）	·对受害人造成严重的身体和/或心理损害 ·对业务（Business）的严重不利影响
类别 2（Category 2）	·不存在类别 1 或类别 3 的其他情况

---

〔1〕 See Coroners and Justice Act 2009, s. 121 Sentencing ranges

（4）The guidelines should –

（a）specify the range of sentences（"the offence range"）which, in the opinion of the Council, it may be appropriate for a court to impose on an offender convicted of that offence, and

（b）if the guidelines describe different categories of case in accordance with subsection（2）, specify for each category the range of sentences（"the category range"）within the offence range which, in the opinion of the Council, it may be appropriate for a court to impose on an offender in a case which falls within the category.

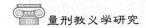
续表

损害（Harm）：根据下列因素确定已造成或曾经对被害人造成的损害程度	
类别 3（Category 3）	·对被害人没有/造成较小的身体或心理损害 ·对业务没有/造成较小的不利影响

　　下面将以 2016 年《抢劫罪指南》为例，〔1〕对其量刑步骤作更进一步的教义学分析。

　　步骤 1 要求法官寻找与案情最匹配的罪行类别。第一，为了对案件进行初步归类，法官需要根据抢劫行为所造成的损害程度和犯罪人的有责性大小来进行判断。英国量刑指南旨在反映一种量刑的报应模式，以体现对"比例原则"的重视。〔2〕比例原则要求量刑与犯罪的严重性相称，而行为的损害程度和行为人的有责性大小则是衡量犯罪严重性的两个主要因素。正如 2003 年《刑事司法法》第 143 条第（1）款规定，"就任何犯罪的严重性而言，法院必须考虑犯罪人在犯罪过程中表现出的有责性，以及犯罪所导致的任何损害（包括意图导致的或可能预见导致的损害）"。〔3〕2009年《法医与司法法案》第 121 条对量刑委员会（SC）的指示中重申了上述规定。〔4〕由是，尽管英国量刑指南和美国明尼苏达州量刑指南都旨在追求

---

　　〔1〕　Sentencing Council of England and Wales, *Robbery Offences*: *Definitive Guideline* (2016), Sentencing Council, https://www. sentencingcouncil. org. uk/wp-content/uploads/Robbery-definitive-guideline-Web. pdf

　　〔2〕　See Julian V. Roberts, *The Evolution of Sentencing Guidelines in Minnesota and England and Wales*, Crime and Justice, vol. 48/no. 1, p. 217 (2019).

　　〔3〕　See Criminal Justice Act 2003, s. 143 Determining the seriousness of an offence (1) In considering the seriousness of any offence, the court must consider the offender's culpability in committing the offence and any harm which the offence caused, was intended to cause or mightforseeably have caused.

　　〔4〕　See Coroners and Justice Act 2009, s. 121 Sentencing ranges

　　(2) The guidelines should…describe, by reference to one or more of the factors mentioned in subsection (3), different categories of case involving the commission of the offence which illustrate in general terms the varying degrees of seriousness with which the offence may be committed.

　　(3) Those factors are—

　　(a) the offender's culpability in committing the offence;

　　(b) the harm caused, or intended to be caused or which might foreseeably have been caused, by the offence;

"合比例的量刑"，但二者对"比例性"概念的界定有所不同。英国强调刑罚的严厉性应当与犯罪的严重性相称，具体从"损害"和"有责性"两个维度进行判断；而美国明尼苏达州则采取改良式的罪有应得理论，主张刑罚的严厉性应当与犯罪的严重性和犯罪史的增加成正比，直接将前科作为量刑的主要维度之一。第二，为了对案件进行初步归类，指南在步骤1中采取完全列举的方式规定了一些有关损害和有责性的因素。这份因素清单具有"排他性"（Exclusive），意味着所有法官在步骤1中只能考虑相同的因素，以确定哪一类损害和有责性是适当的，其目的是促进法官采取更加一致的方法。由此，步骤1被视为英国量刑指南中"最严格"的部分。[1]第三，步骤1中所列的因素被视为"犯罪的主要事实因素"。既然称为"主要"，就意味着它们只是表明犯罪严重性的部分因素，其他与严重性相关的因素将在步骤2中予以考虑。[2]

总体而言，英国量刑指南所规定的步骤1最为重要，因为它基本确定了个案的量刑范围，法官须在此范围内执行后续的量刑步骤。在上述《抢劫罪指南》的步骤1中，根据损害程度（类别1、类别2、类别3）和有责性大小（高、中、低）的不同，可将本罪细化为9种情形，每种情形都将在步骤2中对应不同的起刑点和量刑范围。从某种意义上看，英国量刑指南的步骤1和我国量刑过程中选择法定刑幅度具有一定的相似性。英国的制定法几乎为每种犯罪都规定了法定最高刑，但在法定最高刑之下尚有较大的自由裁量空间，故而需要通过量刑指南来进一步细分量刑范围。

一旦法官在步骤1中选择了适当的损害和有责性类别，便可在步骤2中寻找与之对应的起刑点和量刑范围，即表3-3中的"类别范围"（Category Range）。例如，如果法官裁定抢劫罪行造成了中等程度的损害（类别2），且犯罪人的有责性较低（C），那么将以2年监禁作为起刑点，并在指南规定的"1—4年监禁"范围内作进一步选择。在步骤2中，指南

〔1〕 See Julian V. Roberts, *The Evolution of Sentencing Guidelines in Minnesota and England and Wales*, Crime and Justice, vol. 48/no. 1, p. 207（2019）.

〔2〕 ［英］安德鲁·阿什沃斯：《量刑与刑事司法》，彭海青、吕泽华译，中国社会科学出版社2019年版，第28页。

以不完全列举的方式列举了一些"额外的"[1]影响犯罪严重性的因素：一类是增加严重性的因素，又可分为"法定加重因素"和"其他加重因素"，前者由英国的制定法规定，[2]后者则来自指南或个案裁判（普通法）。[3]另一类是减轻严重性的因素，包括一般性的减轻因素，以及与犯罪人相关的减轻因素。[4]

表3-3 英国2016年《抢劫罪指南》之步骤2

步骤2：起刑点和类别范围（Starting Point and Category Range）		
有责性（Culpability）		
损害（Harm）	A	B	C
类别1（Category 1）	起刑点：8年监禁 类别范围：7—12年监禁[5]	起刑点：5年监禁 类别范围：4—8年监禁	起刑点：4年监禁 类别范围：3—6年监禁

---

〔1〕 之所以称其为"额外的"，是因为影响犯罪严重性的主要事实因素已在步骤1中考虑。

〔2〕 2016年《抢劫罪指南》中列明了2种"法定加重因素"，一是前科，由2003年的《刑事司法法》第143（2）条规定；二是保释期间犯罪，由2003年《刑事司法法》第143（3）条规定。

〔3〕 2016年《抢劫罪指南》中列明了18种"其他加重因素"，包括（1）高价值的物品或款项（无论是经济价值、个人价值还是情感价值），以前述对象为目标，或已获得了前述对象；（2）被害人存在弱点（或可被察觉的弱点）；（3）做了大量规划；（4）采取防止被害者报案、获得帮助、和（或）协助/支持控方的措施；（5）事件持续的时间长；（6）约束、拘禁被害人或使其进一步丢脸（Degradation）；（7）在团伙活动中发挥领导作用；（8）通过胁迫、恐吓或剥削（Exploitation）的方式使他人参与；（9）犯罪地点（包括犯罪地点是被害人住所的情况）；（10）犯罪时间；（11）试图隐瞒身份；（12）在酒精或毒品的影响下实施犯罪；（13）试图掩盖或处理证据；（14）存在社区/广泛影响的确切证据；（15）未遵守当前法庭的命令；（16）在许可期间的犯罪（Offence committed on licence）；（17）已被考虑的其他罪行；（18）未对行为警告作出回应。

〔4〕 2016年《抢劫罪指南》中列明了9种"减轻因素"，包括（1）没有先前的定罪或相关的/近期的定罪；（2）悔悟，特别是自愿赔偿（Reperation）被害人的情况；（3）良好的品格/或典范行为（Exemplary conduct）；（4）需要紧急、强化或长期的治疗的严重身体状况；（5）年龄和/或不成熟，由此影响了犯罪人的责任（Responsibility）；（6）精神障碍或学习障碍（与犯罪无关）；（7）较少或没有计划；（8）是受抚养亲属的唯一或主要照顾者；（9）决定和/或证明已采取措施解决成瘾问题或犯罪行为。

〔5〕 需要说明的是，量刑指南原文使用的是"8 years' custody"，由于"Custody"一词多义，含有羁押、拘留、监禁、监管、监视等义，表示广义上的限制自由，不仅指某人被实际关押于监狱里，因缓刑、假释或取保候审、具结悔过获得释放的人都处于被"监禁"的状态（In custody），本章暂且将其译为"监禁"。

续表

步骤2：起刑点和类别范围（Starting Point and Category Range）		
有责性（Culpability）		
损害（Harm）	A	B	C
类别2 （Category 2）	起刑点：5年监禁 类别范围：4—8年监禁	起刑点：4年监禁 类别范围：3—6年监禁	起刑点：2年监禁 类别范围：1—4年监禁
类别3 （Category 3）	起刑点：4年监禁 类别范围：3—6年监禁	起刑点：2年监禁 类别范围：1—4年监禁	起刑点：1年监禁 类别范围：高级别的社区令—3年监禁

与步骤1不同的是，步骤2允许法官考虑清单范围之外的其他量刑因素（包括辩方建议考虑的因素），其目的是确保任何与个案相关的因素都能够纳入法官的考虑范围。量刑委员会不对量刑因素的权重作进一步指导，而是交由法官进行自由裁量，因为法官"希望获得更多的信息，且希望这些信息易被使用，但不愿被指导该如何使用这些信息"。[1]法官通过考虑各种量刑因素，在步骤1所选定的量刑范围内，从起刑点开始进行上下调整，进而得出一个临时的量刑结果。

通过考察2016年《抢劫罪指南》步骤2的要求及其所附的量刑因素清单，其中有一个问题值得注意：量刑委员会（SC）虽然旨在实现合比例的量刑，强调量刑应当与犯罪的严重性相称，但《抢劫罪指南》步骤2的量刑因素清单却包含了一些与犯罪严重性无关的因素。[2]例如，减轻因素清单中的"良好的品格""悔悟，特别是自愿赔偿被害人的情况""决定和/或证明已采取措施解决成瘾问题"，明显与抢劫行为造成的损害和犯罪人的有责性无关，而是体现犯罪人罪前或罪后态度的因素，但该指南将它

---

〔1〕　See Mandeep K Dhami, *A 'Decision Science' Perspective on the Old and New Sentencing Guidelines in England and Wales*, in Andrew Ashworth & Julian V. Roberts eds., Sentencing Guidelines：Exploring the English Model, Oxford University Press, 2013, p. 180.

〔2〕　事实上，其他罪行指南也存在同样的问题，诸如2012年的毒品犯罪指南，2018年的非预谋杀人罪指南等。

们视为减轻当前犯罪严重性的因素。又如，其他加重因素清单中的"试图掩盖或处理证据""未遵守当前法庭的命令""在许可期间犯罪"等，同样与抢劫罪本身的严重性无关。再如，法定加重因素清单中的"前科"，《抢劫罪指南》要求法官一方面须考虑前科罪行的性质及其和当前罪行的相关性，另一方面须考虑前科罪行（自定罪后）与当前罪行的时间间隔。在我国的刑法语境中，前科、累犯，以及特定罪行的再犯表明犯罪人具有较高的再犯可能性，通常被视为增加预防刑的情节而不是增加责任刑的情节。反观英国，不仅《抢劫罪指南》，其他罪行的量刑指南也同样将前科作为法定加重因素规定于步骤 2 中，用于加重当前罪行的严重性。

为了明晰前科情节在英国语境下的属性定位，有必要梳理自量刑指南委员会（SGC）成立以来发布的所有量刑指南。经考察后发现，量刑指南委员会（SGC）在 2004 年发布了一部通用指南《总体性原则：严重性》，其中将"前科"视为一种增加犯罪人有责性的量刑因素。[1]由此可知，虽然英国没有像美国明尼苏达州直接将前科作为确定量刑的主要维度之一，但仍然将其作为一种影响犯罪人有责性大小的情节，用于提高当前犯罪的严重性。[2]只不过，相较于美国明尼苏达州的指南，前科情节对英国的量刑影响更小，理由是：一方面，美国明尼苏达州的"回溯期"（Look-back Period）较长，导致 15 年内的所有重罪前科都被纳入犯罪史分数的计算中。英国虽然没有具体规定回溯期限，但除非前科罪行特别严重，否则 10 年前的前科罪行不会对当前罪行的量刑产生加重影响。另一方面，前科情节被置于英国量刑指南的步骤 2 中，这种安排方式意味着前科的影响力被限于在给定的量刑范围（表 3-3 中的"类别范围"）确定具体的量刑，而

---

〔1〕 Sentencing Guideline Council of England and Wales, *Overarching Principles*: *Seriousness*: *Definitive Guideline* (2004), Sentencing Council, https://www.sentencingcouncil.org.uk/wp-content/uploads/Seriousness-guideline.pdf.

〔2〕 在大陆法系刑法理论中，前科属于罪前情节，是评估犯罪人再犯可能性的依据，故而在裁量预防刑的过程中才会予以考虑。然而，英国量刑指南却将前科情节置于步骤 2 中考虑，用于加重当前罪行的严重性，相当于将其视为影响报应刑的情节。

不是用于选择适当的罪行类别（步骤1）。[1]也就是说，假如法官在步骤1中裁定抢劫罪行造成了中等程度的损害（类别2），且犯罪人的有责性较低（C），在步骤2中就只能在"1—4年监禁"范围内考虑前科对量刑的影响。由于步骤1已基本确定了个案的量刑范围，将前科置于步骤2中能够在一定程度上限制其对量刑的影响。

承前所述，如果将英国量刑指南和美国明尼苏达州量刑指南中的前科情节作对比，可以初步得出如下结论：其一，在限制前科情节的影响方面，美国明尼苏达州量刑指南将犯罪史作为决定量刑的两个主要维度之一，而英国量刑指南将前科情节作为量刑的次要因素（Secondary Factor），后者的量刑步骤安排更为可取。其二，在预测前科情节的影响方面，被告可以事先根据美国明尼苏达州的指南来计算自己的犯罪史分数，由此大致知晓前科情节对自己量刑结果的增幅影响。而英国量刑指南则没有对前科情节赋予具体权重，需要法官具体考虑前科罪行的相关性、所占权重、前后罪的时间间隔等问题。上述差异反映了两种指南的基本导向，美国明尼苏达州优先考虑适用指南的简便性和结果一致性，而英国量刑指南则倾向于更个别化、更复杂的裁量方法。[2]

如上所述，尽管英国量刑指南将前科视为一种增加犯罪人有责性的量刑因素，但确实可通过量刑步骤的设计来对前科情节的影响力作一定限制。然而，除非步骤1所选择的量刑范围不可被突破，否则诸如前科等加重因素依然可能使量刑超出原先选定的范围。这就引发了另一个问题：步骤1所选定的量刑范围是否可被突破。对此，英国量刑指南的立场是，虽然步骤1基本确定了个案的量刑范围，但仍然允许法官在考虑某些加重和减轻因素后，超出原有的量刑范围。[3]可见，步骤1所选定的量刑范围只

---

[1]　See Julian V. Roberts, *The Evolution of Sentencing Guidelines in Minnesota and England and Wales*, Crime and Justice, vol. 48/no. 1, pp. 228-229 (2019).

[2]　See Julian V. Roberts, *The Evolution of Sentencing Guidelines in Minnesota and England and Wales*, Crime and Justice, vol. 48/no. 1, pp. 229-230 (2019).

[3]　[英] 安德鲁·阿什沃斯：《量刑与刑事司法》，彭海青、吕泽华译，中国社会科学出版社2019年版，第27页。

具有相对的限制作用，加上英国量刑指南没有对量刑因素的权重作具体指导，无法具体探明前科情节的加重影响究竟为何，前科以及其他加重因素均能在步骤 2 中发挥类似于我国的"升格法定刑的作用"。例如，《抢劫罪指南》共有 9 种不同的量刑范围，若法官在步骤 1 中裁定抢劫罪行造成了中等程度的损害（类别 2），且犯罪人的有责性较低（C），相当于基本确定了"1—4 年监禁"的量刑范围；如果法官在步骤 2 中考虑了前科和其他加重因素，决定在 2 年的起刑点上增加 3 年，那么该结果也可能被视为适当的。总之，虽然英国量刑指南将前科情节置于步骤 2 而非步骤 1，以期限制其对当前罪行的量刑影响，但依然难以发挥有效的限制作用。

当法官在步骤 2 中得出一个临时的量刑结果，便可进入后续的量刑步骤。其中，步骤 3 涉及和步骤 4 所考虑的事实因素，与犯罪行为导致的损害及犯罪人的有责性无关，相当于德系理论中减轻预防刑的裁量。步骤 5 则可能涉及提高预防刑的裁量。步骤 6 相当于对犯有数罪的被告人给予一个整体性评价，相当于解决数罪并罚的问题。

表 3-4　英国 2016 年《抢劫罪指南》之步骤 3—9

步骤 3：考虑其他减轻因素，如协助控方
步骤 4：认罪答辩之量刑减让
步骤 5：危险性
步骤 6：总体原则
步骤 7：赔偿和辅助命令
步骤 8：给予理由
步骤 9：考虑还押时间

综上所述，从新指南所呈现的 9 个量刑步骤中，不难发现英国量刑委员会（SC）试图让法官遵循由"犯罪严重性"裁量到"人身危险性"裁量的过程，该思路与德系理论中强调的先进行责任刑裁量，再进行预防刑裁量的判断顺序具有部分相似性。英国量刑指南在促进法官采取一致性方

法的同时，依然具有较大的灵活性。一方面，步骤 1 虽然要求法官为案情寻找最匹配的罪行类别，以此为后续步骤确定基本的量刑范围，但该限制并不是绝对的，法官可以在步骤 2 中综合考量各种加重和减轻因素后，作出超出之前选定范围的量刑。另一方面，如果遵循指南的建议有违司法利益，法官最终可能选择偏离指南所设的总量刑范围。[1]正因如此，英国量刑委员会（SC）第一任主席曾指出，"指南创建了一种方法，在这种方法中，司法裁量权得到了完全保留"。[2]

四、量刑方法的载体之三：智能型模式

所谓智能型模式，主要是利用信息技术来辅助法官量刑。随着信息技术的更新迭代，该模式呈现不同的表现形式。如果以 21 世纪作为时间节点，可以将智能型模式的发展分为两个阶段。

（一）域外量刑信息系统的早期探索

在 21 世纪之前，人们对智能型模式的探索主要表现为构建量刑信息系统。该想法最早由美国学者诺弗·莫里斯在 1953 年澳大利亚的一次法律会

---

〔1〕　需要说明的是，在英国的量刑领域有必要区分 3 个概念：（1）"Total Statutory Range" 是指制定法所规定的总法定刑幅度，制定法通常为每种罪行规定法定最高刑，如谋杀罪、持枪犯罪、毒品犯罪、入户夜盗罪还有强制最低刑的要求。（2）"Guideline Range" 即指南为特定罪行规定的总量刑范围，如 2016 年《抢劫罪指南》的 "Guideline Range" 是 "高级别的社区令至 12 年监禁"。"Guideline Range" 通常小于 "Total Statutory Range"，因为英国学界和实务界均主张法定最高刑是为 "最严重的案例" 所保留。2009 年《法医与司法法案》第 125（3）（a）条要求法官的量刑应处于指南的 "Offence Range" 内，这里的 "Offence Range" 实际上与 "Guideline Range" 同义，均表示指南为特定罪行所设的总量刑范围。（3）"Category Range" 是指南按照犯罪严重性程度而划分的子量刑范围，如 2016 年《抢劫罪指南》所包含的 9 种量刑范围均是 "Category Range"。总之，上述概念的区分，有助于正确理解英国法官对量刑指南的遵守义务。2009 年《法医与司法法案》第 125（1）条要求每个法院在量刑时应当遵循与案件相关的任何量刑指南，除非法院确信这样做会违背司法利益。仅从该条款的措辞来看，似乎法官必须严格遵守指南。但结合该法案第 125（3）（a）条来看，会发现法官的遵守义务较为宽松，只要法官的量刑结果处于 "Offence Range" 中即可，不要求处于范围更窄的 "Category Range" 之内。也就是说，只有超出 "Offence Range" 的量刑结果，才会被视为对指南的偏离。正因如此，实践中法官对量刑指南的偏离率很低。

〔2〕　House of Commons Justice Committee, *Revised Sentencing Guideline: Assault* (2011), UK Parliament, https://publications. parliament. uk/pa/cm201011/cmselect/cmjust/637/637. pdf.

议上提出。[1]莫里斯在演说中强调了维护和共享量刑实践可靠信息的重要性，他建议向法官提供有关量刑的数据，以便法官可以明晰自己相对于同行们的立场。但囿于当时计算机技术的局限，莫里斯并未明确提出要建立一个现代意义的量刑信息系统。随着信息技术的发展，使得构建复杂量刑信息系统成为可能。20 世纪 80 年代，学者约翰·霍加斯首次在加拿大英属哥伦比亚省开展了量刑信息系统的试验。随后，学者托尼·杜布在加拿大的马尼托巴、萨斯喀彻温、纽芬兰省继续开展试验。20 世纪 80 年代后期，澳大利亚新南威尔士州司法委员会也尝试构建量刑信息系统。及至 1993 年，苏格兰高等司法机构决定开展量刑信息系统的可行性研究，并由思克莱德大学法学院的学者提供协助，以创建苏格兰量刑信息系统。[2]

　　上述量刑信息系统的内容不尽相同，但都旨在提供曾经量刑实践的可靠数据，且没有规定法官有义务遵循系统给出的建议。除了为法官提供量刑信息，信息系统在一定程度上也有助于公众了解量刑实践和量刑趋势，以此消除他们对量刑实践的误解。然而，上述国家或地区对智能型模式的探索最终基本宣告失败。例如，加拿大四省的量刑信息系统或完全停滞或发展缓慢，一方面因为加拿大的法律传统并未对量刑实践给予过多关注，另一方面是信息系统对法官没有约束力，实践中依然主要通过上诉审查制度来对量刑进行限制。又如，澳大利亚新南威尔士州的量刑信息系统虽然得到官方认可，但在实践中的使用率并不高，难以发挥克服量刑失衡的作用。[3]再如，苏格兰构建量刑信息系统不完全是为了克服量刑失衡，而是为了应对当时的政治压力；其后，当司法机构面临的政治压力得以减轻之

---

　　[1]　See Tom O' Malley, *Living without Guidelines*, in Andrew Ashworth & Julian V. Roberts eds., Sentencing Guidelines：Exploring the English Model, Oxford University Press, 2013, p. 232.

　　[2]　See Cyrus Tata O' Malley, *The Struggle for Sentencing Reform：Will the English Sentencing Guidelines Model Spread?*, in Andrew Ashworth & Julian V. Roberts eds., Sentencing Guidelines：Exploring the English Model, Oxford University Press, 2013, p. 245.

　　[3]　蔡曦蕾：《量刑失衡的克服：模式与选择》，载《中外法学》2014 年第 6 期，第 1611 页。

时，其量刑信息系统也逐渐被闲置。[1]

（二）人工智能辅助量刑的新近发展

尽管前述国家或地区的量刑信息系统未能有效发挥克服量刑失衡的作用，但人们并未停止对量刑辅助工具的探索。尤其是进入21世纪后，建立在大数据分析和深度学习基础上的各种智能工具频出，将算法模型运用于司法领域的事例亦并不鲜见。例如，美国联邦和部分州法院目前采用COMPAS系统来对犯罪人的人身危险性进行评估，评估结果会作为量刑前调查报告的一部分递交在审法院，从而为法官量刑提供参考。尽管COMPAS的开发者声称该系统从运行机制来看具有较高的可靠性，但这并不意味着在实践运用中毫无争议，2016年美国威斯康星州的 State v. Loomis 案就是一个典型的例子。在该案中，狱政局向法院提交的量刑前调查报告中包含了以 COMPAS 系统得出的风险评估结论，结果显示被告人卢米斯（Loomis）属于"高风险群体"，初审法院对被告人判处6年有期徒刑，并处5年的延长考验期（Extended Supervision）。被告人认为法院参考COMPAS系统的评估结果量刑有违正当程序原则，因为该系统未能释明其计算再犯风险的过程，致使被告人丧失了纠正、否认或解释的救济机会。于是，被告人请求对 COMPAS 系统的源代码进行检测，以查验算法运作是否存在问题。然而，COMPAS 的开发者以保护"商业秘密"为由拒绝公开其系统的评估过程。初审法院驳回了被告人的请求，并且威斯康星州上诉

---

[1]　20世纪90年代初期，苏格兰保守党提议对某些类型的案件引入包含强制性最低刑的"两击式"法律，以此限制法官的自由裁量权。为了回应限制司法自由裁量权的呼吁，司法机构主动构建量刑信息系统（Sentencing Information System, SIS），以表明自己已经"对量刑采取了一些行动"，从而抵制了保守党关于引入强制最低刑法律的提议。不过，当时也有两位资深的大法官是出于实现量刑一致性的考量而支持构建量刑信息系统，他们认为该举措比指南或其他限制司法自由裁量权的形式（如强制性最低刑）更为可取。自苏格兰议会于1999年重组之后，限制司法自由裁量权的政治压力得以缓解，司法机构的高层人员也发生变动，曾经积极支持 SIS 项目的两位资深大法官已离任，学界对 SIS 的参与度也不高。到了2003年，SIS 系统的维护工作被移交给苏格兰法院，实际上是由书记员负责信息录入，信息的质量得不到有效保障。此后，SIS 系统在苏格兰逐渐被闲置。See Cyrus Tata O' Malley, *The Struggle for Sentencing Reform: Will the English Sentencing Guidelines Model Spread?*, in Andrew Ashworth & Julian V. Roberts eds. , Sentencing Guidelines: Exploring the English Model, Oxford University Press, 2013, pp. 245-247.

法院和州最高法院最终也维持了初审法院的判决。[1]从该案可以看出，虽然量刑前的调查报告对法官没有法律约束力，但其中关于被告人再犯风险的评估仍不可避免地对法官量刑产生影响，关键是法官在多大程度上依赖于算法的决策结果。算法模型在设计之初存在的歧视和偏见，算法决策在实践运用中的"黑箱"问题，都可能导致不公正的结果。

如今，在人工智能辅助量刑无法替代法官量刑的共识前提下，学者们的论争已从早期宏观地探讨引入"电脑量刑"必要与否，转为研究一些更加具体的问题，如如何避免算法歧视，如何解决算法"黑箱"问题，是否有必要创设算法解释权，以及如何确定解释对象和解释标准等。

五、量刑教义学的外部体系省思：方法载体的评析与选择

法治建设中的量刑公正问题，可以归结为克服量刑失衡与实现量刑规范化的关系问题，进一步表现为量刑理念、量刑制度、量刑方法之间的关系问题。量刑理念是规则设计时的必要指导，而量刑方法则是确保量刑活动能够符合一定的规则或标准的必要途径，在克服量刑失衡的道路上需要量刑理念、方法、规则的共同作用。本章梳理了量刑方法的三类载体，即传统型、指南型、智能型，有助于从整体上把握各代表性国家量刑模式的基本特点。

（一）关于量刑方法载体的类型化评析

就传统型模式而言，德系理论中关于量刑原则的设定、量刑阶层式思维（从责任刑到预防刑的裁量）的确立，以及并合主义中二律背反问题（报应与预防的对立）的具体解决方案，本章虽未对这些内容作具体展开，但它们对促进我国量刑教义学向纵深发展具有重要意义。在传统型模式中，北欧国家（如瑞典）采取"言语指导"式给法官预留了太多自由裁量的空间，难以提高量刑的一致性。与之相比，英国量刑指南为特定罪行规定了起刑点、量刑范围、加重和减轻因素清单，并提示法官注意相关的法

---

〔1〕 李婕：《垄断抑或公开：算法规制的法经济学分析》，载《理论视野》2019年第1期，第67-68页。

定要求，以及要求法官遵循逐步的方法论（a Step by Step Methodology），上述方法能为法官提供实际的量刑指导，更有助于提高量刑的一致性。[1]此外，毗邻英美但坚守传统型模式的普通法地区，它们未采取指南型模式的原因可归纳为以下三点：

其一，从成本效益的角度来看，爱尔兰的人口总数不高且每年涉案人数较少，其司法辖区规模决定了该国尚无制定量刑指南的必要。苏格兰亦是如此，本章虽是将苏格兰置于智能型模式中讨论，但考虑该地区在构建量刑信息系统的道路上不算成功，如今更接近于传统型模式，故而在此也将其作为分析对象。苏格兰的人口数量大约只有英格兰/威尔士的 1/10，超过 75%的量刑工作是由相对较少的（不到 250 名）中级法院法官来完成，他们不仅具有专业的律师背景，且大多彼此认识，故而苏格兰对量刑不一致的担忧没有英格兰/威尔士那么明显。[2]由此决定，对爱尔兰、苏格兰及其他类似地区而言，相较于指南型模式，更具有成本效益的做法是发展和扩大法院现有的安排。

其二，从推行指南所受的司法阻力来看，坚守传统型模式的普通法系国家或地区通常基于两点理由来反对量刑指南，一是认为量刑指南会对法官的自由裁量权造成不当束缚，二是认为量刑指南不利于实现刑罚个别化。这两种理由实际上都是对量刑指南的误解。对于反对理由一，通过之前的分析不难发现，美国明尼苏达州的指南虽然对法官具有拘束力，但依然属于假定性指南而非强制性指南，允许法官在"重要的和令人信服的"情况下偏离指南建议的量刑范围，该州法官在实践中仍具有较大的自由度。而英国量刑指南旨在促进法官采取一致的量刑方法，同样给予了法官较大的自由裁量空间。对于反对理由二，类似于苏格兰曾经对量刑指南的否定，认为"案例间的不可通约性"（Inter-case Incommensurability），即

---

〔1〕 See Julian V. Roberts, *Structuring Sentencing in Canada, England and Wales: A Tale of Two Jurisdictions*, Criminal Law Forum, vol. 23/no. 4, pp. 339-340 (2012).

〔2〕 See Cyrus Tata O'Malley, *The Struggle for Sentencing Reform: Will the English Sentencing Guidelines Model Spread?*, in Andrew Ashworth & Julian V. Roberts eds., Sentencing Guidelines: Exploring the English Model, Oxford University Press, 2013, p. 239.

每个案例都是唯一的。但该反对观点存在明显的逻辑缺陷，因为普通法具有遵循先例的传统，若要使曾经的量刑经验具有价值，那它们至少在某些方面必须具有可比性。[1]

其三，从量刑改革的执行力来看，加拿大原本在 20 世纪 80 年代初期出现了效仿美国的迹象，但却在 1987—1988 年错过了进行大规模量刑改革的最佳时机。另外，一些曾经试图探索智能型模式而最终又趋向于传统型模式的国家或地区，如加拿大四省（英属哥伦比亚、马尼托巴、萨斯喀彻温、纽芬兰）、澳大利亚新南威尔士州及苏格兰，其量刑信息系统的搁浅在一定程度上也可归因于量刑改革的执行力不足。

由此可见，上述普通法系国家未以量刑指南作为其量刑方法的载体，并非指南本身存在重大缺陷，而是为其他原因所致。

就智能型模式而言，无论是 21 世纪前一些国家或地区的确尝试构建的量刑信息系统，抑或是如今建立在大数据分析和深度学习基础上的各类量刑算法模型，均是提高法官办案效率的工具，而不能替代法官自身的决定。曾经的量刑信息系或类案检索系统，旨在尽可能真实地反映量刑实践，从而让法官了解过去或当前的量刑趋势，故可称其为"回溯型"工具。而像美国 COMPAS 系统之类的评估系统，其目的是预测特定主体或群体的人身危险性大小，从而为法官确定预防犯罪所需要的刑罚提供参考，故可称之为"预测型"工具。任何量刑辅助工具都存在局限，具体而言："回溯型"工具的价值在于能够呈现过去的司法智慧，难以纠正或改变不合理的量刑趋势，并且它所反映的量刑实践情况在很大程度上还受制于先例的质量和数量。若严格遵守曾经或现有的量刑趋势，则可能会掩盖一些原本需要纠正的问题。至于"预测型"工具，无法尽览所有影响人身危险性的情节，且可能潜藏着算法歧视、算法"黑箱"等问题，如何解决这些问题，以及法官能够在多大程度上依赖于这类工具提供的评估结论，都需要今后予以持续关注。鉴于此，智能型模式下的各类量刑辅助工具只能为

---

〔1〕　See Cyrus Tata O'Malley, *The Struggle for Sentencing Reform：Will the English Sentencing Guidelines Model Spread？*, in Andrew Ashworth & Julian V. Roberts eds., Sentencing Guidelines：Exploring the English Model, Oxford University Press, 2013, p. 239.

法官提供一定的量刑参考，且存在误判的隐患。

就指南型模式而言，量刑指南背后承载着重要的量刑理论，而不是形式化地提供量刑标准。美国网格式指南的形成与"改良式罪有应得"和"限制性报应主义"理论分不开，英国量刑指南中的量刑步骤设置也同该国所主张的"合比例的量刑"理念相关联。指南型模式是从理论迈向实践的一个重要尝试，正如弗雷德教授所言，"指南是唯一经过验证的量刑改革模式"。[1]若美国没有量刑指南，限制性报应主义理论可能与其他刑罚论一样永远停留于纸面之争。如果英国没有量刑指南，仅靠制定法规定的比例性原则来指导量刑，那么法官在实践中究竟是否实现合比例的量刑将不得而知。以上是指南型模式相较于传统型模式所具备的优势，除此之外，指南型模式也能在一定程度上弥补智能型模式的缺陷。如前所述，智能型模式中的"回溯型"工具只能尽力去呈现已有的量刑情况，无法改变实践中的不合理现象，甚至会给法官量刑带来误导，而量刑指南则可对既有实践中存在的问题予以改变或调整。

诚然，指南型模式也并非完美无缺。（1）关于量刑指南的设计。尽管改良式罪有应得理论能够为美国明尼苏达州量刑指南中的犯罪史维度提供理论支持，但由此导致前科情节对刑量的提高产生重要影响。[2]英国量刑指南虽然试图通过量刑步骤的设计来限制前科情节对量刑的影响，但指南仍然将前科作为提高犯罪严重性的情节而非表明人身危险性的情节，且未能进一步释明前科情节所占的权重，故而这种限制作用可能在实践中被大打折扣。（2）关于量刑指南的效果。量刑指南究竟在多大程度上促进了量

---

〔1〕　See Richard S. Frase, *Forty years of American Sentencing Guidelines: What Have We Learned?*, Crime and Justice, vol. 48/no. 1, p. 82 (2019).

〔2〕　为考察前科情节对量刑结果的影响，一种常见的方法是在给定的量刑网格上，用"最高犯罪史分数对应的推定性量刑"除以"最低犯罪史分数对应的推定性量刑"，由此得出的数值在明尼苏达州是4.7，在华盛顿州、阿肯色州和堪萨斯州的数值更高。可见，前科情节确实会对量刑结果产生重大影响，明尼苏达州量刑委员会也因此受到批评。不过，在明尼苏达州实施量刑指南之前，前科情节起到的作用更大，往往是决定是否监禁罪犯的主要因素。See Dale G. Parent, *Structuring Criminal Sentences: The Evolution of Minnesota's Sentencing Guidelines*, Butterworths Legal Publishers, 1988, p. 66. Also see Julian V. Roberts, *The Evolution of Sentencing Guidelines in Minnesota and England and Wales*, Crime and Justice, vol. 48/no. 1, p. 228 (2019).

刑一致性，实际上难以对此进行准确评估。目前英美两国主要根据法官对指南的遵守率来衡量指南对量刑失衡的克制效果，其背后的逻辑是，遵守率越高意味着法官基本上采取了同样的量刑尺度。美国明尼苏达州在 2016 年度约有 1/3 的案件发生了减轻偏离，而加重偏离则不到 1%。[1]迄今为止，英国量刑委员会（SC）仅公布了法官对《袭击罪指南》的遵守情况，结果显示 2011 年度有 96% 的案件处于指南规定的总量刑范围内。[2]这些数据只能大致说明两种指南得到了高度遵守，可是依然无法直接证明指南促进了量刑一致性，原因在于：从结果一致性的角度来看，即使没有指南，法官的量刑结果也可能刚好处于同样的区间范围内；从方法一致性的角度来看，法官对指南的遵守率无法揭示法官遵循了同样的量刑方法。不过，在弗雷斯教授看来，尽管美国明尼苏达州的量刑指南仍有完善空间，但确实"没有比指南型模式更好的改革替代方案"。[3]英国学者尼古拉·帕德菲尔德也持相同立场，认为虽然尚无更详细的数据来证明指南促进了量刑方法的一致性，但不可否认，指南的颁行在促进量刑研究、提高公众信心，以及帮助司法培训方面都起到了积极作用。[4]

（二）量刑方法载体的未来趋向：多元模式的兼容并蓄

行文至此，可以对本章最初提出的三个问题作简要回应：其一，两大法系中代表性国家所采取的量刑模式不尽相同，但依然能够从中提取一些基本共识。例如，英国量刑指南规定的 9 个量刑步骤体现了从"犯罪严重性"裁量到"人身危险性"裁量的判断顺序，与德系理论中强调的从责任刑裁量到预防刑裁量的思路具有一定的相似性。其二，部分普通法系国家

---

〔1〕 See Julian V. Roberts, *The Evolution of Sentencing Guidelines in Minnesota and England and Wales*, Crime and Justice, vol. 48/no. 1, p. 216 (2019).

〔2〕 See Julian V. Roberts, *Complying with Sentencing Guidelines Latest Findings from the Crown Court Sentencing Survey*, in Andrew Ashworth & Julian V. Roberts eds. , Sentencing Guidelines：Exploring the English Model, Oxford University Press, 2013, p. 109.

〔3〕 See Richard S. Frase, *Forty years of American Sentencing Guidelines：What Have We Learned?*, Crime and Justice, vol. 48/no. 1, p. 129 (2019).

〔4〕 See Nicola Padfield, *Exploring the Success of Sentencing Guidelines*, in Andrew Ashworth & Julian V. Roberts eds. , Sentencing Guidelines：Exploring the English Model, Oxford University Press, 2013, pp. 48－49.

之所以未选择指南型模式，并非指南本身存在重大缺陷，而是为其他原因所致：既可能是出于成本效益方面的考量，如有的司法辖区规模较小，暂无制定量刑指南的必要；也可能是受到了司法阻力的影响，尽管这种阻力是源于对量刑指南的认知偏误；还有的国家原本可以走上指南模式的道路，却错失了最佳的改革良机，故而可归因于量刑改革的执行力不足。其三，就采取指南型模式的国家或地区而言，英国量刑指南和美国明尼苏达州量刑指南都旨在追求"合比例的量刑"，但二者对"比例性"的理解不尽相同。英国强调刑罚的轻重应当与犯罪的严重性相称，具体从"损害"和"有责性"两个维度进行判断；而美国明尼苏达州则采取改良式的罪有应得理论，主张刑罚的轻重应当与犯罪的严重性和犯罪史的增加成正比，直接将前科作为量刑的主要维度之一。

总之，从提炼两大法系国家间的量刑共识，到探寻普通法系国家选择不同模式的原因，再到聚焦于普通法系中的指南型国家，具体分析其制度设计和量刑理论的异同，这样递进性认知有助于更清晰地呈现量刑方法载体的全景。量刑指南不等同于形式化的量刑标准，而是承担着将纸面上的理论付诸实践的重要使命。英美的量刑指南都有着不同程度的缺陷和隐忧，但这些不足之处恰恰是试错过程中积累的宝贵经验。指南型模式不会止步于对量刑失衡解决之道的探索，在未来仍将继续指引量刑活动向着更加公正的方向发展。

在量刑方法的载体选择上，我国目前是采取一种兼容并蓄的多维进路，在传统型、指南型和智能型领域均有所涉及。首先，在实施量刑改革之前，我国主要通过传统型模式下的诸种制度及相关理论学说来克服量刑失衡，但其效果并不显著。近年来，德系理论对我国的量刑研究产生了较大影响，体系性思考的范式有助于我国量刑教义学的精细化建构。其次，我国的量刑改革主要以颁布司法解释的方式来指导量刑，相当于中国式的量刑指南。英美虽属于普通法系，但在量刑改革时致力于将主流的量刑思想融入其指南设计之中，从而呈现两种风格迥异的指南形态。可能的质疑是英美之所以需要量刑指南，是因为在普通法的世界中，立法规定的法定最高刑虽然能够对法官的自由裁量权施加一定限制，但在法定最高刑所设定的范围内仍需要指南来进一步细化其量刑幅度；而我国本属于成文法国家，刑法已经对个罪规定了不同的法定刑幅度，故没有制定量刑指南的必要。对此需要说明的是，量刑指南的价值不仅限于为法官提供统一的起刑点或量刑幅度，其背后还承载着重要的量刑理论，是从理论迈向实践的重要尝试。英美无论在指南设计抑或是践行方面，在一定程度上能为完善我国的量刑指南提供有益参考。其三，关于智能型模式的探索，我国近年来不断加强大数据、云计算、人工智能与司法实务的深度结合，探索智能辅助量刑系统、制定类案量刑标准、利用信息技术改善办案模式，包括视频提讯开庭、智能庭审记录、电子卷宗流转等，是量刑精确化需求与信息技术发展的双重合力使然。

第四章　形式与实质：量刑教义学的规则解析

一、形式与实质：量刑教义学的个案关联与体系取向

在我国量刑规范化改革的语境下，"规范化"语词的文义是"使合于一定的标准"。其中的"标准"在静态维度上是指与量刑相关的现行法，在动态维度上表现为使量刑活动能够切实符合现行法的量刑方法。量刑教义学一方面以现行法的内容和适用为对象而建立的量刑知识体系，包括从制定法、学术研究，以及相关判例中得出的量刑理念、原则与基本规则。被普遍接受的量刑理念、原则与基本规则就上升为量刑中的"教义"。另一方面囿于现行法不可能完美无缺，量刑教义学的任务就是对现行法进行解释、归类与体系化，通过漏洞填补、法律续造来扩充现行法的"容量"，为法官裁量提供可供选择的论据。那么，量刑教义学在实际运作中如何体现其与现行法的上述结合？萨姆关于法教义学的"中度抽象"理论模型具有一定启发意义。

教义学是一种不依附于特定学科、独立的思维方法，是在中度抽象层面对有效性被接受的权威初始文本（现行法）的体系解释。教义学的一个特点是与社会实践相关联，法教义学同样也要为法的社会功能服务，在现行法约束的界限内为法律适用提供自由，为法律发展与创新性解释开辟空间。萨姆所称的"中度抽象层面"，是指"个案关联"与"体系取向"之间张力在教义学社会实践中产生的结果，个案关联向度催生了教义学具体化需求，而体系取向要求教义学都达到一定的抽象程度。[1]对应于量刑领域，我国最高司法机关所颁行的一系列量刑指导意见，以及为统一司法裁

---

〔1〕　卜元石：《德国法学与当代中国》，北京大学出版社 2021 年版，第 63–64 页。

量尺度而出台的个罪、类罪司法解释，就是针对现行法的具体化。这种把抽象条文转化为审判标准的具体化工作，为法律适用者在个案量刑中找到"答案"提供便利。而抽象化、体系取向，就是研究现行法内部的融贯性并归纳出量刑领域的理论命题。比如，量刑改革推行的"量刑起点→基准刑→宣告刑"量刑步骤理论就是抽象化工作的体现。通过把"量刑起点""基准刑""宣告刑"等概念稳定并固定下来，使这类教义学概念成为存储一定论证过程的"公式"，以备实践适用。

无论"个案关联"还是"体系取向"，最终都要落脚于现行法。不仅如此，现行法也是传统量刑与智能量刑之间的沟通渠道。当前学界对人工智能辅助量刑的探索，关注重点往往是量刑算法对权力专属原则、司法监督制度和责任分配制度带来的挑战，试图采取立法、司法与行业自律并行的算法规制策略，以消解算法的准确性、歧视性和透明度风险。[1]然而，单从程序运行逻辑方面进行限制，难以从根本上促进智能量刑结论的合理性与科学性，更无法为量刑理念的形塑、量刑规则的建构和量刑方法的革新提供可能。若无规则与价值的遵守，智能量刑作为一种结构化的实践探索终归是不可能的。例如，最高人民法院和最高人民检察院联合发布的2021年《量刑指导意见（试行）》，不仅涉及量刑原则的重申、量刑方法的提炼、常见量刑情节的列举，还规定了常见犯罪的量刑起点幅度等内容，相当于我国在"指南型模式"下的重要探索，并为量刑的智能化发展提供了一道不可逾越的规则藩篱。

有鉴于此，本章以量刑现行法为研究对象，着眼于最高司法机关自量刑规范化改革以来颁行的一系列量刑指导意见。对于研究视角，当前我国学界针对现行量刑指导意见的诘难，更多是聚焦于量刑规则的实质层面，指出其在量刑理念选择、方法设置和内容取舍等方面的不足，缺少从形式

---

〔1〕 参见江溯：《自动化决策、刑事司法与算法规制——由卢米斯案引发的思考》，载《东方法学》2020年第3期，第76-88页；张凌寒：《智慧司法中技术依赖的隐忧及应对》，载《法制与社会发展》2022年第4期，第180-200页；丰怡凯：《人工智能辅助量刑场景下的程序正义反思与重塑》，载《现代法学》2023年第6期，第98-117页；孙道萃：《人工智能辅助量刑的实践回视与理论供给》，载《学术界》2023年第3期，第112-128页，等等。

层面的反思；而量刑教义学的规则解析，理应对形式和实质两个面向予以关照，如量刑规则的类型划分、属性定位和效力大小都可归为形式层面需考虑的问题。在论证思路上，首先从量刑规则的形式要素入手，对其类型划分、属性定位和效力问题进行研究，继而转向量刑规则的实质层面，结合我国现行量刑指导意见阐明其理念选择和方法构建，并识别其在实际运用中存在的不足，从而为量刑规则的完善提供理论支持。

二、量刑规则的形式要素探析

（一）量刑规则的类型划分

量刑规则的呈现形式是特定刑事法制背景下的产物，带有各自的本土化特点。整体上看，网格式指南、叙述式指南，以及我国现行量刑指导意见都是渐进主义下的产物，网格式量刑指南源于对假释指南风格的延续，叙述式指南是效仿英国上诉法院的判决风格和对治安法院量刑指南的继承，而我国的量刑指导意见亦是采取了司法人员较为熟悉的规范性文件形式。从这个意义上看，量刑规则的风格形式取决于各国的司法传统，通过将既有的量刑指导形式与克服量刑失衡的实践需求加以有机衔接，从而巩固和提高规则的适应性。若从量刑规则所涵摄的罪名种类来看，网格式指南所涵摄的罪名数量最多，我国虽未像英国针对具体罪名而逐一发布量刑指南单行本，但迄今也对常见犯罪的量刑作出了明确指导。当前，针对网格式指南存在诸多刻板印象，如严重制约法官的自由裁量权、使量刑活动沦为简单的加减运算等。然而，与既有认知所不同的是，网格式指南在新情势下更具有灵活性和应变性，反而是叙述式指南未必能对新问题、新现象作出及时调整。

2004 年 Blakely v. Washington 案对明尼苏达州及其他各州的量刑指南产生了重要影响，该案确立了一条重要的判例法规则：除犯罪前科以外，其他与惩罚相关的事实都需经陪审团认定（排除合理怀疑）或经被告承认。[1]

---

〔1〕　See Blakely v. Washington,（02 - 1632）542 U. S. 296, 2004. 转引自彭文华：《布克案后美国量刑改革的新变化及其启示》，载《法律科学（西北政法大学学报）》2015 年第 4 期，第 131 页；另参见崔仕绣：《美国量刑改革的源起、发展及对我国的启示借鉴》，载《上海政法学院学报（法治论丛）》2020 年第 1 期，第 15 页。

该规则对量刑指南的影响在于，如果法官想偏离指南规定的量刑幅度而对被告判处更重的刑罚，所依据的事实要素必须是经陪审团排除合理怀疑或经被告承认的加重事实；此前，只要某加重事实达到优势证据的证明标准，法官便可据此作出向上偏离的量刑。2004 年 6 月，联邦最高法院对 Blakely v. Washington 案作出最终裁定，许多实务人员担心此案将宣告量刑改革或至少是推定性指南的终结。[1]当时，明尼苏达州州长蒂姆·波伦蒂指示该州量刑委员会对 Blakely v. Washington 案进行评估；委员会自该案裁决后的第 6 个星期发布初步评估结果，向州长和州民保证明尼苏达州的量刑指南并不违宪，但需要作出一些调整。此后，明尼苏达州采取的措施包括两个方面：（1）量刑委员会扩大了指南网格单元所设定的量刑幅度，以此减少向上偏离网格的需求。在 1980 年版的量刑指南中，大多数网格单元的量刑幅度是基于单元格中点向上和向下分别扩展 4% 和 7%；为了进一步减小 Blakely v. Washington 案的影响，如今所有网格单元的量刑幅度都是基于单元格中点向下扩展 15%、向上扩展 20%。（2）明尼苏达州的立法机关着手制定相关的程序规则，确保加重事实能够经陪审团排除合理怀疑或经被告承认。[2]上述举措使明尼苏达州指南在 Blakely v. Washington 案后依然继续对法官具有约束力，且在实践中继续运行至今；与此同时，前两项举措虽然有助于确保法官的量刑处于指南规定的量刑幅度之内，减少向上偏

---

〔1〕 事实上，量刑指南的命运并未终结，各州对 Blakely 案的回应可归纳为：（1）为遵守 Blakely 案的要求，5 个具有法律约束力指南的州（明尼苏达州、俄勒冈州、华盛顿州、堪萨斯州、北卡罗来纳州）选择通过制定程序规则，确保有争议的加重事实能够经陪审团裁定，从而允许法官向上偏离。此外，明尼苏达州还扩大了指南网格单元的量刑幅度。（2）2 个州（俄亥俄州和田纳西州）选择将其假定性指南降为建议性指南。（3）密歇根州最初认为其不受 Blakely 案约束，因为该州指南网格单元中的数字表示法官可判处的最低刑期，不过后来还是将其指南降为建议性。（4）宾夕法尼亚州也认为其不受 Blakely 案约束，其理由有二：①该州指南网格单元中的数字表示法官可判处的最低刑期，而不确定最高刑期；②该州指南仅是建议性的，或者至少没有比 2005 年 Booker 案后联邦指南更具法律约束力。See Richard S. Frase, *Sentencing Guidelines in American Courts*：*A Forty-Year Retrospective*, Federal Sentencing Reporter, vol. 32/no. 2, pp. 114-115（2019）.

〔2〕 See Richard S. Frase, *Why Are Minnesota's Prison Populations Continuing to Rise in an Era of Decarceration?*, Federal Sentencing Reporter, vol. 30/no. 2, pp. 116 - 117（2017）. Also see Richard S. Frase & Benjamin N. Berger, *Norval Morris's Contributions to Sentencing Structures, Theory and Practice*, Federal Sentencing Reporter, vol. 21/no. 4, pp. 256（2009）.

离可能，但却导致网格范围内的量刑变得更加严厉。不过经学者研究，明尼苏达州在 2000—2015 年法官所判处的平均监禁刑期实际上有所下降，若没有量刑指南，某些案例的量刑水平还会更加严厉。[1]

由此可见，2004 年 Blakely v. Washington 案并不意味着美国量刑指南的命运终结，明尼苏达州乃至其他各个拥有假定量刑指南的州都成功应对了该案带来的挑战。网格式指南可以通过缩放网格单元的方式来对新问题作出迅速回应，且更容易在整体上保持罪行之间的序数比例（相对严重性排序）。相比之下，英国的叙述式指南在不断试错的过程中渐进完善，同时也面临两个挑战：一方面，叙述式指南单行本的制定需要一定周期，难以对新问题作出及时反应；另一方面，较之网格式指南可以对量刑幅度作整体性缩放，叙述式指南在调整具体个罪的量刑起点时容易导致各罪名间的罪刑配置失调。

就刑种而言，目前各地量刑指南大多针对监禁刑裁量，美国联邦还有罚金刑指南，[2]明尼苏达州曾一度有制定缓刑指南的规划，但由于未能就缓刑案件所欲实现的量刑目的达成共识及受当地的资源限制，故制定缓刑指南的设想一直被搁浅。[3]我国 2021 年《量刑指导意见（试行）》侧重于有期徒刑，如何指导罚金刑，如何构建罚金刑指导意见，依旧是未竟难题。此前的量刑指导意见未将无期徒刑和死刑案件纳入其中，也受到了学界质疑。[4]不过，对于无期徒刑和死刑案的量刑指导给予审慎立场，其实有助于防止量刑趋重，以 2 起故意伤害致 1 人死亡案为例。

---

〔1〕　See Richard S. Frase, *Why Are Minnesota's Prison Populations Continuing to Rise in an Era of Decarceration?*, Federal Sentencing Reporter, vol. 30/no. 2, pp. 114（2017）.

〔2〕　在罚金刑的量刑网格中，罪行等级被分为 1—38 等级，其中"6 等以下"对应于"＄5000"，"38 等以上"对应于"＄72 500 000"，处于中间的 7—37 等级也分别对应于不同罚金额。参见吕忠梅总主编：《美国量刑指南——美国法官的刑事审判手册》，法律出版社 2006 年版，第 428-430 页。

〔3〕　See Richard S. Frase, *Sentencing Principles in Theory and Practice*, Crime and Justice, vol. 22, pp. 405-406（1997）.

〔4〕　王瑞君：《体系性思考与量刑的规范化——以〈量刑指导意见〉及实践为分析对象》，载《政法论丛》2014 年第 6 期，第 75 页。

【案例1】

在 2009 年 2 月 4 日发生的某起故意伤害案中，被告人赵某因喝酒期间与被害人刘某发生争执，遂纠集王某、殷某、孟某一同去约定地点"教训"刘某。刘某为了脱身而使用随身携带的刀具乱划，其刀具虽然被赵某避开，但却划伤了王某。于是，王某随机掏出随身携带的刀具反捅了刘某一刀（左腋处），赵某则使用一根甩棍对刘某击打了数下，殷某、孟某也对刘某进行了拳打脚踢。待刘某倒地后，赵某等人才意识到刘某已被捅伤且伤势严重。最终，赵某将刘某送至医院后逃离，其余 3 人从作案现场逃离。被害人刘某因被锐器刺破心脏，抢救无效死亡。

在本案中，法院认定被告人王某、赵某、殷某、孟某构成故意伤害（致人死亡）罪，其中，被告人王某持刀捅伤刘某致其死亡，系主犯；被告人赵某纠集、组织他人伤害刘某，系主犯，但因赵某使用甩棍击打刘某的行为并非刘某死亡的直接原因，且赵某事先并未授意各被告人如何伤害刘某，故其作用小于王某；被告人殷某、孟某对刘某实施了拳打脚踢的伤害行为，但这些参与伤害的行为并非刘某死亡的直接原因，系从犯。根据《刑法》第 234 条规定，故意伤害致人死亡对应于该罪的第 3 档法定刑幅度（处 10 年以上有期徒刑、无期徒刑或者死刑）。最高人民法院发布的 2010 年《量刑指导意见（试行）》规定，故意伤害致 1 人死亡的量刑起点幅度（10 年至 15 年有期徒刑，依法应当判处无期徒刑的除外）。另外，结合当地量刑实施细则和审判经验，本案 4 名被告人的量刑起点均被确定为 15 年。对于被告人王某的量刑，（1）从重处罚情节有累犯，因王某曾于 2001 年 11 月因犯抢劫罪、盗窃罪而被判处有期徒刑 6 年 6 个月，2006 年 5 月被释放。（2）从轻处罚情节包括：①当庭自愿认罪；②积极赔偿被害人家属 5000 元。通过对上述情节的分析，王某的拟宣告刑被确定为 18 年 5 个月，该刑量超出了单罪有期徒刑不高于 15 年的法律规定，面对有期徒刑与无期徒刑之间的抉择，合议庭最终以无期徒刑作为王某的宣告刑。[1]

需要说明的是，（1）2010 年《量刑指导意见（试行）》在规定故意伤害罪的量刑起点幅度时，明确排除了"依法应当判处无期徒刑"的案件，此处的"无期徒刑"案应当被理解为法官根据具体案情所预判的"准量刑结论"，而非法定刑是无期徒刑的案件。若非如此，将"依法应当判处无期徒刑"的案件解释为法定刑是无期徒刑的案件，那么本案因故意伤害致 1 人死亡所对应的法定刑幅度包含无期徒刑，一开始便无适用 2010 年《量刑指导意见（试行）》的余地。（2）根据 2010 年《量刑指导意见（试行）》规定，以特别残忍手段故意伤害致 1 人重伤的量刑起点幅度（10 年至 12 年有期徒刑），故意伤害致 1 人死亡的量刑起点幅度（10 年至 15 年有期徒刑），量刑起点幅度未出现明显的断档，刑期梯度也具有一定的连续性。但问题是，实践中故意伤害致死情形较为复杂，本案被告人王某的刑量计算过程中就出现了有期徒刑与无期徒刑的衔接问题，由于有期徒刑与无期徒刑之间没有明确的临界点，若因拟宣告刑的结果高于 15 年而适用无期徒刑，易出现重刑倾向。（3）尽管被告人王某兼具从重和从轻处罚情节，但其累犯情节影响力高于其他从轻处罚情节，加上其量刑起点被确定得较高，故而，拟宣告刑很可能超出单罪可被判处的有期徒刑上限。

由上可知，实践中故意伤害致死情形较为复杂，有时严重后果的出现较为偶然，但行为人的主观恶性和行为的危害程度不高，若仅根据危害后果的严重程度设置量刑起点幅度，会导致实践中出现不必要的重罚。量刑规则内容的科学性、合理性有待在实务中不断地校验和完善，正因如此，自 2013 年《量刑指导意见》正式施行起，不再专门针对"故意伤害致 1 人死亡"情形设置量刑起点幅度。上述案例也表明，我国现行量刑指导意见以常见犯罪的有期徒刑和拘役为纲，在实然层面具有合理性。

【案例 2】

被告人晏某与被害人张某系夫妻，张某不仅经常对晏某实施家暴，且

---

[1]　案例来自量刑改革项目组编写的文献，参见熊选国主编：《〈人民法院量刑指导意见〉与"两高三部"〈关于规范量刑程序若干问题的意见〉理解与适用》，法律出版社 2010 年版，第 90—94 页。

有不正当的婚外两性关系。2015 年 10 月 10 日，张某与晏某因琐事发生争执，二人在厮打的过程中，晏某持未打开的匕首砸击张某手部，张某将晏某打倒，并用拳头持续击打其头部，晏某遂打开匕首朝张某胸部捅刺一刀，后张某经抢救无效死亡。一审法院认定晏某构成故意伤害罪，判处有期徒刑 10 年。二审法院认定晏某构成故意伤害罪，判处有期徒刑 3 年，宣告缓刑 5 年。[1]

在本案中，二审法院认定被告人晏某构成故意伤害（致人死亡）罪，具有自首、取得谅解和防卫过当的情节，被害人张某因存在家庭暴力而具有重大过错，故对晏某"减轻处罚并适用缓刑"。根据《刑法》第 234 条规定，本案对应于故意伤害罪的第 3 档法定刑幅度（处 10 年以上有期徒刑、无期徒刑或者死刑）。被告人晏某最终未被判处实刑，一方面因为二审法院认定其成立"防卫过当"，另一方面源于 2013 年《量刑指导意见》尚未将故意伤害"致人死亡"情形纳入规定。根据 2013 年《量刑指导意见》规定，"以特别残忍手段致 1 人重伤，造成 6 级严重残疾的情形"的量刑起点幅度为"10 年至 13 年有期徒刑"。依循当然解释，故意伤害致 1 人死亡的量刑起点至少也应该在"13 年以上"。若如此，即使被告人具有防卫过当的情节（不免除处罚的情况下）和其他酌定从轻情节，也无法直接"递减"至 3 年有期徒刑，最终自然也无适用缓刑的可能。

综上所述，现行量刑指导意见在适用范围上的取舍，既受当前立法技术所限，也在某种程度上有利于防止量刑趋重。关于量刑规则的呈现形式、覆盖的罪名和刑种范围，对于我国学界的思维激荡仍留有空间。

（二）量刑规则的属性定位

"描述性"（Descriptive）和"规定性"（Prescriptive）是普通法系学者在界定其量刑指南属性时常用的一对范畴。描述性或历史性指南旨在复制或反映当前的量刑趋势，从而鼓励法官更加一致地适用现有的量刑规范

[1] 参见（2016）皖刑终 29 号裁判文书。

（Norms）；而规定性指南，则试图通过改变一些现有的规范，以此来影响司法实践。[1]这两种类型的量刑规则都与司法经验有关，描述性指南欲使法官的量刑与既有的实践情况相符，而规定性指南试图在现有司法经验的基础上来作出一些改变，具有"规范性"特点。这里的"规范性"，不同于我国量刑规范化（Sentencing Standardization）改革中的"规范"（Standardization）。

曾有学者认为，美国量刑改革遵循的基本逻辑是"大多数已然的、实然的法律实践，就是未然案件应然的参照与准则"，因此，美国量刑改革的核心在于制定并实施量刑指南。该观点仅将量刑指南视为"已然的、实然的法律实践"的反映有失偏颇。事实上，美国的量刑指南本质上属于一种"规范性"量刑规则，明尼苏达州于1978年率先采用了该类指南，该州的立法授权量刑委员会在制定指南时需要认真考虑指南与监狱容量之间的关系，以防因量刑而造成监狱的过度拥挤。此后，几乎所有进行量刑改革的州，都将指南作为控制监狱人口的重要手段。[2]

相比较而言，英国的量刑指南最初被定位为一种"描述性"规则，其量刑委员会根据司法实践而发布指南，法官通过采取一致的方法以使其量刑符合当前实践。正如量刑委员会主席曾言，"制定指南时，我们首先考虑的是'当前法院的量刑实践是什么？'总体而言，这对我们考虑刑罚程度和量刑因素具有重要的指导意义"。[3]对此，一些英国学者也给予了批评，认为量刑委员会应当修改指南以解决监狱超容关押的问题。从量刑委员会近年来颁行的指南来看，这些指南已在尝试改变司法实践。例如，为了纠正毒品运输者的量刑过重问题，量刑委员会于2012年颁布了有关毒品

---

〔1〕　See Richard S. Frase, *Forty years of American Sentencing Guidelines: What Have We Learned?*, Crime and Justice, vol. 48/no. 1, pp. 87, 99 (2019).

〔2〕　See Julian V. Roberts, *The Evolution of Sentencing Guidelines in Minnesota and England and Wales*, Crime and Justice, vol. 48/no. 1, pp. 198 (2019).

〔3〕　House of Common Justice Committee, *Testimony of the Council's Chair before the Justice Select Committee* (2018), UK Parliament, http://data. parliament. uk/writtenevidence/committeeevidence. svc/evidencedocument/justice-committee/prison-population-2022/oral/86817. pdf. Also see Julian V. Roberts, *The Evolution of Sentencing Guidelines in Minnesota and England and Wales*, Crime and Justice, vol. 48/no. 1, pp. 198 (2019).

犯罪的量刑指南;〔1〕又如,英国之前存在缓刑被滥用的现象,缓刑原本是监禁刑的替代措施,可是实践中却被大量用于替代社区令,由此导致缓刑的适用率急剧提高,而社区刑的适用则显著减少;对此,委员会颁布了一项量刑指南以确保只有在将被判处监禁刑的情况下才能适用缓刑。〔2〕再如,2013 年《性犯罪指南》和 2018 年《恐怖犯罪指南》都试图改变现有实践,其目的不是调控监狱人口,而是提高最严重的强奸和某些恐怖主义罪行的惩罚水平,因为此前关于性犯罪和恐怖犯罪有违比例原则。〔3〕如此看来,英国的指南具有从"描述性"向"规范性"转变的趋势。

就此观察我国现行量刑指导意见的属性定位,其更偏向于"描述性"。最高人民法院曾指出,"推行量刑规范化不是否定过去,而是对过去经验的总结和提炼;绝不是要从重打击也不是搞轻刑化,只是规范量刑"。〔4〕量刑起点幅度的设置是建立在一定的实证研究之上,反映了我国既有的量刑实践情况。〔5〕由此可见,我国量刑指导意见是在反映既往实践的基础上提高量刑一致性,其属性定位更偏向于"描述性"。"描述性"规则有助于维持量刑改革前后的量刑水平相对衡平,但是也将既往实践的"沉疴"一并吸收。对于量刑指导意见的未来调整乃至智能量刑系统的设计,不应局限于反映过去或当下的量刑水平,有必要向"规范性"规则的定位过渡。毕竟,只有在资源无限的理想世界中,刑事政策制定者才可不计成本地制定量刑政策;而在现实世界里,有限的资源决定了公共政策的制定必须考

---

〔1〕 Sentencing Council of England and Wales, *Drug Offences*: *Definitive Guideline* (2012), Sentencing Council, https://www. sentencingcouncil. org. uk/wp-content/uploads/Drug_ Offences_ Definitive_ Guideline_ final_ web. pdf.

〔2〕 Sentencing Council of England and Wales, *Imposition of Community and Custody Penalties*: *Definitive Guideline* (2016), Sentencing Council, https://www. sentencingcouncil. org. uk/wp-content/uploads/Imposition-definitive-guideline-Web. pdf.

〔3〕 Sentencing Council of England and Wales, *Sexual Offences*: *Definitive Guideline* (2013), Sentencing Council, https://www. sentencingcouncil. org. uk/publications/item/sexual-offences-definitive-guideline/Sentencing Council of England and Wales, *Terrorism Offenses*: *Definitive Guideline* (2018), Sentencing Council, https://www. sentencingcouncil. org. uk/publications /item/terrorism-offences-definitive-guideline/.

〔4〕 熊选国主编:《量刑规范化办案指南》,法律出版社 2011 年版,第 284 页。

〔5〕 参见南英主编:《量刑规范化实务手册》,法律出版社 2014 年版,第 20 页。

虑成本。[1]从比较法上看，有关资源有限的考量也为 2007 年《模范刑法典》所肯定，该法典第 6B.02 条明确规定"量刑委员会正式提出的所有指南或经修订的指南所产生总体量刑结果（Aggregate Sentencing Outcomes），应能够被州和当地政府的现有矫正资源（Correctional Resources）所容纳。"[2]英国亦采取类似立场，2009 年《法医与司法法案》第 120（11）（e）条规定量刑委员会在履行其职责时必须考虑"不同量刑的成本及其预防再犯的相关效果"；同时，该法案对量刑委员会赋予了很多与研究相关的职责，包括监督指南的运行效果。[3]

据此而言，量刑规则应在一定程度上考虑由此产生的总监禁期限能否与现有的监狱容量相适应，同时需要根据现行量刑规则判断其产生的行刑规模是否会超出现有的监狱容量。从"描述性"规则到"规范性"规则的转向，不失为完善我国量刑实在法的一条可资参考的路径选择。

（三）量刑规则的效力分析

根据法律效力的从强至弱，量刑规则具有"强制性—假定性—建议性"之别。美国学者弗雷斯教授曾建议将约束程度视为一个"强制性—假定性—建议性"的连续体，在评估指南的约束力大小时，不仅应考察指南所建议的量刑范围对法官产生的正式或实际约束力为何，还要具体分析上诉审查的程度、阐明偏离理由的程序要求，以及考虑其他因素（如是否鼓励法官遵守），等等。就此观察美国量刑指南，可以得出如下认识：（1）"强制性"通常指向"强制性最低量刑法"，美国现有的指南制度都允许法官在

---

[1]　See Kevin R. Reitz, *Comparing Sentencing Guidelines: Do US Systems Have Anything Worthwhile to Offer England and Wales?*, in Andrew Ashworth & Julian V. Roberts eds. , Sentencing Guidelines: Exploring the English Model, Oxford University Press, 2013, pp. 186-187.

[2]　See Model Penal Code 2007, s. 6B. 02

All guidelines or amended guidelines formally proposed by the [sentencing] commission shall be designed to produce aggregate sentencing outcomes that may be accommodated by the existing or funded correctional resources of state and local governments.

[3]　See Coroners and Justice Act 2009, s. 120 Sentencing guidelines

(11) When exercising functions under this section, the Council must have regard to the following matters—

(e) the cost of different sentences and their relative effectiveness in preventing re-offending;

例外情况下偏离指南设定的量刑范围，本质上都不属于"强制性"指南。（2）所谓"假定性"，即指南条款被假定合理，对法官具有一定的约束力，是处于"强制性"和"建议性"之间的中间形态。并且，假定性指南的约束程度也有强弱之分，从近乎强制性到近乎自愿性不等。[1] 目前，明尼苏达州、俄勒冈州、华盛顿州和堪萨斯州的量刑指南不仅对法官具有约束力，而且还受上诉审查的制约，不过这些州的量刑指南仅为"假定性"而非"强制性"，法官在刑种选择和刑量确定方面均有较大的自由裁量权，并且上诉审查制度也未过度限制法院的自由裁量权。[2]（3）"建议性"或"自愿性"处于约束程度连续体的另一端，允许法官无视指南建议和偏离标准，法官可以对个案罪行判处法定最高刑（甚至低于法定最低刑），并且可以不受上诉审查的制约。[3] 不过，美国有些州尽管采取的是"建议性"指南，其实践运行效果却和"假定性"指南无太大区别，如弗吉尼亚州、特拉华州的法官虽无义务遵循指南，但却很认真地对待指南建议。[4] 另外，自 2004 年 Blakely v. Washington 案和 2005 年 United States v. Booker 案之后，量刑指南的整体发展有所放缓，但阿拉巴马州仍然于 2013 年针对

---

　　〔1〕 目前，宾夕法尼亚州的指南具有法律约束力且可以进行量刑上诉，但上诉审查的标准不严格。同样，在联邦系统中，根据"合理性"的一般标准，可以对量刑进行上诉审查，但几乎不会基于实质理由而推翻之前的量刑。北卡罗来纳州的指南对某些量刑问题非常严格，但对某些量刑问题却非常宽松，几乎没有上诉判例法。另外，田纳西州和俄亥俄州的上诉审查非常有限。阿拉巴马州则对暴力犯罪和某些非暴力犯罪的量刑不予审查。而佛罗里达州只允许对低于指南最低建议的量刑提出上诉。See Richard S. Frase, *Sentencing Guidelines in American Courts: A Forty-Year Retrospective*, Federal Sentencing Reporter, vol. 32/no. 2, pp. 111 (2019).

　　〔2〕 See Richard S. Frase, *Forty years of American Sentencing Guidelines: What Have We Learned?*, Crime and Justice, vol. 48/no. 1, p. 99 (2019).

　　〔3〕 目前，在 8 个司法管辖区（特拉华州、阿肯色州、弗吉尼亚州、马萨诸塞州、犹他州、密歇根州、马里兰州、和华盛顿特区）的指南被视为"自愿"的。See Richard S. Frase, *Sentencing Guidelines in American Courts: A Forty-Year Retrospective*, Federal Sentencing Reporter, vol. 32/no. 2, p. 111 (2019).

　　〔4〕 See Kevin R. Reitz, *Comparing Sentencing Guidelines: Do US Systems Have Anything Worthwhile to Offer England and Wales?*, in Andrew Ashworth & Julian V. Roberts eds., Sentencing Guidelines: Exploring the English Model, Oxford University Press, 2013, p. 196.

大多数非暴力犯罪制定了具有约束力的量刑指南。[1]总之，以"强制性—假定性—建议性"的"连续体"作为量刑规则的效力区分标准，会比"强制性—建议性"的刚性区分更为合理。

近年来，英国一直在试图提高量刑指南对法官的约束程度，2003年《刑事司法法》第172条第（1）款仅要求法官在量刑时应当"注意"（Have regard to）到指南，[2]这里的"注意"并不具备强制性，只要求法官考虑指南，当遇到确实需要偏离指南所规定的量刑范围时，法官只需阐明其偏离理由即可。[3]而2009年《法医与司法法案》第125条第（1）款则要求每个法院在量刑时应当"遵循"与案件相关的任何量刑指南，除非法院确信这样做会违背司法利益。[4]上述法案的措辞变化表明，英国量刑指南对法院的约束力日渐提升，目前，法官有义务遵循相关量刑指南，而非"注意"。[5]不过，2009年《法医与司法法案》尚不足以让英国量刑指南具备"强制性"。[6]至于量刑指南究竟符合"假定性"还是"建议性"，还有待进一步分析：其一，从该法案的立法背景来看，英国的犯罪率自

〔1〕 See Griffin Edwards, Stephen Rushin & Joseph Colquitt, *The Effects of Voluntary and Presumptive Sentencing Guidelines*, Texas Law Review, vol. 98/no. 1, pp. 5-6 (2019).

〔2〕 See Criminal Justice Act 2003, s. 172 Duty of court to have regard to sentencing guidelines (1) Every court must —

(a) in sentencing an offender, have regard to any guidelines which are relevant to the offender's case, and

(b) in exercising any other function relating to the sentencing of offenders, have regard to any guidelines which are relevant to the exercise of the function.

〔3〕 See Julian V. Roberts, *Structured Sentencing: Lessons from England and Wales for Common Law Jurisdictions*, Punishment & Society, vol. 14/no. 3, pp. 273-274 (2012).

〔4〕 See Coroners and Justice Act 2009, s. 125 Sentencing guidelines: duty of court (1) Every court-

(a) must, in sentencing an offender, follow any sentencing guideline which is relevant to the offender's case, and

(b) must, in exercising any other function relating to the sentencing of offenders, follow any sentencing guidelines which are relevant to the exercise of that function, unless the court is satisfied that it would be contrary to the interests of justice to do so.

〔5〕 See Julian V. Roberts, *Structured Sentencing: Lessons from England and Wales for Common Law Jurisdictions*, Punishment & Society, vol. 14/no. 3, p. 274 (2012).

〔6〕 See Mandeep K. Dhami, *Sentencing Guidelines in England and Wales: Missed Opportunities?*, Law and Contemporary Problems, vol. 76/no. 1, p. 306 (2013).

1995 年开始下降，但其监禁人口自 1995 年开始增加，在 2007—2008 年爆发金融危机之前，人们已经意识到现有的监狱资源难以承载持续增加的监禁人口。为了能更准确地预测监狱人口，英国政府于 2008 年成立了量刑委员会工作组（Sentencing Commission Working Group），由其负责研究完善现有指南的方法。工作组经研究后认为，引入一个"假定性约束方案"（Presumptively binding scheme）将实现更大的可预测性，但这样会有损法官的自由裁量权。面对提高量刑可预测性与限制自由裁量权之间的紧张关系，工作组最终拒绝采用以美国明尼苏达州为代表的假定性指南。[1]其二，根据《法医与司法法案》第 125 条第（3）款（a）规定可知，法官对量刑指南的遵守义务较为宽松，只需使量刑结论处于"罪行范围"（Offence range）之中即可，不要求处于更为狭窄的"类别范围"（Category range）之内。[2]总之，英国指南至少在名义上仍属于"建议性"指南。

我国现行量刑指导意见致力于量刑方法论的建构，并对常见量刑情节的调节比例和常见犯罪的量刑起点幅度予以指导，实践中的量刑标准则有赖于各地区的量刑指导意见实施细则。在此意义上，现行量刑指导意见可归入"假定性"规则的范畴。此外，最高司法机关就个罪、类罪颁行的司法解释，实质上具备"强制性"规则的特点，其规定的裁判尺度对司法人员的量刑活动具有拘束力。以 2006 年的"许霆案"为例，该案引发争议在于，若以盗窃罪来定罪量刑，会因为 1998 年《最高人民法院关于审理盗窃案件具体应用法律若干问题的解释》中规定的罪刑配置比例导致该案符合"数额特别巨大"的标准，进而适用无期徒刑。尽管该案的罪名认定在学界仍有争议，但更大的问题是事实上行使立法职能的司法解释因未能与时俱进，导致法官即便"守法"也会"重判"的现实困境。虽然《刑法》第 63 条第 2 款的酌定减轻处罚规范为法官预留了恪守法理与兼顾情理的空间，但该条款的适用具有"例外性"和"非经常性"，不适宜作为处

---

〔1〕 See Julian V. Roberts, *Structured Sentencing: Lessons from England and Wales for Common Law Jurisdictions*, Punishment & Society, vol. 14/no. 3, p. 271 (2012).

〔2〕 关于"Offence range"和"Category range"之间的区别，详见第三章。

理罪刑配置失衡的常规性途径；若以该条款作为非典型案件量刑失当的纾解途径，不仅会导致诉讼效率的降低和诉讼资源的浪费，也不利于培育司法者解释法律的能力。[1]尔后，最高司法机关于 2013 年再次更新了盗窃刑事案件的数额认定标准，但仍难以有效解决"强制性"量刑规则在适应社会经济发展时的滞后性问题。由于侵犯人身权利的犯罪在人类社会中的存续时间较长而积累足够多的样本，才能划定合理的量刑幅度。但对于数额犯而言，即便是盗窃罪等存续历史不亚于侵犯人身权利罪的侵犯财产罪，其裁量标准的科学性、合理性不断因时而变，难以为强制性量刑规则留下足够的反应时间。尤其是近年来犯罪手段的科技化、网络化，刑法调整范围在逐渐扩张的同时，也给犯罪行为的损害评估（如有组织犯罪的行为危害性理应重于一般的共同犯罪）、犯罪数额的计算方式，以及计算标准带来了挑战。鉴于此，由"强制性"量刑规则转变为"假定性"乃至"建议性"量刑规则，赋予法官对既有量刑规则一定的"偏离"自由，不失为一种更为合理的选择。

三、量刑规则的实质层面考察

（一）量刑理念的选择

在世界范围内，很少有国家纯粹以后果主义或报应主义来指导其量刑实践，而是采取并合主义的量刑理念。如果以犯罪严重性作为量刑的主要决定因素，那便是报应主义综合论；若强调其他目标（如预防犯罪的目的），并以此为主导，则可能重蹈后果主义刑罚论时期的覆辙。"一旦确定了主要目的，便应当决定是否允许其他目的影响量刑，以及在何种程度上、对何种类型的案件产生影响。除非对两个或多个量刑目的的优先次序、适用范围作出原则性规定，否则量刑目的的不确定性将成为量刑失衡的原因。"[2]

---

〔1〕 付立庆：《积极主义刑法观及其展开》，中国人民大学出版社 2020 年版，第 369-371 页。

〔2〕 Julian V. Roberts, *Structuring Sentencing Discretion*, in Andrew Ashworth, Andrew Von Hirsch & Julian V. Roberts eds. , Principled Sentencing: Readings on Theory and Policy, 3rd edn, Hart, 2009, p. 231.

从我国的立法规定来看，在 1979 年《刑法》的起草过程中，曾因是否需要规定刑罚目的而产生了争论，有观点建议在"第三章　刑罚"部分增设如下条文，即"人民法院适用刑罚的目的，是惩罚和改造犯罪分子，警戒有犯罪可能的分子，并且教育公民同犯罪作斗争，预防犯罪"。[1] 该观点代表了一种并合主义进路，进言之，"惩罚"与刑罚论中的"报应"相对应；"改造"在我国的语境下具有"内改"和"外改"的双重面向，于内意味着让犯罪人悔过自新，于外则是希望犯罪人能够拥有实现再社会化的技能，兼有普通法系中的"改造"与"复归"之义；而"警戒有犯罪可能的分子"，旨在发挥刑罚的一般威慑功能；至于"教育公民同犯罪作斗争"，则与大陆法系刑罚论所言的积极的一般预防相谐。然而，由于当时学界针对刑罚目的的论争尚未完全厘清，同时为避免立法对理论发展造成束缚，1979 年《刑法》最终未将刑罚目的纳入规定，仅在第 57 条规定了量刑的一般原则。1979 年《刑法》第 57 条（现行《刑法》第 61 条）关于量刑一般原则的规定，实际上是对"报应主义综合论"的重申，该条文中的"犯罪的事实""犯罪的性质""对社会危害程度"均是报应刑的判断素材，而"情节"不限于与犯罪有关的主客观事实，还涉及与犯罪人相关的因素，后者是裁量预防刑时的重要依据。

不过，囿于现行《刑法》和量刑指导意见均未对量刑活动所欲实现的刑罚目的给予更多指导，我国学界对刑罚目的之序列构造进行了各种尝试，这些学说观点围绕报应与预防间的关系而展开，旨在厘清"报应与一般预防""报应与特殊预防""一般预防与特殊预防"各自层面的关系。其中代表性的观点有（1）以大陆法系量刑理论为借鉴的学者认为，①量刑时只能在责任刑（报应刑）之下考虑预防目的。②在裁量预防刑时，难以考虑积极的一般预防，不能考虑消极的一般预防，但可以考虑一般预防必要性小的情形。③对于一般预防与特殊预防不一致的情形，都应坚持特殊预防优先的立场，当"一般预防必要性小而特殊预防必要性大"时，可

---

〔1〕　高铭暄：《中华人民共和国刑法的孕育诞生和发展完善》，北京大学出版社 2012 年版，第 35 页。

以在责任刑之下从重处罚；若"一般预防必要性大而特殊预防必要性小"，则不得为了实现一般预防而在责任刑之下从重处罚。[1]也有学者认为，①尽管预防刑裁量不能考虑抽象的一般预防，但允许基于具体的一般预防（如行为易被模仿、损害公众对特定行业的信赖等）而在责任刑的范围内从重处罚，只不过考虑一般预防时应当慎重。②当两种预防的必要性不完全一致的情况下，最终的宣告刑未必取决于特殊预防的大小。如何实现合理的量刑不能一概而论，当"一般预防的必要性大而特殊预防的必要性小"时，可能由于罪行本身较为严重而判处接近责任上限的刑罚；当"一般预防的必要性小而特殊预防的必要性大"时，可能因其他量刑情节的影响，导致最终的宣告刑仍接近于责任的上限而非判处较轻的刑罚。[2]（2）依循普通法系量刑原理的学者提出，"有序列的综合量刑原则"应包括两个基本原则，一是以报应为优先，二是在"政策之考量"原则下，首先考虑复归，其次考虑威慑型特殊预防和隔离型特殊预防（剥夺犯罪能力）。[3]

值得注意的是，以上观点均是以"简单优先"法的思路来事先构建一种冲突解决方案。美国保罗·罗宾逊教授将建立优先权的方法分为两种，一是"简单优先"（Simple Priority）法，该方法要求事先按照"最高优先—次高优先……"的顺序来对各原则依次排序，一旦原则之间发生冲突，则由较高优先权的原则发挥决定作用。二是"附条件优先"（Contingent Priority）法，该方法在设定优先权的同时会附加一定条件。例如，只有当危险性预测的可靠性达到一定程度时，"剥夺犯罪能力"才可作为优先原则；同理，只有当威慑的先决条件被满足时，才能将"一般威慑"作为优先原则。较之"简单优先"法，"附条件优先"法的优势在于，能够提高

---

　　〔1〕　参见张明楷：《责任主义与量刑原理——以点的理论为中心》，载《法学研究》2010 年第 5 期，第 137 页；张明楷：《论预防刑的裁量》，载《现代法学》2015 年第 1 期，第 102 页；张明楷：《责任刑与预防刑》，北京大学出版社 2015 年版，第 5 页。

　　〔2〕　李冠煜、顾家龙：《量刑原理中的罪刑均衡与犯罪预防关系再论》，载《中南大学学报（社会科学版）》2018 年第 3 期，第 55-56 页。

　　〔3〕　刘军：《该当与危险：新型刑罚目的对量刑的影响》，载《中国法学》2014 年第 2 期，第 231-232 页。

优先权设置的有效性和精确性。[1]我国学界亦不乏与"附条件优先"法相谐的主张，如首先以报应作为优先目的，然后重点考虑特殊预防，并根据案件类型和犯罪人的"可改造性"强弱来进一步考虑究竟应侧重哪种更为具体的目的（威慑、去犯罪能力、改善）；[2]至于一般预防通常无须再去考虑，因为实现报应目的时便已伴随一定的一般预防效果，只是在一般预防较小（或没有）的情况下，理应做量刑从宽的处理。[3]

综上所述，在量刑理念的选择上，"附条件优先"法的思路更为可取，该方法并非事先对刑罚目的作简单的先后排序，而是以明晰各目的的特点为前提，谨慎设置优先权，以期让刑罚适用的效果最大化。循此思路，在建构刑罚目的的冲突解决方案时，至少应包括两个层次的考量：其一，应当以报应作为量刑的首要目的，且无须刻意考虑一般威慑的，因为报应目的的实现通常已伴随一定的一般威慑效果。其二，对于其他特殊预防目的，不宜事先预设其考量顺序，可以结合具体个案的犯罪类型和犯罪人的可改造性强弱来判断究竟应侧重哪种更为具体的目的。

（二）量刑方法的探寻

有学者曾归纳了我国量刑失衡的原因，既有来自外界的不当干预，如被害人对诉讼的不当干预、社会舆论对量刑的不当影响、经济犯罪案件中的地方保护等，也有源自法官自身的原因，如法官在准确识别和评价量刑情节方面的能力不足或仍秉持严打观念等。但以上种种原因均为表明，导致我国量刑失衡问题的关键在于"法官的量刑活动缺乏根本性的、方法论上的制约"。[4]与学理上进行精细繁复的理论推演所不同的是，量刑实务中的方法论建构需要尽可能地简单明了和简便易行。2013 年《量刑指导意

---

[1] Paul H. Robinson, *Distributive Principles of Criminal Law*: *Who should be Punished how Much?*, Oxford University Press, 2008, pp. 233-234.

[2] 例如，累犯的可改造性弱，可重点考虑剥夺其犯罪能力；对于可改造性强的未成年犯，可着重考虑改造和威慑；针对实施恐怖主义犯罪、黑社会性质犯罪和严重暴力犯罪的犯罪人，应侧重于剥夺其犯罪能力；至于过失犯、渎职犯等，应着重实现威慑目的。

[3] 时延安：《酌定减轻处罚规范的法理基础及司法适用研究》，载《法商研究》2017 年第 1 期，第 103 页。

[4] 周光权：《量刑的实践及其未来走向》，载《中外法学》2020 年第 5 期，第 1151-1152 页。

见》确立了"量刑起点→基准刑→宣告刑"的"三阶式"量刑步骤。这三个步骤之间相互联系、互为前提，其中，基准刑的确定以量刑起点为前提，而宣告刑的确定又以基准刑为基础，该裁量方法弥补了我国长期以来量刑实务中的方法阙如，有助于纠正传统的"估堆式"量刑。有关"三阶式"量刑步骤的探析，需要从其建构过程、基本法理及意义评析方面加以展开。

1. "三阶式"量刑步骤的建构过程

法官在量刑时通常存在两种思维路径，一种是"顺向思考+基准"模式，该模式强调"精算"，通过对犯罪事实和量刑情节的理性评价，在以（狭义）量刑基准为参照的浮动空间内获得合适的量刑结论；另一种是"逆向思考+检验"模式，该模式被认为先依靠"直觉"捕捉一个具体的刑量，然后再对其进行检测或论证。[1]上述两种思维可能同时存在于法官的脑海之中，但就量刑结论的正当性而言，顺向思维模式因遵循一定的参考基准，在分析同类案件时更易得出相对一致的量刑结论，无疑比逆向思维模式更符合"依法"的要求。为凸显顺向思维的重要性，最高人民法院明确规定了"量刑步骤"，其形塑过程如下：

2008年最高人民法院公布的《人民法院量刑指导意见（试行）》规定了"基准刑→宣告刑"的"两步式"量刑步骤：（1）确定基准刑，其依据是犯罪行为的社会危害程度；（2）确定宣告刑，通过体现被告人主观恶性和人身危险性的量刑情节来调节基准刑，以此形成最终的量刑结论。不仅如此，还将基准刑的确定过程细分为三个子步骤：①根据犯罪基本事实确定量刑起点；②根据除犯罪基本事实以外的犯罪事实（如犯罪数额、后果、次数等）增加基准刑；③根据未遂、从犯等社会危害性情节减少基准刑。从文字表述来看，该指导意见规定的"基准刑"与大陆法系国家所言的责任刑（报应刑）有些许类似之处，如从确定根据来看，二者均是由犯罪行为的社会危害程度（罪行轻重）所决定；从确立过程来看，二者主要是在罪中情节（实施犯罪过程中形成的情节）的增减调节下形成。因

―――――――――

〔1〕 李安：《刑事裁判思维模式研究》，中国法制出版社2007年版，第221-222页。

此，尽管 2008 年试点文件未有意区分报应刑和预防刑的裁量，但要求首先适用与犯罪行为的社会危害性相关的情节确定基准刑，其次再适用与犯罪人人身危险性相关的预防刑情节对基准刑进行调节，其思维路径蕴含了先"报应"后"预防"的区分意识。[1]此外，2008 年试点文件在施行过程中还遭遇了如下困境：一则体现犯罪行为社会危害性大小的事实与表明犯罪人人身危险性高低的事实不易区分，有的犯罪事实（如"甲用硫酸泼乙"）既能反映犯罪行为的社会危害程度，又能表明犯罪人的再犯可能性大小；二则作为确立量刑起点的"犯罪构成事实"，其内涵与外延在各试点法院间存在较大争议。[2]鉴于此，2008 年试点文件的"两步式"量刑步骤被后续的试点文件修改。

2009 年《人民法院量刑指导意见（试行）》依然沿用了"基准刑→宣告刑"的"两步式"思路，但从其规定中已难以寻觅到"先根据犯罪行为的社会危害程度确定基准刑""再根据犯罪人的人身危险性等量刑情节调节基准刑"之类的表述，并无先"报应"后"预防"的类似表述或区分痕迹。2009 年的"两步式"量刑步骤包括（1）在相应的法定刑幅度内，根据基本犯罪事实确定基准刑。该步骤又可进一步细分为两个子环节，即①在相应的法定刑幅度内，根据基本犯罪构成事实来选择量刑起点；②以量刑起点为基础，根据其他影响犯罪构成的犯罪事实（如犯罪数额、次数、后果等）增加刑罚量，以此得出基准刑。（2）根据量刑情节对基准刑的调节结果依法确定宣告刑。2009 年试点文件的量刑步骤设计在试行过程中获得了实务界的认可，其后为了使量刑步骤更加明确易懂，2013 年《量刑指导意见》最终将确定基准刑的两个子步骤也一并纳入量刑步骤

---

〔1〕 需要说明的是，2008 年试点文件中"量刑的基本方法"部分的第 1 条是将被告人的"主观恶性"和"人身危险性"并举，相当于将"主观恶性"和"人身危险性"作为同义语，事实上，这两个概念的混用情况在实务中也并不鲜见。因此，我们可以大致得出 2008 年试点文件旨在表达先根据犯罪的社会危害程度确定基准刑，再根据犯罪人的人身危险性确定宣告刑。不过，本章并不赞成将"主观恶性"和"人身危险性"等同使用。因为"社会危害性"是对犯罪行为的危害程度和行为人罪过程度的判断，实际上已经包括行为人"主观恶性"的判断。

〔2〕 张向东：《从量刑基准到基准刑：量刑方法的革新》，载《中国刑事法杂志》2011 年第 3 期，第 44 页。

的整体布局之中，形成了"三阶式"量刑步骤：（1）选择量刑起点，其依据是"基本犯罪构成事实"；（2）得出基准刑，其依据是决定量刑起点的"基本犯罪构成事实"和增加刑罚量的"其他影响犯罪构成的犯罪事实（如犯罪数额、次数、后果等）"；（3）确定宣告刑，其依据是量刑情节对基准刑的调节结果，以及法官对全案情况的综合考虑。[1]从各步骤的任务来看，"三阶式"量刑过程可被描述为"量刑起点→基准刑→宣告刑"；就各步骤的事实依据而言，三个步骤分别对应于"基本犯罪构成事实→其他影响犯罪构成的事实→量刑情节"。2021年《量刑指导意见（试行）》并未对"三阶式"量刑步骤作出调整。

随之而来的疑问是，既然"三阶式"量刑步骤是关于量刑方法的探讨，为何其前两个步骤依然在解决定罪的问题。换言之，犯罪构成事实作为认定犯罪的依据（定罪事实），不能再作为量刑评价的对象，否则便对同一事实进行了重复评价，有违罪责刑相适应原则。这样的疑惑并不鲜见，原因是对定罪事实与量刑事实的区分看法不一，故有必要作如下说明。

第一，如果以"犯罪构成事实"作为区分定罪事实和量刑事实的形式标准，主张量刑情节是指除犯罪构成事实以外的事实情节，自然会对"三阶式"量刑步骤的前两个步存疑，认为理应归属于定罪环节考虑的"犯罪构成事实"，不应再出现于量刑环节中。依循该思路，"量刑"仅指量刑情节（除犯罪构成事实以外的事实情节）的裁量，"三阶式"量刑步骤的不合理之处在于，其前两个步骤依然在解决定罪的问题，只有第三步骤（根据量刑情节的调节比例来确定最终的宣告刑）才涉及量刑问题。然而，上述的形式区分标准并不妥当，未能正确认识犯罪构成事实与量刑情节的关系，因为一些罪中量刑情节不仅与犯罪构成密切关联，甚至本身便是犯罪构成的一部分。例如，我国《刑法》第293条规定的寻衅滋事罪具有四种行为类型，即"随意殴打他人""追逐、拦截、辱骂、恐吓他人""强拿

---

[1]　参见2013年12月23日最高人民法院《关于常见犯罪的量刑指导意见》的"量刑的基本方法"。

硬要或者任意损毁、占用公私财物""在公共场所起哄闹事",行为人只要实施了一种行为且达到了情节恶劣的程度,便可成立该罪;若行为人实施了两种以上的行为,可将其中最严重的一种情形作为定罪事实,其余情形原本属于犯罪构成事实,此时则转化为量刑情节用以从重处罚。[1]又如,未遂犯(预备犯、中止犯)、从犯(胁从犯、教唆犯)等修正的犯罪构成事实,实务中亦将其作为独立的罪中量刑情节予以评价。[2]据此可知,定罪事实和量刑事实不能以"犯罪构成"的名义作为形式区分标准,犯罪构成事实中既有定罪事实,也包含一些罪中量刑情节。

第二,即使不以"犯罪构成事实"作为定罪事实和量刑事实的形式区分标准,也可能认为"三阶式"量刑步骤具有重复评价之嫌。例如,强调犯罪构成事实若已在认定犯罪、选择法定刑环节发挥了作用,便一律不得作为量刑情节加以考虑,以免重复评价,导致一罪多罚或轻罪重罚。若"死亡结果"已被用于认定过失致人死亡罪和选择相应的法定刑幅度,则不得再作为法定刑内从重处罚的根据。[3]循此思路,若"重伤"已被用于认定故意伤害罪和选择"3年至10年有期徒刑"的法定刑幅度,便不能在量刑环节中再考虑重伤结果。实际上,"三阶式"量刑步骤与上述观点的立场并无实质性冲突,禁止重复评价亦是其应有之义,只不过"三阶式"量刑步骤更侧重于个案分析。例如,两名行为人的基本犯罪构成事实相同,其具体行为的社会危害性也存在轻重之别。以故意伤害致人重伤为例,同样是持刀致人重伤的案件,甲案的被害人被捅刺的是头部(要害部位),乙案的被害人则是腿部受伤,两案的基本犯罪构成事实相同,但二者所反映的社会危害性不同,故而在选择量刑起点时理应有所区别。[4]换言之,"重伤"这一整体性结果作为定罪和法定刑升格的依据,而"重伤"

---

〔1〕 张向东:《基准刑研究》,吉林大学 2011 年博士学位论文,第 78-79 页。

〔2〕 未遂犯(预备犯、中止犯)、从犯(胁从犯、教唆犯)等事实具有双重属性:其一,就犯罪构成而言,该类事实对基本犯罪构成进行修正,它们本身也属于犯罪构成的组成部分;其二,从功能来看,该类事实通常被视为罪中的量刑情节,对刑罚裁量产生影响。参见张向东:《基准刑研究》,吉林大学 2011 年博士学位论文,第 80 页。

〔3〕 张明楷:《刑法学(上)》,法律出版社 2021 年版,第 746 页。

〔4〕 南英主编:《量刑规范化实务手册》,法律出版社 2014 年版,第 17 页。

的具体部位和程度则对确定量刑起点发挥了作用，之所以在量刑阶段继续考虑"重伤"，是为了实现"全面评价"而非"重复评价"，是在结合具体个案的基础上对该事实作进一步的细分。由于基本犯罪构成事实中主客观情状所反映的法益侵害性不同，决定了具体个案的基本刑罚量有别，如果在量刑环节不对基本犯罪构成事实作具体分析，将导致上述甲乙两案行为人的量刑起点均为法定最低刑3年，这显然无法满足刑罚个别化的要求。

另外，对于我国刑法分则中存在大量的情节犯。有观点认为，当某种事实已作为情节严重的根据且选择了相应的法定刑幅度，便不得再将该事实作为既定法定刑内从重处罚的情节，否则有重复评价之嫌。[1]但是，该观点在具体个罪分析中存在可商之处。以寻衅滋事罪为例，"情节恶劣"或"情节严重"属于该罪的构成要件，相关司法解释规定的20余种情形均属于该罪的基本犯罪构成事实，仅"随意殴打他人，情节恶劣"的行为类型便包含多种情形，如"致1人以上轻伤""多次随意殴打他人""持凶器随意殴打他人"等。[2]行为人实施其中任意一种，都可能符合"随意殴打他人，情节恶劣"而成立寻衅滋事罪。如果认为"致1人以上轻伤"已作为"随意殴打他人，情节恶劣"的根据，且选择了"5年以下有期徒刑"的法定刑，不得再对量刑产生影响，将无法对"致1人以上轻伤"和其余情节恶劣的情形作区分，导致所有情节恶劣的情形所对应的量刑起点均相同，这样的量刑并不合理。因此，即使个案的基本犯罪构成事实相同，其对应的刑量也有轻重之分，如若不在量刑环节对其作具体分析，势必会影响量刑公正的实现。

综上所述，在"三阶式"量刑步骤的前两个步骤中考虑犯罪构成事实与禁止重复评价之间并不存在抵牾。正如最高人民法院指出，"定罪事实本身也是最基础、最根本的量刑事实（情节）""定罪事实本身就是量刑事实，与定罪无关的量刑事实只是量刑事实体系的一部分而已"。[3]考虑到定罪事实与量刑事实在程序法方面涉及不同的量刑标准和证明责任，最高人民

---

〔1〕　张明楷：《刑法学（上）》，法律出版社2021年版，第746页。

〔2〕　南英主编：《量刑规范化实务手册》，法律出版社2014年版，第260页、第264页。

〔3〕　南英主编：《量刑规范化实务手册》，法律出版社2014年版，第22页、第306页。

法院区分标准为，除基本犯罪构成事实以外的事实情节均属于量刑事实（参见图4-1）。对应于"三阶式"量刑步骤，即第一步骤中的事实为定罪事实，第二、第三步骤中的事实属于量刑事实，即第二、第三步骤的事实合称为广义的量刑情节，而第三步骤的事实则为狭义的量刑情节。[1]

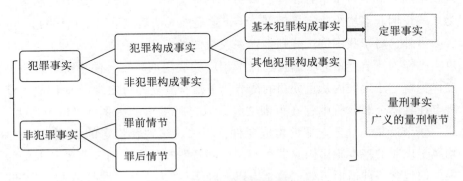

图4-1　定罪事实与量刑事实

2. "三阶式"量刑步骤的基本法理

（1）量刑起点的选择。

选择合理的量刑起点对于克服量刑失衡具有重要意义，一方面，因为确定量刑起点的根据是"基本犯罪构成事实"，能确保在第一步量刑时进入法官视野的事实因素大致相同；另一方面，我国现行量刑指导意见为常见犯罪规定了量刑起点幅度，是对法定刑幅度的进一步细化，有助于确保司法人员在选择量刑起点时不会出现较大偏差。相比较而言，我国量刑步骤的第一步与英国量刑指南的设计思路具有共通之处。英国量刑指南的步骤1被视为"最严格"的部分，它以完全列举的方式规定了犯罪的主要事实因素，决定了法官在该步骤中考虑相同的事实因素；一旦法官将行为的损害程度和行为人的有责性大小分别归属于相应的类别之中，也就基本确定了个案的量刑起点和量刑范围。由此可见，在第一步中尽可能地让司法人员作出一致选择，对于实现量刑公正至关重要。

─────────

〔1〕　南英主编：《量刑规范化实务手册》，法律出版社2014年版，第3-4页、第22页。

需要注意的是，最高司法机关关于"基本犯罪构成"的解释与学界的通常理解存在差异。在学理上，一般是在两种意义上使用"基本犯罪构成"概念。①讨论犯罪构成的分类时，基本犯罪构成与修正犯罪构成相对应，前者是指刑法分则针对单独的既遂犯所规定的构成要件，后者是指共犯、未遂犯等的构成要件。②对于具有多档法定刑幅度的个罪而言，基本犯罪构成与加重犯罪构成或减轻犯罪构成相对应，通常每一具体个罪只有一个基本犯罪构成。然而，按照量刑改革项目组的解释，"基本犯罪构成与法定刑是一一对应关系"。[1]也就是说，当某一具体个罪包含多档法定刑幅度时，每一档法定刑幅度内都有与之对应的基本犯罪构成。例如，《刑法》第234条的故意伤害罪具有3档法定刑，其中，第1档法定刑的基本犯罪构成事实是"致1人轻伤，情节一般的"；第2档法定刑的基本犯罪构成事实是"致1人重伤，情节一般的"；第3档法定刑的基本犯罪构成事实则是"以特别残忍的手段故意致1人重伤，造成6级严重残疾，情节一般的"。当某一具体个罪只有一档法定刑幅度时，如《刑法》第245条非法侵入住宅罪，便只有一个基本犯罪构成。由此可知，我国量刑规则中的"基本犯罪构成"是指同一罪名下、不同法定刑幅度所对应的基本犯罪构成，相当于将学界所言的加重犯罪构成或减轻犯罪构成都纳入"基本犯罪构成"的范畴中。[2]

（2）基准刑的确定。

作为"三阶式"量刑步骤的第二步，确定基准刑是承前启后的重要环节。基准刑和量刑基准概念在我国经历一个从混用到分离的阶段，在量刑规范化改革的调研论证初期，受某些基层法院的量刑改革影响，量刑指导意见的前8稿均采用了"量刑基准"概念，直到2008年试点文件才将

---

〔1〕　熊选国主编：《量刑规范化办案指南》，法律出版社2011年版，第40页。

〔2〕　量刑改革项目组的原文表述是"基本犯罪构成不仅是指构成某个犯罪（基本罪）的最基本的犯罪构成，而且也包括重罪（轻罪）或者更重罪（更轻罪）的基本犯罪构成……在基本罪、重罪、更重罪的构成中，均存在基本犯罪构成。"参见熊选国主编：《量刑规范化办案指南》，法律出版社2011年版，第40-41页；南英主编：《量刑规范化实务手册》，法律出版社2014年版，第15-16页。

"量刑基准"修改为"基准刑",并赋予了二者不同的内涵。[1]事实上,在基准刑概念被明确提出之前,学界和实务界探讨较多的也是量刑基准。量刑基准概念对于我国而言并非全然属于一个舶来品,早在 20 世纪 80 年代初期便有学者对"中线论"进行了批判,主张量刑应先根据罪情把基本刑量准,在此基础上进一步确定从重从轻的刑期,最后依法判处宣告刑。[2]另有学者受马克思观点的启发,即"一切科学只有在成功地运用数学时,才算达到了真正完善的地步",于是开展了数学模型应用于量刑的有益探索。[3]这些观点是我国早期关于量刑基准的理论雏形,其研究方法对后来的学术研究有启蒙性意义,但上述学说对量刑基准本身并未予以明确阐释,因而量刑基准的理论构造并没有被充分搭建起来。

域外量刑基准的学说真正在我国学界产生反响的是 20 世纪 90 年代,其中,颇具代表性的是日本学者曾根威彦对量刑基准的界定,即量刑基准是刑罚量定时应考量的对象和所遵循的原则。[4]该定义被称为广义的量刑基准,学者大谷实亦持类似立场,认为量刑基准包括应当以什么为考虑对象,以及基于何种原则来进行刑的量定,故而又可谓之刑的量定基准或裁量基准。[5]而学者城下裕二则主张量刑基准是一种客观的两重存在:一种是抽象的、一般的量刑基准,是从评价范围上来考虑哪些量刑因素应被纳入量刑范畴;另一种是具体的、可操作的量刑基准,是从评价方法角度,对刑罚量随着犯罪危害量而变化的量刑规律加以认识。[6]由此可见,广义

---

〔1〕 张向东:《从量刑基准到基准刑:量刑方法的革新》,载《中国刑事法杂志》2011 年第 3 期,第 42-44 页。

〔2〕 江维茂:《怎样掌握从重从轻的量刑标准?》,载《西南政法学院学报》1981 年第 4 期,第 58-59 页。

〔3〕 郑昌济:《数学模型在量刑中的应用——量刑精确化的探索》,载《中南政法学院学报》1986 年第 1 期,第 61 页。

〔4〕 [日]曾根威彦:《量刑基准》,载《日本刑事法的形成与特色——日本法学家论日本刑事法》,西原春夫主编,李海东等译,中国法律出版社、日本成文堂出版社联合出版 1997 年版,第 140-141 页。

〔5〕 [日]大谷实:《刑事政策学》,黎宏译,法律出版社 2000 年版,第 177 页。

〔6〕 [日]城下裕二:《量刑基准的研究》,成文堂 1995 年版,第 13-14 页。转引自:姜涛:《〈唐律〉中的量刑制度及其历史贡献》,载《法学家》2014 年第 3 期,第 109 页。

说通常是从三个方面来定义"量刑基准"究竟是什么：一是从量刑原则角度阐明量刑所欲实现的刑罚目的，如以"相对报应论"作为刑罚正当化根据，探讨如何处理责任刑（报应刑）与预防刑之间的关系；二是从评价对象角度讨论哪些事实因素应被纳入量刑的考虑范畴；三是从判断方法上来研究处理量刑情节的具体方法，以期让学理上的量刑基准能够与实践有效接轨。当然，日本学界对于量刑基准概念的探索并不止步于此，囿于广义说有突破"量刑基准"语词的涵摄边界之嫌，学者们又试图从狭义维度来界定量刑基准，将其视为某抽象个罪在排除任何量刑情节影响的既遂状态下所对应的刑罚量，即"量刑的幅度变化值"。[1]如前所述，大陆法系学者在广义维度谈及量刑基准时，通常从量刑原则、评价对象和判断方法三个方面来具体展开，而狭义说更倾向于把量刑基准视为某一特定的刑罚量。随着我国的量刑研究的不断深入，关于量刑基准的解析维度也大致有广义说与狭义说之分，下面将分而述之：

其一，我国学者对量刑基准的广义界定与大陆法系学者较为接近。如，有观点主张，量刑基准主要用于解决的问题是，以何种事项作为量刑的考虑对象，应依据何种原则来进行刑罚量定等。[2]另有学者认为，量刑基准是处理刑罚正当化根据的二律背反问题的理论，以"只能在责任刑的限度内考虑预防目的"为前提，进而判断究竟应在责任刑的"点"之下抑或"幅"之内考虑预防目的。[3]还有学者提出，量刑基准是由刑法明文规定或由理论归纳出的量刑指导原理，用于阐明责任与预防的关系，明确量刑情节的范围、评价和比较。不过，广义说在我国也遭受了诸多非议，批评之声可归纳为以下三点：一则认为该说超过了"量刑基准"语词本身的涵括力，存在概念不周延之嫌，与其将量刑时所考虑的事实因素也纳入量刑基准的名下，不如直接作为量刑情节加以讨论。[4]二则指出该说将刑罚

---

〔1〕 ［日］曾根威彦：《量刑基准》，载《日本刑事法的形成与特色——日本法学家论日本刑事法》，西原春夫主编，李海东等译，中国法律出版社、日本成文堂出版社联合出版 1997 年版，第 150-151 页。

〔2〕 陈兴良：《刑法适用总论（下卷）》，法律出版社 1999 年版，第 282 页。

〔3〕 张明楷：《刑法学（上）》，法律出版社 2021 年版，第 761 页。

〔4〕 周光权：《量刑基准研究》，载《中国法学》1999 年第 5 期，第 132 页。

本体论和量刑方法论混为一谈，因为广义的量刑基准相当于量刑根据，是从抽象理念来说明决定刑罚量的根据为何，应归为刑罚本体论问题；而狭义的量刑基准是指作为裁量具体犯罪时所参考的基准刑罚量，应属于量刑方法论的范畴，对于量刑规范化和公正化具有重要意义。[1]三则认为该说迷失于刑罚目的之争，导致量刑基准研究沦为对刑罚正当性的重复发问，从而无法发挥出量刑基准的实践运用价值。[2]

其二，我国亦有学者从狭义维度来界定"量刑基准"，具体可分为抽象个罪说和具体个罪说之争，前者主张量刑基准是指针对已选择一定法定刑幅度的抽象个罪，在一般既遂状态下所对应的刑罚量（不考虑任何量刑情节）；[3]后者则认为抽象个罪说并不可取，因为脱离个案犯罪事实以探寻一个"放之四海皆准"的抽象个罪量刑基准是不可行的，即便是"零情节"的犯罪也完全可能对应于较重或较轻的犯罪事实，故主张应根据具体个案中的罪行轻重来确定相应的量刑基准。[4]与广义的量刑基准相比，狭义说（无论是抽象个罪的量刑基准，还是具体个罪的量刑基准）只是责任刑的起点理论，其基本逻辑是在不考虑任何量刑情节的前提下，确定"裸的犯罪事实"所对应的刑罚量，然后再用法定或酌定量刑情节对此进行调节。持广义说立场的学者认为，狭义的量刑基准论不仅无法体现责任主义对量刑的限制，相反还潜藏为了预防犯罪而突破责任刑的可能。[5]在制定量刑指导意见的过程中，量刑改革项目组指出"量刑基准"理论存在缺陷，以"致人重伤且具有自首情节"为例，若将"致1人重伤"作为量刑

---

[1] 林亚刚、邹佳铭：《关于量刑基准的几个基本问题》，载《学术界》2009年第3期，第170页。

[2] 姜涛：《重新理解量刑基准：从点幅之争到确立程式》，载《云南师范大学学报》（哲学社会科学版）2012年第1期，第112页。

[3] 周光权：《量刑基准研究》，载《中国法学》1999年第5期，第128页。

[4] 以《刑法》第294条组织、领导、参加黑社会性质组织罪为例，实施此类行为，处3年以上10年以下有期徒刑。行为人可能并不具备任何法定或者酌定的从轻或者从重情节，但是其行为本身可能属于其中较轻的一种，也可能属于其中较重的一种，而行为本身情节性质较轻或者较重并不属于任何量刑情节范畴，而是属于基本事实范畴。参见林维：《论量刑情节的适用和基准刑的确定》，载《法学家》2010年第2期，第38页。

[5] 张明楷：《刑法学（上）》，法律出版社2021年版，第716页。

基准，则以自首情节来调节该量刑基准，进而确定宣告刑；如果案情变为"致 2 人重伤且具有自首情节"，前述"致 1 人重伤"的量刑基准便无法发挥作用，不能再作为该案例中自首情节的度量基准。基于此，项目组认为"量刑基准"无法堪当度量基准的重任。[1]根据前述分析不难发现，我国量刑改革项目组所批判的是狭义量刑基准中的抽象个罪说，将量刑基准视作事先为抽象个罪而设定的量刑参照物，进而认为这样的量刑基准无法应对实务中的复杂情况，所以不足为取。

　　综上所述，学者们对"量刑基准"进行了多维解读，其中，广义的量刑基准侧重于体系化构建，围绕量刑原则、评价对象和判断方法展开了多层次的讨论，试图廓清责任刑（报应刑）与预防刑之间的关系，而不局限于为个罪裁量提供参考基准；相比之下，狭义说则偏向于实用主义，致力提出切实可行的量刑基准确定方法。在量刑改革过程中，由于学界与实务界一直未能就量刑基准的理解达成共识，2008 年试点文件绕开了量刑基准概念而代之以"基准刑"，并明确规定了基准刑的概念及其确定方法。随后，为了防止在界定基准刑概念时出现分歧，增强量刑指导意见的实用性，2010 年试点文件及其后续的量刑指导意见均不再对基准刑概念进行界定，而是专注于调整和完善基准刑的确定步骤。在最高人民法院的语境下，基准刑的特征可归纳为：（1）基准刑针对的是具体个罪而非抽象个罪，不同的犯罪具有不同的基准刑；（2）基准刑需结合具体犯罪构成事实来确定，而非事先设定的参考基准；（3）确定基准刑时并非不考虑任何量刑事实，而是需要考虑"其他影响犯罪构成的事实"，如犯罪数额、次数和结果等，这些事实亦属于"量刑事实"的范畴；（4）基准刑一旦被确定，便是一个确定值而非一个幅度。[2]由此可见，在我国的量刑改革中，最高人民法院并未针对抽象个罪而统一设定一个刑罚量，而是让法官结合个案犯罪构成事实来确定基准刑，相当于依循狭义量刑基准中的具体个罪

　　〔1〕　熊选国主编：《〈人民法院量刑指导意见〉与"两高三部"〈关于规范量刑程序若干问题的意见〉理解与适用》，法律出版社 2010 年版，第 66—67 页。
　　〔2〕　熊选国主编：《〈人民法院量刑指导意见〉与"两高三部"〈关于规范量刑程序若干问题的意见〉理解与适用》，法律出版社 2010 年版，第 76 页。

说的思路，不论是"基准刑"抑或狭义量刑基准论，都旨在探寻量刑的参照基准。从量刑基准的纷争到基准刑概念的确立，我国有学者将该过程视为"司法理性的一次嬗变"，纵然存在者均具有一定的（相对）合理性，但唯有经过适应性验证的概念方能在司法实践中存续。[1]

当前，基准刑的确定根据是"总的犯罪构成事实"，既包括量刑起点所对应的基本犯罪构成事实，又涉及其他影响犯罪构成的犯罪事实。在实务中，"基本犯罪构成事实"与"其他影响犯罪构成的犯罪事实"之间的界限并不清晰，量刑改革项目组亦指出，在制定量刑指导意见的过程中尚未找到明确的标准来区分二者。[2]为使"其他影响犯罪构成的犯罪事实"的外延更加明确，可从下述方面进行教义学阐释：（1）"其他影响犯罪构成的犯罪事实"是刑法分则明文规定的犯罪构成事实。例如，犯罪手段并不是故意杀人罪的构成要件，以"以残忍的手段"杀人是故意杀人罪的量刑情节，故而不能将其放在量刑的第二步骤中评价。（2）若某事实已被量刑第一步骤考虑，在第二步骤中则要避免重复评价。①关于犯罪手段，我国刑法一般将其规定为行为犯或结果犯的构成要件。以抢劫罪的犯罪手段为例，"一般的暴力、胁迫手段"可作为第 1 档法定刑幅度（3 年以上 10 年以下有期徒刑，并处罚金）的基本犯罪构成事实，用于确定量刑起点；而超过一般暴力程度的手段可作为该罪的其他影响犯罪构成的犯罪事实，用于在量刑起点的基础上增加刑罚量以形成基准刑。②有关犯罪数额，以盗窃罪为例，"数额较大""数额巨大""数额特别巨大"可分别作为该罪3 档法定刑幅度的基本犯罪构成事实，超出数额较大、巨大和特别巨大的部分便可作为其他影响犯罪构成的犯罪事实。③对于犯罪次数，纯粹的数额犯（如诈骗罪和职务侵占罪）通常是以累积的数额作为犯罪构成要件，并未将犯罪次数作为其构成要件，故一般不会以次数作为其他影响犯罪构成的犯罪事实来增加刑罚量。非纯粹的数额犯（盗窃罪、敲诈勒索罪），如果数额较大且实施 3 次以上，可以将犯罪数额作为基本犯罪构成事实，

---

〔1〕 于阳：《量刑规范化之适应性调整研究》，载《政法论丛》2018 年第 4 期，第 30 页。

〔2〕 熊选国主编：《量刑规范化办案指南》，法律出版社 2011 年版，第 282 页。

在此基础上将超出入罪起点的犯罪数额及犯罪次数作为增加刑罚量的根据。④针对犯罪结果，一般是将超出基本犯罪构成事实的结果作为其他影响犯罪构成的犯罪事实。若某罪的构成要件同时涵盖多种结果，只要行为造成一种结果即成立犯罪，其他超出基本犯罪构成事实的结果均可作为增加刑罚量的根据。以交通肇事罪为例，该罪的第 1 档法定刑幅度对应"致人重伤、死亡或使公私财产遭受重大损失"三种结果，实务中一般是以最重的危害结果确定量刑起点，其他结果可归入其他影响犯罪构成的犯罪事实。⑤关于行为方式，有的选择性罪名（走私、贩卖、运输、制造毒品罪）涵盖了多种行为方式。若行为人同时实施了两种以上的行为，一般是以危害最重的行为方式作为基本犯罪构成事实，其他行为方式则用于确定基准刑。[1]

（3）宣告刑的裁量。

"三阶式"量刑步骤的最后一步要求法官运用量刑情节调节基准刑，并综合考量全案情况得出宣告刑，故需要明晰量刑情节的范围。广义的量刑情节（图 4-1 中的"量刑事实"），是指除基本犯罪构成事实以外的，与犯罪行为或犯罪人相关的，影响行为的社会危害性大小和犯罪人的人身危险性高低，并决定是否适用刑罚、处刑宽严或免除处罚的各种事实情况，具体包括①非犯罪事实，即罪前和罪后情节；②犯罪事实中的非犯罪构成事实，如持械重伤他人情形中的"持械"情节；③犯罪事实中（除基本犯罪构成事实以外）的其他犯罪构成事实，如犯罪手段、数额、次数、结果，以及行为方式等；④与犯罪人刑事责任大小相关的情节，如未成年犯、聋哑犯、未遂犯或从犯等。[2]我国现行量刑指导意见将第③类情节归入量刑的第二步骤，第三步骤的"量刑情节"主要是上述①②④类情节。在"三阶式"量刑步骤的研讨过程中，曾就第④类情节的体系定位产生分歧：究竟应将其作为确定基准刑的根据而归入第二步，还是应将其作为调

---

〔1〕　参见熊选国主编：《量刑规范化办案指南》，法律出版社 2011 年版，第 49-52 页；南英主编：《量刑规范化实务手册》，法律出版社 2014 年版，第 25-27 页。

〔2〕　参见熊选国主编：《量刑规范化办案指南》，法律出版社 2011 年版，第 57-58 页。南英主编：《量刑规范化实务手册》，法律出版社 2014 年版，第 32-33 页。

节基准刑的量刑情节而纳入第三步，抑或是在第二步和第三步之间单独设立一个步骤。

2013年《量刑指导意见》是将前述第④类情节置于量刑第三步，用以调节基准刑，理由在于：首先，考虑"未成年、未遂、从犯"等情节并非所有具体个案的必经量刑步骤，故没有必要额外增设一个步骤。其次，量刑改革项目组认为，将"未成年、未遂、从犯"等情节置于第二步抑或第三步，涉及基准刑的定性，不会对量刑结论产生较大影响。若"未成年、未遂、从犯"等情节置于第二步，相当于确定"具体犯罪人"的基准刑。若"未成年、未遂、从犯"等情节置于第三步，意味着确定"具体犯罪"的基准刑。项目组最终选择了后者，以确保同一罪名下只有一个基准刑。例如，一个共同犯罪只有一个基准刑，不同被告人可以此作为共同的参照基准，继而根据各自的量刑情节来确定最终的宣告刑。[1] 此外，在处理跨刑事责任年龄的犯罪、既遂犯与未遂犯并存的犯罪时，也有助于统一各地法院长期以来的不同做法。比如，被告人实施4次抢劫，3次既遂、1次未遂，量刑时先不考虑未遂情节，全案按照抢劫既遂确定量刑起点和基准刑，再考虑1次未遂的情节，从而对基准刑进行调节。又如，被告人实施3次抢劫，实施前2次时尚未成年，第3次时已成年，量刑时先不考虑未成年犯情节，全案按照成年人犯罪确定量刑起点和基准刑，再考虑1次未成年犯的情节，以此对基准刑进行调节。至此可提炼的理论逻辑为量刑的前两步骤先以全部的犯罪构成事实确定基准刑，然后在第三步将部分未成年犯、部分未遂犯、部分从犯的情节作为从轻处罚情节，以此调节基准刑。[2]

值得注意的是，2021年《量刑指导意见（试行）》延续了"具体犯罪的基准刑"立场，将前述第④类情节置于量刑第三步考虑，同时强调在多个量刑情节并存下，应当优先适用未成年犯（老年人犯、限制行为能力的精神病犯、聋哑犯/盲人犯）、防卫过当（避险过当）、未遂犯（预备犯、

---

〔1〕 熊选国主编：《〈人民法院量刑指导意见〉与"两高三部"〈关于规范量刑程序若干问题的意见〉理解与适用》，法律出版社2010年版，第62-63页、第82-83页。

〔2〕 南英主编：《量刑规范化实务手册》，法律出版社2014年版，第34-35页。

中止犯)、从犯（胁从犯、教唆犯）等"特定量刑情节"，以确定不同年龄/精神状态/身体状况、或不同犯罪形态、或不同地位作用的犯罪人所应判处的刑罚；以此为基础，再适用其他"一般量刑情节"进行调节。之所以如此，是因为未成年犯、防卫过当、未遂犯等特定量刑情节属于刑法总则规定的"修正的犯罪构成"，是影响犯罪人刑事责任大小的主要因素；而罪前、罪后等其他一般量刑情节虽然也会影响刑事责任大小，但有必要在适用顺序上将它们与特定量刑情节作一定区分。这种区分不仅体现在适用顺序上，还体现在裁量方法上，即对特定量刑情节适用"连乘"法，对一般量刑情节适用"同向相加、逆向相减"法。[1]若用数学公式，则可表示为：基准刑×（1±特定情节 A）×（1±特定情节 B）×（1±一般情节C±一般情节 D±一般情节 F）。

假如某案件被告人是未成年人，可减少基准刑的50%；具有自首情节，可减少基准刑的20%；并具有从犯情节，可减少基准刑的30%；还具有累犯情节，可增加基准刑的10%。综上所述，该被告人的刑量计算公式为：基准刑×（1−50%未成年人犯）×（1−30%从犯）×（1+10%累犯−20%自首）。

3. "三阶式"量刑步骤的意义评析

"三阶式"量刑步骤的意义评析应涵括其理论优势与尚存不足两个方面。值得肯定的是，将传统刑法理论转化为简单明了、简便易行、具有可操作性的"三阶式"量刑步骤，是我国构建量刑自主知识体系的一次有益探索，对改变"估堆式"量刑与克服量刑失衡具有重要意义。不过，任何制度设计都会存在一些不尽如人意之处，具体而言：第一，为提高量刑规则的可操作性，我国采取"定性分析为主，定量分析为辅"的量刑方法。问题是，追求量刑方法的简明化会导致一些既有的刑法原理受到折损。第二，"三阶式"量刑步骤有助于司法人员采取一致的量刑方法，从而提高

---

〔1〕　关于"特定量刑情节"与"一般量刑情节"的区分，参见熊选国主编：《〈人民法院量刑指导意见〉与"两高三部"〈关于规范量刑程序若干问题的意见〉理解与适用》，法律出版社2010年版，第88−90页；南英主编：《量刑规范化实务手册》，法律出版社2014年版，第33−34页。

我国量刑方法的一致性。但是，量刑的阶层性思维在我国尚未完全确立，个案事实在各步骤之间的错置情况仍有发生，在一定程度上影响量刑公正的实现。第三，现行量刑指导意见未严格区分责任刑（报应刑）情节和预防刑情节，量刑趋重的制约措施不足。综上所述，我国量刑现行法在解决原问题（估堆式量刑）时，也产生一些新问题（过于追求简明化），且未充分发挥其自身价值（量刑的阶层性思维未完全确立），以及克服量刑失衡的效果仍显不足（难以应对量刑趋重）。上述不足是制约"三阶式"量刑步骤实践效果的症结所在。

（1）定性与定量之间的冲突有待调和。

我国量刑指导意见的前 8 稿均是以定性分析法来指导实践，但纯粹的定性分析无法满足司法实践的可操作性需求，难以有效纠正既往"估堆式"量刑习惯，于是最高人民法院决定在第 9 稿量刑指导意见中引入定量分析法。[1]此后，定量分析法的地位在量刑改革中逐渐明确，2013 年《量刑指导意见》要求量刑活动应建立在定性分析的基础上，并结合定量分析，依次确定量刑起点、基准刑和宣告刑。2017 年修订版《量刑指导意见》亦强调量刑改革是一项长期工作，需立足"定性分析为主，定量分析为辅"的方法来不断完善。在量刑领域，既要承认法在应然层面具有确定性的品格，也应承认法在实然层面具有一定程度的不确定性。[2]从这个意义来看，定性与定量分析之间不是非此即彼的互斥关系，我国量刑指导意见引入定量分析法意味着在应然层面追求量刑结果的确定性、可预测性，而定性分析则可以继续用以应对实然层面中存在的不确定性，二者相辅相成。目前，定量分析在我国量刑规则中的体现有二：一是最高司法机关规定了常见罪名的量刑起点幅度，以及常见量刑情节的调节比例，各地据此制定实施细则，从而为刑量计算提供了可参考的裁量标准；二是提炼出了"部分连乘，部分相加减"的量刑情节适用方法，可表示为：基准刑×(1±

---

〔1〕 熊选国主编：《〈人民法院量刑指导意见〉与"两高三部"〈关于规范量刑程序若干问题的意见〉理解与适用》，法律出版社 2010 年版，第 11-12 页。

〔2〕 白建军：《基于法官集体经验的量刑预测研究》，载《法学研究》2016 年第 6 期，第 153 页；熊选国主编：《量刑规范化办案指南》，法律出版社 2011 年版，第 61 页。

特定情节 A）×（1±特定情节 B）×（1±一般情节 C±一般情节 D±一般情节 F）。这些举措使刑量计算更加简便易行，且能够被法官迅速掌握，但也对既有刑法理论带来如下挑战。

①弱化量刑情节的评价顺序。

以宣告刑裁量为例，当多个量刑情节并存时，无论是 2021 年《量刑指导意见（试行）》还是此前的量刑指导意见，均要求先适用特定量刑情节，再适用一般量刑情节。从最高人民法院出版的办案指南和实务手册来看，特定量刑情节适用的是"连乘"法，而一般量刑情节则适用"同向相加、逆向相减"法。此前，试点文件仅规定"同向相加、逆向相减"法，该方法既不需区分量刑情节的性质，亦无须考虑量刑情节的评价顺序，只是将所有的量刑情节相加减，可谓是追求量刑简明化的典型例证。问题是，当犯罪人具有多个从轻处罚情节且从宽幅度较大时，采用"同向相加、逆向相减"会得出零或者负数的量刑结论。鉴于此，量刑改革项目组以量刑情节的区分为前提，形成如今的"部分连乘，部分相加减"法，如此"更符合刑法理论和量刑思维过程""能够避免出现调节结果为零或负数的情况""得出的结果更具合理性""能够最大限度地实现罪责刑相适应"。[1]

诚然，先适用未成年犯、防卫过当、未遂犯等特定量刑情节，以确定不同年龄/精神状态/身体状况或不同犯罪形态或不同地位作用的犯罪人所应判处的刑罚，能为量刑说理提供理论支持。并且，采取"部分连乘，部分相加减"法确实能在一定程度上避免出现量刑结果为零或负数的情况。例如，某案件的基准刑是 10 年，被告人具有未遂情节，可减少基准刑的 50%；具有从犯情节，可减少基准刑的 30%；具有自首情节，可减少基准刑的 20%。若仅采用"同向相加、逆向相减"，该被告人的刑量为零［10 年×（1-50%未遂犯-30%从犯-20%自首）］；但若采用"部分连乘，部分相加减"法，该被告人的刑量约为 2 年 10 个月［10 年×（1-50%未遂

---

[1]　参见熊选国主编：《〈人民法院量刑指导意见〉与"两高三部"〈关于规范量刑程序若干问题的意见〉理解与适用》，法律出版社 2010 年版，第 88 页；南英主编：《量刑规范化实务手册》，法律出版社 2014 年版，第 34 页。

犯）×（1-30%从犯）×（1-20%自首）〕。然而，为何对特定量刑情节适用的是"连乘"法，而一般量刑情节依然适用"同向相加、逆向相减"法，其背后缺乏足够的理论依据。另外，关于特定量刑情节的裁量，虽然量刑改革项目组认为应遵循一定的先后顺序，先适用关于犯罪形态的未遂犯（预备犯、中止犯）情节，然后适用未成年犯（限制行为能力的精神病犯、聋哑犯/盲人犯）等情节，最后适用决定被告人犯罪地位和作用的从犯（胁从犯、教唆犯）情节，但该排序的理由语焉不详，似乎意在提醒司法人员注意各特定量刑情节的重要性有所不同。项目组认为"量刑情节的先后顺序并不影响结果"，[1]因为各特定量刑情节之间是一种相乘关系。同理，如果按照"同向相加，逆向相减"的思路，那么一般量刑情节的评价顺序也不再重要，孰先孰后并不会影响最终的量刑结果。

在调节基准刑时，不同的量刑情节究竟只需在调节比例上有所不同，还是仍有必要区分其适用的先后顺序？以累犯情节的认定为例，普通型累犯的成立条件包括罪质条件、主体条件、刑度条件和时间条件，其中"刑度条件"要求前罪已被判处的刑罚和后罪应被判处的刑罚都至少是有期徒刑。在具体判断后罪是否属于"应被判处有期徒刑以上刑罚"之罪时，学界存在"累犯后置论"和"累犯前置论"两种不同主张，具体而言：其一，"累犯后置论"的基本逻辑是把除前罪事实之外的所有情节作为后罪是否"应被判处有期徒刑以上刑罚"的评判基础，累犯情节的认定不仅后置于影响行为社会危害性程度的罪中情节，还后置于自首、立功、赔偿被害人、行为人与被害人的关系等法定或酌定的罪后情节。[2]该说在实践中可能存在两点缺陷：一是法官可能会不由自主地陷入"由于被告人是累犯，所以后罪应判处有期徒刑"，然后"因为后罪应判处有期徒刑，所以被告人构成累犯"的循环论证之中。例如，被告人曾因 A 罪被判处 3 年有期徒刑，在刑罚执行完毕 2 年后再次实施 B 罪（无其他量刑情节），被告

〔1〕 参见熊选国主编：《〈人民法院量刑指导意见〉与"两高三部"〈关于规范量刑程序若干问题的意见〉理解与适用》，法律出版社 2010 年版，第 89-90 页；熊选国主编：《量刑规范化办案指南》，法律出版社 2011 年版，第 60 页。
〔2〕 王利荣：《普通累犯制度的法律解析》，载《中国刑事法杂志》2005 年第 6 期，第 36 页。

人的 B 罪犯罪事实对应于"3 年以下有期徒刑、拘役或管制"的法定刑幅度，原本存在适用拘役刑的可能，但法官在量刑时难免会先认定被告人系累犯，然后基于累犯应当从重处罚的考量而对其径行判处有期徒刑。二是可能导致量刑过重，因为一旦构成累犯，在先适用的从宽情节已无法对从严情节产生约束，于是仅剩下的累犯情节便很可能被赋予一个较高的调节比例，最终的量刑结论必然是在有期徒刑以上，不可能出现对累犯适用拘役的情况。其二，鉴于"累犯后置论"具有上述缺陷，持"累犯前置论"的学者主张，累犯情节的适用应优先于其他罪后情节。作为累犯成立条件之一的"应被判处有期徒刑以上刑罚"，应理解为根据"案中事实"（罪中情节）所得出的"准量刑结论"，以此为被告人先划定了一个刑罚上限，进而使其他具有从宽处罚功能的罪后情节拥有充分适用的余地。如此一来，即使被告人被认定为累犯，在其他从宽处罚情节的调节下，也仍然存在适用拘役的可能。[1]不过，累犯前置论也并非完美无缺，有时甚至会导致累犯的适用范围过大。例如，在一些可能被判处 1 年以下有期徒刑的案件中，若采取累犯后置论，通过分析后罪的犯罪事实和罪后的从宽情节等因素，较容易得出适用拘役而不认定为累犯的结论。反观累犯前置论，由于该说仅根据"案中事实"（罪中情节）来判断是否符合累犯的刑度条件，在不考虑罪后从宽情节的情况下可能会得出适用有期徒刑的"准量刑结论"，进而认定构成累犯；即使之后可以通过罪后情节的调节作用而对被告人适用拘役，也仍然不当地扩大了累犯的适用范围。由此可见，在后罪较轻且具有一些罪后从宽情节的场合，根据上述两种学说虽然最终都能得出适用拘役的量刑结论，但相较于累犯前置论，累犯后置论更容易合理限制累犯的成立范围。诚然，这两种学说各有利弊，但足以说明，以量刑方法简便易行为导向的同时，量刑情节的评价顺序不容忽视。

②有损量刑情节的调节功能。

最高司法机关陆续出版了多部量刑实务指南，反映了我国不同时期的

---

〔1〕　付立庆：《累犯情节前置论》，载《法学》2014 年第 7 期，第 137 页、第 139–140 页。

量刑方法论特点。2011 年版《量刑规范化办案指南》中指出，根据传统的定性分析法，法官往往是先确定量刑情节的从宽或从严性质，进一步确定该量刑情节的具体权重，即从宽或从严的具体刑期。然而，根据 2010 年《量刑指导意见（试行）》确立的"定性+定量"分析思路，法官需要首先确定量刑情节的权重，再根据量刑情节对基准刑的调节结果得出量刑情节的性质。这种"先确定调节比例、后判断情节性质"的思路，在当时被认为是一种更为科学合理的方法，如在被告人同时具有自首、立功和积极赔偿的案件中，以各量刑情节对基准刑的调节结果为参照，来确定自首情节究竟是从轻处罚情节抑或减轻处罚情节，会比仅凭被告人具有自首情节便确定其性质更为科学合理。[1]

【案例 3】

在一起因民间纠纷引发的故意伤害案中，被告人甲持械将被害人乙打成重伤，经鉴定，被害人身体有多处重伤。作案后，被告人甲将被害人乙送至医院抢救，并在家人陪同下到侦查机关自首，积极赔偿被害人经济损失并取得被害人谅解。

在本案中，故意伤害致人重伤对应于该罪第 2 档法定刑幅度（处 3 年以上 10 年以下有期徒刑）。根据"三阶式"量刑步骤，本案的量刑过程可以表述为：

一是确定量刑起点为 3 年 6 个月。

二是因多处重伤可增加刑罚量 6 个月，故基准刑为 4 年。

三是本案的量刑情节包括①持械可增加基准刑的 10%；②自首可减少基准刑的 30%；③积极抢救被害人可减少基准刑的 15%；④本案因是民间矛盾可减少基准刑的 15%；⑤积极赔偿并取得被害人谅解，可减少基准刑的 20%。

据此，被告人甲的刑量约为 1 年 2 个月 [4 年 × （1+10%持械-30%自

---

〔1〕 熊选国主编：《量刑规范化办案指南》，法律出版社 2011 年版，第 65—66 页。

首-15%积极抢救被害人-15%民间矛盾-20%积极赔偿并取得被害人谅解）〕。本案的拟宣告刑1年2个月低于最初所选法定刑幅度的最低刑3年，但考虑自首情节具有减轻处罚功能，故而可直接以"1年2个月"的调节结果作为被告人甲的宣告刑。[1]从上述分析可知，自首情节究竟属于从轻处罚情节抑或减轻处罚情节，需要根据所有量刑情节对基准刑的调节结果来确定。其基本逻辑是由于量刑情节对基准刑的调节结果低于最初所选法定刑幅度的最低刑，所以自首属于减轻处罚情节。问题是，量刑情节的调节比例未必合理，以此得出的调节结果仅有参考价值，若根据调节结果"倒推"自首情节的性质，其合理性存疑。上述分析过程有违刑法的基本原理，只有自首被认定为减轻处罚情节，才能在法定刑幅度之下量刑。

自2013年《量刑指导意见》正式施行之后，2014年版《量刑规范化实务手册》中未明确要求司法人员在处理多情节并存的案例时须遵循"先确定调节比例、后判断情节性质"的裁量思路，但是在阐明"确定宣告刑的方法"部分仍援引上述因民间纠纷引发的故意伤害案，且未对该案的量刑分析过程作任何变动。据此，2014年版《量刑规范化实务手册》中依然默认了"先确定调节比例、后判断情节性质"的方法。[2]这种量刑情节竞合处理的思路在2016年出现了转变，2016年出版的指导案例手册中载明了两种实务立场：一种做法是延续了2011年、2014年出版物的量刑指导，先分别确定各量刑情节的调节比例，量刑情节的性质视调节结果而定。若调节结果处于法定刑幅度之内，则该案适用的是从轻或从重处罚情节；若调节结果低于法定最低刑，则该案适用的是减轻处罚情节。另一种做法是先综合分析所有量刑情节，整体上把握全案的量刑方向是从宽（从轻、减轻、免除处罚）抑或从严（从重处罚）。若符合免除处罚的要求，则直接依法定罪免刑，不必再适用"三阶式"量刑步骤。除此之外，需要先分别确定量刑情节的性质是从轻、减轻还是从重处罚，再合理确定它们各自的

---

〔1〕　案例来自最高人民法院的实务手册，参见南英主编：《量刑规范化实务手册》，法律出版社2014年版，第40页。

〔2〕　南英主编：《量刑规范化实务手册》，法律出版社2014年版，第40页。

权重，进而利用量刑情节调节基准刑以得出拟宣告刑。2016 年《量刑规范指导案例》明确赞成第二种方法，即"先判断情节性质、后确定调节比例"，与 2011 年版和 2014 年版出版物所持的立场相反，理由是定性分析法在量刑过程中应始终处于主导地位，而定量分析只能是一种辅助性手段。[1]需肯定的是，这样的调整有助于凸显定性分析的重要性，避免"三阶式"量刑步骤在实践中沦为机械、僵硬的数学运算。接下来，以 2016 年版《量刑规范指导案例》的案例作简要说明。

【案例 4】

在"王某故意伤害案"中，被告人王某曾于 2008 年 5 月 8 日因犯掩饰、隐瞒犯罪所得罪而被判处有期徒刑 10 个月，2010 年 9 月 10 日因犯开设赌场罪而被判处有期徒刑 2 年 1 个月，2011 年 12 月 5 日刑满释放。2014 年 2 月 18 日，被告人王某因赌资纠纷与被害人程某发生争执，在互殴过程中，王某持刀将程某的右手拇指和中指砍伤，致被害人重伤二级。案发后，被告人王某自动投案，如实供述自己的罪行，并赔偿被害人且取得原谅。

本案的量刑分析过程如下：故意伤害致 1 人重伤对应该罪第 2 档法定刑幅度（处 3 年以上 10 年以下有期徒刑）。就本案的量刑情节而言，法定量刑情节有累犯（应当从重处罚）和自首（可以从轻、减轻处罚），酌定量刑情节有前科（酌定从重处罚）、积极赔偿被害人并取得谅解（酌定从轻处罚）、持刀伤人（酌定从重处罚）。需要考虑的其他因素是本案虽属于事发有因（赌资纠纷），但尚不构成被害人存在过错的情形。综合考虑上述情节，被告人所犯前罪均属于非暴力性犯罪，且前罪所判刑期均在 3 年以下；另外，还存在自首、积极赔偿被害人等罪后情节。基于此，全案情节总体上相对较轻，故而决定将自首情节视为减轻处罚情节。不过，考虑本案毕竟存在累犯、持刀伤人等从重处罚情节，故在减轻处罚所对应的法定刑幅度内进行从重处罚。

---

〔1〕 南英主编：《量刑规范指导案例》，法律出版社 2016 年版，第 80 页。

继厘清了本案的整体量刑方向和各量刑情节的性质后，根据 2013 年《量刑指导意见》和当地实施细则，结合"三阶式"量刑步骤，可将量刑过程表示为：

一是确定量刑起点为 3 年 7 个月。

二是无其他增加刑罚量的事实，故基准刑仍为 3 年 7 个月。

三是本案的量刑情节包括①自首可减少基准刑的 30%；②积极赔偿被害人并取得谅解，可减少基准刑的 20%；③将前科情节纳入累犯情节一并评价，可增加基准刑的 20%；④持刀伤人，可增加基准刑的 10%。

据此，被告人王某的刑量约为 34 个月 ［43 个月×（1−30%自首−20%积极赔偿并取得被害人谅解+20%累犯+10%持刀）］。本案的拟宣告刑 2 年 10 个月在最初所选的法定刑幅度之下，且体现了在减轻处罚对应的法定刑幅度内进行从重处罚，故而最终以"2 年 10 个月"的调节结果作为被告人王某的宣告刑。[1]

综上所述，我国量刑改革进程中不乏"量刑情节的性质确定受制于刑量计算结果"的问题，原因是定性分析与定量分析之间的矛盾难以调和。我国刑法对量刑情节制度作了明确的分级规制，从轻、从重处罚情节须在所选的法定刑幅度之内发挥从宽或从严的影响，减轻处罚情节须在所选的法定刑幅度之下进行裁量，量刑情节的功能发挥是以法定刑幅度为参照。相比较而言，英国的制定法仅规定了具体个罪的法定最高刑或法定最低刑，量刑幅度是由量刑指南作进一步细分。英国的量刑情节有"加重"（Aggravation）和"减轻"（Mitigation）之别，这些加重因素和减轻因素仅就某事实因素对量刑的轻重影响而言，它们在量刑中所占的权重大小并不受制于指南所细分的量刑幅度，这与我国的"从重处罚""减轻处罚"存在本质不同。从这个意义上看，英国的量刑情节更容易被量化。不过，英国量刑委员会（SC）对量刑情节的量化一直较为审慎，目前除 2017 年《认罪减让指南》以认罪时机为标准而对认罪情节规定了"1/3—1/4—1/

〔1〕　南英主编：《量刑规范指导案例》，法律出版社 2016 年版，第 79 页、第 31—82 页。

10"的三级量刑折扣外,〔1〕没有对其他量刑情节进行量化,各加重、减轻因素的权重依然主要由法官来决定。

（2）量刑的阶层性思维尚未完全确立。

从比较法上看,无论大陆法系抑或普通法系,围绕量刑步骤的核心论点可归结为两点:一是探讨哪些是量刑过程中必须考虑、不可或缺的因素;二是要对各类因素的评价顺序予以区分,明晰它们之间的先后顺序。例如,承继德系理论的国家地区奉责任主义原则为量刑活动的圭臬,主张区分责任刑裁量和预防刑裁量,发挥责任刑对量刑的制约作用,所有影响责任刑裁量或预防刑裁量的因素均应予以考量,按照"责任评价→预防判断"的顺序依次展开裁量。又如,为了提高量刑方法的一致性,英国量刑指南确立了9个量刑步骤,步骤1以完全列举的方式规定了法官必须考虑的事实因素,而步骤2则以不完全列举的方式列举了一些"额外"影响犯罪严重性的因素,旨在确保任何与个案相关的因素都能够纳入法官的考虑范围。尽管不同的量刑理论形塑了不同的量刑步骤,但不妨碍寻找其中的共通之处。例如,我国的"三阶式"量刑步骤亦是通过对个案事实进行分类排序以避免重复评价,使司法人员的量刑思路更为清晰。由于我国量刑规范化改革所确立的"三阶式"量刑步骤尚未体现责任刑制约量刑,有学者主张借鉴德系理论中的责任主义原理来重构我国的量刑步骤,以期让法官形成"量刑的阶层性思维"。〔2〕

从最高司法机关的办案指南、实务手册,以及各地区的量刑指导意见实施细则来看,我国尚未完全确立量刑的阶层性思维,个案事实在各步骤之间的错置情况时有发生,不仅使"犯罪构成要件"的事实因素边界不清,还存在一些"间接处罚"情形。

---

〔1〕 Sentencing Council of England and Wales, *Reduction in Sentencing for a Guilty Plea: Definitive Guideline* (2017), https://www.sentencingcouncil.org.uk/publications/item/reduction-in-sentence-for-a-guilty-plea-definitive-guideline-2/.

〔2〕 参见张明楷:《责任主义与量刑原理:以点的理论为中心》,载《法学研究》2010年第5期,第128-145页;周光权:《量刑的实践及其未来走向》,载《中外法学》2020年第5期,第1150-1167页。

第一，突破"犯罪构成要件"的情形主要表现为某些个案事实在第一步或第三步之间错置。例如，2014 年版《量刑规范化实务手册》曾提到，"破坏性手段"并非盗窃罪的犯罪构成要件，行为人采取破坏性手段盗窃公私财物，既可以在选择量刑起点时作为从重因素一并考虑，也可将其作为调节基准刑的量刑情节。又如，"犯罪次数"并非诈骗罪、职务侵占罪等纯数额型犯罪的犯罪构成要件，当行为人多次实施犯罪且数额达到相应法定刑的入罪要求，犯罪次数可以在选择量刑起点时作为从重处罚因素一并考虑，若犯罪次数较多，还可将其作为调节基准刑的量刑情节。再如，对于构成要件之外的结果，既可以在第一步中将其视为选择量刑起点时考虑的从重因素，也可将其置于第三步作为调节基准刑的从重处罚情节。[1]如果严格按照"基本犯罪构成事实→其他影响犯罪构成的事实→量刑情节"的区分标准，以上示例中的"破坏性手段""犯罪次数""构成要件之外的结果"理应只能作为第三步中的量刑情节。将其置于第一步中考虑，势必会突破"基本犯罪构成事实"所涵摄的范围，使犯罪构成丧失了罪刑法定的机能。

此外，将上述事实置于第一步或第三步也会得出不同的量刑结论，原因在于：如果将上述事实作为选择量刑起点的依据，将会得出一个相对较高的量刑起点，进而得出一个相对较高的基准刑；若行为人具有的从轻处罚情节的调节比例较低，则最终确定的宣告刑可能相对较高。与之相对，若不在第一步中考虑上述事实，则会得出一个相对较低的基准刑；由于第三步针对一般量刑情节采取的是"同向相加，逆向相减"法，上述事实对量刑的从重影响还会在一定程度上为其他从轻处罚情节所"抵消"，最终更易得出一个相对较低的宣告刑。如是以观，如果未能合理区分各步骤所对应的个案事实，在适用"三阶式"量刑步骤时也可能出现类案不同判的情况。造成个案事实的错置固然与量刑实践的复杂性有关，但关键原因是我国尚未完全形成量刑的阶层性思维，以至于个案事实可能突破"犯罪构成要件"的限制而在不同步骤中安放。

---

[1]　南英主编：《量刑规范化实务手册》，法律出版社 2014 年版，第 25-27 页。

第二，突破"犯罪构成要件"的情形还表现为提前考虑一般预防的效果。例如，2011年版《量刑规范化办案指南》曾提到，量刑起点的选择既要考虑具体犯罪构成事实反映出的社会危害性，也应综合全案情况、被告人的主观恶性，以及当地社会治安情况等因素。以致1人重伤的案件为例，社会治安形势较严峻的地区所选择的量刑起点可以相对重一些。[1]这表明量刑的第一步应考虑一般预防，如果因治安形势严峻而选择了相对较高的量刑起点，可能引发的问题为：一是"弱化"犯罪构成要件的罪刑法定机能，因为确定量刑起点所依据的是"基本犯罪构成事实"，而"治安形势严峻"显然已超出了"犯罪构成事实"所涵摄的范围。二是无论为了消极的一般预防抑或积极的一般预防，因社会治安形势严峻而提高量刑起点的理论基础薄弱。消极的一般预防旨在发挥刑罚的威慑功能，以此实现预防犯罪的效果。除非不存在"法律认知障碍""理性选择障碍""成本分析障碍"，才能说明刑罚对行为人存在威慑力。积极的一般预防是一种"抑制—强化"论（Inhibition-reinforcement），刑事制裁表达了社会对犯罪行为的反对，有助于加强公民的自我约束和对法律的尊重。英国学者认为，积极的一般预防看似合理但经不起深究，因为"从理论的演进来看，公正且合法的惩罚可能会在一定程度上对行为产生影响，但没有可靠的证据表明刑罚是否及在何种程度上强化了守法观念。不仅如此，即使有充分证据表明不公正的制裁可能会令公民对公正感到'失望'，进而导致其对犯罪行为的抑制作用减弱；但公民其实不太可能充分注意到量刑教义的具体内容，以使其对犯罪行为的抑制作用受到很大影响。"[2]

第三，"弱化"犯罪构成要件的罪刑法定机能可能导致间接处罚。所谓"间接处罚"，指的是通过量刑将一些原本不属于刑法惩治的对象纳入刑罚处罚范围，一种是将"并非罪刑规范所欲阻止的结果"纳入处罚范围，另一种是把"虽是罪刑规范阻止但不可归责于行为人的结果"纳入处

---

〔1〕 熊选国主编：《量刑规范化办案指南》，法律出版社2011年版，第45—46页。

〔2〕 See Andrew Von Hirsch & Andrew Ashworth eds., *Proportionate Sentencing*: *Exploring the Principles*, Oxford University Press, 2005, pp. 133.

罚范围。[1]

从各地区量刑指导意见的实施细则看，涉嫌"间接处罚"的情形包括以下两类：其一，"轻微伤"通常不是我国刑法所保护的法益，故意或过失致人"轻微伤"的行为一般不作为刑罚处罚的对象（除非是蕴含公共危险的行为）[2]。但是，一些量刑细则均把行为造成的"轻微伤"作为第二步中增加刑罚量以确定基准刑的根据，所涉罪名不仅有侵犯人身权利的犯罪（如故意伤害罪、强奸罪、非法拘禁罪），还包括侵犯财产罪（如抢劫罪、抢夺罪、敲诈勒索罪），以及妨害社会管理秩序罪（如妨害公务罪和聚众斗殴罪）。[3]"轻微伤"在上述罪行的量刑中扮演从重处罚的角色，这样一来，一些原本并不构成犯罪的轻伤害行为将在量刑中被间接处罚。[4]

其二，"自杀"本身不属于刑事不法行为，关于教唆或帮助他人自杀的行为，以及过失导致他人自杀或对自杀者不施与救助等自杀相关行为的刑事可罚性问题，在学理上尚存在争议。实践中，一些量刑细则将"导致被害人自杀"作为充足构成要件的事实。例如，在诈骗数额未达到"数额

---

〔1〕　张明楷：《刑法学（上）》，法律出版社2021年版，第748-749页。

〔2〕　例如，寻衅滋事罪中"随意殴打他人"的行为类型。2013年7月，最高人民检察院、最高人民法院发布的《关于办理寻衅滋事刑事案件适用法律若干问题的解释》规定，随意殴打他人"致1人以上轻伤或者2人以上轻微伤的"，应当认定为"情节恶劣"。该规定相当于以司法解释的形式，实际地参与了寻衅滋事罪的犯罪圈划定。对此，最高人民法院在2016年版《量刑规范指导案例》中指出，鉴于司法解释已将"轻微伤"规定为寻衅滋事罪的构成要件要素，故而"轻微伤"可作为该罪增加刑罚量的犯罪事实。参见南英主编：《量刑规范指导案例》，法律出版社2016年版，第23页。

〔3〕　据目前所阅的资料来看，湖北省、辽宁省、天津市、河南省、四川省、青海省、山西省、江苏省、安徽省、山东省、湖南省（除故意伤害罪外）、贵州省、广西壮族自治区、北京市、重庆市高级人民法院的量刑指南实施细则，均把"轻微伤"作为基准刑的事实根据。参见李晓林主编：《量刑规范化的理论与实践》（人民法院出版社2015年版），第七章"最高人民法院和部分省市高级人民法院量刑规范化指导意见"。

〔4〕　需要说明的是，最高人民法院虽然指出，鉴于各地法院在长期的司法实践中已习惯将"轻微伤"作为"故意伤害、强奸、抢劫、抢夺、敲诈勒索、妨害公务、聚众斗殴致罪"中增加刑罚量的依据，目前仍可保留这种做法，但仍然强调这种做法只属于"例外情形"。参见南英主编：《量刑规范化实务手册》，法律出版社2014年版，第24-25页；南英主编：《量刑规范指导案例》，法律出版社2016年版，第23页。

较大""数额巨大""数额特别巨大"的情形中，如果存在被害人自杀、精神失常的情况，便可认定为诈骗罪，该思路同样适用抢夺罪、敲诈勒索罪。在认定寻衅滋事罪时，也可以"引起他人精神失常、自杀"作为判断行为是否符合"情节恶劣"的依据。[1]即使承认被害人自杀是相关罪刑规范所欲阻止的结果，也要进一步论证如何才能将被害人的自杀结果归责于行为人，这就涉及犯罪行为与自杀结果之间因果关系的证明难题。

综上所述，较之"估堆式"量刑，我国的"三阶式"量刑步骤有助于提高量刑方法的一致性，蕴含规范量刑思维、实现量刑公正的价值追求。与此同时，个案事实在各步骤间的错置时有发生，若要真正形成量刑的阶层性思维以确保个案事实与各个步骤进行合理匹配，仍需假以时日。

（3）量刑趋重的现象难以被有效遏制。

量刑畸轻与趋重均为量刑失衡的表现，我国学界目前针对现行量刑指

---

〔1〕 据目前所阅的资料来看，各省市涉及"被害人自杀"的规定有所不同，存在以下几种情形：（1）湖北省涉及"被害人自杀"的规定：①在犯罪数额未达到入罪门槛，将"导致被害人自杀"作为第一步骤中充足构成要件的事实，所涉罪名包括诈骗罪、抢夺罪、敲诈勒索罪；②"导致被害人自杀"属于寻衅滋事罪的"情节恶劣"情形之一，置于第一步骤中评价。（2）辽宁省、四川省涉及"被害人自杀"的规定：①在犯罪数额未达到入罪门槛，将"导致被害人自杀"作为第一步骤中充足构成要件的事实，所涉罪名包括诈骗罪、抢夺罪；②将"导致被害人自杀"作为第三步骤中增加基准刑的量刑情节，所涉罪名包括敲诈勒索罪；③"导致被害人自杀"属于寻衅滋事罪的"情节恶劣"情形之一，置于第一步骤中评价。（3）天津市、河南省、山西省、江苏省、山东省涉及"被害人自杀"的规定：①在犯罪数额未达到入罪门槛，将"导致被害人自杀"作为第一步骤中充足构成要件的事实，所涉罪名包括诈骗罪、抢夺罪；②"导致被害人自杀"属于寻衅滋事罪的"情节恶劣"情形之一，置于第一步骤中评价。（4）青海省、湖南省、广西壮族自治区、北京市涉及"被害人自杀"的规定：①在犯罪数额未达到入罪门槛，将"导致被害人自杀"作为第一步骤中充足构成要件的事实，所涉罪名包括诈骗罪；②将"导致被害人自杀"作为第二步骤中确定基准刑的根据，所涉罪名包括抢夺罪；③"导致被害人自杀"属于寻衅滋事罪的"情节恶劣"情形之一，置于第一步骤中评价。（5）安徽省涉及"被害人自杀"的规定：①将"导致被害人自杀"作为第三步骤中增加基准刑的量刑情节，所涉罪名包括诈骗罪；②将"导致被害人自杀"作为第二步骤中确定基准刑的根据，所涉罪名包括抢夺罪；③"导致被害人自杀"属于寻衅滋事罪的"情节恶劣"情形之一，置于第一步骤中评价。（6）贵州省涉及"被害人自杀"的规定：①在犯罪数额未达到入罪门槛，将"导致被害人自杀"作为第一步骤中充足构成要件的事实，所涉罪名包括诈骗罪；②将"导致被害人自杀"作为第二步骤中确定基准刑的根据，所涉罪名包括抢夺罪、寻衅滋事罪；③将"导致被害人自杀"作为第三步骤中增加基准刑的量刑情节，所涉罪名包括敲诈勒索罪。参见李晓林主编：《量刑规范化的理论与实践》（人民法院出版社2015年版），第七章"最高人民法院和部分省市高级人民法院量刑规范化指导意见"。

导意见的诘难主要聚焦于后者。例如，张明楷教授认为，我国量刑指导意见未体现责任主义对量刑的制约，没有将预防刑的裁量限定在责任刑之内。[1]周光权教授亦指出，我国最高司法机关所采取的量刑改革举措，其中最大的问题在于未区分影响责任刑的情节和影响预防刑的情节，以至于当个案存在多个对被告人不利的预防刑情节时，刑期便会不断地向上累加，故而主张量刑理论的核心要义应当是贯彻责任主义，以责任刑作为量刑的上限有助于防止重刑主义。[2]两位教授均是将责任主义作为建构量刑方法论的理论基石，以区分责任刑和预防刑作为完善我国量刑规则的切入点，其最终目的是发挥责任刑对量刑的制约作用，以防量刑趋重。

　　对于量刑畸轻的应对，现行量刑指导意见已作出较为周延的规定，这也是为何学者们聚焦于量刑趋重的主要原因。结合"三阶式"量刑步骤来看，在第三步中，量刑情节对基准刑的调节依循"部分连乘、部分相加减"的计算方法，即基准刑×（1±特定情节 A）×（1±特定情节 B）×（1±一般情节 C±一般情节 D±一般情节 F），其调节结果可能会低于法定最低刑（最初所选法定刑幅度的最低刑）。对此，量刑指导意见规定了三种处理方式：其一，若行为人具有法定减轻处罚情节，且调节结果不违背罪责刑相适应原则，则可直接以该调节结果作为宣告刑。其二，若行为人只具备从轻处罚情节，为防止量刑畸轻，可将最初所选法定刑幅度的最低刑作为宣告刑。其三，虽然行为人不具有法定减轻处罚情节，但若以最初所选法定刑幅度的最低刑作为其宣告刑仍显过重，且案件符合《刑法》第 63 条第 2 款"酌定减轻处罚"规范的要求，则可在法定最低刑之下进行裁量。

　　对于量刑趋重的应对，现行量刑指导意见的规定相对较少。当量刑情节对基准刑的调节结果超出了法定最高刑时，2021 年《量刑指导意见（试行）》规定"可以依法确定法定最高刑为宣告刑"。如此规定，一方面因为我国刑法不存在加重处罚情节，故量刑不能突破法定刑幅度的上限；另

---

〔1〕　张明楷：《刑法学（上）》，法律出版社 2021 年版，第 772 页。

〔2〕　周光权：《量刑的实践及其未来走向》，载《中外法学》2020 年第 5 期，第 1153-1156 页。

一方面是为了避免出现量刑趋重的情况。问题是,我国刑法分则所规定的法定刑较重,仅以法定最高刑来制约量刑,在防止量刑趋重方面的效果仍较为有限。此外,即使量刑情节对基准刑的调节结果处于最初所选的法定刑幅度内,也不乏存在量刑趋重的可能。如何避免此种不必要的重罚?现行量刑规则语焉不详,目前只能凭借《刑法》第5条规定的罪责刑相适应原则来进行大致衡量,但该原则难以转化为更清晰的检测标准,其指导作用依然有限。下面将结合相关案例来加以阐明:

【案例5】

在"杨某强奸案"中,被告人杨某于2012年9月10日携带折叠刀潜入被害人苏某某住处,使用暴力手段强行与苏某某发生性关系,并致苏某某右手受轻微伤。2012年9月12日,杨某携带折叠刀潜入被害人周某住处,使用暴力手段强行与周某发生性关系;2012年9月16日,杨某再次携带折叠刀潜入周某住处,使用暴力手段强行与周某发生性关系。作案后三个月,杨某被抓获归案,到案后如实供述所犯罪行。

在本案中,被告人杨某采取相似的手段先后对被害人苏某某和周某实施了奸淫,对应强奸罪第1档法定刑幅度(处3年以上10年以下有期徒刑)。考虑被告人杨某的两次犯罪在基本犯罪构成事实方面的社会危害程度基本相当,法院以强奸苏某某这一事实作为选择量刑起点的根据,将强奸周某这一事实作为增加刑罚量以确定基准刑的根据。根据2013年《量刑指导意见》和当地实施细则,结合"三阶式"量刑步骤,本案的量刑过程如下:

一是确定量刑起点为4年(48个月)。

二是杨某在强奸苏某某的过程中致苏某某右手受轻微伤,可增加刑罚量4个月;杨某强奸周某这一事实可增加刑罚量30个月。综上所述,基准刑为82个月(48个月+4个月+30个月)。

三是本案的量刑情节包括①累犯,杨某曾于2009年7月因犯盗窃罪而被判处有期徒刑6个月,2009年12月31日被释放,因此可增加基准刑的

30%；②对周某实施 2 次奸淫，虽然未达到"强奸多次"，但可酌情从重处罚，故增加基准刑的 10%；③携带凶器强奸可增加基准刑的 15%；④坦白可减少基准刑的 15%。

据此，被告人杨某的刑量约为 9 年 7 个月［82 个月×（1−30%累犯+10%对同一妇女实施 2 次奸淫+15%携带凶器强奸−15%坦白）］。本案的拟宣告刑 9 年 7 个月，综合考虑全案情况，合议庭在 20%的幅度内将拟宣告刑调整为 9 年，最终依法判处被告人杨某有期徒刑 9 年。[1]

从上述分析可知，被告人杨某同时具有从宽和从重处罚情节，且从宽幅度明显小于从重幅度，故而容易出现"顶格判刑"的情况（拟宣告刑为 9 年 7 个月）。即使合议庭依法将拟宣告刑调整为 9 年，仍接近于所选法定刑幅度的最高刑（10 年）。由于被告人的拟宣告刑没有超过最初所选法定刑幅度的最高刑，暂不涉及"以法定最高刑来防止量刑趋重"的问题。根据罪责刑相适应原则的要求，刑罚的轻重应当与犯罪人承担的刑事责任相适应，相当于犯罪人的刑事责任大小为其所获得的刑罚程度划定了上限。需注意的是，虽然我国刑法理论中的"刑事责任"能起到设置量刑上限的作用，但我国的"刑事责任"与德系理论中责任刑的"责任"并不相同，由此决定了二者防止量刑趋重的效果也存在差异。在我国传统刑法理论中，刑事责任的程度主要为罪行本身的轻重所决定，同时也跟犯罪人的人身危险性大小有关。[2]其中，罪行轻重亦即犯罪行为的社会危害程度，这里所言的"社会危害性"并非一个抽象的、或带有意识形态的概念，它仅是对犯罪行为及其危害程度与行为人的罪过及其程度的判断。[3]我国之所以要在犯罪与刑罚之间设置刑事责任这一桥梁，主要是为了将犯罪人的人身危险性也纳入量刑的考量范畴。通过将传统的罪刑相适应原则改造为罪

---

［1］案例来自最高人民法院的实务手册，参见南英主编：《量刑规范化实务手册》，法律出版社 2014 年版，第 144−146 页。

［2］高铭暄、马克昌主编：《刑法学》，北京大学出版社、高等教育出版社 2022 年版，第 209 页。

［3］时延安：《酌定减轻处罚规范的法理基础及司法适用研究》，载《法商研究》2017 年第 1 期，第 100 页。

責刑相适应原则，使刑罚个别化的相关内容有了容身之所。[1]相比之下，德系理论中责任刑的"责任"是指量刑责任。虽然学界关于量刑责任的界定还存在争议，有的学者将其解释为"有责的不法"[2]或"具有可归责可能性的不法"，[3]还有学者将其解释为犯罪成立要件之一的"责任"。[4]但可以肯定的是，责任刑中并不涉及犯罪人的人身危险性评价。由此可见，我国的刑事责任与德系理论的量刑责任在理论构造上存在不同，我国是将罪行轻重和人身危险性大小都纳入刑事责任的范畴进行综合判断，而德系理论在责任刑的裁量阶段仅涉及罪行轻重，只有在预防刑的裁量阶段才会涉及人身危险性的评价。这也意味着，当被告人仅具有累犯、前科等多个从重处罚情节时，或在"虽然具有从宽和从重处罚情节，但从宽幅度小于从重幅度"的场合，在我国刑法语境下得出的符合罪责刑相适应要求的刑罚（罪行轻重决定之刑+人身危险性决定之刑），可能会高于根据德系理论所得出的刑罚（在罪行轻重决定之刑下进行人身危险性考量）。[5]

从德系理论角度观之，【案例5】中属于影响责任刑的情节包括：①致苏某某轻微伤、强奸周某这一事实；②对周某实施2次奸淫；③携带凶器

---

〔1〕 我国传统刑法理论认为，罪责刑相适应原则是由传统的罪刑相适应原则发展而来的，"犯罪与刑罚之间通过刑事责任这个中介来调节""既注重刑罚与犯罪行为相适应，又注重刑罚与犯罪人个人情况（主观恶性和人身危险性）相适应。这样就把古典学派所主张的传统的罪刑相适应与新派所主张的刑罚个别化巧妙地结合起来。"参见高铭暄、马克昌主编：《刑法学》，北京大学出版社、高等教育出版社2022年版，第27页。

〔2〕 ［日］曾根威彦：《量刑基准》，载《日本刑事法的形成与特色——日本法学家论日本刑事法》，西原春夫主编，李海东等译，中国法律出版社、日本成文堂出版社联合出版1997年版，第147页。

〔3〕 周光权：《量刑的实践及其未来走向》，载《中外法学》2020年第5期，第1155页。

〔4〕 张明楷教授和日本学者城下裕二的立场相同，均认为量刑责任是指"对不法的责任"或"规范的非难可能性"。参见张明楷：《责任主义与量刑原理：以点的理论为中心》，载《法学研究》2010年第5期，第138-139页。

〔5〕 我国学者将中外刑事责任（责任）论所决定之刑作了如下比较：①大陆法国家的刑罚（经过预防因素的缓和之后）≤责任（犯罪严重性）决定之刑；②中国刑法理论的刑罚≈社会危害性决定之刑罚（相当于大陆法中的"责任"所决定的刑罚）+人身危险性因素之考量（相当于大陆法中的"预防"因素之考量）；③中国刑法理论的刑罚（极可能）>犯罪严重性决定之刑罚（相当于大陆法中的"责任"决定之刑罚）。参见肖世杰：《中德（日）量刑基准之比较研究》，载《法学家》2009年第5期，第87页。

强奸。属于影响预防刑的情节有①累犯、④坦白。据此，本案的责任刑约为 8 年 5 个月［82 个月×（1+10%对同一妇女实施 2 次奸淫+15%携带凶器强奸）］，而累犯情节和坦白情节也只能在 8 年 5 个月之下对刑期进行调整，由该方案得出的刑量相对更轻。

综上所述，我国量刑规范化改革进程中形塑了"三阶式"量刑步骤，该方法论整体上贯彻了报应主义综合论的量刑理念，与预防犯罪相关的情节大多被放置于第三步中考量。在肯定现有成果之际，也应看到，我国现行量刑规则在克服量刑失衡问题的同时（改变估堆式量刑），也带来了一些新的问题（过度追求量刑的简明化），且未充分发挥其自身的价值（量刑的阶层性思维未完全确立），以及克服量刑失衡的效果仍显不足（难以应对量刑趋重）。域外学说有助于丰富我国的量刑理论资源，而传统刑法理论则构成了我国现行量刑规则的底色，如何打破上述不同量刑理论之间的学术壁垒，让其能够融合互补、各取所长，将是后续研究的主要难点。

第五章　自然人或组织体：量刑教义学的
具体展开

一、迈向自主的量刑知识体系：问题与前景

刑事制裁的正当化和有效性，是国家和社会治理现代化的一个重要内容。当前，我国的量刑研究正在经历主体性变革，这场变革以构建新时期量刑自主知识体系为要旨，意在扭转既往研究中问题意识与知识体系之间不甚适配的矛盾，在把脉量刑失衡的问题症结基础上，进一步推动量刑教义学的"理论自主"，逐渐形成了以学术体系、学科体系与话语体系为主干的量刑知识框架。从发生学的角度看，知识体系的形成与发展经历了从具体到抽象，再到具体的循环往复过程。[1]首先以问题为导向，构建出适应于数字时代的量刑基础理论体系；当学术体系逐渐成熟，可进一步被"上升为一定共同体共享的世界观和方法论"，从而形成人工智能辅助量刑的交叉学科体系；随着学科体系的成熟，知识体系才能发展出"人类社会可沟通可传播、可分解可整合、可应用可转化的"应对量刑失衡的话语体系。[2]

学术体系是知识体系的核心，我国量刑研究逐渐发展出以"量刑规范化"为起点的概念体系，[3]以"并合主义"刑罚论为内核的原理体

---

〔1〕　张乃和：《发生学方法与历史研究》，载《史学集刊》2007年第5期，第46页。

〔2〕　关于知识体系的形塑过程，参见唐亚林：《积极建构中国自主的知识体系》，载《中国社会科学报》2022年7月21日，第A01版；韩大元、姜秉曦：《中国宪法学自主知识体系的历史建构》，载《中外法学》2023年第4期，第870页。

〔3〕　参见熊选国主编：《〈人民法院量刑指导意见〉与"两高三部"〈关于规范量刑程序若干问题的意见〉理解与适用》，法律出版社2010年版，第19-20页；石经海：《刑法现代化下的"量刑"解构——量刑规范化的科学基础探究》，载《中国刑事法杂志》2010年第3期，第18-27页。

系，[1]以量刑指导意见为载体的方法体系。[2]尽管我国学界在问题意识层面确立了扎根中国实践、克服量刑失衡的基本宗旨，但对量刑基础理论的研究体量明显不足，分歧依然存在；而对量刑领域具体问题的研究较为分散，体系性有待进一步加强，难以适应当前智慧司法建设的需求。

学科体系是知识体系的根本依托，量刑智能化发展的本质是科学与人文的跨界融合。虽然学界大多坚持或不否认技术"辅助"而非技术"主导"的量刑立场，但已有研究的共同缺憾是，未能诉诸量刑教义学的体系化，从宏观、整体的角度审视数字时代量刑公正的实现进路。更重要的是，技术原理与量刑理论的区隔容易偏离克服量刑失衡的初衷，形成一种要求法官向既往量刑水平靠拢的潜在压力，而量刑教义学的供给不足又进一步加剧量刑算法的解释难度。

话语体系既是学术体系的反映、表达和传播，又是学科之网的纽结，构成了量刑知识体系发展演进的高级阶段。一方面，我国已基本形成了以量刑指导意见为载体的价值共识，但在国际话语权方面尚显薄弱。另一方面，囿于学界以往多将德日、英美等域外量刑理论作为学术发展的主要动力，导致我国对部分核心概念（如量刑基准）的界定忽视了话语体系的本土语境，背离了刑法规定的立法实际，使得相关制度设计成为掣肘"智慧量刑"等新时代量刑举措的主要瓶颈。[3]特别是最高司法机关《关于规范和加强人工智能司法应用的意见》明确提出，到 2030 年，建成具有规则引领和应用示范效应的司法人工智能技术应用和理论体系，故实现理论自主是当下克服量刑失衡的必要途径。

综上所述，虽然我国已形成一定的量刑知识框架，但基础理论研究未

---

〔1〕　参见高铭暄：《刑法基本原则的司法实践与完善》，载《国家检察官学院学报》2019 年第 5 期，第 13-32 页；陈兴良：《刑法哲学》，中国人民大学出版社 2017 年版，第 425-448 页；以及张明楷教授、周光权教授、彭文华教授等学者关于量刑的多篇论文。

〔2〕　参见熊选国主编：《量刑规范化办案指南》，法律出版社 2011 年版，第 35-69 页；南英主编：《量刑规范化实务手册》，法律出版社 2014 年版，第 9-44 页；南英主编：《量刑规范指导案例》，法律出版社 2016 年版，第 3 页及其以下。

〔3〕　石经海：《论量刑基准的回归》，载《中国法学》2021 年第 5 期，第 284-286 页。

能实现域内外不同理论体系的整合，尚未在基本概念、方法和体系建构上形成能够通约的新架构；而交叉学科研究仍"抽象有余、具象不足"，较少从教义学角度澄清量刑智能化发展中的目标定位、基本原则和体系架构，最终制约了我国的量刑话语与克服量刑失衡这一世界性难题的同频共振。有鉴于此，深化量刑教义学研究至少应着眼于以下三个方面：（1）彰显时代性。既有研究侧重于自然人的量刑教义学理论，在单位犯罪研究日益深化的当下，学界对组织体责任与个人责任分离的实体理论与程序设计进行了深入研究，但围绕组织体的量刑教义学研究依旧缺位。（2）突出互动性。既有研究一直未能在组织体的量刑问题上获得真正意义上的理论推进，主要源于对自然人与组织体的量刑基本原理关注不足，缺乏精深细致的研究。（3）注重反思性。既有研究的共同缺憾是，未能回应如何看待刑事制裁体系对量刑规范化路径选择的影响。若从当下各种歧见纷呈的学说争鸣中暂时抽离，将他国的量刑学说或规则设计置于其刑事制裁体系下考察，便会发现目前一些针对我国量刑规则体系的评价有待商榷。因此，本章将以自然人与组织体的刑事责任分离为契机，通过论证单维量刑知识体系的问题与局限，提出建构"自然人—组织体"量刑教义学二元体系的基本构想。

二、量刑教义学"二元"体系的建构依据

为进一步规范量刑和量刑建议工作，落实认罪认罚从宽制度，最高人民法院和最高人民检察院于联合发布 2021 年《量刑指导意见（试行）》，以期统一法、检双方的量刑尺度和裁量方法，以促进量刑公正。该指导意见的内容在很大程度上是以最高人民法院此前颁行的一系列"量刑指南"为蓝本，故不可避免地将前期指南蕴含的理论争议也一并继承。具体而言：（1）量刑理念尚不清晰。我国《刑法》第 61 条规定的量刑一般原则过于抽象、模糊，难以堪当指导实践的重任。[1]并且，量刑改革期间出台的各规范性文件无论是全国性的量刑指导意见还是地方高院的量刑细则，

---

　　〔1〕　杨志斌：《中英量刑问题比较研究》，知识产权出版社 2009 年版，第 105 页。

都没有充分考虑责任主义的要求。[1]（2）量刑方法不尽科学。一方面体现在现行量刑指导意见以"精确数学"为基础，将导致"机械式运算、倒推式裁量、失衡性结果和虚化性监督"等现实困境。[2]另一方面表现为量刑步骤不合理，量刑改革所推行的"量刑起点→基准刑→宣告刑"量刑步骤未能处理好责任刑和预防刑之间的关系。[3]（3）量刑标准未必合理。有学者以盗窃罪为切入点，实证地考察了量刑指导意见所规定的量刑情节在实践中如何影响量刑过程，发现"盗窃数额"是影响盗窃罪量刑（无论自由刑还是罚金刑）最重要的情节，但问题是"我国盗窃罪量刑体系确定的三个基点（数额较大、巨大、特别巨大）对应的量刑幅度没有重叠，这使得数额临界点的边际刑罚量在相邻区间内最大；而且数额越大，对单位数额所背负的刑罚量越小，减少的曲线十分陡峭。简言之，当前的效果是，犯罪门槛的震慑力很高，而一旦行为人跨过门槛开始犯罪，门槛之后的震慑极其不足，并未形成逐步升高的震慑阶梯。"[4]以上问题在很大程度上制约我国量刑规范化改革的成效。

　　无论是参照德系理论抑或借鉴英美经验，相关理论主张集中于自然人量刑教义学领域，对于组织体的量刑则着墨较少，难以对单位犯罪的量刑规范化有所助益。检察机关在审查起诉时阶段决定是否起诉涉案单位，可归结为一个刑事责任评价问题，必然要考虑其犯罪严重性和预防必要性，这与如何处理报应与预防关系的量刑要义相谐。对于涉罪较重的单位与其成员作"双重不起诉"的处理方式备受争议，不仅存在制度层面的推进障碍，还受罪刑法定、罪责刑相适应原则的诘难。为此，检察机关对这类案

---

　　〔1〕　参见张明楷：《责任主义与量刑原理：以点的理论为中心》，载《法学研究》2010年第5期，第128页、第142-143页；周光权：《量刑的实践及其未来走向》，载《中外法学》2020年第5期，第1153-1156页。

　　〔2〕　严海杰：《量刑情节数量化之困境与出路》，载石经海主编：《量刑研究》（第5辑），社会科学文献出版社2019年版，第120-128页。

　　〔3〕　参见李冠煜：《量刑规范化改革视野下的量刑基准研究——以完善〈关于常见犯罪的量刑指导意见〉规定的量刑步骤为中心》，载《比较法研究》2015年第6期，第122-125页；张明楷：《刑法学（上）》，法律出版社2021年版，第772页。

　　〔4〕　彭雅丽：《量刑指导意见的司法实践与重构——以盗窃罪为切入点》，载《法学研究》2021年第4期，第182-183页。

件的"分案处理"便成为一种实然选择,如"江苏 F 公司、严某某、王某某提供虚假证明文件案",涉案单位因事后整改考察合格被适用不起诉,责任人则被判处有期徒刑或缓刑。目前从实用主义哲学层面来证成此种"二元制"的正当性已有诸多研究,但基于"利益兼得原理"而得出不再固守双罚制、不再过分强调罪责刑相适应的主张值得商榷。[1]对于组织体和自然人的"二元"处理,其法理根据在于二者的刑事责任分离,这也是组织体量刑教义学的理论前提。

需进一步讨论的是,一则单位的刑事责任论是否,以及如何影响量刑,以此厘清单位与其成员的责任关系;二则二元制究竟在何种程度上实现单位量刑的独立性,是否意味着单位与其成员在责任刑和预防刑层面均实现分离。

(一)传统形态之否定:组织体与自然人的责任刑和预防刑均相混同

在组织体责任论兴起以前,单位与其成员的量刑混同并未作为一个显性问题而加以讨论。学界更多聚焦于应罚性层面来找寻单位犯罪的刑事责任根据,至于如何确定单位的刑事责任程度,如何在单位与其成员之间分配各自的刑罚量,则无法提供有效的解决方案。从基本出发点看,围绕单位犯罪刑事责任论的观点对立,根源在于对单位犯罪形态结构的理解存在不同。"一个犯罪主体说"认为单位犯罪的主体只有一个,即单位或单位成员;"两个犯罪主体说"则认为单位和单位成员是两个相互并列、互不隶属的犯罪主体。这两类学说均未能有效地解决单位与其成员的责任分离问题,由此对量刑的影响可归结为两个方面:

第一,单位与其成员的责任刑难区分。首先要明确的是,传统刑法理论是从刑事负担角度论及刑事责任概念,刑事责任程度是由影响行为社会危害性的责任刑情节和行为人预防必要性的预防刑情节共同决定。[2]单位与其成员的刑事责任边界不清,在很大程度上反映出二者的责任刑评价也

---

〔1〕 陈瑞华:《单位犯罪的有效治理——重大单位犯罪案件分案处理的理论分析》,载《华东政法大学学报》2022 年第 6 期,第 8-9 页。

〔2〕 高铭暄、马克昌主编:《刑法学》,北京大学出版社、高等教育出版社 2022 年版,第 209 页。

缺乏具体的裁量标准。在双罚制场合，一个犯罪主体说涉及两个刑罚主体，在进行责任分配时主要有两种思路：一是主张单位成员是犯罪主体，单位为之承担替代责任的"拟制单位犯罪、实质自然人犯罪论""双层次论"等学说。[1]二是认为单位才是犯罪主体，单位成员受罚是对单位犯罪刑事责任的分担，即成员为单位承担替代责任，如"一体化责任论""连带责任论""复合主体论"等学说。[2]前者在学理上有明显的缺陷，完全或部分否定了单位的独立人格，违背了罪责自负原则。就此观察当下实践，如果单位不管如何加强事前规制，最终都难逃因其员工的违法行为而承担转嫁责任的厄运，那么以量刑从宽促进单位守法经营便是一厢情愿。后者虽然承认单位犯罪是单位主体实施的犯罪，但同样存在责任刑评价标准缺位的问题。既然一个危害后果是由两个刑罚主体分担，单位与其成员的责任刑程度就始终处于一种耦合或此消彼长的状态，即"自然人所承担的责任因为其为单位利益而减少，单位承担的责任恰好弥补了自然人责任的减少，其总和体量不变"，[3]故单位成员为减轻自身刑量而将责任推脱给单位便不足为奇。与之相比，以"人格化系统责任论"[4]为代表的两个犯罪主体说看似在单位犯罪结构论上有所突破，却又认为单位成员是单位的构成要素，相当于否定了成员的独立主体地位，本质上仍与一个犯罪主体说无异，因此也难以在单位量刑方面取得突破。

第二，单位与其成员的预防刑相混同。由于我国单位犯罪被规定于自然人刑法之中，兼之量刑规范化改革仅及于自然人犯罪，决定了单位与其成员不仅责任刑的事实根据一致，预防刑裁量也不可避免地捆绑在一起。以往关于单位自首、立功和累犯的讨论，本质上延续了自然人刑罚裁量制度所给定的范围，预防刑裁量始终未能在规范层面给予单位足够的独立

---

〔1〕　参见谢治东：《单位犯罪中个人刑事责任研究》，法律出版社 2014 年版，第 9 页；卜维义：《法人犯罪及其双层机制与两罚制》，载《经济与法》1991 年第 6 期，第 11-16 页。

〔2〕　参见娄云生：《法人犯罪》，中国政法大学出版社 1996 年版，第 75 页；张文、刘凤桢、秦博勇：《法人犯罪的若干问题再研究》，载《中国法学》1994 年第 1 期，第 57 页；马长生、胡凤英：《论新刑法对单位犯罪的规定》，载《政法论坛》1997 年第 6 期，第 32-38 页。

〔3〕　高铭暄主编：《当代刑法前沿问题研究》，人民法院出版社 2019 年版，第 153-154 页。

〔4〕　何秉松：《法人犯罪与刑事责任》，中国法制出版社 2000 年版，第 485 页。

性，单位与其成员的预防刑情节依旧难分，亟待建构更精细化的评价标准。

（二）中间形态之否定：组织体与自然人的责任刑一致而预防刑有别

随着单位犯罪治理理念的迭代，为单位的行为、罪责，以及再犯可能性提供了新的事实根据和评价标准，使单位量刑不再完全依附于自然人。学界针对传统单位犯罪理论的修正，一种是立足源起于美国判例实践的组织体责任论，将适法建设作为对涉罪企业的量刑参考是该理论的应用之一，使单位犯罪真正成为"两个犯罪主体、两个刑罚主体"的聚合犯罪，单位与成员基于罪责自负原则对危害结果承担责任。通过量刑鼓励单位进行适法建设的前提是，单位犯罪是单位自身的犯罪，而不是其员工即自然人的犯罪。另一种延续了替代责任论，认为"一个犯罪主体说"并非不能胜任时代需求，即使单位与其成员在不法与罪责判断上混合一体，只要承认二者是两个受刑主体，从特殊预防角度各自寻找从宽事由，也能实现刑事责任的分离。换言之，单位与其成员的责任刑一致而预防刑有别，主要体现在事后整改的从宽对象仅限于涉案单位而不包括单位成员。一方面，既然成员实施了不法，就表明单位的经营管理存在问题，故而无需特别考虑事前守法经营在责任刑评价上的意义。另一方面，单位的事后整改不代表其成员的预防刑减少，个人的刑罚减免事由只能源于其自身（如认罪认罚、自首），况且单位成员事后的守法承诺有效性难以被评估，即使责任人对事后整改作出贡献，也是其岗位职责所在，不应据此实现个人从宽处罚的利益诉求。

究竟采取何种理论进路，关键是相关方案能否契合当前我国单位犯罪治理实践中的内生要求。在量刑理论中，"幅的理论"与"点的理论"的说明方法不同，若认可责任刑幅度的下限可以因特殊预防必要性小（或没有特殊预防的必要）而被突破，那么两种学说的量刑结论并无实质区别。从这个意义上看，似乎无需强调单位犯罪是其自身的犯罪，也不必着重考虑单位与其成员的责任刑差异，因为即使二者的责任刑完全一致，根据"单位经事后整改而特殊预防必要性降低"这一点就能使单位与其成员的量刑产生巨大差异。对此，本章认同单位成员不应从事后整改中获得与单位同等程度的宽宥，以防单位成员据此谋取不当从宽乃至"脱罪"，但反对单位与个人直至预防刑裁量时才有所区分，理由如下：

其一，事前的守法经营旨在预防而非消灭犯罪，不能因单位犯罪的发生而否认适法因素的责任刑评价意义。事前守法经营表明单位对不法行为的反对态度，究竟将单位事前的守法情况作为出罪事由还是减轻责任刑的因素，需要具体判断。其二，若将单位的罪行轻重评价与个人进行深度捆绑，仅在预防刑层面进行区分，其影响不止于单位的量刑，还会严重制约酌定不起诉的适用空间。根据《刑事诉讼法》第 177 条规定，酌定不起诉的实体条件是"犯罪情节轻微"。现实中单位犯罪一般所涉数额较高，在起诉阶段的"模拟"量刑中得出的个人责任刑往往较重，如果对单位也作出相应评价，势必导致符合犯罪情节轻微的单位有限。由于单位犯罪与自然人犯罪的发生机制不同，仅凭涉案数额难以合理说明该单位的违法程度。根据挪威学者的实证研究，法人犯罪的涉案数额较高，但法人犯罪的量刑往往轻于白领犯罪，说明除犯罪数额外的其他因素也有重要的量刑意义。深究发现，犯罪严重性的评估受犯罪归因差异的影响，白领犯罪的发生源于犯罪人的自身原因，而法人犯罪的因果论主要通过制度功能障碍和系统因素加以解决，更容易被修复。[1]需注意的是，承认制度障碍的可修复性，不是将事后因素用于评价单位的罪行轻重，而是表明单位的责任刑裁量理应体现组织体的自身特性，不能完全依附于自然人。

（三）"二元制"量刑：组织体与自然人的责任刑和预防刑皆有区别

在组织体责任论下，单位是为自己的犯罪行为承担刑事责任。量刑是关于刑事责任的裁量，并非限于刑罚的裁量。[2]单位犯罪的"二元制"量刑，是在单位与其成员刑事责任的分离前提下，实现二者责任刑与预防刑裁量的区分。如前所述，事后整改意味着单位预防必要性的降低，单位成

---

〔1〕　See Petter Gottschalk & Torbjørn Rundmo, *Crime: The amount and disparity of sentencing—A comparison of corporate and occupational white collar criminals*, International Journal of Law, Crime and Justice, vol. 42, pp. 183−185 (2014).

〔2〕　石经海：《刑法现代化下的"量刑"解构——量刑规范化的科学基础探究》，载《中国刑事法杂志》2010 年第 3 期，第 22−23 页。

员只有实质性参与整改才能给予从宽处罚，且不能获得与单位同等的从宽效果，故而单位与其成员的预防刑裁量有所区别。此时，应着重解决单位责任刑的独立评价问题，除了考虑事前的守法经营外，如下体现组织体特性的责任刑情节同样不容忽视。

第一，危害后果的评价不能唯数额论，还应考虑涉案数额占单位经营所得的比例。例如，在"上海 J 公司、朱某某假冒注册商标案"中，公司假冒注册商标的涉案金额为 560 万余元，结合其年纳税总额 1 亿余元来看，可推定涉案数额在其经营所得中的占比较低，故而能被认定为犯罪情节轻微。

第二，危害行为的评价须考虑单位内部治理结构、经营方式所呈现的违法程度。据组织体论者言，诸如企业文化、规程、薪酬标准、适法计划等组织特征会影响员工的行为倾向，进而形塑企业的行为方式。[1]由于个人被组织体化，决定了单位犯罪的治理不能忽视对组织体结构性缺陷、经营模式和意思决定机制的关注。一是区分组织缺陷和临时情境导致的行为偏差。结合不法行为的时间、次数、普遍程度等因素判断单位是否存在稳定的犯罪倾向，若答案是肯定的，说明存在需要被修复的组织缺陷，处罚单位确有必要。反之，如同样是串通投标案，有的企业中标金额较大，但行为次数较少，社会危害性不大；有的企业则是受当地黑恶势力胁迫而被迫出借建筑资质参与陪标，未获得任何非法利益。这些行为的持续时间较短，相关企业并未以违法犯罪为常业，故应在责任刑裁量时予以考虑。二是考察不法行为与核心业务的关联度。例如，在"随州 Z 公司康某某等人重大责任事故案"中，某食品加工企业将污水沟清理业务外包，承包方因违规操作致使作业人员中毒身亡，由于安全生产的重心在于食品安全，加之存在被害人过错，故在事故中被认定为次要责任。不过，在"海南文昌市 S 公司、翁某某掩饰、隐瞒犯罪所得案"中，对于核心业务之一的生产原料采购，某企业明知是他人非法采矿的石英砂，为

---

[1] See Mihailis E. Diamantis, *Clockwork Corporations: A Character Theory of Corporate Punishment*, Iowa Law Review, vol. 103/no. 2, p. 540 (2018).

片面追求经济利益依然予以收购，其可谴责性已在行为不法中彰显无遗，这也能解释为何该案未被适用不起诉。

第三，单位的罪责程度除由不法决定外，还会受下列因素影响：一方面，由于单位规模大小不一、决策机制的复杂程度有异，当单位的违法决策外化程度不高时，须借由一些默认规则来衡量其非难程度。例如，在"深圳 X 公司走私普通货物案"中，X 公司将进口榴莲海运业务委托于 S 公司代理报关，曾多次对后者的低价报关行为提出异议，但均被 S 公司以统一报价容易快速通关等行业惯例为由拒绝，其后经双方商议最终决定以实际成本价报关。鉴于 X 公司长期以正规报关为主，虽未及时制止低报走私行为，但其管理层的态度表明 X 公司并未同意甚至积极追求走私犯罪，故可非难程度较低。另一方面，单位与自然人的罪责构造不同，单位的可谴责性源于其组织结构性缺陷。英美量刑指南皆把犯罪历史作为衡量组织体罪责的责任刑情节，该因素在自然人量刑教义学中往往是预防刑阶段才考虑，如此设计的根据是"容忍"（Tolerance）论，基于对个体易错性（Fallibility）的有限容忍而对初犯进行从宽处罚。[1]对于屡次实施同一类型违法、犯罪行为且未采取任何整改措施的单位，意味着其罪责程度较高；反之，以合法经营为主的单位偶尔或初次实施犯罪，即使涉案数额较大，也可能因其罪责程度较低而被认定为"犯罪情节轻微"，进而被予以定罪免刑。

三、面向自然人的量刑教义学：理论逻辑与现实制约

综观各国立法例，一国刑事制裁体系中是否有保安处分来为刑罚分担预防犯罪的重任，决定了该国在制定量刑规则时对再犯可能性较高的犯罪人采取不同的应对策略：单轨制或"隐性双轨制"的国家主要以刑罚来实现预防目的，对累犯、惯犯等犯罪人适用更严厉的刑罚，以此进行特殊威慑和剥夺其犯罪能力。而双轨制的国家则以保安处分作为刑罚的必要补

---

〔1〕　See Andrew Von Hirsch & Andrew Ashworth eds., *Proportionate Sentencing: Exploring the Principles*, Oxford University Press, 2005, pp. 149, 151-152.

充，其保安处分包括不剥夺自由和剥夺自由两种类型，后者可适用于"具有严重再犯风险的罪犯"。[1]由此可见，刑事制裁体系与量刑机制的设计有着须臾不可分割的联系。

面向自然人的量刑教义学，首先必须正视我国现有的刑事制裁体系，在此基础上制定既符合我国现实需求又能够适应社会发展的量刑规则，而对现行量刑指导意见的完善，也应当从其基本法理、问题检视、域外经验等多个维度进行探讨。下面尝试探讨为适应数字时代社会的结构性变迁，实现自然人主体的量刑规范化，量刑教义学需要向什么方向发展。

（一）双轨制刑事制裁体系下的量刑机制及其教义学特性

1. 双轨制刑事制裁体系下的量刑机制

现行《德国刑法》采取双轨制刑事制裁体系，按照该国学界的通说，刑罚与保安处分之间的根本区别在于刑罚所针对的是已然之罪，刑罚适用的基本目的在于惩罚，且须受罪责原则的限制；[2]保安处分则不以罪责原则为基础，而是立足于行为人的再犯危险性，其基本目的在于预防。[3]从德国双轨制刑事制裁体系的演进过程中，可以看出，该国对职业性累犯、惯犯性累犯的处理方式也历经了由"刑罚"到"保安处分"的转变：1909年发布的第一部《德国刑法典初步草案》对职业性累犯、惯犯制定了更严厉的"保护性刑罚"；1911年的相对草案首次将"双轨制"明确纳入刑法草案，不再对累犯适用"保护性刑罚"，而是规定应把服完刑的累犯安置在"保护性机构"，让其处于保护性保安处分之下；及至1933年，纳粹政府发布了反对危险的惯犯和关于保安处分的法律，从而使"双轨制"终得被正式确立。[4]

---

〔1〕　［德］汉斯－约格·阿尔布莱希特：《德国量刑制度：理论基石与规则演绎》，印波等译，载《人民检察》2018年第3期，第69页。

〔2〕　罪责原则另译为"责任主义"，与"责任主义"相对应的德文词有两个，一个是"Schuldprinzip"，另一个是"Schuldgrundsatz"，我国学者分别有下述几种译法："责任主义""责任原则""责任原理"，以及"罪责原则"。参见冯军：《刑法中的责任原则　兼与张明楷教授商榷》，载《中外法学》2012年第1期，第45页。

〔3〕　江溯：《从形式主义的刑罚概念到实质主义的刑罚概念——评欧洲人权法院2009年M诉德国案判决》，载《时代法学》2012年第4期，第97页。

〔4〕　［德］克劳斯·罗克辛：《德国刑法学总论》（第1卷），王世洲译，法律出版社2005年版，第60页、第62页。

现行《德国刑法》规定的保安处分可分为不剥夺自由和剥夺自由两种类型，其中"保安监督"（Sicherungsverwahrung）〔1〕便是一种保护公众免受再犯之危险的隔离措施，属于剥夺自由型的保安处分。从保安监督的立法沿革来看，1998年修订之前的《德国刑法》第66条规定，如果可以证明被告人对公众存在危险，在给被告人定罪之时，法官可以在被告人的刑期之外酌情判处保安监督。自1998年以来，数次刑法典的修订使得保安监督的适用范围被不断扩大，甚至沦为一种彻底的不定期关押。

【案例6】

M是一个德国公民，生于1957年，成年以后，由于不断地实施犯罪行为，其大部分时间都是在监狱里度过的。1986年11月，M因犯谋杀未遂罪和抢劫罪被德国马堡地方法院判处5年有期徒刑。同时，神经医学专家和精神病学专家的报告显示，M存在再次犯罪的强烈倾向，因此对社会公众存在巨大的危险。据此，法官在判处其5年有期徒刑的同时判处保安监督，根据当时德国刑法的规定，行为人首次被保安监督的最长期限为10年。1991年，M的有期徒刑期满，开始在监狱中接受保安监督。1992—1998年，M不断要求法院以暂缓执行的方式执行保安监督，但均被驳回，原因是其在监狱服刑期间对其他囚犯实施暴力行为。1998年，德国刑法修改，首次保安监督最长为10年的期限被取消。而且，根据修改后的德国刑法，关于保安监督没有期限的新规定也适用于在此规定生效前被判处保安监督的行为人。2001年4月，德国马堡地方法院再次驳回了M以暂缓执行

〔1〕 关于"Sicherungsverwahrung"的翻译，需要说明的是，(1) 我国有学者将其译为"保安监督"，参见江溯：《从形式主义的刑罚概念到实质主义的刑罚概念——评欧洲人权法院2009年M诉德国案判决》，载《时代法学》2012年第4期，第97页。(2) 另有学者将其译为"预防性拘留"或"预防监禁"，参见［德］塔蒂安娜·霍恩雷：《无需量刑指南参考下的适度与非恣意量刑：德国的经验》，刘胜超译，载《中国刑事法杂志》2014年第6期，第28页。(3) 还有学者将其译为"保护性监管"或"保安性监管"，参见［德］克劳斯·罗克辛：《德国刑法学总论》（第1卷），王世洲译，法律出版社2005年版，第52页、第72页。(4) 还有学者将其译为"保安监禁"，参见江溯：《无需量刑指南：德国量刑制度的经验与启示》，载《法律科学（西北政法大学学报）》2015年第4期，第159页；［德］汉斯-约格·阿尔布莱希特：《德国量刑制度：理论基石与规则演绎》，印波等译，载《人民检察》2018年第3期，第69页。

的方式执行保安监督的要求，并根据 1998 年修订的刑法将 M 的保安监督期限延长至 2001 年 9 月（M 被保安监督满 10 年的时间）之后，即对于 M 的保安监督变成了没有期限的关押。2001 年 10 月，德国法兰克福上诉法院维持了马堡地方法院的判决，理由是 M 具有强烈的再犯危险，因此有必要继续对其进行关押。2001 年 11 月，M 向德国联邦宪法法院提出上诉，主张上述法院的判决违反了《德国基本法》第 2 条规定的自由权和第 103 条第 2 款关于刑罚不得溯及既往的规定，并要求撤销上述法院的判决。2004 年 2 月，德国联邦宪法法院驳回了 M 的诉讼请求，认为上述法院的判决并不违宪。2004 年 5 月，M 向欧洲人权法院提出上诉，主张德国联邦宪法法院的裁决违反了《欧洲人权公约》。

在欧洲人权法院 2009 年 12 月 27 日的 M 诉德国案判决发布以后，为了应对该判决要求立即释放所有在 1998 年之前被判处保安监督的被监禁者所带来的问题，德国议会修改了刑法典中关于保安监督的规定，试图缓和保安监督的刑罚性质。修改后的法律于 2011 年 1 月 1 日开始施行。但是，就在该法施行后不久的 2011 年 1 月 13 日，欧洲人权法院再次判决德国刑法保安监督制度违反《欧洲人权公约》。迫于各种压力，2011 年 5 月 4 日，德国联邦宪法法院最终裁决溯及既往的保安监督违宪，并要求德国议会在 2013 年 5 月之前制定新的法律，重新建立旨在治疗的、以自由为导向的保安监督，并向被关押者和一般大众表明，该处分措施的性质纯粹是预防性的。[1]

本案的主要争议在于德国刑法上的保安监督是否为一种刑罚及保安监督是否具有溯及既往的效力。本案原告 M 正是受 1998 年之后德国刑法修改影响的一个被保安监督者。如果德国刑法 1998 年没有取消关于首次保安监督最长 10 年期限的规定，M 本该于 2001 年被释放。但是，正因为修订后的刑法将保安监督变成了无期限的不定期关押，而且新规定也适用于在此规定生效前被判处保安监督的行为人，因此对于 M 的保安监督变成了无

---

〔1〕 参见江溯：《从形式主义的刑罚概念到实质主义的刑罚概念——评欧洲人权法院 2009 年 M 诉德国案判决》，载《时代法学》2012 年第 4 期，第 97-98 页、第 103 页。

期限的关押。基于此，本案原告 M 主张，保安监督就是一种刑罚，因此不具有溯及既往适用的效力，但是德国联邦宪法法院和德国政府对此持否定态度。究其原因，是因为德国联邦宪法法院、德国政府与欧洲人权法院对于德国刑法上保安监督是否属于刑罚的理解完全不同：前者基于形式主义的理解，认为保安监督作为一种保安处分措施，与刑罚有根本的不同；后者基于实质主义的立场，着眼于保安监督对被监督者所产生的影响，认为保安监督无异于一种刑罚。[1]

从现行《德国刑法》第 66 条对保安监督规定的适用条件来看，很多情形其实已符合我国刑法中的"累犯"。关于刑罚与保安监督之间的差异，主要体现在：其一，保安监督是在罪犯服刑完毕之后适用，它并非监禁刑的替代措施，而是除监禁刑之外的剥夺犯罪能力措施。其二，保安监督所针对的是特别危险的行为人（易犯严重暴力、性犯罪的小部分群体），并非所有犯罪人都需被二分为被判处保安监督的"危险"行为人和接受均衡刑事处罚的"非危险"行为人。换言之，保安监督仅作为"最后手段"，而不是针对累犯的常规手段。[2]诚然，现如今的保安监督具有严格的适用条件且其实际适用率并不高，但不容否认，在德国的刑事制裁体系中毕竟存在诸如"保安监督"之类的保安处分来作为刑罚的必要补充，为刑罚分担保护公众免受再犯之危险的重任。

2. 双轨制刑事制裁体系下量刑教义学的基本特性

德系量刑教义学的特点可归结为两个方面：一是贯彻责任主义有助于防止量刑趋重，以责任作为刑罚的上限，刑罚不得超过责任程度。换言之，即使犯罪人的人身危险性再高，其最终获得的刑量也不会超过与其罪行轻重相适应的刑罚。二是区分责任刑和预防刑的思路有助于清晰揭示量刑过程，不仅体现了量刑思考的位阶性，还能够以刑罚的正当化根据作为评判量刑正当与否的标准，判断量刑结论是否符合报应的正义性和预防的

---

〔1〕　参见江溯：《从形式主义的刑罚概念到实质主义的刑罚概念——评欧洲人权法院 2009 年 M 诉德国案判决》，载《时代法学》2012 年第 4 期，第 99 页、第 101 页。

〔2〕　［德］塔蒂安娜·霍恩雷：《无需量刑指南参考下的适度与非恣意量刑：德国的经验》，刘胜超译，载《中国刑事法杂志》2014 年第 6 期，第 28 页、第 35-36 页。

必要性。

（1）积极的责任主义与消极的责任主义。

综观责任主义的基本含义，呈现出从"双面"到"单面"、从"积极"到"消极"的演进过程。20世纪80年代，我国有学者以20世纪60年代为界，对责任主义在德国刑法中的流变作了如下梳理：在20世纪60年代之际，康德、黑格尔的传统报应思想仍占主流地位，当时的责任主义大致具有两层含义，一是"无责任即无刑罚"，责任被视为刑罚存在的前提；二是"责任必须为刑罚之抵偿"，责任的程度决定了刑罚的种类和刑罚的轻重。西德学者 Arthur Kaufmann 在其所著的《责任主义》一书中，将此种责任主义称为"双面责任主义"。之所以称其为"双面"，原因是责任被视为刑罚的充要条件，其中充分条件可表述为"有责任必有刑罚"，而必要条件则体现为"无责任即无刑罚"（或"有刑罚必有责任"）。

在双面责任主义的影响下，1960年和1962年的《德国刑法草案》均在第60条第1款中规定"刑之量定之基础为行为者之责任"。尔后，康德、黑格尔的传统报应思想日渐衰微，学者们试图从刑事政策角度赋予"责任"新的内涵，以期让刑事制裁更为合理。及至1966年，西德和瑞士的14位刑法学者针对1962年刑法草案而撰写了"刑法典对案、总则"，[1]对"为抵偿责任而赋科刑罚"的传统观念进行了批判，该"对案"一经公布便产生了较大影响。克劳斯·罗克辛作为意见的起草人之一，提出了"单面责任主义"，其中的"单面"意味着责任仅为刑罚的必要条件（无责任即无刑罚），而非充分条件（有责任必有刑罚）。单面责任主义的核心要义可归纳为两点：一方面，依然认为责任是刑罚存在的前提，将责任视为刑罚的必要条件，并且主张刑罚的轻重不得超过责任的范围；另一方面，有别于双面责任主义，认为基于预防的考虑，即使有责任也未必一律要判处刑罚。受德国学界关于双面和单面责任主义论争的影响，日本学者平野一

---

〔1〕 大陆学者也称为"刑法典选择性草案"，需要注意的是，该"选择性草案"在刑罚目的上采取了特殊预防和一般预防而完全放弃了"报应"思想，仅将罪责原则作为刑罚的上限加以运用。参见［德］克劳斯·罗克辛：《德国刑法学总论》（第1卷），王世洲译，法律出版社2005年版，第65页。

龙将责任主义作"积极"与"消极"之分，将积极的责任主义表述为"有责任必有刑罚"，而消极的责任主义则是指"无责任即无刑罚"。[1]相当于是将双面责任主义中彰显必罚主义的部分称为积极的责任主义，而单面责任主义与消极责任主义的含义并无二致。由于积极责任主义所蕴含的必罚主义理念容易导致犯罪类型的增设和重刑主义倾向，如今德国、日本刑法理论的通说采取的是单面/消极责任主义。

作为现代刑法理论的基石，消极责任主义是对必罚主义的否定，具有刑罚限定机能，该机能在定罪和量刑层面的表现有所不同，具体而言：其一，在定罪层面，"无责任即无刑罚"中的"责任"是指作为犯罪成立要件之一的责任（有责性）。作为犯罪成立要件之一的责任（行为责任），也被称为"刑罚基础的罪责"[2]"为刑罚提供根据的责任"[3]"作为刑罚理由的责任"[4]，欲说明没有责任就没有犯罪，没有犯罪自然也就不存在适用刑罚的可能，责任是刑罚存在的前提条件。只有当行为人对其所犯行为和结果具有可非难性（责任或有责性）时，才能将其行为认定为犯罪，进而对其适用刑罚。因此，责任在限制犯罪成立的同时，也对刑罚的有或无起到了一定的制约作用。其二，在量刑层面，消极的责任主义意味着责任程度决定了刑罚的程度，即使行为人所犯罪行的一般预防或特殊预防必要性较大，也不得对行为人判处超过其责任程度的刑罚。关于量刑领域中的"责任"含义，学界对此存在不同解读。例如，日本学者曾根威彦认为，量刑责任是"广义的责任"，是由违法性大小和有责性（狭义的责任）大小相乘而得到的后果（犯罪本身的轻重）；[5]而学者城下裕二认为，量刑

---

〔1〕　吴景芳：《刑罚与量刑》，载《法律适用》2004年第2期，第14页。

〔2〕　[德]克劳斯·罗克辛：《德国刑法总论》（第1卷），王世洲译，法律出版社2005年版，第573页。

〔3〕　张明楷：《责任主义与量刑原理：以点的理论为中心》，载《法学研究》2010年第5期，第129页。

〔4〕　潘文博：《德国量刑责任概念的源流、问题与启示》，载《政治与法律》2019年第4期，第39页。

〔5〕　[日]曾根威彦：《量刑基准》，载《日本刑事法的形成与特色——日本法学家论日本刑事法》，西原春夫主编，李海东等译，中国法律出版社、日本成文堂出版社联合出版1997年版，第147页。

责任与归责中的责任并无区别，量刑责任就是"规范的非难可能性"。[1]我国学界也有与之相应的观点，如周光权教授与学者曾根威彦的立场相似，认为量刑论中责任的完全表述是"具有归责可能性的不法"。[2]张明楷教授认为量刑责任是指"对不法的责任"，与学者城下裕二的立场相谙，并进一步指出，无论把量刑责任解释为"有责的不法"抑或犯罪成立要件之一的"责任"，在通常情况下不会对责任刑的认定产生影响；只有在行为人具有责任减轻事由时，责任刑的认定才会因持不同的量刑责任立场而相异。[3]从上述分析可知，犯罪论中的责任具有"有""无"之分，其作用在于限制犯罪成立的范围，进而决定刑罚的有或无；刑罚论中的责任具有"轻""重"之别，责任的量限制了刑罚的量，这也意味着量刑时不得过度考虑预防犯罪的需要，不得为了预防犯罪而判处超出责任限度的刑罚。据此，消极的责任主义既制约着定罪，同时也制约着量刑。

（2）幅的理论与点的理论。

消极的责任主义在承认责任是刑罚的前提条件时，强调责任具有的刑罚限定机能。当消极的责任主义具体作用于量刑领域时，便涉及如何处理责任主义（责任刑）与目的主义（预防刑）关系的问题。对此，德国学界展开了"幅的理论"与"点的理论"之争。

"幅的理论"的核心观点是，与责任相适应的刑罚是一个幅度，在该幅度的上限和下限之内考虑预防犯罪的需要，从而决定最终的刑罚。该理论最初是由学者 Albert Friedrich Berner 提出，[4]其观点源自对"量变引起质变"的逆向思考，即当量变不足以引起质变时，事物的本质依然不变；只有当量变过大时，才会导致事物本质发生改变。基于该思路，对行为人给予多 1 天或少 1 天的刑量，不会使正义受到折损；反之，若犯

---

[1] 张明楷：《刑法学（上）》，法律出版社 2021 年版，第 718 页。

[2] 周光权：《量刑的实践及其未来走向》，载《中外法学》2020 年第 5 期，第 1155 页。

[3] 张明楷：《刑法学（上）》，法律出版社 2021 年版，第 718-719 页。

[4] 关于"幅的理论"（Spielraumtheorie）的缘起，我国学者谭淦认为"裁量空间理论"（"责任幅理论"）最早是由 Alfred Friedrich Berner 于 19 世纪提出。参见谭淦：《法治国家的刑罚量定——以德国量刑法为中心》，中国人民大学 2011 年博士学位论文，第 50 页。

罪人或民众感到量刑过轻或过重时，说明量刑已明显超过了责任刑幅度的限制。[1]

　　"幅的理论"的缺陷有二：一是论证过程经不起深究。以犯罪人的刑期计算为例，当以日或月作为增减犯罪人刑期的单位时，姑且可以认为这不会对犯罪人或民众带来实质性影响；然而，若将增减的幅度调整至半年、1 年甚至是更长的时间，由此带来的影响则不容小觑。况且，幅的理论只是基于一个近似值的概念来探寻责任刑的上下限，并不意味着处于该幅度内的量刑都能实现正当的报应。如果为了实现正当的报应，就只能要求法官尽可能地在一个较窄的幅度内量刑，这样又会进一步挤压预防目的的考量空间，导致无法充分考虑预防犯罪的需要。二是理论逻辑无法自洽。倘若认为与责任相适应的某个特定的刑罚（点）在客观上不存在，且主观上也无法认知，那便意味着责任刑幅度的范围也无法被确定，因为幅度范围的上限与下限实际上也是两个特定的点。

　　鉴于"幅的理论"存在上述缺陷，"点的理论"应运而生。点的理论建立在存在论与认识论的分立上，简言之，客观上存在与责任相适应的某个特定的刑罚（点），只不过主观上无法认知；并且，与责任相适应的刑罚（点）划定了量刑的上限，只能在责任刑（点）之下考虑预防犯罪的需要，从而确定最终的刑罚。由此看来，"幅的理论"与"点的理论"之间的最大区别是，前者主张与责任相适应的刑罚是一个幅度，于是对责任刑同时设立了上限和下限；而后者仅对责任刑设定了上限，并未规定下限。当前已有不少学者认为，"幅的理论"与"点的理论"仅是说明方法的不同，二者已逐渐从对立走向融合，其共通之处在于：①均以相对报应刑论为根据；②均以责任相当刑为前提；③均遵循"责任评价→预防判断"的思考路径，且承认刑罚的适用不得超过犯罪人的责任程度；④均以确定唯一的宣告刑为己任。据此，量刑时应以"幅的理论"为起点，以"点的理论"为终点，以此处理罪刑均衡与犯罪预防间的关系。[2]换言之，如果认

----

〔1〕　〔日〕城下裕二：《量刑基准的研究》，成文堂 1995 年版，第 83 页。

〔2〕　李冠煜、顾家龙：《量刑原理中的罪刑均衡与犯罪预防关系再论》，载《中南大学学报（社会科学版）》2018 年第 3 期，第 50 页、第 56 页。

为责任刑幅度的下限可以因特殊预防必要性小（或没有特殊预防的必要）而被突破，那么"幅的理论"和"点的理论"的实际运作结果将变得更为相似。

总之，"幅的理论"和"点的理论"均肯定了责任主义的刑罚限定机能，即责任刑对预防刑具有制约作用，相当于为最终的量刑结论设置了一道起码的栅栏，以防量刑趋重；否则，若缺乏这一限制，法官的裁量权行使大有失控之虞。

（二）单轨制刑事制裁体系下的量刑机制及其教义学特性

我国目前尚无类似"保安监督"的制度设计，仍然需要通过对累犯、惯犯、职业犯等判处严厉刑罚的方式来实现犯罪预防。英美法系中虽然确实存在一些具有保安处分性质的措施，但是对于累犯、惯犯、职业犯依然主要是以更严厉的刑罚来实现预防目的，[1]累犯长期以来都被认为是加重处罚的合法基础，[2]据此，囿于刑事制裁体系的不同，决定了我国乃至英美在防范再犯危险方面势必将采取迥异于德国的制度设计。

1. 单轨制刑事制裁体系下的量刑机制

在我国《刑法》施行的 40 余年间，围绕刑事制裁体系的理论聚讼一直未曾间断，这些讨论与量刑规范化命题保持"或亲或疏"的关系。对于我国的刑事制裁体系，学界主要从"刑罚结构的改进"和"保安处分的探究"两个方向展开讨论，具体而言：

一是为我国刑罚结构的改进提出建言。例如，储槐植教授曾于 1989 年指出罪刑配置不外乎有"不严不厉""又严又厉""严而不厉""厉而不严"四种结构，主张我国的刑罚结构应从"厉而不严"到"严而不厉"转变。[3]从学者们的研究内容来看，具体又可细分为限制生命刑、调整自

---

〔1〕 美国俄克拉荷马州西区联邦法院法官蒂莫西·德·朱斯蒂曾言，"联邦法院……通常对累犯、惯犯都会重判，而且判 20 年就是 20 年，不会提前释放"。参见 ［美］蒂莫西·德·朱斯蒂、杨成、顾明：《保安处分与犯罪预防——美国联邦法官 Timothy D. DeGiusti 访谈录》，载《天府新论》2019 年第 1 期，第 156 页、第 158 页。

〔2〕 江溯主编：《美国判例刑法》，北京大学出版社 2021 年版，第 22 页。

〔3〕 储槐植：《严而不厉：为刑法修订设计政策思想》，载《北京大学学报》（哲学社会科学版）1989 年第 6 期，第 99 页、第 106 页。

由刑、扩大财产刑和优化资格刑四个方面。其中，对生命刑的限制包括理论和实践两个层面，在理论层面首先探寻"为何要废除死刑"，其次进一步追问"如何废除死刑"或"应废除哪些罪名的死刑"等问题；在实践层面表现为削减死刑罪名、限缩死刑实际执行规模，以及探寻死刑替代措施等方面。对自由刑的调整主要是为了弥合生命刑与自由刑之间的鸿沟。近年来，针对数罪并罚、减刑假释、死缓等诸项制度改革，皆是朝着"加重生刑"的方向发展。至于扩大财产刑的适用范围与优化资格刑的配置，其初衷也是纠正实践中过于倚重生命刑和自由刑的不良量刑倾向。总体而言，围绕刑罚结构的论争虽未直接关涉量刑问题，却也和量刑保持着千丝万缕的联系。"如果说刑罚的裁量和执行是国家对犯罪人予以否定评价后所最终呈现的状态或结果，那么刑罚体系的具体建构则是刑罚适用的前提。"[1]量刑规范化以克服量刑失衡为旨归，要求个案自身与类案之间能够满足量刑均衡的要求，刑罚结构的调整可能引发量刑实践出现或轻或重的走势，进而也对量刑公正的实现产生一定影响。

　　二是对保安处分制度展开了有益的探索。自 20 世纪 80 年代开始，我国已有学者开始引介他国的保安处分制度，[2]并探讨是否需要构建我国的保安处分制度。[3]尔后，学者们对我国《刑法》是否规定了保安处分而产生分歧，否定论认为，保安处分在我国两部刑法典中均处于缺位的状态，纵然现行《刑法》中有一些保安处分性质的措施，但它们与真正意义上的保安处分仍相去甚远，于是通过研究域外的保安处分制度的缘起和作用机制，来论证我国是否有必要调整刑法结构以引入相应的保安处分制度。[4]肯定论主张我国现行法律中虽无保安处分的概念，但在《刑法》中已有实

---

〔1〕　时延安主编：《刑法学的发展脉络（1997—2018）》，中国人民大学出版社 2020 年版，第 131 页。

〔2〕　全理其：《英国的保安处分》，载《现代法学》1984 年第 2 期，第 96 页。

〔3〕　廖增昀：《关于我国可否采用保安处分制度的探讨》，载《法学家》1989 年第 5 期，第 15-19 页。

〔4〕　参见屈学武：《保安处分与中国刑法改革》，载《法学研究》1996 年第 5 期，第 55-69 页；储槐植：《刑罚现代化：刑法修改的价值定向》，载《法学研究》1997 年第 1 期，第 111-120 页；刘仁文：《调整我国刑法结构的一点思考》，载《法学研究》2008 年第 3 期，第 151-154 页；张小虎：《论我国保安处分制度的建构》，载《政治与法律》2010 年第 10 期，第 36 页。

质性的保安处分，故而有必要将这些"隐性的"保安处分措施予以全面考察，以实现我国保安处分制度的法治化。[1] 较之否定论者，肯定论者更愿意以"保安处分"之名来界定我国《刑法》中的相关措施。本章持肯定论立场，即我国的刑事制裁体系属于"隐性"双轨制，不过需要明确的是，我国《刑法》虽然规定了一些对"人"的保安处分（如第 17 条第 5 款的收容教养、第 18 条第 1 款的强制医疗、第 38 条第 2 款和第 72 条第 2 款的禁止令、第 75 条的缓刑监督和第 84 条的假释监督、第 35 条的驱逐出境），以及对"物"的保安处分（如第 64 条的刑事没收），但它们都不直接涉及累犯、再犯的刑量增加问题，与量刑规范化研究所必须回应的责任刑（报应刑）与预防刑的关系问题没有必然联系。

以上围绕刑事制裁体系的讨论仅与量刑领域有着间接关联，直到我国开启了量刑规范化改革之后，二者间的重要关联才真正得以建立。在这一阶段，域外量刑理论被大量引入国内，对于我国量刑方法论的形塑和量刑指导意见的完善具有重要意义。然而，现行《德国刑法》采取了区分刑罚和保安处分的"双轨制"刑事制裁体系，刑罚适用须严格恪守责任主义的要求，虽然刑罚本身兼顾报应和预防，但不可否认的是，保安处分措施在很大程度上承担了保护公众免受再犯之危险的使命。例如，若行为人在刑罚执行完毕之后仍具有再犯风险，便可对其采取预防性的拘留措施。[2] 与之相较，我国实际上属于"单轨制"或"隐性双轨制"的刑事制裁体系，仍需以刑罚来承担保护公众免受再犯侵害的重任。

2. 既有量刑教义学方案的脱节

自量刑规范化改革以来，我国量刑研究尽管在问题意识层面确立了扎根本土实践、解决中国问题的基本宗旨，但在理论供给层面仍将移植域外量刑理论作为学术发展的主要动力，由此形成了以域外理论解释我国现行量刑指导意见的研究范式。需肯定的是，该研究范式为突破量刑教义学的

---

[1] 时延安：《隐性双轨制：刑法中保安处分的教义学阐释》，载《法学研究》2013 年第 3 期，第 140-157 页。

[2] ［德］汉斯-约格·阿尔布莱希特：《德国量刑制度：理论基石与规则演绎》，印波等译，载《人民检察》2018 年第 3 期，第 69 页。

封闭性作出了积极贡献。不过，随着社会转型的不断深入，犯罪治理问题渐趋复杂，域外理论与我国量刑实践之间的不对应性日益加深，传统研究范式越发难以为继。如何制定出科学、合理的量刑规则以实现量刑规范化？立足于我国现有的刑事制裁体系是回答该问题的一个无法绕开的重要前提。目前，关于量刑规范化实现路径的讨论，其前提在于如何看待、是否变革我国现有的刑事制裁体系。

对既有"三阶式"量刑步骤，我国学界大致提出了三种完善方案：第一种是"两步式"量刑法，主张把量刑起点的选择也一并纳入基准刑的裁量中，不再对"犯罪构成事实"作基本犯罪构成事实和其他犯罪构成事实的二元区分，由此形成"根据犯罪构成事实确定基准刑""根据非犯罪构成事实修正基准刑"的两个步骤。[1]第二种是"四步式"量刑法，主张在量刑步骤中贯彻消极的责任主义理念，具体包括（1）选择法定刑，在确定罪名后根据案件的违法与责任事实选择法定刑；（2）裁量责任刑，一是暂不考虑各种法定与酌定量刑情节，初步确定刑罚量（确定责任刑的起点），二是立足于"点的理论"，根据影响责任刑的情节来确定责任刑（点）；（3）裁量预防刑，在责任刑（点）之下根据预防犯罪的需要来确定拟宣告刑；（4）确定宣告刑。[2]第三种是"五步式"量刑法，分别为（1）选择法定刑幅度，依据的是犯罪构成事实；（2）选择量刑起点，依据的是基本犯罪构成事实，并参考同类案件的生效判决；（3）确定基准刑，主要是根据其他犯罪构成事实，以量刑起点为基础而增加刑罚量；（4）确定拟宣告刑，是以"犯罪构成事实以外的事实"调节基准刑；（5）确定宣告刑，基于全案情况的综合考量。[3]

在以上三种方案中，"两步式"量刑法所提出的"基准刑→宣告刑"思路，其实在量刑改革中的 2008 年试点文件便有所体现。"五步式"量刑

---

〔1〕　王刚：《论基准刑及其裁量方法——以〈最高人民法院关于常见犯罪的量刑指导意见〉为参照》，载《学术交流》2017 年第 2 期，第 117-118 页。

〔2〕　张明楷：《刑法学（上）》，法律出版社 2021 年版，第 757 页。

〔3〕　李冠煜：《从绝对到相对：晚近德、日报应刑论中量刑基准的变迁及其启示》，载《东方法学》2016 年第 1 期，第 63 页。

法相较于现行的"三阶式"量刑步骤，只是分别增加了法定刑幅度和拟宣告刑的确定环节，这两个"新增"步骤在量刑改革过程中也曾有所涉及。[1]据此，两步法、五步法与现行量刑指导意见规定的"三阶式"量刑步骤在思维过程上是一致的，归根到底只是在阐释量刑过程时有详略差别，没有对现行的量刑步骤做出实质性改变。相比之下，"四步式"量刑法融合了消极的责任主义理念，在明确区分责任刑（报应刑）与预防刑的同时，也对我国原有的"罪—责—刑"结构做出了根本性变革，即对犯罪、刑事责任和刑罚三者间的关系进行重构，采取了"罪责刑相适应 =（犯罪→刑罚）&（刑事责任→刑罚）"的结构，其中，责任刑的裁量旨在实现罪刑均衡，要求刑罚的轻重与罪行（有责的不法）本身的轻重相适应，并且强调责任刑对量刑的制约作用。在预防刑的裁量中，通过将《刑法》第5条中的"刑事责任"理解为"案外影响行为人再犯可能性大小的事实"，要求刑罚的轻重与行为人的再犯可能性大小相适应，以此体现目的刑的要求。[2]应当说，"四步式"量刑法及其背后对犯罪、刑事责任和刑罚关系的重新解读，对于确立量刑的分步式思维及防止量刑趋重具有重要意义。然而，若要让"四步式"量刑法完全取代现行的"三阶式"量刑步骤，至少需要满足以下三个条件：一是我国的刑事制裁体系已由"隐性"双轨制转变为"显性"双轨制，刑法不仅对刑罚和保安处分进行明确区分，且为累犯、再犯等犯罪人专门设置了保安处分措施，对于服完罪责相适应之刑后仍有人身危险性的罪犯，可对其继续适用保安处分来剥夺其犯罪能力，从而保护公众免受再犯之危险。二是犯罪、刑事责任与刑罚之间的关系重构在理论上获得广泛认同，在此前提下才能实现理论与实践的有效对接。三是要么舍弃现行量刑指导意见采取的"定性分析为主，定量分析为辅"的量刑方法，仍然仅以定性分析法来进行责任刑和预防刑的裁量；要么能够在

---

〔1〕 量刑规范化改革项目组曾指出，"三阶式"量刑步骤仅是基本的量刑步骤，综观整个量刑思维过程，事实上又可将其细化为六个具体步骤，详见熊选国主编：《〈人民法院量刑指导意见〉与"两高三部"〈关于规范量刑程序若干问题的意见〉理解与适用》，法律出版社2010年版，第64页。

〔2〕 张明楷：《刑法学（上）》，法律出版社2021年版，第714页。

"四步式"量刑法的基础上进一步提出配套的量化标准，以此让理论真正转化为可操作性的实践规则。综上所述，践行"四步式"量刑法并不是一蹴而就的。

（三）自然人量刑教义学的基本共识与发展方向

单轨制或"隐性"双轨制的刑事制裁体系决定了我国当前仍需要以施加刑罚的方式来保护公众免受再犯侵害，但并不妨碍量刑教义学保持认知的开放性，从两大法系的量刑理论和实务中提取共识性经验。

1. 自然人量刑教义学的共识提炼

我国最高司法机关确立的"量刑起点→基准刑→宣告刑"的"三阶式"量刑步骤，各步骤对应的事实根据为"基本犯罪构成事实→其他影响犯罪构成的事实→量刑情节"。该区分标准在学理上尚且清晰，但在实务中践行并非易事，其中固然与量刑实务自身的复杂性有关，因为个案的定罪事实与量刑事实之间本就不存在泾渭分明的界限。不过，更为深层次的原因是我国对报应刑和预防刑的区分必要性认识不足，以至于存在弱化"犯罪构成要件"的罪刑法定机能，将某些事实情节在各步骤间任意安放的情况。就责任刑（报应刑）与预防刑的区分而言，普通法系与大陆法系的共识多于分歧。鉴于我国学界对德系刑法理论的引介和研讨已较为充分，以下将主要从普通法系的视角，以期凸显区分责任刑与预防刑对于形塑体系性思考的重要意义。

英美两国是普通法系国家中积极推行量刑改革，切实执行指南型模式的重要代表，尽管两国量刑理念的发展轨迹颇为相似，大致从后果主义刑罚论的由盛转衰，到报应主义刑罚论的重新回归，并伴随并合主义刑罚论的演进，但由于两国所倚重的量刑指导思想存在差异，加上各自社会背景、文化传统，以及司法环境等因素的综合影响，使其量刑指南各具特色。例如，作为美国网格式指南的重要先驱与践行者，明尼苏达州之所以制定二维结构的量刑网格，既受当时假释指南的二维结构影响，也和该州量刑委员会借鉴赫希教授在 1976 年《匡扶正义》著作中的学术观点有关。考虑网格式指南将犯罪的严重性和犯罪人的犯罪史作为决定量刑的两个重要因素，无法直观地体现责任刑与预防刑的区分，而英国叙述式指南规定的量刑步骤能更加清晰地揭示其量刑过程，因此，接下来主要以英国量刑委员会制定的 2016 年《抢劫罪指南》为例，对其蕴含的责任刑与预防刑区分思路作更加深入的剖析。

2016 年《抢劫罪指南》规定了 9 个量刑步骤，步骤 1 和步骤 2 是根据当前犯罪的严重性确定相应的起刑点和量刑范围，主要进行责任刑裁量；步骤 3、步骤 4 和步骤 5 考量的罪前、罪后情节，与犯罪的严重性无关，相当于进行预防刑裁量。将量刑因素合理分配于各个步骤，其目的是提醒法官注意不同事实因素的相对重要性。对此，朱利安·罗伯茨教授曾指出，英国量刑指南目前有效地界分了两个层次的因素，一是将主要相关因素置于步骤 1，而相关性有限的因素置于步骤 2；二是把那些与量刑决定有关，但与损害和罪责无关的因素分配于步骤 3 和步骤 4 中考虑。这样设计的原因在于：如果所有法院考虑了基本相同的事实，将得出更加一致的结果。由此也决定了委员会需要对事实因素进行有效分配，不过目前的一个明显困难是如何确定不同因素的相对重要性。如果人们查看现行指南会发现，有些事实因素的安置不尽合理。[1]例如，英国学界明确指出"自愿赔偿被害人"是一种罪后减轻情节，与犯罪的严重性无关，既没有减少犯罪行为造成的损害也不会降低犯罪人的有责性大小，它能够减轻量刑的法理在于，由罪犯实施这样的行为被认为是值得称赞的，且能够对刑事司法制度作出贡献；[2]然而，2016 年《抢劫罪指南》却把"悔悟，特别是自愿赔偿被害人的情况"置于步骤 2，将其作为减轻犯罪严重性的因素。[3]总体而言，英国量刑指南已蕴含先确定责任刑、再判断预防刑的区分意识，只是个别事实因素与其所属量刑步骤的匹配度仍有推敲的余地，不过，这并不妨碍对其已呈现出的责任刑和预防刑的区分意识给予肯定。

综上所述，责任刑与预防刑在裁量时具有顺序性，先确定责任刑、再

---

〔1〕 See Julian V. Roberts, *The Evolution of Sentencing Guidelines in Minnesota and England and Wales*, Crime and Justice, vol. 48/no. 1, p. 225, footnote 44 (2019).

〔2〕 ［英］安德鲁·阿什沃斯：《量刑与刑事司法》，彭海青、吕泽华译，中国社会科学出版社 2019 年版，第 189 页、第 203 页。

〔3〕 Sentencing Council of England and Wales, *Robbery Offences: Definitive Guideline* (2016), Sentencing Council, https://www.sentencingcouncil.org.uk/wp-content/uploads/Robbery-definitive-guideline-Web.pdf.

评估预防刑的思维路径是两大法系量刑理论的基本共识，同样也是我国实现量刑规范化的应然走向。该思维至少包括如下优势：其一，对于非理性的"同案异判"现象，区分责任刑裁量和预防刑裁量能够指引司法人员对个案事实进行合理归类，防止不利于被告人的事实被重复评价，通过提高司法人员量刑思维的一致性来克服类案之间的量刑失衡。其二，在克服个案的量刑失衡问题上，上述思维还有助于司法人员准确认定不同事实对量刑的影响力，以防因过度考虑预防的必要性而对犯罪人进行过度惩罚。基于此，为了让量刑的阶层性思维得以真正确立，有必要在我国现有的量刑步骤中进一步强化责任刑与预防刑的区分意识，以期让个案事实的区分标准更加明确，使量刑过程更加清晰，以及对量刑结论的说理更为充分。

2. 自然人量刑教义学的发展方向

基于我国的既有刑事制裁体系，以区分责任刑（报应刑）裁量和预防刑裁量作为实现量刑规范化的应然方向，通过对现行法进行解释、归类与体系化，以及采取漏洞填补、法律续造来扩充现行法的"容量"，从而为司法人员裁量提供可供选择的论据。

（1）"报应—预防"区分下的量刑步骤调整。

我国传统刑法理论主要从刑事负担的角度来界定刑事责任，刑事责任程度是由"行为符合社会危害性程度不同的犯罪构成和构成要件之外的影响行为的社会危害性和人身危险性大小的因素"来决定。[1]其中，"行为符合社会危害性程度不同的犯罪构成"及"构成要件之外的影响行为的社会危害性……的因素"共同决定了犯罪行为的社会危害性程度，即罪行本身的轻重；而"构成要件之外的影响行人身危险性大小的因素"决定了犯罪人人身危险性的高低。据此，罪行轻重和人身危险性大小共同决定了犯罪人所承担的刑事责任程度。将罪行轻重和人身危险性大小都纳入刑事责任的范畴进行综合判断，可能让某些事实因素在各个步骤中都发挥作用，从而导致重复评价的问题。

---

〔1〕　高铭暄、马克昌主编：《刑法学》，北京大学出版社、高等教育出版社 2022 年版，第 209 页。

为了让考察视域更为全面，在此还需要辨析的一个概念是普通法系中的"刑事责任"，它一般是在犯罪构成的意义上使用，与量刑意义上的责任（应受谴责程度）不同。值得注意的是，英文中的"Responsibility"和"Liability"都会被译为"责任"，二者既有内在联系，也存在一定区别。为了叙述更加简明，在此分别把"Responsibility"标记为"责任 R"，"Liability"标记为"责任 L"，这两种责任之间的关系可以表述为：责任 R 是责任 L 的必要不充分条件。具体而言：一方面，行为人承担刑事责任（Criminal liability）必须以具备责任 R 为前提；另一方面，承担责任 R 则无须以责任 L 为必要，当行为人具有犯罪行为（Actus reus）和犯罪心态（Mens rea）时，便具备责任 R。此时，若行为人能够提出一定的辩护事由，如通过正当化事由（Justification）来排除行为的违法性，或者提出免责事由（Excuse）来减免行为的可谴责性，便能在一定程度上阻断责任 R 发展为责任 L 的路径，从而避免受到刑罚。[1]（参见图 5-1）

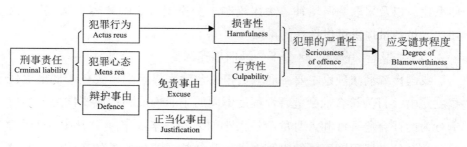

图 5-1　普通法系中刑事责任的理论构造

英国刑法中刑事责任（Criminal Liability）的理论构造包括犯罪行为、犯罪心态和辩护事由三个要件，[2]刑事责任的认定可被视为谴责和强制的

---

〔1〕　See R. A. Duff, *Responsibility and Liability in Criminal Law*, in Claire Grant & et al. eds., The Legacy of H. L. A. Hart：Legal，Political，and Moral Philosophy，Oxford University Press，2008，p. 103.

〔2〕　近年来，也有学者试图重构"刑事责任"，提出有别于传统刑事责任三要件模式的理论模型，如乔治·福莱彻认为刑事责任要件包括不法行为（Wrongdoing）与归责（Attribution）两要件；还有学者试图区分行为规则（Rules of Conduct，指导公民怎样行为）与裁判规则（Rules of Adjudication，指导法官怎样判断刑事责任）等。参见［英］威廉姆·威尔逊：《刑法理论的核心问题》，谢望原等译，中国人民大学出版社 2015 年版，第 294-295 页。

运用。[1]对此，可从如下方面来加以认识：其一，犯罪行为本质上是一种经验事实，而刑事责任涉及道德评价的问题。只有存在某种犯罪行为，才会引发刑事责任的认定。[2]其二，犯罪行为和犯罪心态是构成犯罪的两个基本要件。为了将刑事责任限定在特定范围内，只有当被告人在具备道德罪过（Moral Fault）的情况下对社会造成一定损害，才需要承担刑事责任。[3]其三，辩护事由是刑事责任构造中的第三个独立要件，它与犯罪行为和犯罪心态要件一并发挥限制刑事责任范围的作用，确保只将有责的违法行为纳入刑法的处罚范围。辩护事由具体包括两大类，正当化事由（Justification）和免责事由（Excuse）。正当化事由用于说明行为人的行为不是违法行为，而是道德上允许的行为，甚至是值得肯定的行为，如正当防卫、紧急避险等。免责事由则是承认行为人的行为具有违法性，但立足于行为人是普通人而非"神"的立场，主张行为人无须承担责任或仅承担有限的责任。相应地，免责事由可分为完全免责事由（Complete Excuses），如无意识的举动、胁迫等；以及部分免责事由（Partial Excuses），如激怒（Provocation）。据此，正当化事由旨在否定行为的违法性，免责理由则用于否定行为的可谴责性。[4]

至此可得出的初步结论是，英国量刑指南之所以能够在构建量刑理论或设计量刑步骤时区分责任刑和预防刑，与其刑事负担意义上的责任不含有预防因素有关；而我国传统刑法理论将罪行轻重和人身危险性大小都纳入刑事责任的范畴进行综合判断，由此导致量刑改革过程中没有以区分责任刑和预防刑的思路来设计量刑步骤。

若立足于我国"罪责刑相适应＝（犯罪→刑事责任→刑罚）"结构来思考"三阶式"量刑步骤的改良方案，需要对其每一步的事实根据作重新

---

〔1〕　〔英〕杰瑞米·侯德：《阿什沃斯刑法原理》，时延安、史蔚译，中国法制出版社 2019 年版，第 22 页。

〔2〕　〔英〕威廉姆·威尔逊：《刑法理论的核心问题》，谢望原等译，中国人民大学出版社 2015 年版，第 281 页。

〔3〕　See William Wilson, *Central Issues in Criminal Theory*, Hart Publishing, 2002, p. 264.

〔4〕　See William Wilson, *Central Issues in Criminal Theory*, Hart Publishing, 2002, pp. 282-283.

检视，从中辨析出真正混淆责任刑和预防刑的部分。从现行的"三阶式"量刑步骤来看：第一步中"基本犯罪构成事实"用于确定量刑起点，即责任刑（报应刑）的起点。第二步中"其他影响犯罪构成的犯罪事实"，包括犯罪手段、次数、数额、结果等，这些事实产生于犯罪过程中，属于罪中情节，用于表明罪行的轻重，同时会对刑罚的轻重产生影响。从这个意义上看，它们可以被归入"影响责任刑的情节"的范畴。第三步中的"量刑情节"是狭义的量刑情节，包括（1）特定量刑情节，即未成年犯、防卫过当、未遂犯、从犯等影响犯罪人刑事责任大小的罪中情节；（2）一般量刑情节包括三类，第一类是"犯罪事实中的非犯罪构成事实"。例如，以"撬锁"的方式实施入户盗窃，其中"撬锁"虽发生于犯罪过程中，但不属于盗窃罪的犯罪构成事实；以"持械"的方式实施抢劫，抢劫数额巨大且致 5 人重伤，其中"持械"属于非犯罪构成事实，而"数额巨大""致 5 人重伤"均属于抢劫罪的犯罪构成事实。[1]此外，其余两类量刑情节分别为罪前情节和罪后情节。由上可知，第三步中量刑情节种类较多，其中的"特定量刑情节"和"一般量刑情节"中的"非犯罪构成事实"都属于罪中情节，可被归入"影响报应刑的情节"的范畴，而"一般量刑情节"中的罪前情节和罪后情节不属于"影响预防刑的情节"。因此，我国"三阶式"量刑步骤中的第一步、第二步，以及第三步的前半段都属于责任刑裁量，只有第三步中的"一般量刑情节"部分，才真正混合了责任刑和预防刑的裁量。

承前所述，可以考虑在第三步中不采取"特定量刑情节"和"一般量刑情节"的二分法，而是以"罪中""罪前""罪后"情节作为量刑情节的区分标准。在裁量顺序上，先适用罪中情节对基准刑进行调节，以此得出责任刑所对应的刑罚量；然后在该责任刑结果的基础上，根据罪前、罪后情节对其进行有限的调整。基于此，我国量刑情节的适用公式便可发生如下转变：

原有：基准刑×（1±特定情节 A）×（1±特定情节 B）×（1±一般情节 C±一般情节 D±一般情节 F）

---

〔1〕 南英主编：《量刑规范化实务手册》，法律出版社 2014 年版，第 23 页。

改为：基准刑×（1±罪中情节 A）×（1±罪中情节 B）×（1±罪前情节 C±罪后情节 D）

需要明确的是，上述公式仅为了让观点更为清晰呈现，并不意味着量刑情节的评价顺序不会对量刑结果产生太大影响。"部分连乘，部分相加减"方法并非毫无争议，若为了追求量刑规则的简明易行，采取"全部连乘"方法在一定程度上会优于当前的"部分连乘，部分相加减"方法，至少不会出现从重处罚情节与从轻处罚情节互相抵消的情况。[1]在此，仍然强调先适用罪中情节、再适用罪前或罪后情节的意义在于，有助于形成阶层式的量刑思维，强化责任刑与预防刑的区分意识，使量刑过程更加符合量刑理论。

（2）"定性+定量"分析下的量刑情节适用。

自我国量刑指导意见引入定量分析法之后，存在的不足有二：一是在"部分连乘，部分相加减"方法的作用下，导致量刑情节的评价顺序可能不会对量刑结果产生太大影响；二是先确定量刑情节的调节比例、后根据刑量计算结果来倒推量刑情节的性质，势必会影响量刑情节本身具有的从轻或减轻处罚功能，不过该问题近年来已逐渐被纠正。这两个问题都是当前为追求量刑算法的简明易行而出现的异化现象，根本原因在于量刑规则被赋予的使命不清，究竟是要径直提高"量刑结果的一致性"，抑或是先以提高"量刑方法的一致性"为目标，通过让法官采取一致的裁量方法来实现类案之间的量刑均衡。

使命定位的不同，决定了量刑方法论在定性分析与定量分析之间的侧重程度。我国当前应当先以提高"量刑方法的一致性"为目标，与此同时，为兼顾量刑规则的可操作性而适度引入定量分析法，这也是 2021 年《量刑指导意见（试行）》强调"以定性分析为主，定量分析为辅"的因

---

〔1〕 量刑实务中曾有观点认为，由于各种量刑情节的性质、对刑罚的影响力不同，因此各量刑情节的调节比例之间不能互相加减抵消，而应当按照一定的先后顺序对刑罚量进行调节，从而确定犯罪主体应承担的刑事责任大小，故各量刑情节之间是一种连乘关系。但量刑改革项目组对该观点未作具体的评析。参见熊选国主编：《量刑规范化办案指南》，法律出版社 2011 年版，第 61 页。

应之义。如果暂不调整"部分连乘，部分相加减"的量刑算法，为了避免根据刑量计算结果而倒推量刑情节性质，目前次优的建议是，首先应通过定性分析确定量刑情节的性质。例如，未成年犯作为一种应当型多功能情节，需要综合全案的犯罪事实和未成年人的个体情况来判断究竟适用从轻或减轻处罚的功能；未遂犯作为一种可以型多功能情节，同样需要结合全案事实来判断是否适用及适用何种处罚功能。值得注意的是，这里所言的"综合分析判断"并不等同于传统的"估堆式"量刑，而是对影响该情节适用的因素进行充分考虑的过程。[1]另外，对于含有减轻处罚功能的多功能情节，应尽可能地适用减轻处罚功能，除非存在特别理由表明不宜进行减轻处罚时，才能将情节认定为从轻处罚情节，如此考虑主要是为了防止量刑趋重的情况。其次在确定量刑情节性质的基础上，进一步确定相应的调节比例。对于确定为免除处罚的量刑情节，可以直接依法定罪免刑，无须再适用"量刑步骤"；对于确定为减轻处罚的量刑情节，可赋予相对较大的调节比例；至于确定为从轻处罚的量刑情节，则可赋予相对较小的调节比例。不过，最后仍然需要通过刑量计算结果来校验相关量刑情节的功能是否得到合理体现，若事先确定某情节适用减轻处罚功能，且刑量计算结果恰好低于相应法定刑幅度的最低刑，则说明某情节的减轻处罚功能得以体现，可据此直接确定为宣告刑；反之，如果事先确定某情节适用从轻处罚功能，而刑量计算结果却在相应法定刑幅度之下，按照现行量刑指导意见的要求只能以相应法定刑幅度的最低刑作为宣告刑，除非符合《刑法》第63条第2款的酌定减轻处罚规范，才能在相应法定刑幅度之下确定宣告刑。就此而言，我国量刑方法论中的定性分析与定量分析相当于是一种"互释"的关系，以定性分析来指导量刑情节的权重确定，进而再以刑量计算结果来校验量刑情节的性质及权重的确定是否合理。

---

〔1〕"综合分析判断"是最高人民法院2016年版《量刑规范化指导案例》中提倡的一种方法，该方法的目的是把可免除处罚的案件首先排除在外，不用再按部就班的适用"三阶式"量刑步骤，即首先总体上确定全案适用的（量刑情节）调节功能，对于可免除处罚的案件，可直接依法判处；其次如果确定适用从轻、减轻或从重处罚功能，再按照"三阶式"量刑步骤逐步进行裁量。参见南英主编：《量刑规范指导案例》，法律出版社2016年版，第80页。

四、面向组织体的量刑教义学：域外镜鉴与中国方案

我国刑法对单位主要采取抽象罚金制，无论量刑情节发挥从轻、减轻抑或免除处罚的作用，都难以在罚金宣告刑中得到明确体现，而"一个公正、透明、可问责的量刑体系须落实到量刑标准的形塑，不论这些标准是以成文法、判例法抑或指南形式呈现；若非如此，法官便缺少检验直觉的标准，辩方也难以维护被告权益，大众亦无法评判量刑正义的实现与否"。如果以"从宽处罚"或"从重处罚"等抽象术语作为分析结论，对单位犯罪量刑问题的讨论未免粗疏，对司法实务也难言实益，在力求以量刑规范化改革推动量刑建议精准化的中国语境下更是如此。[1]

事实上，量刑法理对单位犯罪治理具有重要的方法论意义：（1）在我国刑法"定性+定量"的犯罪定义模式下，单位犯罪的成立与否，需要从行为不法、结果不法和罪责三个角度对犯罪事实进行量的评估。德国刑法教义学对于构成要件内部所蕴含的不法含量探讨，正是源于其量刑领域对犯罪的量化观察所形成的方法论思考。[2]（2）审查不起诉阶段蕴含了一个实质的、模拟化的量刑活动，故而需以量刑的基本理念为指导来设计该制度的实体要件。[3]英美的组织体量刑指南所罗列的量刑因素和罚金计算方法亦对检察官的诉讼裁量至关重要。

有鉴于此，为构建我国自主的量刑知识体系，防止单位的罚金裁量重蹈"估堆式"量刑的覆辙，同时对审查起诉阶段的量刑建议科学性有所助益，本部分以单位与其成员的责任分离为前提，结合刑罚原理对域外的组织体量刑机制予以检视，以期提出契合我国单位犯罪治理实践的量刑方案。

---

〔1〕 See Michael H. Tonry, Sentencing Fragments: Penal Reform in America, 1975-2025, Oxford University Press, 2016, pp. 234-235.

〔2〕 王莹：《情节犯之情节的犯罪论体系性定位》，载《法学研究》2012年第3期，第131页。

〔3〕 时延安、孟珊：《单位量刑学理对完善不起诉制度的启示》，载《人民检察》2021年第7期，第5-6页。

（一）域外组织体量刑的理论争辩与司法实践

1. 域外组织体量刑的理论争辩

我国自 21 世纪初开展了量刑规范化改革，"规范量刑"的观念逐步从自然人犯罪领域渐入单位犯罪领域，但囿于学界对罚金刑的裁量方法始终无法形成一种清晰而又符合刑法原理的方法，导致实务中对单位判处的罚金刑较为随意且广受诟病。曾经的学术"欠账"自组织体责任论这一视角的引入而浮出水面，若没有针对单位的量刑指南，抽象罚金制在实务中将很难实现类案同判。也有学者指出，量刑标准的缺失不仅影响企业开展适法建设的积极性，也会因执法不透明而滋生司法腐败。[1]鉴于此，学界多聚焦于美国《联邦量刑指南》，将其作为比较法视野下组织体量刑教义学研究的重要参考。于是出现了吊诡的现象，在我国自然人量刑教义学研究中备受诘难的《联邦量刑指南》，[2]在组织体量刑研究中却受到了褒奖，尤其是部分文献似乎已预先设定了《联邦量刑指南》天然合理且值得借鉴。诚然，美国的网格式指南极具现实关切，不仅量刑步骤详细，且罚金计算标准清晰，但在比较研究前首先要明确的是我国构建单位量刑规则的目标究竟是要径直提高"量刑结果的一致性"，抑或先以提高"量刑方法的一致性"为目标，通过让法官采取一致的罚金刑裁量方法来实现类案之间的量刑均衡。

我国单位犯罪的量刑规范化应采取渐进式的实现路径：当前制定单位量刑规则的首要目标是实现"量刑方法的一致性"，将既有的理论融入规则设计之中，通过规范罚金刑的裁量方法来揭开罚金刑裁量的"面纱"，以使个案的量刑结果具有可检验性，进而才能追求类案之间的量刑均衡；否则，若一开始便强调量刑结果的一致性，易使单位量刑规则走向不顾个案差异、片面追求形式平等的另一个极端。从这个角度看，较之美国数量

---

〔1〕 尹云霞、庄燕君、李晓霞：《企业能动性与反腐败"辐射型执法效应"——美国 FCPA 合作机制的启示》，载《交大法学》2016 年第 2 期，第 41 页。

〔2〕 参见汪贻飞：《中国式"量刑指南"能走多远——以美国联邦量刑指南的命运为参照的分析》，载《政法论坛》2010 年第 6 期，第 108—120；彭文华：《布克案后美国量刑改革的新变化及其启示》，载《法律科学（西北政法大学学报）》2015 年第 4 期，第 130—144 页。

化程度较高的网格式指南，英国叙述式指南的目标定位和设计理念或许更具有参考意义。

英国量刑委员会的基本立场是避免让量刑沦为"数字游戏"，其指南旨在为每种罪行提供一个结构化的决策过程，使法官能够采取一致性的方法来得出量刑结果。[1]具体而言：一是从量刑原则来看，英国量刑指南蕴含了比例原则的理念。2003 年《刑事司法法》第 143 条第（1）款明确规定了比例原则，即"就任何犯罪的严重性而言，法院必须考虑犯罪人在犯罪过程中表现出的有责性，以及犯罪所导致的任何损害（包括意图导致的或可能预见导致的损害）"。[2]基于此，英国量刑指南首先强调刑罚的轻重应当与犯罪的严重性相称，具体从"损害"和"罪责"两个维度进行判断。二是就量刑步骤而言，英国量刑指南要求先进行罪行程度评价、再进行再犯可能性判断，其思维路径大致与大陆法系量刑理论所提倡的从责任评价到预防判断的阶层式思维相似，且考虑了组织体的特殊性。

2. 域外组织体量刑的司法实践

下面将以 2016 年 2 月 1 日生效的《健康与安全罪指南》为例，分析其如何指导法官对组织体进行量刑（见表 5-1）。[3]

表 5-1　《健康与安全罪指南》的量刑步骤

步骤	量刑步骤名称	主要内容	备注
1	确定罪行类别（Offence Category）	1. 行为造成的损害程度：4 个等级 2. 组织体的罪责程度：4 个等级	1. 相当于寻找量刑基准 2. 责任刑裁量

〔1〕 See Andrew Ashworth, *Techniques for Reducing Sentence Disparity*, in Andrew Ashworth, Andrew Von Hirsch & Julian V. Roberts eds. , Principled Sentencing: Readings on Theory and Policy, 3rd edn, Hart, 2009, pp. 244-248.

〔2〕 See Criminal Justice Act 2003, s. 143 Determining the seriousness of an offence

（1）In considering the seriousness of any offence, the court must consider the offender's culpability in committing the offence and any harm which the offence caused, was intended to cause or mightforseeably have caused.

〔3〕 Sentencing Council of England and Wales, *Health and Safety Offences*, *Corporate Manslaughter and Food Safety and Hygiene Offences: Definitive Guideline* (2016), pp. 3-12.

步骤	量刑步骤名称	主要内容	备注
2	起刑点和类别范围（Category Range）	1. 评估组织体的财务状况，判断其属于哪一类：超大型—大型—中等—小型—微型；不同规模的组织体所对应的起刑点和罚金刑幅度不同 2. 根据其他与罪行程度相关的情节，在起刑点的基础上调整罚金，得出初始罚金额	1. 相当于确定量刑基准对应的起刑点和罚金刑幅度 2. 责任刑裁量
3	检查初始罚金额与组织体的整体财富状况是否相称	罚金须反映罪行程度，同时法院应考虑组织体的财务状况，考量因素： 1. 组织体的盈利能力 2. 将犯罪的违法所得计入罚金 3. 罚金是否会导致组织体破产	1. 相当于罪行程度基础上的个别化裁量 2. 责任刑裁量
4	考虑罚金额对组织体内部或无辜第三方的影响	考量因素： 1. 罚金是否影响组织体向被害者赔偿的能力 2. 罚金对组织体开展适法建设的影响 3. 罚金对员工、用户、客户和当地经济（不包括股东或董事）就业的影响	基于刑事政策的考量
5	减轻情节	组织体向检察官或侦查人员提供协助	1. 相当于坦白、立功等罪后情节 2. 预防刑裁量
6	认罪	法院应根据 2003 年《刑事司法法》第 144 条和《认罪指南》，考虑组织体认罪对应的量刑减让	1. 注意与我国认罪认罚从宽制度的异同 2. 预防刑裁量
7	赔偿和辅助命令	略	非刑罚措施
8	整体性原则	略	相当于数罪并罚

续表

步骤	量刑步骤名称	主要内容	备注
9	理由	2003 年《刑事司法法》第 174 条规定，法院有义务说明量刑理由并解释判决的效力	量刑说理

值得一提的是，步骤 2 是在罪行程度与罚金数额之间建立比例关系，并且是根据组织体的规模来分别设置罚金刑，该步骤至为关键。在确定组织体的规模时，组织体须提供案发前三年内的综合性账目，以便法院能对其财务状况作出准确评估。其中，法院主要根据组织体的营业额，因为这是一个可以轻松评估的明确指标。[1]当然，对于公司、合伙企业、公共机构、慈善机构等机构，指南明确规定了各类组主体须提交的证明材料。

以 "Drum 建筑公司" 案为例，[2]该公司涉嫌犯有健康与安全罪，未采取适当、充分的措施保护其员工，致使员工在高空作业时受伤。法院在步骤 1 中认定 Drum 建筑公司的罪行程度属于 "损害 1 级—高等级罪责"；在步骤 2 中认定 Drum 建筑公司属于 "微型" 公司，故使用 "微型" 公司的罚金表格进行量刑（见表 5-2），[3]对应的起刑点是 16 万英镑，罚金刑幅度为 10 万英镑至 25 万英镑。由于该案没有加重处罚情节，所以进入步骤 3 和步骤 4，法院经调查发现，该公司在 2014 年面临财务困难，如果判处巨额罚款，将导致该公司被迫裁员；另外，该公司还具备步骤 6 中的认罪情节。综上所述，法院鉴于 Drum 建筑公司的当前财务状况、罚金刑对其员工的潜在影响，以及认罪情节，对罚金额作了调整，并准予其分期缴

---

〔1〕 Sentencing Council of of England and Wales, *New sentencing guidelines introduced for corporate manslaughter, health and safety and food safety* (Jan. 21, 2022), https://www. sentencingcouncil. org. uk/news/item/new-sentencing-guidelines-introduced-for-corporate-manslaughter-health-and-safety-and-food-safety/.

〔2〕 Sentencing Council of of England and Wales, *Health and safety offences: organisations-case study* (Jan. 21, 2022), https://www. sentencingcouncil. org. uk/publications/item/health-and-safety-offences-organisations-case-study/.

〔3〕 Sentencing Council of England and Wales, *Health and Safety Offences, Corporate Manslaughter and Food Safety and Hygiene Offences: Definitive Guideline* (2016), p. 11.

纳，以避免员工失业。

表 5-2　微型组织体的罚金表格

罪行程度	起刑点	罚金刑幅度
最高级罪责： 损害 1 级 损害 2 级 损害 3 级 损害 4 级	￡250,000 ￡100,000 ￡50,000 ￡24,000	￡150,000—￡450,000 ￡50,000—￡200,000 ￡25,000—￡100,000 ￡12,000—￡50,000
高等级罪责： 损害 1 级 损害 2 级 损害 3 级 损害 4 级	￡160,000 ￡54,000 ￡30,000 ￡12,000	￡100,000—￡250,000 ￡30,000—￡110,000 ￡12,000—￡54,000 ￡5,000—￡21,000
中等级罪责： 损害 1 级 损害 2 级 损害 3 级 损害 4 级	￡100,000 ￡30,000 ￡14,000 ￡6,000	￡60,000—￡160,000 ￡14,000—￡70,000 ￡6,000—￡25,000 ￡2,000—￡12,000
低等级罪责： 损害 1 级 损害 2 级 损害 3 级 损害 4 级	￡30,000 ￡5,000 ￡1,200 ￡200	￡18,000—￡60,000 ￡1,000—￡20,000 ￡200—￡7,000 ￡50—￡2,000

3. 域外组织体量刑的经验启示

通过对英国组织体量刑指南的考察，可以得出以下认识：（1）量刑指南的价值不仅限于为法官提供统一的起刑点或量刑幅度，其背后还承载着重要的刑法原理，是从理论迈向实践的重要尝试。虽然英式指南的步骤较多，但经细致考察不难发现，整个裁量过程遵循"责任刑（报应刑）→预防刑"的过程。其中，适法元素主要在步骤 1 和步骤 4 中体现，前者是指组织体的内部结构和运行方式影响其罪责程度的评价，即影响责任刑的情节；后者是指法院需考虑罚金额是否会对组织体事后整改的能力产生影响。（2）如何在罚金刑的适用中既反映罪行的严重性又实现对组织体量刑的个别化？英国量刑指南采取的方式为，首先在步骤 1 中将罪行程度划分为 16 个等级，其次在步骤 2 中对不同规模的组织体分别设置了起刑点和罚金刑幅度，最后在后续步骤中再作个别化的裁量。（3）英国量刑委员会通常是针对具体个罪分别发布指南单行本，各单行本之间虽有细节差异，但所蕴含的量刑理念和方法具有相似性。

（二）我国单位犯罪典型案例的司法认定逻辑

德国宪法法学院原大法官哈塞梅尔在阐述"处于科学知识与司法实践中的教义学"时曾指出，量刑教义学可追溯至早先的法官造法之中，如今不同的量刑理由体系是由教义学经过十几年发展出来的，并最终进入法典。[1]量刑研究不能脱离对经验规则的总结，"与有关犯罪的教义学不同，量刑教义学应更多地从司法实践经验中汲取规律性认识和做法并提炼为具体的适用规则；量刑实践则应遵循量刑基本原理和归责，在法律术语明晰的基础上，合目的、合逻辑、分步骤地进行判断"[2]，从而形成学理与实践的相互印证或相互补足。接下来拟采用这样的研究方法，通过对单位犯罪典型案例的司法裁量逻辑予以细致考察，为后续的规范化处理奠定基础。

关于案例样本的选取，其一，考虑当前我国单位犯罪案件中的被告单位主要是公司、企业，其中又以民营公司、企业为主，本部分将聚焦于这一类主体的单位犯罪实践。其二，由于最高人民检察院发布的单位犯罪典型案例较具代表性，对同类案件的处理具有指导意义，本部分将重点梳理这些案例中的司法裁量逻辑，并将之与同一时期的其他普通案例作对比。可能的质疑是，面向组织体的"量刑"教义学研究，为何研究对象多出自检察机关的典型案例而非审判机关。若要回应该问题，首先，需澄清我国检察机关行使求刑权与审判机关的量刑权的关系。检察机关的求刑权具有一定的判断和裁量性质，只不过较之审判机关，前者的"裁量"相对有

---

〔1〕［德］温弗里德·哈塞梅尔：《处于科学知识与司法实践中的教义学》，陈昊明译，载李昊、明辉主编：《北航法律评论》2015 年第 1 期，第 169 页。

〔2〕时延安：《酌定减轻处罚规范的法理基础及司法适用研究》，载《法商研究》2017 年第 1 期，第 107 页。

限，因而将刑罚"裁量"予以程序性前置既能促进控审双方采取一致的裁量标准，也不会与"以审判为中心"的法治原则相抵牾。[1]其次，从裁量方法来看，检察机关无论是提出犯罪指控抑或量刑建议，均须根据刑法规范对涉案主体的刑事责任大小作出判断，其结论的生成与法院定罪量刑并无实质差异。[2]据此，检察机关在刑事司法实践中积累的经验或遭遇的窘境都值得量刑教义学关注。

从最高人民检察院发布的典型案例看，为避免单位的生存因刑事司法的过度干预而受到阻滞甚至扼杀，相关检察机关主要结合认罪认罚从宽制度和酌定不起诉制度来进行程序分流，以实现保障民营经济发展的刑事政策目标。其中，认罪认罚从宽制度的实体法根据自不待言；[3]酌定不起诉制度的适用，关键在于如何理解现行《刑事诉讼法》第 177 条第 2 款中"犯罪情节轻微"和"不需要判处刑罚或者免除刑罚"的意涵，其适用条件源于刑法规定。[4]考察检察机关对前述条件的释读，能够为审判机关在量刑过程中的罪行程度评估积累经验素材。目前典型案例中适用酌定不起诉的理由可归纳为以下四种：

1. 危害行为并未导致严重的法益侵害结果

综观我国刑法中的具体罪刑规范，行为是否导致法益侵害结果及结果的轻重程度直接影响法定刑幅度的设置。对于尚处于审查起诉阶段的单位犯罪案件，若危害行为虽满足犯罪成立的要件，但并未导致严重的法益侵害结果，检察机关可综合案件情况作酌定不起诉处理。从司法实践来看，主要包括两种情况：（1）以涉案数额来衡量法益侵害的程度。例如，在"无锡 F 警用器材公司虚开增值税专用发票案"中，F 警用器材系公司董

〔1〕 参见重庆市第三中级人民法院课题组：《审判视角下的量刑建议问题研究》，载石经海主编：《量刑研究（第 6 辑）》，社会科学文献出版社 2020 年版，第 170 页。
〔2〕 时延安、孟珊：《单位量刑学理对完善不起诉制度的启示》，载《人民检察》2021 年第 7 期，第 2 页。
〔3〕 参见周光权：《论刑法与认罪认罚从宽制度的衔接》，载《清华法学》2019 年第 3 期，第 28-41 页。
〔4〕 现行《刑事诉讼法》第 177 条第 2 款规定，"对于犯罪情节轻微，依照刑法规定不需要判处刑罚或者免除处罚的"。《刑法》第 37 条规定，"对于犯罪情节轻微不需要判处刑罚的"，即便二者的表述存在一定差异，其核心都在于对"犯罪情节轻微"的评价。

事长、总监从其他公司虚开增值税专用发票 24 份、税额计 37.7 万余元，并用于税款抵扣。[1]检察机关认为，本案犯罪情节较轻，[2]涉案单位在案发后补缴全部税款并缴纳滞纳金，认罪认罚，且根据检察建议积极落实合法规范经营的要求，于是对涉案单位及相关责任人作出不起诉决定。（2）以是否发生实害结果来判断法益侵害的大小。如"张家港市 L 公司、张某甲等人污染环境案"，L 公司通过私设暗管将含有镍、铬等重金属的酸洗废水排放至生活污水管，造成严重环境污染。检察机关认为，L 公司及张某甲等人虽涉嫌污染环境罪，但排放污水量较小，尚未造成实质性危害后果，可以根据整改情况决定是否适用不起诉。[3]其后，L 公司积极开展合法经营，检察机关遂依法对其作出不起诉决定。需要说明的是，污染环境罪究竟是行为犯还是结果犯，在学界尚有争议；若仅从本案的认定情况来看，当地检察机关是基于行为犯的立场主张本案涉嫌构成污染环境罪，然后以尚未出现实害结果为由认定涉案主体犯罪情节轻微。

2. 尽管涉案数额较高但行为的法益侵害性不大

我国刑法所规定的犯罪成立要件中经常包含"数额较大""情节严重"等罪量要素，一般而言，涉案数额是表明行为之法益侵害性的重要因素，一旦涉案数额超过犯罪成立的罪量要求，科刑的必要性亦能得到肯定。然而，对于涉案数额动辄百万的经济犯罪行为而言，单纯以"量"作为罪行程度的评价标准，会面临如下诘问：一是如何确定区分犯罪情节轻微与否

---

〔1〕　参见检例第 81 号案，《最高人民检察院公报》2021 年第 1 期，第 23-25 页。

〔2〕　该案中虚开税额为 37.7 万余元。根据最高人民法院《关于虚开增值税专用发票定罪量刑标准有关问题的通知》第 2 条规定，"虚开的税款数额在五万元以上的，以虚开增值税专用发票罪处三年以下有期徒刑或者拘役，并处二万元以上二十万元以下罚金"。据此，该案对应于《刑法》第 205 条虚开增值税专用发票罪的基本刑（第一档法定刑）。

〔3〕　该案中，苏州市张家港生态环境局现场检测，L 公司排放井内积存水样中总镍浓度为 29.4mg/L、总铬浓度为 29.2mg/L，分别超过《污水综合排放标准》的 29.4 倍和 19.5 倍。另外，根据《关于办理环境污染刑事案件适用法律若干问题的解释》第 1 条规定，"……具有下列情形之一的，应当认定为'严重污染环境'：……（三）排放、倾倒、处置含铅、汞、镉、铬、砷、铊、锑的污染物，超过国家或者地方污染物排放标准三倍以上的；（四）排放、倾倒、处置含镍、铜、锌、银、钒、锰、钴的污染物，超过国家或者地方污染物排放标准十倍以上的……"。综上所述，该案符合《刑法》第 338 条规定的"严重污染环境"情形，对应污染环境罪的基本刑（第一档法定刑），即处三年以下有期徒刑或者拘役，并处或者单处罚金。

的数额，其确定根据是什么，这会引发诸如"谷堆悖论"（The Paradox of the Heap）的质疑。[1]二是容易使司法者的目光聚焦于行为的后果上，而疏于对行为及行为人本身的关注。值得肯定的是，司法机关在单位犯罪治理中并未"唯数额"论，在评价罪行程度时还考虑了其他减轻责任刑的情节，包括（1）涉案数额虽高但行为次数较少。例如，在"山东沂南县Y公司、姚某明等人串通投标案"中，Y公司法定代表人姚某明通过串通投标方式，让公司获得数个学校的空调招标项目，中标金额共计1134万余元。[2]检察机关认为，虽然本案中标金额较大，[3]但涉案主体的行为次数较少，且案发后主动投案、认罪认罚，并积极建立健全相关制度机制堵塞管理漏洞，依法经营不断创造利税，社会危害性较小，遂作出酌定不起诉决定。（2）涉案数额虽高但涉案单位在犯罪中仅起次要作用。例如，在"深圳X公司走私普通货物案"中，检察机关认为，X公司长期以正规报关为主，不是低报走私犯意的提起者，系共同犯罪的从犯，案发后积极与海关、银行合作，探索水果进口依法经营模式，遂对涉案主体作出相对不起诉处理，此后X公司继续进行守法经营。[4]

---

〔1〕〔英〕蒂莫西·A.O.恩迪科特：《法律中的模糊性》，程朝阳译，北京大学出版社2010年版，第45-46页。

〔2〕该案主要情况如下：2016年9月、2018年3月、2020年6月，犯罪嫌疑人姚某明为让Y公司中标沂水县农村义务教育学校取暖空调设备采购、沂水县第一、第四中学教室空调等招标项目，安排犯罪嫌疑人徐某（Y公司员工）借用H公司等三家公司资质，通过暗箱操作统一制作标书、统一控制报价、协调专家评委等方式串通投标，后分别中标，中标金额共计1134万余元。

〔3〕该案的中标金额为1134万余元。根据2010年最高人民检察院、公安部《关于公安机关管辖的刑事案件立案追诉标准的规定（二）》第76条规定，"投标人相互串通投标报价，或者投标人与招标人串通投标，涉嫌下列情形之一的，应予立案追诉：……（三）中标项目金额在二百万元以上的……"。据此，该案符合立案追诉标准，由于《刑法》第223条串通投标罪只有1档法定刑幅度，故该案对应的法定刑幅度为处三年以下有期徒刑或者拘役，并处或者单处罚金。

〔4〕该案主要情况如下：X公司的进口榴莲业务主要由S公司代理报关，X公司曾于2018—2019年多次要求以实际成本价报关，均被S公司以统一报价容易快速通关等行业惯例为由拒绝，截至2019年4月，X公司通过S公司低报价格进口榴莲415柜，偷逃税款合计397万余元。该案偷逃税款合计397万余元，根据《关于办理走私刑事案件适用法律若干问题的解释》第24条第2款规定，"单位犯走私普通货物、物品罪，偷逃应缴额在二十万元以上不满一百万元的，应当依照刑法第一百五十三条第二款的规定，对单位判处罚金，并对其直接负责的主管人员和其他直接责任人员，处三年以下有期徒刑或者拘役；偷逃应缴税额在一百万元以上不满五百万元的，应当

3. 行为主体的罪责较小、人身危险性不大

行为主体的罪责和人身危险性（或社会危险性）均是量刑的必要因素，尽管二者均与行为主体的自身情况相关，但并非同一纬度的概念。[1]其中，罪责本质是一种责难，旨在说明行为人要为不法的实现承担责任；[2]罪责影响罪行本身的轻重，侧重于报应的考量，在酌定不起诉规范中用于判断是否"犯罪情节轻微"。而人身危险性（或社会危险性）意在体现行为主体再犯可能性的大小，侧重于预防的考量，在酌定不起诉规范中用于判断是否"不需要判处刑罚或者免除刑罚"。归纳已有的司法经验，行为主体罪责较小的情形体现为：（1）涉案人员对犯罪的参与度影响罪责认定。如"王某某、林某某、刘某乙对非国家工作人员行贿案"，Y公司业务员王某某向H公司相关人员行贿，其行贿款是经Y公司副总裁刘某乙和财务总监林某某审核后领取的。[3]检察机关对王某某适用酌定不起诉，对林某某、刘某乙适用法定不起诉规范，并指导Y公司依法经营。由此观之，本案单位高管的罪责比实际实施行贿行为的普通员工罪责更低。（2）单位"染黑"对罪责认定的影响。如"新泰市J公司等建筑企业串通投标系列案件"，检察机关认为，J公司等6家建筑企业案发时均受到涉黑组织的要挟，被迫参与陪标且未获得任何非法利益，若提起公诉，6家企业不仅3年

（接上页）认定为'情节严重'；偷逃应缴税额在五百万元以上的，应当认定为'情节特别严重'"。据此，该案属于"情节严重"，原本对应于《刑法》第153条走私普通货物、物品罪的第二档法定刑；但是涉案单位具有从犯情节，应当从轻、减轻处罚或免除处罚。从该案最终被予以不起诉决定来看，从犯情节至少起到了减轻处罚的作用。

〔1〕　在单位犯罪案件中，人身危险性是对企业中相关责任人再犯可能性的评价，社会危险性是对涉案单位再犯可能性的评价。

〔2〕　[德] 乌尔斯·金德霍伊泽尔：《刑法总论教科书》，蔡桂生译，北京大学出版社2015年版，第209页。

〔3〕　该案的行贿款共计49万余元。根据《关于办理贪污贿赂刑事案件适用法律若干问题的解释》第11条第3款规定，"刑法第一百六十四条第一款规定的对非国家工作人员行贿罪中的'数额较大''数额巨大'的数额起点，按照本解释第七条、第八条第一款关于行贿罪的数额标准规定的二倍执行"。据此，对非国家工作人员行贿罪中的"数额较大"的起点为6万元以上，"数额巨大"的起点为200万以上不满1000万元。综上所述，该案对应于《刑法》第164条对非国家工作人员行贿罪的第一档法定刑，处三年以下有期徒刑或者拘役，并处罚金。

内无法参加任何招投标工程，还会被列入银行贷款黑名单，也会对企业发展、劳动力就业和全市经济社会稳定造成一定的影响，遂作出不起诉决定的同时，指导其开展依法经营。（3）被害人存在过错的情形。在"随州市Z公司康某某等人重大责任事故案"中，检察机关认为，被害人因违规清理污水沟而中毒身亡，对事故负直接责任；Z公司管理人员虽涉嫌重大责任事故罪，但对事故负次要责任。[1]若径行对Z公司管理人员提起公诉，会对公司发展造成较大影响，遂对该公司的整改情况进行考察，其后作出不起诉决定。另外，以上涉案单位在案发后主动投案、认罪认罚、积极开展依法整改等罪后行为均彰显了其再犯可能性小，无须通过判处刑罚便能实现预防犯罪的效果。

4. 基于保障民营经济发展的刑事政策考量

在法人犯罪领域，刑法可能是一个非常钝的武器，并且非常无效且成本太高。[2]单位犯罪案件的成因往往较为复杂，与经济社会的一些系统性、深层次矛盾不无关联，单靠刑事法律的"孤军奋战"难以取得良好的社会治理效果。为了在保护单位合法权益的同时，有效预防和减少单位犯罪，司法机关在追诉和惩罚涉案单位或相关责任人时具有一定的从宽处理权限，不过依然需要恪守罪刑法定原则的边界。下列情形中融入了刑事政策的考量：（1）在罪行较轻的案件中贯彻宽严相济的刑事司法政策。[3]实务中的处理方式存在细微差异，在"王某某、林某某、刘某乙对非国家工作人员行贿案"中，检察机关首先对单位负责人作出不起诉决定，其后指导单位开展依法经营；在"随州市Z公司康某某等重大责任事故案"中，检察机关是在单位通过整改考察之后，方对单位成员作出不起诉决定。（2）结合认罪认罚从宽制度，坚持和落实能不判实刑的提出判缓刑的量刑

---

〔1〕 该案中，造成3人死亡，涉案单位及其相关责任人负次要责任，因此不符合《关于办理危害生产安全刑事案件适用法律若干问题的解释》第7条规定："……具有下列情形之一的，对相关责任人员，处三年以上七年以下有期徒刑：（一）造成死亡三人以上或者重伤十人以上，负事故主要责任的……"。

〔2〕 ［英］安德鲁·阿什沃斯：《刑法的积极义务》，姜敏译，中国法制出版社2018年版，第33页。

〔3〕 参见检例第81号案，《最高人民法院公报》2021年第1期，第23页。

建议等司法政策。检察机关会从科研力量、行业地位、纳税贡献、承担社会责任等方面来对单位的发展前景予以评估，这些从宽因素与涉案主体的罪行轻重和再犯可能性没有直接关联，主要是基于刑事政策的考虑。例如，若某企业是当地的高科技民企乃至全国范围内某技术领域的领军企业，其管理人员及员工学历普遍较高，对规范管理的接受度高、执行力强，使依法经营具备可行性；若对企业及其责任人判刑，将对国内相关技术领域造成较大影响。又如，部分企业平时积极承担社会责任，在突发公共卫生事件期间为当地承接了多笔防疫物资运送业务，或带头捐款捐物。再如，部分企业对当地经济发展和增进就业有很大贡献，等等。

综上所述，审查起诉阶段形成的上述经验对其后审判阶段的量刑实践具有一定的参考意义。检察机关在办理单位犯罪案件时所考量的前三类情形（危害行为及其导致的法益侵害性，行为主体的罪责，行为主体的人身危险性）与法官量刑时考虑的情节范围大致相符。另外，为形成有利于民营经济健康发展的法治环境，不仅要解决刑事责任追究的问题，更要解决民营企业的生存发展问题，故检察机关判断是否对单位或相关责任人提起公诉时，所考虑的罪前因素（单位的科研力量、行业地位、纳税情况、承担社会责任）和罪后因素（单位的发展前景、依法经营情况等）较之以往更为宽泛，这些因素在法官审理单位犯罪案件中也应当予以重视。

（三）从经验提炼到理论生成：组织体量刑规范化的基本构想

通过前述梳理不难发现，检察机关在办理单位犯罪案件时所考虑的情节因素，但这些司法经验尚需通过理论研究予以明晰。目前尚不明确的是，如何理解单位犯罪案件中的"犯罪情节轻微"，在评估涉案主体的罪行严重性和再犯可能性时，需要分别考虑哪些因素。如果将各类量刑情节纳入考量，该如何界定其在量刑理论中的体系定位，究竟影响责任刑（报应刑）裁量还是预防刑裁量？如此等等，皆亟待澄清。

通过比较《刑事诉讼法》第 177 条第 2 款的酌定不起诉规定和《刑法》第 37 条中"免予刑事处罚"及其他有关"免除处罚"的规定，可以将这些条文的适用条件提炼为"犯罪情节轻微"和"不需要判处刑罚"，前者涉及罪行程度的评价，后者与再犯可能性的考量相关。在认定上述要件时，基于不同的考量模式会得出相异的结论。例如，在评估罪行程度时，究竟是综合涉案主体的危害行为及其后果和罪责来判断，还是融合了刑事政策方面的考量？又如，在评估涉案主体的罪行严重性和再犯可能性时，分别考虑了哪些因素？以及罪后情节除了彰显涉案单位的再犯可能性大小，能否在罪责认定中予以体现？以上问题皆是审查起诉阶段和量刑阶段会面临的问题。

1. 基本立场：组织体量刑评价的相对独立性

承前所述，传统形态过于强调组织体对自然人的依附性，而量刑教义学的"二元"体系旨在实现组织体与自然人量刑评价的相对分离，对单位中相关责任人的罪行程度依然通过现有刑法教义学理论来进行评价，而单位的罪行程度则回归其自身特点来设置评价标准。这一基本思路与我国学界在单位刑事责任领域的新近学术立场密切相关，如今以自然人罪责为中介或基础来认定单位罪责的传统归责模式已日渐式微，越来越多的学者能够在"单位是为自己的行为承担责任，而非代他人受罚"这一基底性认知上达成共识，于是"组织体责任论"的影响力与日俱增；尽管该理论的建构细节存在差异，如有学者主张单位有独立的故意、过失，[1]另有学者认为，单位的罪过只有过失而无故意，[2]如此等等，但其核心要义均是坚持组织体罪责的独立性，故而成为完善我国单位犯罪量刑学理的重要智识。

通过对单位犯罪典型案例的现实研判，可以提炼出检察机关在"裁量"过程中考量因素，将这些因素置于理论层面予以校验，形成符合单位犯罪特点的罪行程度评价标准和再犯可能性判断要素，实现从经验提炼到理论转化的过程。在制定组织体量刑规则时，应注意以下两点：

第一，基于"自然人—组织体"分立的二元量刑模式，对单位相关责

---

[1] 参见黎宏：《单位刑事责任论》，清华大学出版社 2001 年版，第 293-294 页；周振杰：《比较法视野中的单位犯罪》，中国人民公安大学出版社 2012 年版，第 71-74 页；叶良芳：《产品缺陷隐瞒与法人犯意认定——从丰田"召回门"事件切入》，载《中国刑事法杂志》2012 年第 5 期，第 21-26 页；李冠煜：《单位犯罪处罚原理新论——以主观推定与客观归责之关联性构建为中心》，载《政治与法律》2015 年第 5 期，第 33-46 页。

[2] 耿佳宁：《污染环境罪单位刑事责任的客观归责取向及其合理限制：单位固有责任之提倡》，载《政治与法律》2018 年第 9 期，第 39-50 页。

任人的量刑与对单位的量刑应分离考虑，无论自然人被评价为基本犯、加重犯或减轻犯，都不影响单位自身的罪行程度评价。在此，可以考虑对行为及其法益侵害结果和罪责程度作类型化细分。第二，将罪行程度转化为罚金额时应考虑单位之间的差异性，否则会给部分单位的存续加上重负的枷锁。在制定我国组织量刑指南时应"因地制宜"，科学地分析经济发展的地域差异。英国量刑指南对组织体的类型化区分具有一定的借鉴意义，结合我国司法实践看，涉案单位会提供纳税贡献等证明材料，该材料也可用于评估单位规模。至于其他证明材料，从英国经验来看，当法院评估公司的规模时，公司提交的证明材料内容涉及营业额、税前利润、董事薪酬、贷款账户、养老准备金、资产负债表披露的资产，以及审计账目等。第三，设置罚金刑幅度时，应体现不同罪名的差异。例如，经济犯罪与事故类犯罪就不宜采取相同的标准，后者属于过失犯罪，故可考虑以"单行本"形式对某一类、某一具体罪名的量刑进行指导。

2. 判断规则：组织体量刑因素的体系性安排

（1）组织体罪行程度的评价标准。

在厘清基本思路的前提下，对单位罪行程度的评价应作如下两个方面考虑：一是危害行为及其造成的结果。结合前文归纳的司法经验，法益侵害结果（如涉案数额）是彰显法益侵害性的主要表征但非唯一根据，除此之外，还应重视其他影响责任刑大小的情节，如行为次数、行为与结果之间的因果力大小等。需要明确的是，这里的法益侵害结果必须是能够归责于单位的内部治理结构及其运行方式，因为在组织体责任论者看来，"只有认为一个刑法规范所规定的法律后果能够归责于单位的内部治理结构和经营方式，才应对单位进行刑事责任的追究。"[1]二是单位的罪责程度，需要结合单位作为组织体的特殊性来进行细化。前述案例中提炼的罪责因素能够被现有的量刑教义学所涵盖，无论是被害人存在过错抑或涉案单位受当地黑恶势力胁迫而被动参与犯罪，都能在一定程度上体现涉案单位罪

---

〔1〕　时延安：《单位刑事案件的附条件不起诉与企业治理理论探讨》，载《中国刑事法杂志》2020年第3期，第54页。

责上的可宽恕性。此外，还应注意下列有别于自然人罪责评价的事实：

①单位的相关违法犯罪历史。在自然人的量刑教义学中，诸如累犯、再犯、一般违法事实、犯罪前的表现等事实通常是被用以判断行为人的再犯可能性大小，被归入影响预防刑的情节。[1]与自然人所不同的是，单位的可谴责性主要是源于其内部治理结构和运行方式的缺陷，对于屡次实施同一类型违法、犯罪行为且未采取任何整改措施的单位，意味着其罪责程度较高；反之，以合法经营为主的单位偶尔或初次实施犯罪，即便其涉案数额较大，也可能因其罪责程度较低而被认定为符合"犯罪情节轻微"的实体条件，进而被予以酌定不起诉处理。从国外的制度设计来看，美国《联邦量刑指南》第八章"组织体量刑指南"将"是否存在前科"纳入组织体应受谴责程度的衡量要素之一。[2]英国 2016 年 2 月 1 日生效的《健康与安全罪、法人非预谋杀人罪、食品安全卫生罪指南》（以下简称英国2016 年"三罪量刑指南"）对组织体犯有三类罪名的量刑步骤、量刑幅度、量刑情节等内容作了详细规定，其中亦将"无前科"作为一种减轻罪责的情节。[3]当然，比较法本身并不能作为证成制度设计合理性的依据，英美量刑指南作如此设计的根据在于"容忍"（Tolerance）理论，即初犯之所以获得量刑折扣，是基于人类易错性（Fallibility）的考量，"即使是一个日常表现良好的人，在软弱或任性的时刻也会使他的道德约束失效，这种自律的丧失是人类的一种脆弱""对人类脆弱的有限容忍，可以通过对初犯进行量刑折扣来体现"；而当行为人再次犯罪时，意味着他没有认真对待刑罚对其先前不法行为所给予的谴责，因此可加重对再犯者的

---

〔1〕 张明楷：《责任刑与预防刑》，北京大学出版社 2015 年版，第 339-348 页。

〔2〕 时延安、孟珊：《单位量刑学理对完善不起诉制度的启示》，载《人民检察》2021 年第 7 期，第 3 页。

〔3〕 需要说明的是，英国 2016 年"三罪量刑指南"是将"无前科"明确规定为减轻犯罪严重性的情节，犯罪严重性由行为造成的损害程度和行为人的罪责程度所决定。结合 2004 年的一部通用性指南（Overarching Principle：Seriousness）对指南术语的界定来看，"前科"是一种提高行为人罪责程度的量刑因素。Sentencing Council of England and Wales, *Health and Safety Offences, Corporate Manslaughter and Food Safety and Hygiene Offences: Definitive Guideline* (2016), p. 10. Sentencing Guideline Council of England and Wales, *Overarching Principles: Seriousness: Definitive Guideline* (2004), p. 6.

惩罚。[1]

②是否具备有效的适法计划。在单位犯罪典型案例中，部分涉案单位是于案发后方着手制定整改计划，并在通过整改评估之后才被予以不起诉处理。从这个意义上看，"事后整改"主要起到降低涉案单位再犯可能性的作用。总之，事前守法经营在我国司法实践中主要作为单位罪责的考量因素，事后整改则对单位的再犯可能性判断产生影响。相比较而言，英国2016年"三罪量刑指南"将组织体的罪责程度划分为四个等级，并将依法经营理念融入其中，其类型化区分对我国未来制定单位的量刑规则具有一定的借鉴意义。详言之，最高等级罪责（Very high）是指故意违反或公然无视法律。高等级罪责（High）是指组织体远未达到适当的标准，如未能制定行业公认的标准措施，忽视员工或其他人提出的问题；在先前事件发生后并未及时整改，导致违规行为长期存在；组织体内部存在制度性缺陷。中等级罪责（Medium）是指组织体未达到适当的标准，如既有的制度未能被充分遵守或落实。低等级罪责（Low）是指组织体虽付出了重要努力但尚不足以应对风险的发生。[2]由此可见，前两种等级的罪责可对应于故意规避依法经营或完全没有适法计划的情形，中等级罪责对应于将适法计划"束之高阁"而未认真落实的情形，低等级罪责对应于适法计划虽得到践行但依然未能规避犯罪的情形。

值得注意的是，在英、美两国的量刑指南中，还会将自我报告、主动承担责任、与相关职能部门合作等事实纳入法人应受谴责程度的评价范畴之中。这些案后表现在我国刑事法制中能够被既有的自首、认罪认罚从宽制度、立功所涵盖。例如，实践中有检察机关将涉案单位建章立制落实依法经营要求（"与有关职能部门合作"）作为单位认罪认罚的悔罪表现，并据此作为从宽处罚的考量因素。[3]基于此，本章更倾向于将这些罪后表

---

[1] See Andrew Von Hirsch & Andrew Ashworth eds. , *Proportionate Sentencing*: *Exploring the Principles*, Oxford University Press, 2005, pp. 149, 151-152.

[2] Sentencing Council of England and Wales, *Health and Safety Offences*, *Corporate Manslaughter and Food Safety and Hygiene Offences*: *Definitive Guideline* (2016), p. 5.

[3] 参见检例第81号案，载《最高人民检察院公报》2021年第1期，第25页。

现用于判断单位的再犯可能性，如此处理更契合我国的本土语境。

（2）组织体再犯可能性的评价标准。

判断单位的再犯可能性时，应确立预防目的的冲突解决方案。美国学者罗宾逊教授将刑罚原则（刑罚目的）的冲突解决法分为两种，一是"简单优先"（Simple Priority）法，要求事先按照"最高优先—次高优先……"的顺序来对各原则依次排序，一旦原则之间发生冲突，则由较高优先权的原则发挥决定作用。二是"附条件优先"（Contingent Priority）法，该方法在设定优先权的同时会附加一定条件。较之"简单优先"法，"附条件优先"法的优势在于，能够提高优先权设置的有效性和精确性。[1]基于此，组织体再犯可能性的评价宜采取"附条件优先"法：对于经营记录良好、无先前违法犯罪记录的单位，应着重实现复归目的，促使单位能回到依法经营的健康发展轨道。对于内部制度存在结构性缺陷、平时采取伪造文件等方式隐瞒违法活动、刻意规避相关部门审查的单位，应侧重实现特殊威慑目的；若以违法犯罪活动为常业的单位，应考虑实现剥夺犯罪能力的目的，罚金刑应足以对其产生经济性影响等。

（3）可能的质疑与相关的回应。

据前所述，在"二元制"模式下自然人和组织体遵循不同的罪行程度评价标准，其中，衡量组织体罪责程度的因素更为广泛，这既是结合组织体自身特点的考虑，也有助于适当扩大"犯罪情节轻微"的认定范围。对于再犯可能性的判断，主要是考虑一些罪后情节。另外，还应结合单位的科研力量、行业地位、纳税贡献、承担社会责任等方面来对其发展前景，综合评估单位是否符合"不需要判处刑罚"。这样一来，不仅可将一些涉案数额虽高、但平时以合法经营为主且是偶犯、初犯的单位纳入酌定不起诉制度的适用范围，也有助于在审判阶段对涉案单位判处相对轻缓的刑量。然而，"二元制"量刑模式仍会面临一些理论与实务层面的质疑。例如，对具有前科情节的单位而言，若依循上述的罪行程度评价标准，前科

---

〔1〕 Paul H. Robinson, *Distributive Principles of Criminal Law*: *Who should be Punished how Much?*, Oxford University Press, 2008, pp. 233-234.

情节将在罪责评价和预防判断中产生两次从重评价的效果，是否有违禁止重复评价原则？又如，由于"二元制"模式会出现"对责任人提起公诉而对单位适用不起诉"，或是"严惩责任人而对单位判处相对轻缓的刑罚"的"反差"现象，如此是否会导致"严惩个人、轻纵单位"？对于这些问题回复如下：

一是禁止重复评价的问题。如果对同一量刑事实做法律属性不同的评价，即分别在报应和预防领域发挥作用，则不属于刑法上的重复评价。这种思路其实在自然人量刑教义学中已有论及，如日本学者城下裕二认为，"犯罪方法的巧妙、熟练"虽在责任评价中已被考虑，但仍然可基于特殊预防的必要性而加重刑罚。[1]具有前科情节的单位虽然会面临两次从重评价，如此不仅可能导致其面临犯罪指控，还可能被判处较高的罚金，然而这正是贯彻宽严相济的刑事司法政策的体现，有助于依法从严追究刑事责任，形成威慑和警示。

二是"严惩个人、轻纵单位"的问题。对单位适用不起诉并非简单的"一放了之"，涉案单位除积极整改之外，还需承担相应的行政处罚。尽管作为财产刑的罚金与作为行政处罚的罚款存在差异，但二者都表现为对单位的经济制裁，后者让单位为违法行为付出代价的同时，还能规避刑事责任追究给单位存续带来的负外部性。通过完善刑事不起诉与行政处罚的有效衔接，从某种意义上更能实现标本兼治的效果。在此，还可能引发的疑问是：强化个人责任是否反而不利于保护涉案单位存续？这样的隐忧在实务中并不鲜见，其背后深层次的根源在于我国对涉案单位给予的救助模式亟待完善。从域外经验来看，美国、英国、澳大利亚和新西兰等国的刑事法制中，设有针对涉刑事案件单位的特别托管制度，该制度一方面有利于保障单位员工及投资人的利益，另一方面也有助于避免单位破产而导致的不稳定因素。从这个角度看，如果配套措施得当，便可以消除"二元制"模式践行过程中的现实障碍。

---

〔1〕　〔日〕城下裕二：《量刑理论的现代课题》（增补版），黎其武、赵姗姗译，法律出版社2016年版，第79-80页。

（四）余论

相较于犯罪论领域的深耕，量刑研究在我国一直未能形成一股蔚为大观的思潮，虽然这一学术偏向随着量刑规范化改革的开展而有所改观，但也仅限于自然人犯罪的量刑领域，组织体量刑教义学一直是理论研究相对薄弱的领域。自组织体责任论这一视角或分析工具的引入，有关单位犯罪的传统认识被不断改变甚至重塑，也使组织体量刑的重要性得以凸显。

在单位犯罪案件的审查起诉中，对涉案单位的刑事责任评估直接攸关其在刑事司法程序中的命运沉浮。无论是否提起公诉决定还是提出量刑建议，检察机关的判断过程实际上类似于法官对责任刑和预防刑的裁量，从这个角度看，检察机关的"裁量"能够为完善我国单位犯罪的量刑学理提供经验透镜观察。从个案中挖掘司法经验，将其置于理论层面校验，会发现自然人与组织体"捆绑"的传统形态下的罪行程度评价标准并不利于充分发挥酌定不起诉制度的适用空间，故有必要对单位犯罪案件中自然人和组织体的刑事责任追究作适度"解绑"，重新结合组织体自身特点而建构其量刑评估机制，从而为实现单位犯罪的量刑规范化提供理论支持。当然，关于单位犯罪经验提炼依然是未尽的课题，这些经验素材为单位犯罪量刑研究的思维激荡留下了广阔的空间。

参考文献

一、中文文献

（一）中文著作

[1] 习近平:《习近平谈治国理政》（第二卷），外文出版社 2017 年版。

[2] 习近平:《论坚持全面依法治国》，中央文献出版社 2020 年版。

[3] 高铭暄主编:《刑法学》，法律出版社 1982 年版。

[4] 高铭暄、马克昌主编:《刑法学》（上编），中国法制出版社 1999 年版。

[5] 高铭暄、马克昌主编:《刑法学》，北京大学出版社、高等教育出版社 2000 年版。

[6] 高铭暄、马克昌主编:《刑法学》，中国法制出版社 2007 年版。

[7] 高铭暄、马克昌主编:《刑法学》，北京大学出版社、高等教育出版社 2022 年版。

[8] 高铭暄主编:《当代刑法前沿问题研究》，人民法院出版社 2019 年版。

[9] 高铭暄、赵秉志主编:《新中国刑法立法文献资料总览》，中国人民公安大学出版社 2015 年版。

[10] 高铭暄:《中华人民共和国刑法的孕育诞生和发展完善》，北京大学出版社 2012 年版。

[11] 白建军:《罪刑均衡实证研究》，法律出版社 2004 年版。

[12] 陈兴良:《刑法哲学》，中国人民大学出版社 2017 年版。

[13] 陈兴良:《刑法适用总论（下卷）》，法律出版社 1999 年版。

[14] 冯军:《刑事责任论（修订版）》，社会科学文献出版社 2017 年版。

[15] 付立庆:《积极主义刑法观及其展开》，中国人民大学出版社 2020 年版。

[16] 郭豫珍:《量刑与刑量——量刑辅助制度的全观微视》，我国台湾地区元照出版有限公司 2013 年版。

[17] 何秉松:《法人犯罪与刑事责任》，中国法制出版社 2000 年版。

[18] 胡云腾主编:《认罪认罚从宽制度的理解与适用》，人民法院出版社 2018 年版。

[19] 江镇三：《刑法新论》，民治书店 1928 年版。

[20] 江溯主编：《美国判例刑法》，北京大学出版社 2021 年版。

[21] 李安：《刑事裁判思维模式研究》，中国法制出版社 2007 年版。

[22] 李晓林主编：《量刑规范化的理论与实践》，人民法院出版社 2015 年版。

[23] 娄云生：《法人犯罪》，中国政法大学出版社 1996 年版。

[24] 吕忠梅总主编：《美国量刑指南——美国法官的刑事审判手册》，法律出版社 2006 年版。

[25] 南英主主编：《量刑规范化实务手册》，法律出版社 2014 年版。

[26] 南英主主编：《量刑规范指导案例》，法律出版社 2016 年版。

[27] 卜元石：《德国法学与当代中国》，北京大学出版社 2021 年版。

[28] 曲新久主编：《共和国六十年法学论争实录（刑法卷）》，厦门大学出版社 2010 年版。

[29] 时延安主编：《刑法学的发展脉络（1997—2018）》，中国人民大学出版社 2020 年版。

[30] 石经海：《量刑个别化的基本原理》，法律出版社 2010 年版。

[31] 郗朝俊：《刑法原理》，商务印书馆 1932 年版。

[32] 熊选国主编：《〈人民法院量刑指导意见〉与"两高三部"〈关于量刑程序若干问题的意见〉理解与适用》，法律出版社 2010 年版。

[33] 熊选国主编：《量刑规范化办案指南》，法律出版社 2011 年版。

[34] 许玉秀、陈志辉主编：《不移不惑献身法与正义：许逎曼教授六秩寿辰》，新学林出版股份有限公司 2006 年版。

[35] 杨志斌：《中英量刑问题比较研究》，知识产权出版社 2009 年版。

[36] 张明楷：《责任刑与预防刑》，北京大学出版社 2015 年版。

[37] 张明楷：《刑法学（上）》，法律出版社 2021 年版。

[38] 赵秉志、陈志军主编：《中国近代刑法立法文献汇编》，法律出版社 2016 年版。

[39] 《刑事案件量刑规范化指导意见应用全编》，人民法院出版社 2019 年版。

[40] 徐向东主编：《后果主义与义务论》，浙江大学出版社 2011 年版。

[41] 谢治东：《对单位犯罪中个人刑事责任研究》，法律出版社 2014 年版。

（二）中文期刊

[1] 高铭暄：《刑法基本原则的司法实践与完善》，载《国家检察官学院学报》2019 年第 5 期。

［2］高铭暄、孙道萃：《预防性刑法观及其教义学思考》，载《中国法学》2018 年第 1 期。

［3］白建军：《基于法官集体经验的量刑预测研究》，载《法学研究》2016 年第 6 期。

［4］陈瑞华：《单位犯罪的有效治理——重大单位犯罪案件分案处理的理论分析》，载《华东政法大学学报》2022 年第 6 期。

［5］陈璇：《不法与责任的区分：实践技术与目的理性之间的张力》，载《中国法律评论》2020 年第 4 期。

［6］陈璇：《刑法教义学科学性与实践性的功能分化》，载《法制与社会发展》2022 年第 3 期。

［7］陈晓明：《刑法上比例原则应用之探讨》，载《法治研究》2012 年第 9 期。

［8］陈实：《认罪认罚案件量刑建议的争议问题研究》，载《法商研究》2021 年第 4 期。

［9］陈辉：《法律解释的后果考量困境与司法裁判的政策取向》，载《法学家》2023 年第 6 期。

［10］陈辉：《后果主义在司法裁判中的价值和定位》，载《法学家》2018 年第 4 期。

［11］陈柏峰：《社科法学及其功用》，载《法商研究》2014 年第 5 期。

［12］陈尔彦：《德国刑法总论的当代图景与变迁——以罗克辛〈刑法总论教科书〉第五版修订为线索的展开》，载《苏州大学学报》（法学版）2020 年第 4 期。

［13］蔡曦蕾：《克服量刑失衡二元体系之构建》，载《政治与法律》2013 年第 11 期。

［14］蔡曦蕾：《量刑失衡的克服：模式与选择》，载《中外法学》2014 年第 6 期。

［15］蔡曦蕾：《量刑信息系统建构的域外经验与中国方案》，载《环球法律评论》2023 年第 3 期。

［16］储槐植：《严而不厉：为刑法修订设计政策思想》，载《北京大学学报》1989 年第 6 期。

［17］崔仕绣：《美国量刑改革的源起、发展及对我国的启示借鉴》，载《上海政法学院学报（法治论丛）》2020 年第 1 期。

［18］范耕维：《罪刑相当原则之理论初探》，载《月旦法学杂志》2020 年 6 月刊。

［19］冯军：《刑法中的责任原则——兼与张明楷教授商榷》，载《中外法学》2012 年第 1 期。

［20］冯世名：《关于量刑问题》，载《政法研究》1957 年第 4 期。

［21］付立庆：《累犯情节前置论》，载《法学》2014 年第 7 期。

［22］郭烁：《量刑协商正当性的补强与量刑建议刚性神话的祛魅》，载《法制与社会

发展》2023 年第 3 期。

[23] 耿佳宁：《污染环境罪单位刑事责任的客观归责取向及其合理限制：单位固有责任之提倡》，载《政治与法律》2018 年第 9 期。

[24] 胡云腾：《完善认罪认罚从宽制度改革的几个问题》，载《中国法律评论》2020 年第 3 期。

[25] 胡云腾：《习近平法治思想的刑事法治理论及其指导下的新实践》，载《法制与社会发展》2022 年第 5 期。

[26] 侯猛：《社科法学的传统与挑战》，载《法商研究》2014 年第 5 期。

[27] 黄春燕：《中国古代"刑罚得中"原则的考证与现代意蕴》，载《政法论丛》2020 年第 6 期。

[28] 江溯：《从形式主义的刑罚概念到实质主义的刑罚概念——评欧洲人权法院 2009 年 M 诉德国案判决》，载《时代法学》2012 年第 4 期。

[29] 江溯：《无需量刑指南：德国量刑制度的经验与启示》，载《法律科学》2015 年第 4 期。

[30] 江溯：《自动化决策、刑事司法与算法规制——由卢米斯案引发的思考》，载《东方法学》2020 年第 3 期。

[31] 江维茂：《怎样掌握从重从轻的量刑标准》，载《现代法学》1981 年第 4 期。

[32] 姜涛：《〈唐律〉中的量刑制度及其历史贡献》，载《法学家》2014 年第 3 期。

[33] 姜涛：《重新理解量刑基准：从点幅之争到确立程式》，载《云南师范大学学报》(哲学社会科学版) 2012 年第 1 期。

[34] 姜涛：《追寻理性的罪刑模式：把比例原则植入刑法理论》，载《法律科学》2013 年第 1 期。

[35] 劳东燕：《刑事政策与功能主义的刑法体系》，载《中国法学》2020 年第 1 期。

[36] 劳东燕：《功能主义刑法解释论的方法与立场》，载《政法论坛》2018 年第 2 期。

[37] 劳东燕：《能动司法与功能主义的刑法解释论》，载《法学家》2016 年第 6 期。

[38] 雷磊：《反思司法裁判中的后果考量》，载《法学家》2019 年第 4 期。

[39] 李忠夏：《功能取向的法教义学：传统与反思》，载《环球法律评论》2020 年第 5 期。

[40] 李冠煜：《从绝对到相对：晚近德、日报应刑论中量刑基准的变迁及其启示》，载《东方法学》2016 年第 1 期。

[41] 李冠煜：《量刑基准的概念辨析——"广义说"之提倡》，载赵秉志主编：《刑法评论》(第 23 卷)，法律出版社 2013 年版。

［42］李冠煜：《量刑规范化改革视野下的量刑基准研究——以完善〈关于常见犯罪的量刑指导意见〉规定的量刑步骤为中心》，载《比较法研究》2015年第6期。

［43］李冠煜、顾家龙：《量刑原理中的罪刑均衡与犯罪预防关系再论》，载《中南大学学报（社会科学版）》2018年第3期。

［44］李婕：《垄断抑或公开：算法规制的法经济学分析》，载《理论视野》2019年第1期。

［45］李韧夫、陆凌：《〈联邦量刑指南〉之于美国确定刑改革》，载《中南民族大学学报》（人文社会科学版）2014年第2期。

［46］林伯桦：《量刑基准与犯罪后态度之关系》，载《国立中正大学法学集刊》2014年5月。

［47］林克谐：《谈谈我国刑罚的目的》，载《政法研究》1957年第3期。

［48］林维：《论量刑情节的适用和基准刑的确定》，载《法学家》2010年第2期。

［49］林亚刚、邹佳铭：《关于量刑基准的几个基本问题》，载《学术界》2009年第3期。

［50］刘艳红：《积极预防性刑法观的中国实践发展》，载《比较法研究》2021年第1期。

［51］陆凌：《美国〈联邦量刑指南〉强制性效力转向及其蕴意》，载赵秉志主编：《刑法论丛》（第46卷），法律出版社2016年版。

［52］吕翰岳：《管窥德国量刑法——兼与我国量刑规范化改革相比较》，载陈兴良主编：《刑事法评论》（第33卷），北京大学出版社2013年版。

［53］吕泽华：《美国量刑证明标准的变迁、争议及启示》，载《法学杂志》2016年第2期。

［54］刘军：《该当与危险：新型刑罚目的对量刑的影响》，载《中国法学》2014年第2期。

［55］潘文博：《德国量刑责任概念的源流、问题与启示》，载《政治与法律》2019年第4期。

［56］潘文博：《论责任与量刑的关系》，载《法制与社会发展》2016年第6期。

［57］裴炜：《英国认罪协商制度及对我国的启示》，载《比较法研究》2017年第6期。

［58］彭文华：《英国诉权化量刑模式的发展演变及其启示》，载《环球法律评论》2016年第1期。

［59］彭文华：《酌定量刑、量化量刑与量刑双轨制——美国量刑改革的发展演变与新型量刑模式的确立》，载《华东政法大学学报》2018年第6期。

[60] 彭雅丽：《量刑指导意见的司法实践与重构——以盗窃罪为切入》，载《法学研究》2021年第4期。

[61] 时延安：《隐性双轨制：刑法中保安处分的教义学阐释》，载《法学研究》2013年第3期。

[62] 时延安：《刑罚目的反思与减刑制度改革完善》，载《人民检察》2014年第8期。

[63] 时延安：《酌定减轻处罚规范的法理基础及司法适用研究》，载《法商研究》2017年第1期。

[64] 时延安：《单位刑事责任的附条件不起诉与企业治理理论探讨》，载《中国刑事法杂志》2020年第3期。

[65] 时延安、孟珊：《单位量刑学理对完善不起诉制度的启示》，载《人民检察》2021年第7期。

[66] 时延安：《比例与结构：刑事法制的基本要素与模式选择》，载《法学》2022年第5期。

[67] 石经海：《从极端到理性：刑罚个别化的进化及其当代意义》，载《中外法学》2010年第6期。

[68] 石经海：《刑法现代化下的"量刑"解构——量刑规范化的科学基础探究》，载《中国刑事法杂志》2010年第3期。

[69] 石经海：《量刑建议精准化的实体路径》，载《中国刑事法杂志》2020年第2期。

[70] 石经海：《论量刑基准的回归》，载《中国法学》2021年第5期。

[71] 史蔚：《组织体罪责理念下单位故意的认定：以污染环境罪为例》，载《政治与法律》2020年第5期。

[72] 苏彩霞、崔仕绣：《中国量刑规范化改革发展研究——立足域外经验的考察》，载《湖北大学学报》（哲学社会科学版）2019年第1期。

[73] 孙海波：《"后果考量"与"法条主义"的较量——穿行于法律方法的噩梦与美梦之间》，载《法制与社会发展》2015年第2期。

[74] 孙道萃：《人工智能辅助量刑的实践回视与理论供给》，载《学术界》2023年第3期。

[75] 桑本谦：《法律教义是怎样产生的——基于后果主义视角的分析》，载《法学家》2019年第4期。

[76] 谭淦：《论德国量刑法上的裁量空间理论》，载《海峡法学》2015年第1期。

[77] 田宏杰：《中国刑法教义学研究的若干误解与误区》，载《法学》2020年第2期。

[78] 田宏杰：《比例原则在刑法中的功能、定位与适用范围》，载《中国人民大学学

报》2019 年第 4 期。

[79] 田宏杰:《中国刑法学研究 40 年的方法论思考——从视野、路径、使命切入》，载《法商研究》2018 年第 6 期。

[80] 汪贻飞:《中国式"量刑指南"能走多远——以美国联邦量刑指南的命运为参照的分析》，载《政法论坛》2010 年第 6 期。

[81] 王刚:《论基准刑及其裁量方法——以〈最高人民法院关于常见犯罪的量刑指导意见〉为参照》，载《学术交流》2017 年第 2 期。

[82] 王利荣:《普通累犯制度的法律解析》，载《中国刑事法杂志》2005 年第 6 期。

[83] 王瑞君:《体系性思考与量刑的规范化——以〈量刑指导意见〉及实践为分析对象》，载《政法论丛》2014 年第 6 期。

[84] 王烁:《英国量刑指南制度及其对我国的启示》，载赵秉志主编:《刑法论丛》（第 50 卷），法律出版社 2017 年版。

[85] 王莹:《情节犯之情节的犯罪论体系性定位》，载《法学研究》2012 年第 3 期。

[86] 望楚:《谈谈刑罚中的几个问题》，载《政法研究》1956 年第 5 期。

[87] 吴景芳:《刑罚与量刑》，载《法律适用》2004 年第 2 期。

[88] 吴雨豪:《论集体量刑倾向对自由裁量权的塑造》，载《法制与社会发展》2024 年第 1 期。

[89] 吴雨豪:《量刑自由裁量权的边界：集体经验、个体决策与偏差认识》，载《法学研究》2021 年第 6 期。

[90] 魏昌东:《监督职能是国家监察委员会的第一职能：理论逻辑与实现路径——兼论中国特色监察监督系统的规范性创建》，载《法学论坛》2019 年第 1 期。

[91] 肖世杰:《中德（日）量刑基准之比较研究》，载《法学家》2009 年第 5 期。

[92] 熊秋红:《认罪认罚从宽的理论审视与制度完善》，载《法学》2016 年第 10 期。

[93] 徐涂宇、侯猛、尤陈俊等:《社科法学六人谈》，载苏力主编:《法律与社会科学》（第 13 卷第 1 辑），法律出版社 2014 年版。

[94] 闫平超:《量刑规范化体系下的量刑方法改革刍议》，载《法律适用》2020 年第 22 期。

[95] 严海杰:《量刑情节数量化之困境与出路》，载石经海主编:《量刑研究》（第 5 辑），社会科学文献出版社 2019 年版。

[96] 重庆市第三中级人民法院课题组:《审判视角下的量刑建议问题研究》，载石经海主编:《量刑研究》（第 6 辑），社会科学文献出版社 2020 年版。

[97] 杨志斌:《英美量刑模式的借鉴与我国量刑制度的完善》，载《法律适用》2006

年第 11 期。

[98] 印波：《以宪法之名回归法律文本：德国量刑协商及近期的联邦宪法判例始末》，载《法律科学》2017 年第 5 期。

[99] 游涛：《认罪认罚从宽制度中量刑规范化的全流程实现——以海淀区全流程刑事案件速裁程序试点为研究视角》，载《法律适用》2016 年第 11 期。

[100] 于阳：《量刑规范化之适应性调整研究》，载《政法论丛》2018 年第 4 期。

[101] 尹云霞、庄燕君、李晓霞：《企业能动性与反腐败"辐射型执法效应"——美国 FCPA 合作机制的启示》，载《交大法学》2016 年第 2 期。

[102] 张明楷：《责任主义与量刑原理：以点的理论为中心》，载《法学研究》2010 年第 5 期。

[103] 张明楷：《论预防刑的裁量》，载《现代法学》2015 年第 1 期。

[104] 张向东：《从量刑基准到基准刑：量刑方法的革新》，载《中国刑事法杂志》2011 年第 3 期。

[105] 张小虎：《论我国保安处分制度的建构》，载《政治与法律》2010 年第 10 期。

[106] 张翔：《刑法体系的合宪性调控——以"李斯特鸿沟"为视角》，载《法学研究》2016 年第 4 期。

[107] 张凌寒：《智慧司法中技术依赖的隐忧及应对》，载《法制与社会发展》2022 年第 4 期。

[108] 张乃和：《发生学方法与历史研究》，载《史学集刊》2007 年第 5 期。

[109] 郑昌济：《数学模型在量刑中的应用——量刑精确化的探索》，载《中南政法学院学报》1986 年第 1 期。

[110] 郑智航：《比较法中功能主义进路的历史演进——一种学术史的考察》，载《比较法研究》2016 年第 3 期。

[111] 周光权：《量刑基准研究》，载《中国法学》1999 年第 5 期。

[112] 周光权：《量刑的实践及其未来走向》，载《中外法学》2020 年第 5 期。

[113] 周光权：《论刑法与认罪认罚从宽制度的衔接》，载《清华法学》2019 年第 3 期。

[114] 周维明：《系统论刑法学的基本命题》，载《政法论坛》2021 年第 3 期。

[115] 周建达：《以刑定罪的知识生产——过程叙事、权力逻辑与制约瓶颈》，载《法制与社会发展》2015 年第 1 期。

[116] 左卫民：《中国量刑程序改革：误区与正道》，载《法学研究》2010 年第 4 期。

（三）学位论文

[1] 张向东：《基准刑研究》，吉林大学 2011 年博士学位论文。

[2] 谭淦：《法治国家的刑罚量定——以德国量刑法为中心》，中国人民大学 2011 年博士学位论文。

[3] 吴景芳：《量刑基准之研究》，台湾大学 1982 年硕士学位论文。

[4] 王率先：《论人工智能在法院裁判中的定位——以美国 COMPAS 量刑辅助系统的应用历史为视角》，华东政法大学 2019 年硕士学位论文。

[5] 李杨：《论基准刑的规范化》，苏州大学 2019 年硕士学位论文。

（四）其他文献

[1] 时延安：《惩罚目的选择对刑事法制模式的影响》，载《检察日报》2021 年 4 月 22 日，第 3 版。

[2] 王刚：《"力促量刑标准规范与统"——访韩国大法院量刑委员会委员长李基秀》，载《法制日报》2013 年 5 月 21 日，第 9 版。

二、外文文献

（一）英文文献

[1] Alan A. Stone, *Sentencing as a Human Process by John Hogarth*, Harvard Law Review, vol. 86/no. 7, (1973).

[2] Andrew Ashworth, *Techniques for Reducing Sentence Disparity*, in Andrew Ashworth, Andrew Von Hirsch & Julian V. Roberts eds. , Principled Sentencing：Readings on Theory and Policy, 3rd edn, Hart, 2009.

[3] Andrew Ashworth, *The Struggle for Supremacy in Sentencing*, in Andrew Ashworth & Julian V. Roberts eds. , Sentencing Guidelines：Exploring the English Model, Oxford University Press, 2013.

[4] Andrew Ashworth, *Sentencing and Criminal Justice*, Cambridge University Press, 2015.

[5] Andrew Ashworth, *The evolution of English sentencing guidance in 2016*, Criminal Law Review, no. 7, (2017).

[6] Andrew Von Hirsch, *Doing Justice：The Choice of Punishments*, Hill & Wang, 1976.

[7] Andrew Von Hirsch, *Recent Trends in American Criminal Sentencing Theory*, Maryland Law Review (1936), vol. 42/no. 1, (1983).

[8] Andrew Von Hirsch & Andrew Ashworth eds. , *Proportionate Sentencing：Exploring the*

Principles, Oxford University Press, 2005.

[9] Andrew Von Hirsch, *The Swedish Sentencing Law*, in Andrew Ashworth, Andrew Von Hirsch & Julian V. Roberts eds. , Principled Sentencing: Readings on Theory and Policy, 3rd edn, Hart, 2009.

[10] Andrew Von Hirsch & Nils Jareborg, *The Details of the New Law*, in Andrew Ashworth, Andrew Von Hirsch & Julian V. Roberts eds. , Principled Sentencing: Readings on Theory and Policy, 3rd edn, Hart, 2009.

[11] Cyrus Tata O' Malley, *The Struggle for Sentencing Reform: Will the English Sentencing Guidelines Model Spread?*, in Andrew Ashworth & Julian V. Roberts eds. , Sentencing Guidelines: Exploring the English Model, Oxford University Press, 2013.

[12] Dale G. Parent, *Structuring Criminal Sentences: The Evolution of Minnesota's Sentencing Guidelines*, Butterworths Legal Publishers, 1988.

[13] David Garland, *The Culture of Control: Crime and Social Order in Contemporary Society*, Oxford University Press, 2001.

[14] Deborah E. McDowell, Claudrena N. Harold & Juan Battle eds. , *The Punitive Turn: New Approaches to Race and Incarceration*, University of Virginia Press, 2013.

[15] GAO Report, *Truth in Sentencing: Availability of Federal Grants Influenced Laws in some States*, Federal Sentencing Reporter, vol. 11/no. 3, (1998).

[16] Griffin Edwards, Stephen Rushin & Joseph Colquitt, *The Effects of Voluntary and Presumptive Sentencing Guidelines*, Texas Law Review, vol. 98/no. 1, (2019).

[17] Hyungkwan Park, *The Basic Features of the First Korean Sentencing Guidelines*, Federal Sentencing Reporter, vol. 22/no. 4, (2010).

[18] John Braithwaite & Philip Pettit, *Not just Deserts: A Republican Theory of Criminal Justice*, Clarendon Press, 1992.

[19] Jose Pina-Sánchez, *Defining and Measuring Consistency in Sentencing*, in Julian V. Roberts eds. , Exploring Sentencing Practice in England and Wales, Palgrave Macmillan, 2015.

[20] Julian V. Roberts, *Aggravating and Mitigating Factors at Sentencing: Towards Greater Consistency of Application*, Criminal Law Review, no. 4, (2008).

[21] Julian V. Roberts, *Structuring Sentencing Discretion*, in Andrew Ashworth, Andrew Von Hirsch & Julian V. Roberts eds. , Principled Sentencing: Readings on Theory and Policy, 3rd edn, Hart, 2009.

[22] Julian V. Roberts, *Structured Sentencing: Lessons from England and Wales for Common Law Jurisdictions*, Punishment & Society, vol. 14/no. 3, (2012).

[23] Julian V. Roberts, *Structuring Sentencing in Canada, England and Wales: A Tale of Two Jurisdictions*, Criminal Law Forum, vol. 23/no. 4, (2012).

[24] Julian V. Roberts, *Complying with Sentencing Guidelines Latest Findings from the Crown Court Sentencing Survey*, in Andrew Ashworth & Julian V. Roberts eds., Sentencing Guidelines: Exploring the English Model, Oxford University Press, 2013.

[25] Julian V. Roberts & Andrew Ashworth, *The Evolution of Sentencing Policy and Practice in England and Wales, 2003—2015*, Crime and Justice, vol. 45/no. 1, (2016).

[26] Julian V. Roberts, *The Evolution of Sentencing Guidelines in Minnesota and England and Wales*, Crime and Justice, vol. 48/no. 1, (2019).

[27] Kevin R. Reitz, *Comparing Sentencing Guidelines: Do US Systems Have Anything Worthwhile to Offer England and Wales?*, in Andrew Ashworth & Julian V. Roberts eds., Sentencing Guidelines: Exploring the English Model, Oxford University Press, 2013.

[28] Leon Radzinowicz & Roger Hood, *Judicial Discretion and Sentencing Standards: Victorian Attempts to Solve a Perennial Problem*, University of Pennsylvania Law Review, vol. 127/no. 5, (1979).

[29] Mandeep K Dhami, *A Decision Science Perspective on the Old and New Sentencing Guidelines in England and Wales*, in Andrew Ashworth & Julian V. Roberts eds., Sentencing Guidelines: Exploring the English Model, Oxford University Press, 2013.

[30] Mandeep K. Dhami, *Sentencing Guidelines in England and Wales: Missed Opportunities?*, Law and Contemporary Problems, vol. 76/no. 1, (2013).

[31] Marc L. Miller, *A Map of Sentencing and a Compass for Judges: Sentencing Information Systems, Transparency, and the Next Generation of Reform*, Columbia Law Review, vol. 105/no. 4, (2005).

[32] Martin Wasik, *Sentencing Guidelines in England and Wales—State of the Art?*, Criminal Law Review, no. 4, (2008).

[33] Marvin E. Frankel, *Lawlessness in Sentencing*, University of Cincinnati Law Review, vol. 41, (1972).

[34] Michael Tonry, *Structuring Sentencing*, Crime and Justice, vol. 10/no. 1, (1988).

[35] Michael Tonry, *Sentencing Commissions and their Guidelines*, Crime and Justice, vol. 17/no. 6, (1993).

［36］ Michael H. Tonry, *Proportionality, Interchangeability, and Intermediate Punishments*, in R. A. Duff et al. eds. , Penal Theory and Penal Practice, Manchester University Press, 1994.

［37］ Michael H. Tonry, *Sentencing Fragments: Penal Reform in America, 1975—2025*, Oxford University Press, 2016.

［38］ Mihailis E. Diamantis, *Clockwork Corporations: A Character Theory of Corporate Punishment*, Iowa Law Review, vol. 103/no. 2, (2018).

［39］ Nicola Lacey, *State Punishment*, Routledge, 1988.

［40］ Nicola Padfield, *Exploring the Success of Sentencing Guidelines*, in Andrew Ashworth & Julian V. Roberts eds. , Sentencing Guidelines: Exploring the English Model, Oxford University Press, 2013.

［41］ Norval Morris, *The Future of Imprisonment*, University of Chicago Press, 1974.

［42］ Norval Morris, *Madness and the Criminal Law*, University of Chicago Press, 1982.

［43］ Norval Morris & Michael H. Tonry, *Between Prison and Probation: Intermediate Punishments in a Rational Sentencing System*, Oxford University Press, 1990.

［44］ Paul H. Robinson & Robert Kurzban, *Concordance and Conflict in Intuitions of Justice*, Minnesota law review, vol. 91/no. 6, (2007).

［45］ Paul H. Robinson, *Competing Conceptions of Modern Desert: Vengeful, Deontological, and Empirical*, Cambridge Law Journal, vol. 67/no. 1, (2008).

［46］ Paul H. Robinson, *Distributive Principles of Criminal Law: Who should be Punished how Much?*, Oxford University Press, 2008.

［47］ Petter Gottschalk & TorbjørnRundmo, *Crime: The amount and disparity of sentencing – A comparison of corporate and occupational white collar criminals*, International Journal of Law, Crime and Justice, vol. 42, (2014).

［48］ R. A. Duff, *Responsibility and Liability in Criminal Law*, in Claire Grant & et al. eds. , The Legacy of H. L. A. Hart : Legal, Political, and Moral Philosophy, Oxford University Press, 2008.

［49］ Richard G. Fox, *The Meaning of Proportionality in Sentencing*, Melbourne University Law Review, vol. 19/no. 3, (1994).

［50］ Richard S. Frase, *Implementing Commissioned–Based Sentencing Guidelines: The Lessons of the First Ten Years in Minnesota*, Cornell Journal of Law and Public Policy, vol. 2/no. 2, (1993).

[51] Richard S. Frase, *The Role of the Legislature, the Sentencing Commission, and Other Officials under the Minnesota Sentencing Guidelines*, Wake Forest Law Review, vol. 28/no. 2, (1993).

[52] Richard S. Frase, *Sentencing Principles in Theory and Practice*, Crime and Justice, vol. 22, (1997).

[53] Richard S. Frase & Benjamin N. Berger, *Norval Morris's Contributions to Sentencing Structures, Theory and Practice*, Federal Sentencing Reporter, vol. 21/no. 4, (2009).

[54] Richard S. Frase, *Theories of Proportionality and Desert*, in Joan Petersilia & Kevin R. Reitz, eds., The Oxford Handbook of Sentencing and Corrections, Oxford University Press, 2012.

[55] Richard S. Frase, *Why Are Minnesota's Prison Populations Continuing to Rise in an Era of Decarceration?*, Federal Sentencing Reporter, vol. 30/no. 2, (2017).

[56] Richard S. Frase, *Forty years of American Sentencing Guidelines: What Have We Learned?*, Crime and Justice, vol. 48/no. 1, (2019).

[57] Richard S. Frase, *Sentencing Guidelines in American Courts: A Forty-Year Retrospective*, Federal Sentencing Reporter, vol. 32/no. 2 (2019).

[58] Sue Rex, *Applying desert principles to community sentences: lessons from two Criminal Justice Acts*, Criminal Law Review, no. 6, (1998).

[59] T. S. Palys & StanDivorski, *Explaining Sentence Disparity*, Canadian Journal of Criminology, vol. 28/no. 4, (1986).

[60] Tapio Lappi-Seppälä. *Sentencing and Sanctions in Finland*, Peking University Law Journal, vol. 5/no. 1, (2017).

[61] Thomas Weigend, *Norm Versus Discretion in Sentencing*, Israel Law Review, vol. 25/no. 3-4, (1991).

[62] Thomas Weigend, *Sentencing and Punishment in Germany*, in Michael H. Tonry & Richard S. Frase eds., Sentencing and Sanctions in Western Countries, Oxford University Press, 2001.

[63] Tom O'Malley, *Living without Guidelines*, in Andrew Ashworth & Julian V. Roberts eds., Sentencing Guidelines: Exploring the English Model, Oxford University Press, 2013.

[64] Warren Young & Claire Browning, *New Zealand's Sentencing Council*, Criminal Law Review, no. 4, (2008).

[65] William Wilson, *Central Issues in Criminal Theory*, Hart Publishing, 2002.

［66］ Canada Justice Law Website, *Canada Criminal Code*, https：//laws-lois. justice. gc. ca/eng/acts/C-46/page-186. html#docCont.

［67］ House of Commons Justice Committee, *Revised Sentencing Guideline：Assault* (2011), UK Parliament, https：//publications. parliament. uk/pa/cm201011/cmselect/cmjust/637/637. pdf.

［68］ House of Commons Justice Committee, *Testimony of the Council's Chair before the Justice Select Committee* (2018), UK Parliament, http://data. parliament. uk/writtenevidence/committeeevidence. svc/evidencedocument/justice-committee/prison-population-2022/oral/86817. pdf.

［69］ Minnesota Sentencing Guidelines Commission, *Minnesota Sentencing Guidelines and Commentary* (1995), https：//mn. gov/sentencing-guidelines/assets/1995-Sentencing%20Guidelines_ tcm30-31782. pdf.

［70］ Minnesota Sentencing Guidelines Commission, *Standard Sentencing Grid* (2019), https：//sentencing. umn. edu/sites/sentencing. umn. edu/files/2019_ standard_ sentencing_ grid. pdf.

［71］ Patrick Wintour et al. , *Ken Clarke Forced to Abandon 50% Sentence Cuts for Guilty Pleas*, The Guardian, http：//www. theguardian. com/law/2011/jun/20/ken-clarke-abandon-sentence-cuts.

［72］ Sir Brian Leveson, *The Parmoor Lecture：Achieving Consistency at Sentencing* (2013), Judiciary of England and Wales, https：//www. judiciary. uk/wp-content/uploads/JCO/Documents/Speeches/leveson-parmoor-lecture-20131031. pdf.

［73］ Sentencing Guideline Council of England and Wales, *Overarching Principles：Seriousness：Definitive Guideline* (2004), Sentencing Council, https：//www. sentencingcouncil. org. uk/wp-content/uploads/Seriousness-guideline. pdf.

［74］ Sentencing Council of England and Wales, *Drug Offences：Definitive Guideline* (2012), Sentencing Council, https：//www. sentencingcouncil. org. uk/wp-content/uploads/Drug_ Offences_ Definitive_ Guideline_ final_ web. pdf.

［75］ Sentencing Council of England and Wales, *Sexual Offences：Definitive Guideline* (2013), Sentencing Council, https：//www. sentencingcouncil. org. uk/publications/item/sexual-offences-definitive-guideline/.

［76］ Sentencing Council of England and Wales, *Imposition of Community and Custody Penalties：Definitive Guideline* (2016), Sentencing Council, https：//www. sentencingcouncil. org. uk/

wp-content/uploads/Imposition-definitive-guideline-Web. pdf.

［77］Sentencing Council of England and Wales, *Robbery Offences：Definitive Guideline* (2016), Sentencing Council, https：//www. sentencingcouncil. org. uk/wp-content/uploads/Robbery-definitive-guideline-Web. pdf.

［78］Sentencing Council of England and Wales, *Terrorism Offenses：Definitive Guideline* (2018), Sentencing Council, https：//www. sentencingcouncil. org. uk/publications /item/terrorism-offences-definitive-guideline/.

［79］Sentencing Council of England and Wales, *Manslaughter：Definitive Guideline* (2018), Sentencing Council, https：//www. sentencingcouncil. org. uk/wp-content/uploads/Manslaughter-definitive-guideline-Web. pdf.

（二）德文文献

MatthiasJestaedt, Wissenschaft im Recht：Rechtsdogmatik im Wissenchaftsvergleich, JZ 2014.

（三）外文译作

［1］［美］保罗 H. 罗宾逊：《刑法的分配原则——谁应受罚，如何量刑?》，沙丽金译，中国人民公安大学出版社 2009 年版。

［2］［美］巴里·约翰逊：《美国联邦量刑过程中无罪开释行为的适用之惑及其应对策略》，崔仕绣译，载《刑法论丛》2018 年第 4 卷。

［3］［美］蒂莫西·德·朱斯蒂、杨成、顾明：《保安处分与犯罪预防——美国联邦法官 Timothy D. DeGiusti 访谈录》，载《天府新论》2019 年第 1 期。

［4］［美］戴维·索萨：《后果主义的后果》，解本远译，载徐向东编：《后果主义与义务论》，浙江大学出版社 2011 年版。

［5］［英］蒂莫西·A. O. 恩迪科特：《法律中的模糊性》，程朝阳译，北京大学出版社 2010 年版。

［6］［英］H. L. A. 哈特：《哈特论边沁——法理学与政治理论研究》，谌洪果译，法律出版社 2015 年版。

［7］［英］威廉姆·威尔逊：《刑法理论的核心问题》，谢望原等译，中国人民大学出版社 2015 年版。

［8］［英］安东尼·达夫：《刑罚·沟通与社群》，王志远等译，中国政法大学出版社 2018 年版。

［9］［英］杰瑞米·侯德：《阿什沃斯刑法原理》，时延安、史蔚译，中国法制出版社

2019 年版。

[10] [英] 安德鲁·阿什沃斯:《量刑与刑事司法》,彭海青、吕泽华译,中国社会科学出版社 2019 年版。

[11] [英] 安德鲁·阿什沃斯:《刑法的积极义务》,姜敏译,中国法制出版社 2018 年版。

[12] [德] 安德烈亚斯·冯·赫希:《量刑该当模式的演进》,谭淦译,载石径海主编:《量刑研究》(第 5 辑),社会科学文献出版社 2019 年版。

[13] [德] 安德烈亚斯·冯·赫希:《该当量刑概论》,谭淦译,中国人民大学出版社 2023 年版。

[14] [德] 阿明·英格兰德:《现代社会中的法与刑法》,邓卓行译,北京大学出版社 2023 年版。

[15] [德] 伯恩·魏德士:《法理学》,丁晓春、吴越译,法律出版社 2003 年版。

[16] [德] 克劳斯·罗克辛:《德国刑法学总论》(第 1 卷),王世洲译,法律出版社 2005 年版。

[17] [德] 克劳斯·罗克辛:《刑事政策与刑法体系》,蔡桂生译,中国人民大学 2011 年版。

[18] [德] 乌尔斯·金德霍伊泽尔:《刑法总论教科书》(第六版),蔡桂生译,北京大学出版社 2015 年版。

[19] [德] 卡尔·拉伦茨:《法学方法论》(第六版),黄家镇译,商务印书馆 2020 年版。

[20] [德] 塔蒂安娜·霍恩雷:《无需量刑指南参考下的适度与非恣意量刑:德国经验》,刘胜超译,载《中国刑事法杂志》2014 年第 6 期。

[21] [德] 汉斯·海因里希·耶赛克、托马斯·魏根特:《德国刑法教科书(下)》,徐久生译,中国法制出版社 2017 年版。

[22] [德] 汉斯-约格·阿尔布莱希特:《德国量刑制度:理论基石与规则演绎》,印波等译,载《人民检察》2018 年第 3 期。

[23] [德] 汉斯-约格·阿尔布莱希特:《重罪量刑:关于刑量确立与刑量阐释的比较性理论与实证研究》,熊琦等译,法律出版社 2017 年版。

[24] [德] 黑格尔:《小逻辑》,贺麟译,上海人民出版社 2009 年版。

[25] [德] 康拉德·茨威格特、海因·克茨:《比较法总论》,潘汉典等译,法律出版社 2003 年版。

[26] [德] 科讷琉斯·普赫特维茨:《论刑法的机能主义化》,陈昊明译,载李昊、明辉主编:《北航法律评论》(总第 5 辑),法律出版社 2014 年版。

［27］［德］马克斯·韦伯：《经济与社会》（上卷），林荣远译，商务印书馆 1998 年版。

［28］［德］温弗里德·哈塞梅尔：《处于科学与司法实践中的教义学》，陈昊明译，载
李昊、明辉主编：《北航法律评论》2015 年第 1 期（总第 6 辑）。

［29］［法］奥古斯特·孔德：《论实证精神》，黄建华译，商务印书馆 2011 年版。

［30］［日］西原春夫主编：《日本刑事法的形成与特色——日本法学家论日本刑事法》，
李海东等译，中国法律出版社、日本成文堂出版社联合出版 1997 年版。

［31］［日］大谷实：《刑事政策学》，黎宏译，法律出版社 2000 年版。

［32］［日］城下裕二：《量刑理论的现代课题》（增补版），黎其武、赵姗姗译，法律
出版社 2016 年版。

［33］［日］松原芳博：《作为刑罚正当化根据的报应：刑法学的视角》，王兵兵译，载
《国外社会科学前沿》2021 年第 7 期。